社會經濟統計學
——原理與Excel應用案例分

主　編　唐金華、姚世斌、蔣海燕、吳軍

崧燁文化

內容簡介

　　社會經濟統計學以培養高等學校應用型人才為目的，以「必需」「夠用」為度，以講清概念、強化應用為重點，從統計工作實際需要出發，構建了「以統計基本理論為主線，以統計技能訓練為手段，以統計能力培養為目的」的知識體系。

　　社會經濟統計學介紹了在市場經濟體制下，如何運用有效的方式方法搜集和整理所需的「大數據」數字信息；如何運用統計的對比分析、變異分析、時間序列與預測分析、抽樣推斷、相關與迴歸分析、指數分析、因素分析及工商企業統計等內容和方法，對整理後的資料進行統計分析，揭示事物潛在的規律性，進而提出合理的推斷或決策的建議。

　　本書可供高等院校財經管理類專業學生使用，也可以作為財經管理人員的參考書。

前　言

　　社會經濟統計學是人們在社會經濟生活中不可缺少的工具，是人們認識客觀世界、探索「大數據」內在規律的一套科學的方法，是管理者進行明智決策的一門藝術。

　　社會經濟統計學是研究社會經濟現象總體的數量特徵和數量關係，用科學的方法去搜集、整理、分析經濟現象數據，並通過統計特有的統計指標和指標體系，表明所研究現象的規模、水平、速度、比例和效益等，以具體反應社會經濟發展規律的一門學科。在中國當今所有制形式多樣化的市場經濟活動中，「大數據」是一種重要的信息，統計方法作為數據搜集和分析的一種有效工具，已被廣泛應用於金融、證券、保險、投資、理財等社會科學和自然科學的各個領域。因此，學習和掌握統計的基本原理和方法已成為從事經濟理論研究和社會管理工作的基本要求。為了適應高等學校教育的要求，滿足高等院校的教學需求，我們在認真總結多年來高等教育教學經驗的基礎上，支持「以能力為本位，以應用為主體」的原則，突出「理論學習與技能訓練相結合」的特色，構建「以統計基本理論為主線，以統計技能訓練為手段，以統計能力培養為目的」的知識體系，結合高校辦學的實際情況，組織編寫出版了《社會經濟統計學》一書，旨在培養實用型人才。

　　社會經濟統計學是一門實用性很強的方法論科學。它主要闡述的是對統計資料進行搜集、整理和分析的方法與技術。這些方法與技術，能夠幫助人們從大量統計數據中挖掘信息，探索事物在數量上的規律性。

　　本書在編寫過程中力求突出以下幾個特點：

　　（1）案例導入為先。本書在每章都設有學習目標和實際案例，並根據實際數據提出本章的相關統計問題，期望讀者通過對案例的剖析，將感性認識上升到理性認識的高度，並能舉一反三，觸類旁通，將所學的統計知識和方法用於解決實際問題。

　　（2）理念創新。秉承「教學改革與學科創新引路，科技進步與教材創新同步」的理念，根據新時代對高等教育人才的需求，我們擬策劃出版一些體現教學改革最新理念、內容領先、思路創新、突出實訓的新教材。

　　（3）方法創新。摒棄「借用教材、壓縮內容」的滯後方法，我們專門開發了符合高等學校特點的「對口教材」，並在對專業知識和專項能力進行科學分析的基礎上，引進了國外先進的課程開發方法，以凸顯中國高等教育的特色。

　　（4）特色創新。我們加大了實訓教材的開發力度，填補空白，突出熱點，積極開

發和撰寫熱門專業的教材。

（5）內容創新。在教材內容的選擇方面，我們力求反應知識和科技發展的最新動態。將新知識、新技術、新內容、新工藝、新案例及時反應到教材中，更能體現高校教育專業設置緊密聯繫生產、建設、服務、管理一線實際的要求。

本書語言簡練、深入淺出、例證豐富，可作為高等院校財經管理類專業學生的教材，也可作為廣大經濟管理工作者的參考書或培訓教材。本書共分十一章，由唐金華、姚世斌、蔣海燕、吳軍任主編，共同設計全書框架，擬定編寫大綱。

我們希望通過本書將更實用的統計學理論和實訓方法奉獻給讀者，但由於水平有限，難免有不當之處，敬請讀者指正。

編　者

目 錄

第一篇 基礎理論與基本技能部分

第一章 總論 (3)
[學習目標] (3)
[案例開題] (3)
第一節 統計的含義及其產生和發展 (6)
  一、統計的含義 (6)
  二、統計的產生和發展 (7)
  三、社會經濟統計學的創立和發展 (7)
第二節 社會經濟統計學的研究對象和特點 (10)
  一、社會經濟統計學的研究對象 (10)
  二、社會經濟統計學的特點 (10)
第三節 社會經濟統計學的過程劃分和研究方法 (12)
  一、社會經濟統計學的過程劃分 (12)
  二、社會經濟統計學的研究方法 (13)
第四節 社會經濟統計學的幾個基本概念 (14)
  一、統計總體與總體單位 (14)
  二、統計標誌與標誌表現 (16)
  三、變異和變量 (16)
  四、統計指標 (17)
第五節 統計設計 (18)
  一、統計設計概述 (18)
  二、統計指標和指標體系的設計 (21)
  三、統計、會計、業務核算的協調與統一 (25)
第六節 社會經濟統計的組織系統和職能作用 (26)
  一、社會經濟統計的組織系統 (26)
  二、社會經濟統計的職能作用 (27)

第七節　Excel 應用軟件簡介 …………………………………… (31)
　一、Excel 在統計原理學習中的作用 ………………………… (32)
　二、Excel 2007 的界面介紹 …………………………………… (32)
第八節　總論的基礎訓練 ………………………………………… (33)
［本章小結］ ……………………………………………………… (38)
［關鍵名詞］ ……………………………………………………… (39)
［討論與思考題］ ………………………………………………… (40)

第二章　統計數據的採集 …………………………………… (41)

［學習目標］ ……………………………………………………… (41)
［案例開題］ ……………………………………………………… (41)
第一節　統計數據採集概述 ……………………………………… (42)
　一、採集統計數據的意義 ……………………………………… (42)
　二、統計調查的程序設計 ……………………………………… (42)
　三、統計調查方案 ……………………………………………… (43)
第二節　統計調查的組織形式 …………………………………… (44)
　一、統計報表 …………………………………………………… (44)
　二、普查 ………………………………………………………… (46)
　三、抽樣調查 …………………………………………………… (47)
　四、重點調查 …………………………………………………… (47)
　五、典型調查 …………………………………………………… (48)
第三節　統計調查方法 …………………………………………… (49)
　一、桌面調查法 ………………………………………………… (49)
　二、訪談調查法 ………………………………………………… (50)
　三、觀察調查法 ………………………………………………… (51)
　四、網上調查法 ………………………………………………… (55)
第四節　問卷調查設計 …………………………………………… (57)
　一、問卷設計的特徵 …………………………………………… (57)
　二、問卷設計的程序 …………………………………………… (57)
　三、問題的形式 ………………………………………………… (58)

四、問題的類型 …………………………………… (59)
　　五、問卷的結構 …………………………………… (61)
　　六、問卷設計應注意的問題 ……………………… (61)
　第五節　數據採集基礎知識訓練 …………………… (62)
　［本章小結］ ………………………………………… (69)
　［本章案例1］ ……………………………………… (70)
　［本章案例2］ ……………………………………… (72)
　［關鍵名詞］ ………………………………………… (75)
　［討論與思考題］ …………………………………… (75)

第三章　統計數據整理與顯示 …………………… (76)
　［學習目標］ ………………………………………… (76)
　［案例開題］ ………………………………………… (76)
　第一節　統計數據整理的概念和程序 ……………… (78)
　　一、統計數據整理的概念和作用 ………………… (78)
　　二、統計數據的審核 ……………………………… (79)
　　三、統計數據整理的原則和步驟 ………………… (80)
　第二節　統計分組 …………………………………… (81)
　　一、統計分組的概念 ……………………………… (81)
　　二、統計分組的作用 ……………………………… (82)
　　三、統計分組的原則 ……………………………… (83)
　　四、統計分組的種類和方法 ……………………… (84)
　第三節　分配數列 …………………………………… (85)
　　一、分配數列的概念和種類 ……………………… (85)
　　二、變量數列的編制方法 ………………………… (88)
　　三、次數分布的主要類型 ………………………… (90)
　第四節　統計表和統計圖 …………………………… (91)
　　一、統計表 ………………………………………… (91)
　　二、統計圖 ………………………………………… (94)

第五節　統計數據的整理和顯示應用技能訓練 …………………………（96）
　　附錄：Excel 在統計整理中的應用 ……………………………………（100）
　　［本章小結］ ………………………………………………………………（103）
　　［案例分析］ ………………………………………………………………（104）
　　［關鍵名詞］ ………………………………………………………………（105）
　　［討論與思考題］ …………………………………………………………（105）

第二篇　應用分析技能部分

第四章　總量指標和相對指標的計算與分析 …………………………（109）
　　［學習目標］ ………………………………………………………………（109）
　　［案例開題］ ………………………………………………………………（109）
　　第一節　總量分析 …………………………………………………………（111）
　　　　一、總量分析的意義 …………………………………………………（111）
　　　　二、總量指標的種類 …………………………………………………（112）
　　　　三、總量指標的計算與應用 …………………………………………（113）
　　第二節　相對分析 …………………………………………………………（113）
　　　　一、相對分析的意義 …………………………………………………（113）
　　　　二、相對指標的作用 …………………………………………………（114）
　　　　三、相對指標的表現形式 ……………………………………………（114）
　　　　四、相對指標的種類和計算 …………………………………………（115）
　　　　五、計算和應用相對指標應注意的問題 ……………………………（120）
　　第三節　總量分析和相對分析的技能訓練 ………………………………（120）
　　附錄：Excel 在規模和比率中的應用 …………………………………（126）
　　［本章小結］ ………………………………………………………………（127）
　　［本章案例］ ………………………………………………………………（128）
　　［關鍵名詞］ ………………………………………………………………（133）
　　［討論與思考題］ …………………………………………………………（133）

第五章　總體分布分析 …………………………………………… (134)

[學習目標] ……………………………………………………… (134)

[案例開題] ……………………………………………………… (134)

第一節　總體分布集中趨勢的分析 ……………………………… (137)

一、平均指標的意義 ………………………………………… (137)

二、平均指標的種類 ………………………………………… (138)

三、數值平均數的計算與分析 ……………………………… (138)

四、位置平均數的確定與分析 ……………………………… (144)

五、算術平均數、眾數和中位數的比較 …………………… (146)

六、應用平均指標的原則 …………………………………… (147)

第二節　總體分布離中趨勢的分析 ……………………………… (148)

一、標誌變異指標概述 ……………………………………… (148)

二、各種標誌變異指標的計算與應用 ……………………… (148)

第三節　總體分布分析的技能訓練 ……………………………… (152)

附錄：應用 Excel 進行集中趨勢分析 …………………………… (155)

[本章小結] ……………………………………………………… (158)

[案例分析] ……………………………………………………… (159)

[關鍵名詞] ……………………………………………………… (159)

[討論與思考題] ………………………………………………… (160)

第六章　抽樣推斷 ………………………………………………… (161)

[學習目標] ……………………………………………………… (161)

[案例開題] ……………………………………………………… (161)

第一節　抽樣推斷概述 …………………………………………… (162)

一、抽樣推斷的概念、作用和特點 ………………………… (162)

二、抽樣推斷中的基本概念 ………………………………… (163)

三、抽樣推斷的基本要求與方法 …………………………… (164)

第二節　抽樣誤差 ………………………………………………… (164)

一、抽樣誤差的概念和種類 ………………………………… (164)

二、抽樣平均誤差的概念和計算 …………………………………………… (165)
　　三、抽樣極限誤差 …………………………………………………………… (167)
　第三節　抽樣調查的組織形式 ………………………………………………… (167)
　　一、簡單隨機抽樣 …………………………………………………………… (168)
　　二、類型抽樣 ………………………………………………………………… (170)
　　三、系統抽樣 ………………………………………………………………… (171)
　　四、整群抽樣 ………………………………………………………………… (171)
　第四節　抽樣調查應用技能訓練 ……………………………………………… (173)
　附錄：Excel 在抽樣推斷中的應用 …………………………………………… (176)
　[本章小結] ……………………………………………………………………… (179)
　[案例分析] ……………………………………………………………………… (180)
　[關鍵名詞] ……………………………………………………………………… (181)
　[討論與思考題] ………………………………………………………………… (181)

第七章　參數估計 ………………………………………………………………… (182)
　[學習目標] ……………………………………………………………………… (182)
　[案例開題] ……………………………………………………………………… (182)
　第一節　抽樣估計的方法 ……………………………………………………… (183)
　　一、抽樣估計的概念 ………………………………………………………… (183)
　　二、抽樣估計的方法 ………………………………………………………… (183)
　第二節　總體均值的區間估計 ………………………………………………… (186)
　　一、大樣本情況對總體均值的區間估計 …………………………………… (186)
　　二、小樣本情況對總體均值的區間估計 …………………………………… (188)
　第三節　總體比例的區間估計（大樣本）…………………………………… (189)
　　一、重複抽樣情況對總體比例的區間估計 ………………………………… (189)
　　二、不重複抽樣情況對總體比例的區間估計 ……………………………… (190)
　第四節　樣本容量的確定 ……………………………………………………… (191)
　　一、影響樣本容量的主要因素 ……………………………………………… (191)
　　二、確定樣本容量的基本公式 ……………………………………………… (191)

三、確定樣本容量應注意的問題 ·· (193)
　第五節　抽樣估計應用技能訓練 ·· (193)
　附錄：應用 Excel 進行區間估計 ··· (197)
　［本章小結］ ·· (199)
　［案例分析1］ ·· (199)
　［案例分析2］ ·· (200)
　［關鍵名詞］ ·· (202)
　［討論與思考題］ ··· (202)

第八章　相關分析與迴歸分析 ··· (203)

　［學習目標］ ·· (203)
　［案例開題］ ·· (203)
　第一節　相關分析 ·· (204)
　　一、相關分析的概念和種類 ·· (204)
　　二、線性相關關係的測定 ··· (206)
　　三、計算等級相關係數 ·· (209)
　　四、計算復相關係數 ··· (210)
　第二節　迴歸分析 ·· (210)
　　一、迴歸分析的概念 ··· (210)
　　二、相關分析與迴歸分析的關係 ·· (211)
　　三、線性迴歸分析的內容 ·· (211)
　　四、非線性迴歸分析的基本內容 ·· (217)
　第三節　相關分析與迴歸分析技能訓練 ·· (220)
　附錄：一、Excel 在相關與迴歸分析中的應用 ······································ (226)
　　　　二、計算機在迴歸分析中的應用 ··· (228)
　［本章小結］ ·· (230)
　［案例分析1］ ·· (230)
　［案例分析2］ ·· (231)
　［關鍵名詞］ ·· (232)

[討論與思考題] ……………………………………………………………… (232)

第九章　動態分析 ……………………………………………………………… (233)

　　[學習目標] ………………………………………………………………… (233)
　　[案例開題] ………………………………………………………………… (233)
　　第一節　動態數列的概念和種類 ……………………………………………… (234)
　　　　一、動態數列的概念 ……………………………………………………… (234)
　　　　二、動態數列的種類 ……………………………………………………… (234)
　　　　三、動態數列的編制原則 ………………………………………………… (236)
　　第二節　動態數列的水平指標分析 …………………………………………… (237)
　　　　一、發展水平 ……………………………………………………………… (237)
　　　　二、平均發展水平 ………………………………………………………… (237)
　　　　三、增長量 ………………………………………………………………… (240)
　　　　四、平均增長量 …………………………………………………………… (241)
　　第三節　動態數列的速度指標分析 …………………………………………… (242)
　　　　一、發展速度 ……………………………………………………………… (242)
　　　　二、增長速度 ……………………………………………………………… (243)
　　　　三、平均發展速度和平均增長速度 ……………………………………… (244)
　　第四節　現象變動的趨勢分析 ………………………………………………… (246)
　　　　一、現象變動趨勢分析的意義 …………………………………………… (246)
　　　　二、長期趨勢分析 ………………………………………………………… (247)
　　　　三、季節變動的測定與分析 ……………………………………………… (250)
　　第五節　動態分析應用技能訓練 ……………………………………………… (252)
　　附錄：應用 Excel 進行動態數列分析 ………………………………………… (259)
　　[本章小結] ………………………………………………………………… (263)
　　[案例分析] ………………………………………………………………… (264)
　　[關鍵名詞] ………………………………………………………………… (264)
　　[討論與思考題] ……………………………………………………………… (265)

第十章 指數分析 ……………………………………………… (266)

[學習目標] ……………………………………………………… (266)

[案例開題] ……………………………………………………… (266)

第一節 指數分析概述 …………………………………………… (267)

　　一、統計指數的概念和性質 ……………………………… (267)

　　二、統計指數的作用 ……………………………………… (267)

　　三、統計指數的種類和計算方法 ………………………… (268)

第二節 綜合指數 ………………………………………………… (269)

　　一、綜合指數計算原理 …………………………………… (269)

　　二、綜合指數編制方法 …………………………………… (269)

　　三、綜合指數的其他編制方法 …………………………… (271)

第三節 平均數指數 ……………………………………………… (272)

　　一、平均數指數的概念和特點 …………………………… (272)

　　二、加權算術平均數指數 ………………………………… (272)

　　三、加權調和平均數指數 ………………………………… (273)

　　四、固定權數的平均數指數 ……………………………… (273)

第四節 指數體系和因素分析 …………………………………… (274)

　　一、指數體系的概念和作用 ……………………………… (274)

　　二、指數因素分析法的應用 ……………………………… (274)

第五節 幾種常用的經濟指數 …………………………………… (281)

　　一、商品零售價格指數 …………………………………… (281)

　　二、工業產品產量指數 …………………………………… (281)

　　三、居民消費價格指數 …………………………………… (281)

　　四、產品成本指數 ………………………………………… (282)

　　五、股票價格指數 ………………………………………… (283)

第六節 指數分析應用技能訓練 ………………………………… (284)

附錄：Excel 在指數分析中的應用 ……………………………… (292)

[本章小結] ……………………………………………………… (293)

[案例分析] ……………………………………………………… (294)

[關鍵名詞] ……………………………………………………… (296)

[討論與思考題] ………………………………………………… (296)

第十一章　工商企業統計⋯⋯⋯⋯⋯⋯⋯⋯⋯⋯⋯⋯⋯⋯⋯⋯⋯（297）
　　［學習目標］⋯⋯⋯⋯⋯⋯⋯⋯⋯⋯⋯⋯⋯⋯⋯⋯⋯⋯⋯（297）
　　［案例開題］⋯⋯⋯⋯⋯⋯⋯⋯⋯⋯⋯⋯⋯⋯⋯⋯⋯⋯⋯（297）
　　第一節　工業企業統計⋯⋯⋯⋯⋯⋯⋯⋯⋯⋯⋯⋯⋯⋯⋯（304）
　　　　一、工業企業統計的範圍⋯⋯⋯⋯⋯⋯⋯⋯⋯⋯⋯⋯（304）
　　　　二、工業統計指標體系⋯⋯⋯⋯⋯⋯⋯⋯⋯⋯⋯⋯⋯（304）
　　　　三、工業產品產量統計⋯⋯⋯⋯⋯⋯⋯⋯⋯⋯⋯⋯⋯（305）
　　　　四、工業產品產值統計⋯⋯⋯⋯⋯⋯⋯⋯⋯⋯⋯⋯⋯（307）
　　　　五、工業產品質量統計⋯⋯⋯⋯⋯⋯⋯⋯⋯⋯⋯⋯⋯（312）
　　第二節　商業企業統計⋯⋯⋯⋯⋯⋯⋯⋯⋯⋯⋯⋯⋯⋯⋯（315）
　　　　一、商業企業統計的範圍⋯⋯⋯⋯⋯⋯⋯⋯⋯⋯⋯⋯（315）
　　　　二、商業統計的內容⋯⋯⋯⋯⋯⋯⋯⋯⋯⋯⋯⋯⋯⋯（316）
　　　　三、商品購進統計⋯⋯⋯⋯⋯⋯⋯⋯⋯⋯⋯⋯⋯⋯⋯（316）
　　　　四、商品銷售統計⋯⋯⋯⋯⋯⋯⋯⋯⋯⋯⋯⋯⋯⋯⋯（319）
　　　　五、商業企業的經濟效益統計⋯⋯⋯⋯⋯⋯⋯⋯⋯⋯（322）
　　第三節　工商企業統計應用技能訓練⋯⋯⋯⋯⋯⋯⋯⋯⋯（328）
　　［本章小結］⋯⋯⋯⋯⋯⋯⋯⋯⋯⋯⋯⋯⋯⋯⋯⋯⋯⋯⋯（330）
　　［案例分析1］⋯⋯⋯⋯⋯⋯⋯⋯⋯⋯⋯⋯⋯⋯⋯⋯⋯⋯（331）
　　［案例分析2］⋯⋯⋯⋯⋯⋯⋯⋯⋯⋯⋯⋯⋯⋯⋯⋯⋯⋯（337）
　　［關鍵名詞］⋯⋯⋯⋯⋯⋯⋯⋯⋯⋯⋯⋯⋯⋯⋯⋯⋯⋯⋯（341）
　　［討論與思考題］⋯⋯⋯⋯⋯⋯⋯⋯⋯⋯⋯⋯⋯⋯⋯⋯⋯（341）

附錄⋯⋯⋯⋯⋯⋯⋯⋯⋯⋯⋯⋯⋯⋯⋯⋯⋯⋯⋯⋯⋯⋯⋯⋯⋯（342）
　　附錄一　正態分布概率表⋯⋯⋯⋯⋯⋯⋯⋯⋯⋯⋯⋯⋯（342）
　　附錄二　t 分布臨界值表⋯⋯⋯⋯⋯⋯⋯⋯⋯⋯⋯⋯⋯（344）
　　附錄三　隨機數表⋯⋯⋯⋯⋯⋯⋯⋯⋯⋯⋯⋯⋯⋯⋯⋯（345）
　　附錄四　相關係數檢驗表⋯⋯⋯⋯⋯⋯⋯⋯⋯⋯⋯⋯⋯（346）
　　附錄五　累計法平均增長速度查對表⋯⋯⋯⋯⋯⋯⋯⋯（347）

第一篇
基礎理論與基本技能部分

　　本篇主要闡述了統計的基礎理論和基本技能,即統計的概念、統計的研究對象、統計的特點、統計的任務、統計工作各環節的具體內容、統計研究所使用的最基本方法等。教學中應以學員能夠接受的實際案例為引導,淡化深層理論探討和繁瑣的公式推導,強化這些統計基礎理論在實際案例中的應用。特別是統計的含義、統計工作過程、統計學的基本概念等內容,應以實際案例為主來進行講解,同時還要注意各內容之間的聯繫和區別。

　　基本技能部分主要介紹了各種統計數據採集的方法、調查方案和數據整理的內容、統計分組的方法、分配數列的形成和種類、統計表的種類和編制原則、統計圖的種類和繪製方法等。在教學中尤其要重點加強對學員操作技能的培養,為學生創造參與社會調查的機會,並使用形象生動的例子,演示分配數列的編制過程、最基本統計表的編制方法、最基本統計圖的繪製方法等。特別要求重點掌握數據採集的種類、調查方案的內容、分組的方法、編制統計表和繪製統計圖等。

第一章　總論

[學習目標]

本章主要介紹了統計學最基本的理論問題,包括:統計學的產生與發展、職能和任務,統計的含義、統計學的研究對象、特點、研究方法和統計工作程序,統計學的基本範疇,統計的基本任務、統計的組織與管理特點等。通過學習,要明確統計的含義、方法及職能,能夠靈活運用統計資料反應社會經濟現象的數量方面,重點理解統計的基本概念及各概念之間的聯繫與區別。

[案例開題]

《中華人民共和國2010年國民經濟和社會發展統計公報》(節選)

2010年,面對複雜多變的國內外經濟環境和各種重大挑戰,全國各族人民在黨中央、國務院的堅強領導下,以鄧小平理論和「三個代表」重要思想為指導,深入貫徹落實科學發展觀,堅持實施應對國際金融危機衝擊的一攬子計劃,加快轉變經濟發展方式和經濟結構戰略性調整,國民經濟保持了平穩較快發展,各項社會事業取得新的進步。

一、綜合

初步核算,全年國內生產總值397,983億元,比上年增長10.3%。其中,第一產業增加值為40,497億元,增長4.3%;第二產業增加值為186,481億元,增長12.2%;第三產業增加值為171,005億元,增長9.5%。同時,第一產業增加值占國內生產總值的比重為10.2%;第二產業增加值比重為46.8%;第三產業增加值比重為43.0%。具體如圖1-1所示。

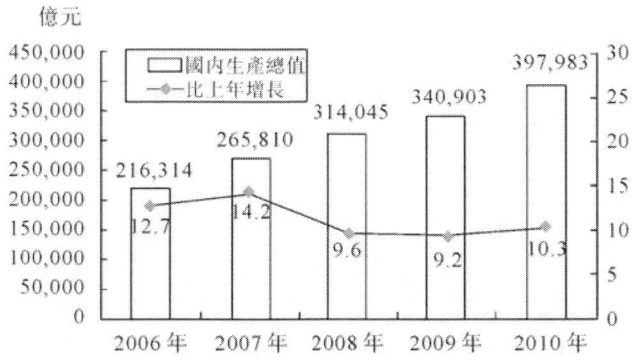

圖1-1　2006—2010年國內生產總值及其增長速度

居民消費價格一季度同比上漲2.2%,二季度上漲2.9%,三季度上漲3.5%,四季度上漲4.7%,全年平均比上年上漲3.3%,其中食品價格上漲7.2%,固定資產價格上漲3.6%,工業品出廠價格上漲5.5%,原材料、燃料、動力購進價格上漲9.6%,農產品生產價格上漲10.9%。如圖1-2、圖1-3、表1-1所示。

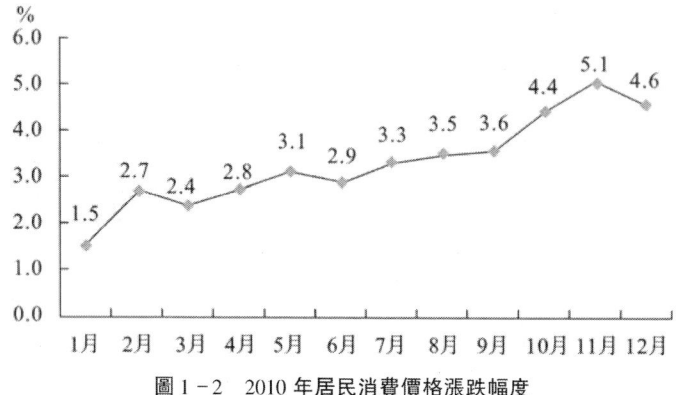

圖1-2　2010年居民消費價格漲跌幅度

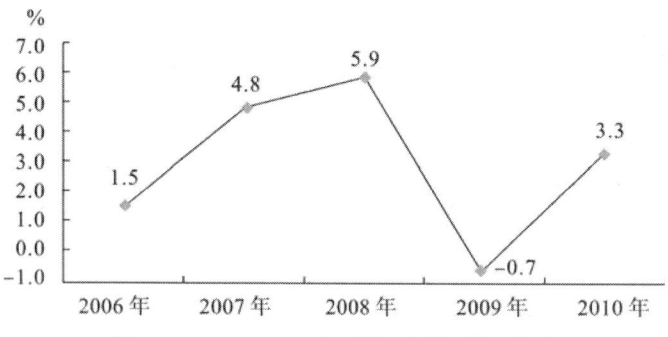

圖1-3　2006—2010年居民消費價格漲跌幅度

表1-1　　　　　　　　　2010年居民消費價格比上年漲跌幅度　　　　　　　　單位:%

指標	全國	城市	農村
居民消費價格	3.3	3.2	3.6
食品	7.2	7.1	7.5
其中:糧食	11.8	11.5	12.3
肉禽及其製品	2.9	2.6	3.5
油脂	3.8	3.4	4.4
蛋	8.3	8.4	8.2
鮮菜	18.7	17.8	21.3
鮮果	15.6	15.0	17.5
非食品	1.4	1.3	1.8
其中:家庭設備用品及維修服務	0.0	-0.1	0.1
醫療保險和個人用品	3.2	3.2	3.2
交通和通信	-0.4	-0.6	0.3
居住	4.5	4.5	4.5

70個大中城市房屋及新建商品住宅銷售價格月度同比漲幅呈現先上升後回落趨勢（見圖1-4）。

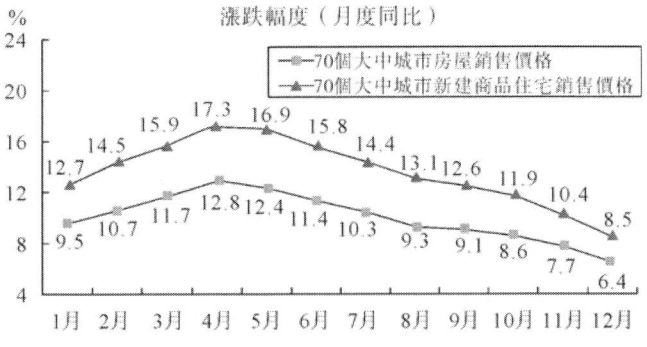

圖1-4 2010年70個大中城市房屋及新建產品住宅銷售價格

全年城鎮新增就業1,168萬人，比上年增加66萬人。年末城鎮登記失業率為4.1%，比上年末下降0.2個百分點。全年農民總量為24,223萬人，比上年增長5.4%。其中，外出農民工15,335萬人，增長5.5%；本地農民工8,888萬人，增長5.2%（見圖1-5）。

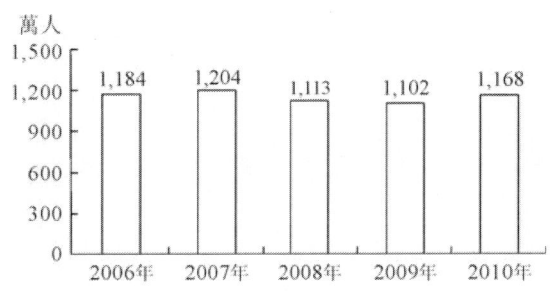

圖1-5 2006—2010年城鎮新增就業人數

年末國家外匯儲備28,473億美元，比上年末增加4,481億美元。年末人民幣匯率為1美元兌6.622,7元人民幣，比上年末升值3.0%（見圖1-6）。

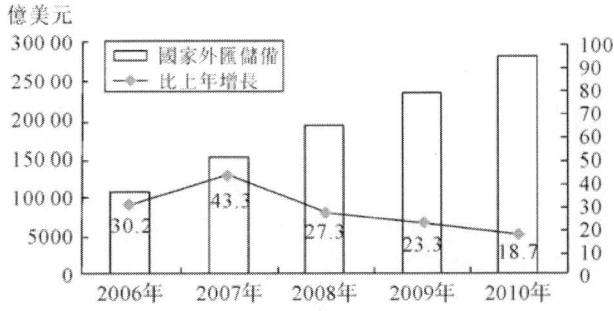

圖1-6 2006—2010年年末國家外匯儲備及其增長速度

全年財政收入 83,080 億元,比上年增加 14,562 億元,增長 21.3%;其中稅收 73,202 億元,增加 13,680 億元,增長 23.0%(見圖 1-7)。

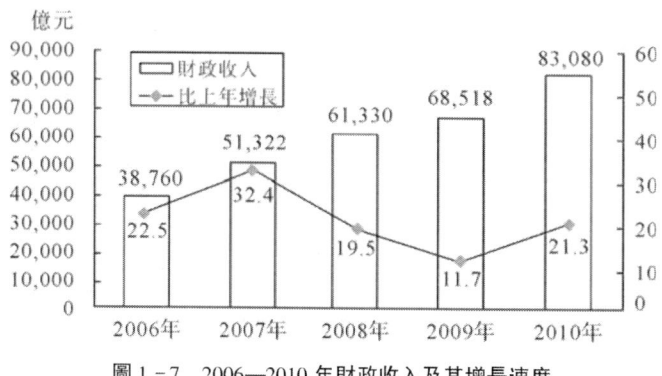

圖 1-7　2006—2010 年財政收入及其增長速度

上述案例可以導入什麼是統計、什麼是統計學。本章將著重闡述統計的概念和性質,統計學的基本理論、研究對象和研究方法等問題。

社會經濟統計學是社會經濟統計實踐活動的經驗總結和理論概括。因此,我們學習和研究社會經濟統計學,必須從認識和瞭解社會經濟統計工作開始。

第一節　統計的含義及其產生和發展

一、統計的含義

統計作為一種取得統計資料或大數據的實踐活動,已有四五千年的歷史了。

「統計」的英文表述為 Statistics。一切客觀事物都有質量和數量兩個方面的屬性,統計是著重對事物的數量方面進行調查研究,通過對數字資料的搜集、整理和分析研究,從數量上來認識客觀現象總體的現狀和發展過程,研究事物的數量變化的規律。

對統計的這種認識說明了統計的基本含義是對客觀現象總體數量方面進行數據的搜集、整理、分析的研究活動。同時統計還有三個具體含義:統計工作、統計資料、統計學。

(一)統計工作

統計工作是統計的實踐過程,是運用統計理論方法從事統計設計、統計調查、統計整理、統計分析的工作過程,其成果是統計資料。例如,各級統計部門對所屬地區的工業、農業及貿易業等方面的數據資料進行搜集、整理、分析,研究經濟發展本質和規律等活動的工作都是統計工作。

(二)統計資料

統計資料是統計工作過程中取得的反應客觀事物實際狀況和變化過程的數據資料,

以及與之相關的其他實際資料的總稱。統計資料是統計工作的成果,包括初次獲得的原始數據資料和經過加工、整理、分析後的次級資料。統計資料大都以統計年報、統計圖表、統計報告、統計年鑒等為信息載體。例如,國家統計局每年發表的統計公報中的有關各方面的各種具體數字資料,都是反應中國國民經濟和社會發展情況的統計資料。

(三)統計學

統計學是對統計工作實踐的理論概括和科學總結,是研究和闡明如何對統計資料進行搜集、整理和分析的理論與方法的科學。統計學的具體門類很多,有社會經濟統計學、數理統計學和自然領域方面的統計學(如生物統計學、氣象統計學等)。本書是在研究社會經濟現象方面的一些原理、原則和方法,屬於社會經濟統計學的內容。

統計工作、統計資料和統計學三者之間存在著密切的聯繫。統計工作是基礎,統計資料和統計學都是在統計實踐的基礎上產生和發展的。統計資料來源於統計工作實踐,沒有統計實踐就沒有統計資料,同時統計資料又服務於統計實踐,沒有一定數量的、累積起來的統計資料,新的統計工作將難以做好。統計學是對統計實踐活動的理論抽象和總結,理論來源於實踐,但又反過來指導統計實踐活動,使統計實踐活動更科學、更有效,使取得的統計資料更符合客觀實際,更具有使用價值。

二、統計的產生和發展

統計實踐活動遠早於統計科學的誕生。統計實踐已有幾千年的歷史,而統計學的歷史才不過三百餘年。

統計作為一種社會實踐活動起源極早。它是在社會經濟發展和國家管理的需要中產生的。早在原始社會,人類為了生存需要,對採集、捕獵的食品計數分配,已包含了對社會經濟現象的數量進行統計的萌芽。隨著奴隸社會的產生和國家的形成,由於賦稅、徭役、徵兵的需要,就開始了人口、土地等的登記和簡單的計算工作。到了封建社會,統計已經有了全國規模的人口調查登記製度和國民經濟調查研究中的各種數量對比分析。據中國古書記載,早在夏朝時就已經有人口數目和土地數目的登記等。在世界上其他國家早期的歷史著作中,也都記載著關於人口、土地、居民財產等方面的數字資料。在西方國家,隨著資本主義的產生和發展,統計應用的範圍也逐步擴大,除人口統計以外,還建立了國內貿易、對外貿易、工業和農業統計。現在世界上幾乎所有的國家都在進行著範圍極其廣泛的統計工作。

「統計」一詞最早是由拉丁語「status」產生的,意思是各種現象的狀態和狀況,由這個詞根組成若干個名詞和形容詞。「stato」表示國家的概念,同時又表示關於各國的國家結構和國情這一方面的知識。從起源上看,統計學的內容就是關於國家的各種知識。

三、社會經濟統計學的創立和發展

統計學作為一門科學出現在17世紀中葉,這時正是資產階級革命和工廠手工業發展的時期,由於社會經濟的發展和各國之間的競爭,要求對社會現象的各個領域進行更為廣泛的統計和研究,同時要能從一些現象和資料中探討其變化的規律性。自此以後,

經過一段較長時期的發展，統計逐漸成為一門重要科學，出現了一些有代表性的統計著作，並開始形成不同的統計學派。下面對其主要的學派分別做簡要介紹。

1. 政治算術學派

政治算術學派的創始人和代表人物有威廉・配第（W. Petty, 1623—1687）和格朗特（J. Graunt, 1620—1674）。威廉・配第的代表著作是《政治算術》。本書運用了大量數字資料對英、法、荷3個國家的經濟實力進行了比較分析，他在分析時使用了過去從來沒有人用過的方法，即用數字、重量和尺度來表達自己想說的問題。馬克思曾稱威廉・配第為政治經濟學之父，在某種程度上也可以說是統計學的創始人。儘管在當時尚未採用統計學之名，但已有統計學之實了。

2. 記述學派

記述學派也稱為國勢學派。這一學派發源於德國，主要代表人物是康令（H. Coring, 1606—1681）和稍後的阿亨瓦爾（G. Achenwall, 1719—1772）。二人曾分別在德國的大學講授「國勢學」，其內容是研究有關國家的顯著的事實，主要是用文字敘述而不用數字，故稱為記述學派。「國勢學」德文為「staa tenkunde」，它源於拉丁語「status」一詞，之後傳入英國，遂成為「statistics」的直接模型，原意乃指研究政經的學問，統計學之名就此沿用下來。事實上，它雖有統計學之名，但並無統計學之實。至於確認以現象的數量方面為研究內容才是統計，這是19世紀中葉以後的事。

3. 數理統計學派

這個學派產生於19世紀中葉，創始人是比利時的凱特勒（L. A. J. Quetelet, 1796—1874）。凱特勒最主要的貢獻是把概率論正式引進統計學，從而使統計學的理論、內容和方法都發生了很大變化和質的飛躍，奠定了現代統計學的基礎。因此他被數理統計學派稱為「現代統計學之父」。他認為無論自然現象和社會現象都是有規律的，儘管在表面上存在著偶然性，通過大量觀察都是可以認識的。但是他又把自然規律和社會規律混同起來，並認為是經久不變的。凱特勒把統計方法發展為既可以應用於社會現象研究，又可以應用於自然現象研究的通用方法。從此，統計學不再是單純的社會科學了。馬克思對凱特勒的理論曾有過正確的評論。除凱特勒以外，屬於數理統計學派的還有高爾頓（F. Galton, 1822—1911）、皮爾遜（K. Pearson, 1857—1936）、鮑萊（A. L. Bowley, 1869—1957）等人。

4. 社會統計學派

社會統計學派開始也是在德國出現，主要代表人物是恩格爾（L. E. Engel, 1821—1896）和稍後的梅爾（C. G. Mayer, 1841—1925）等。這一學派融合了記述學派和政治算術學派的觀點，又吸收了凱特勒著作中的若干思想，並把政府統計與社會調查相結合，形成社會統計學。在這一學派的著作中，既重視統計方法的研究，也強調要以事物的質為前提和認識質的必要性。

5. 馬克思統計理論體系

在資本主義社會，統計科學也像其他科學一樣有了很大的進展，在統計方法方面，特別是數理統計方法的研究和應用方面取得了很大的成就；但同時，無論是統計工作還是

統計理論，都存在很大的局限性，不能對社會的發展做出科學的說明。馬克思主義的產生是人類思想發展史上一次偉大的革命，馬克思和恩格斯批削地吸收了人類思想發展中一切進步的、寶貴的遺產，並進一步創建了自己的科學理論。這一科學理論對自然界、社會以及思維的發展都給予了科學的解釋，同時也是整個統計工作和統計科學發展的指導思想和理論基礎。

馬克思和恩格斯十分重視統計在人類認識過程中的重要作用。在他們所寫的大量著作中，應用了內容廣泛的大量統計資料，並且在使用這些資料時，總是把統計分析與對資本主義社會現實的分析緊密結合起來，既重視以事實為根據，又能從事實和資料中引出科學的結論，從而正確地把握了統計的本質。馬克思在分析產品價值的形成、價格與價值的背離以及平均利潤率的形成等問題時，都充分地利用了平均數理論，但他從未停止於對現象表面的認識上。他在分析商品價格與價值的背離時就指出，在市場經濟條件下，價格總是圍繞價值上下波動的，並深刻地指出了支配這種波動的內部原因是價值規律的作用。

馬克思和恩格斯在使用資本主義各國的統計資料時，並不是簡單地直接引用，而是全面地分析了這些資料，並指出了其中許多資料表現出的為資產階級辯護的實質。為了掌握統計這一武器，並揭露資產階級統計中力圖掩蓋工人階級實際狀況的企圖，他們二人親自組織了工人階級狀況的調查統計工作。馬克思和恩格斯的這一理想在以後建立的社會主義國家中得到了實現。

列寧進一步豐富和發展了馬克思主義統計理論，而且在十月革命成功以後親自領導並組建了蘇聯中央統計機構，進行了多次大規模調查，為在社會主義製度下創建統計工作開闢了新紀元。

中華人民共和國的成立，結束了幾千年剝削階級在中國的統治，很快走上了社會主義革命和建設的道路，統計工作也在全國（除臺灣地區以外）範圍內逐步建立和發展起來。六十餘年來，已經建立起集中統一的各級統計機構，培養了一支相當宏大的統計隊伍，制訂了一套較為完整的統計製度方法，組織了全國範圍的經常性統計調查並進行過多次大規模的普查，提供並累積了豐富的統計資料，為社會主義革命和社會主義建設做出了很大的貢獻。在中國的統計工作取得了許多重大成就的同時，也受到不少干擾和破壞。由於「左」傾錯誤的影響，中國統計工作經歷了曲折的發展過程。自從黨的十一屆三中全會以來，確立了「以經濟建設為中心，堅持四項基本原則，堅持改革開放」的總方針。在總方針的指導下，中國統計工作和統計科學研究都得到了全面的恢復和發展。當前，在黨的十八大路線指導下，中國廣大統計工作人員和統計理論工作者正在和全國人民一道努力工作，繼續前進，為把中國建設成為社會主義現代化強國而努力奮鬥。

第二節　社會經濟統計學的研究對象和特點

一、社會經濟統計學的研究對象

關於統計學的研究對象,當前國內外有不同的看法。關於這個問題的爭論已經延續了幾百年,不同的學派(政治算術學派、國勢學派、數理統計學派、社會統計學派、馬克思統計理論體系)有不同的觀點,各執己見,爭論不休。目前國內比較一致的看法是,社會經濟統計學的研究對象和社會經濟統計工作的研究對象是一致的,都是社會經濟現象的數量方面。但兩者的側重點不同,統計科學從理論角度進行研究闡述,統計工作則是從實踐上進行具體研究。

社會經濟統計學的研究對象是社會經濟現象數量方面的理論和方法,是統計工作實踐經驗和理論的概括與昇華。社會經濟統計工作的研究對象是社會經濟現象在具體時間、地點、條件下的數量表現。

因此,社會經濟統計學是一門認識社會經濟現象數量方面的獨立的統計科學,並且是一門方法論科學。

二、社會經濟統計學的特點

社會經濟統計的研究對象是社會經濟現象總體的數量方面,包括現象總體的數量表現、現象之間的數量對比關係和現象質變的數量界限。因此,社會經濟統計學具有如下幾方面的特點。

(一) 數量性

從哲學的意義出發,任何事物都存在質和量兩個方面,是質和量的統一。統計是從量的方面對社會經濟現象進行觀察研究的,即統計的認識對象是社會經濟現象的數量方面。雖然統計是研究社會經濟現象的數量方面的,但它對現象數量方面的研究並不是孤立進行,而是在質與量的相互聯繫中來研究量經濟現象。

社會經濟現象的數量方面,具體指的是它的規模、水平、結構、比例關係、差別程度、普遍程度、發展速度、平均規模和水平、平均速度等。總的來說可以概括為以下三個方面。

1. 經濟現象的數量特徵

經濟現象的數量特徵是指反應社會經濟現象的總規模、總水平或工作總量。例如,2011 年中國國內生產總值達 471,564 億元,全社會固定資產投資 311,022 億元,社會消費品零售總額 183,919 億元,全年財政收入 103,740 億元等都是反應經濟現象的數量特徵。

2. 數量之間的對比關係

數量之間的對比關係是指反應社會經濟現象的內部結構、比例關係、相關關係等。例如 2011 年中國國內生產總值同比增長 9.2%,全社會固定資產投資同比增長 23.6%,

社會消費品零售總額比上年增長17.1%,全年財政收入比上年增長24.8%。

3. 質變的數量界限

在統計工作中,通過對各種數量方面、數量對比關係的分析研究,找出社會經濟現象質變的數量,用其來反應事物發展變化的規律性。例如,企業工人產量計劃完成的情況與未完成有質的差別,計劃完成程度100%就是質與量互變的界限;居民生活收入的貧困線、溫飽線、小康線的數量界限等。

統計研究社會經濟現象的數量方面,不同於其他專業的數量研究,它是在質的規定性下研究事物的量,也就是說,必須先對研究對象的範圍加以明確的規定,才能準確統計事物的數量。例如,在統計職工的工資總額時,就不能只簡單地把發到職工手裡的錢加起來,而必須先認識到工資是國家(單位)在一定時期內實際支付給職工的勞動報酬,在掌握了工資的含義、計算原則、計算內容和計算方法等的基礎上,才能進行具體的數字計算並得到準確的數據。

(二) 總體性

統計認識社會經濟現象的數量方面必須是對總體現象的認識,而非對個體現象的認識。因為,只有通過對總體的數量方面的觀察,才能發現現象存在的共性和規律性。例如,人口統計不是要瞭解和研究個別人,而是要反應一個國家或一個地區有多少人口,男女比例,各種年齡、民族職業的人口有多少,出生率、死亡率多少,平均壽命等方面的數量認識;研究城鎮居民的消費水平,雖然每個居民消費水平可能差距很大、情況各異,但所有居民的消費水平的變化卻是有規律的。因此,統計研究雖然是從調查個別事物開始的,但並不是研究個別事物的具體情況,而是要對所有個體的資料加以匯總分析,找出其相同的、本質的、有規律性的東西。因此,統計對個體現象進行觀察的目的,就是為了認識總體的數量特徵,認識客觀現象的規律性。

(三) 具體性

統計所研究的總體數量是現象在具體時間、地點和條件下的數量,而不是抽象的量。例如,2011年年末中國總人口為13.47億人,糧食總產量57,121萬噸,則人均糧食產量為450.70千克。顯然,這些數據不是抽象的量,它們之間的關係也不是抽象的數量關係,都有其自身的內在含義和一定的時間、地點和條件。如果抽掉具體的內容,不是在一定的時間、地點和條件下進行研究,那就不能說明任何問題,也就失去統計的意義。當然,統計在研究現象的數量表現時,要廣泛地應用到數學方法,並遵循一定的數學規則,如可以通過建立數學模型來表現具體現象之間量的關係。統計研究總體數量必須從個體入手來研究,如人口統計必須從瞭解每一個人的情況開始,然後經過分組、匯總、計算等工作過渡到說明人口總體數量方面的情況;物價統計必須從瞭解每種商品價格變動情況開始,達到對於物價總體數量變動情況的認識。

(四) 社會性

統計研究對象的社會性表現為3個方面:一是統計的認識對象是社會經濟現象的數量方面,是人類有意識的社會活動的產物,統計數據總是與人們的利益密切相關,反應著

人與人以及人與物之間的相互關係,因而統計本身也就有了社會性。二是社會經濟現象的數量變化將受到所處社會的政治經濟政策、文化背景、宗教、法律等諸多因素的變動影響。因此,社會經濟統計是為不同的社會製度及其階級利益服務的。三是從事統計活動的人們常常有不同的觀點、不同的立場、運用不同方法的分歧,這就使得社會經濟統計的研究對象也具有社會性。

綜上所述,社會經濟統計學的研究對象是社會經濟現象總體的數量方面,其研究目的是要認識經濟現象的本質的發展變化規律。統計學為統計工作如何從數量方面正確反應社會經濟現象的規律提供完整的方法。因此,社會經濟統計學是一門闡明如何搜集、整理、分析和提供社會經濟現象總體數量方面資料的方法論科學。

第三節　社會經濟統計學的過程劃分和研究方法

一、社會經濟統計學的過程劃分

統計是以客觀事物總體的數量特徵作為其研究內容,為了實現其研究目的和任務,從理論上講,一個完整的統計過程可分為統計設計、統計調查、統計整理和統計分析四個階段。

1. 統計設計

統計設計是指根據統計研究對象的性質和研究目的,對統計工作的各個方面和各個環節的通盤考慮和安排。統計設計的結果表現為各種標準、規定、製度、方案和辦法。例如統計分類標準、目錄、統計指標體系、統計報表製度、統計調查方案、普查辦法、統計整理或匯總方案等。統計設計的主要內容有:統計指標和指標體系的設計、統計分類和分組的設計、統計表的設計、統計資料搜集方法的設計、統計工作各個部門和各個階段的協調與聯繫、統計力量的組織與安排等。

統計設計在統計工作中有著決定性的作用。因為統計工作是一項要求高度集中統一和科學性很強的工作,無論是統計總體範圍、統計指標的口徑和計算方法,還是統計分類和分組的標準,都必須統一,絕不允許各行其是。因此,只有事先進行設計,才能做到統一認識、統一步驟、統一行動,使整個統計工作有秩序地、協調地進行,以保證統計工作的質量。

2. 統計調查

統計調查,即統計資料的搜集,它是根據統計方案的要求,採用各種調查組織形式和調查方法,有組織、有計劃地對研究總體的各個單位進行觀察、登記,準確、及時地搜集原始資料的過程。

統計調查是統計認識活動由初始定性認識過渡到定量認識的階段。這個階段所搜集的資料是否客觀、周密、系統,直接關係到統計整理的好壞,關係到統計分析結論是否正確,決定了統計工作的質量。所以,它是整個統計工作的基礎。

3. 統計整理

統計整理是根據統計研究目的,對調查階段所搜集的原始資料,按照一定標誌進行科學的分組和匯總,使之條理化、系統化,將反應各個單位的個別特徵的資料轉化為反應總體和各組數量特徵的綜合資料的工作過程。

　　統計整理是統計工作的一個中間環節,是對社會經濟現象的認識由個體的認識過渡到總體的認識,由感性認識上升到理性認識的必經階段,是統計調查的必然繼續,又是統計分析的必要前提。

　　4. 統計分析

　　統計分析是指對經過加工整理的統計資料應用各種統計分析方法,從靜態和動態方面進行基本的數量分析,認識和揭示研究現象的本質和規律性,作為科學的結論,進而提出建議和進行預測的活動過程。統計分析是統計工作的最後階段,也是統計發揮信息、諮詢和監督職能的關鍵階段。

　　統計工作過程的四個階段各有自己的特定內容和作用。一般來說,是依先後次序進行的。但是,它們是相互聯繫、相互制約的整體,任何一個階段的工作失誤都會影響整個工作的順利進行。為了保證從整體上取得良好的效果,有時因工作需要,在某些情況下,各階段工作要相互滲透、交叉進行。例如,有時根據需要和為保證質量,實行設計、調查、整理、分析同步進行;有時在調查、整理階段進行一些必要的分析,或者改進設計;有時在統計分析中會因已有資料不滿足需要而作一些必要的補充調查、加工整理和計算工作,補充、改進設計方案等。

　　統計研究對象是社會經濟現象總體的數量方面,目的是為了認識其本質和規律性。因此,在整個統計工作的過程中必須正確處理質與量的辯證關係、感性認識與理性認識的關係、定性分析與定量分析的關係。統計設計是對社會經濟現象進行定性認識的工作,是定量認識的必要準備;統計調查和統計整理是搜集、整理統計資料,使個體特徵過渡到總體特徵的定量認識工作,是整個統計工作的基礎和關鍵環節;統計分析則是運用統計方法對資料進行比較、判斷、推理、評價,以揭示社會經濟現象的本質和規律性的重要階段。這四個階段體現了質與量辯證統一中研究社會經濟現象總量方面的原則要求。所以,在實踐中,必須正確處理它們各自的任務和關係,以達到預期的目的。

二、社會經濟統計學的研究方法

　　統計學有自己獨特的研究方法,歸納起來有大量觀察法、統計分組法和綜合指標法,現分述如下:

　　1. 大量觀察法

　　任何事物都處在相互聯繫、相互制約的統一整體之中,脫離整體而孤立的事物是不存在的。統計就是把研究現象作為一個總體來觀察,因而,統計必須運用大量觀察法。所謂大量觀察法就是對所要研究的事物的全部或足夠多數的單位進行觀察的方法。

　　社會經濟現象的發展變化要比自然現象複雜得多。由於受各種社會規律相互交錯作用的影響,在社會現象的總體中,個別現象往往受各種偶然因素的影響,如果孤立地就其中少數單位進行觀察,其結果常常不足以反應現象總體的一般特徵。

　　大量觀察法是統計的基本方法之一。通過大量觀察,一方面可以掌握認識事物所必

需的總體的各種總量,另一方面還可以通過個體離差的相互抵消,在一定範圍內排除某些個別現象受偶然因素的影響,從數量上反應出總體的本質特徵。

在中國統計實踐中,已廣泛運用大量觀察法組織了多種統計調查。例如,各種統計報表、普查、重點調查和抽樣調查等。這些都是對總體進行大量觀察,以保證從整體上認識事物。當然,在統計觀察和分析中,也常常對個別典型單位進行深入細緻的研究,但是,它的最終目的仍然是為了說明總體的本質特徵。

2. 統計分組法

根據所研究事物的總體的特點和統計研究的任務,按照一定的標誌把所研究的現象總體劃分為不同性質或類型的組的方法稱為統計分組法。

社會經濟現象是十分複雜的,具有多種多樣的類型。從數量方面認識事物不能離開事物的質的方面,即統計研究的不是脫離現象性質的數量。將所研究的現象總體區分為不同性質部分是統計進行加工整理和深入分析的前提。統計分組法貫穿於統計工作的全過程,也是統計研究中的基本方法。沒有科學的分組,要制定正確的指標體系也是不可能的。這些都說明了統計分組法在整個統計工作過程中有重要意義。

3. 綜合指標法

統計是研究社會經濟現象總體的數量方面和數量關係的,所以,從總體上認識事物是統計研究的根本原則。它表現在統計分析上就構成綜合指標法,它是統計分析的基本方法之一。所謂綜合指標法,就是指利用綜合指標對現象總體的數量特徵和數量關係進行綜合、概括和分析的方法。

在統計實踐中,已廣泛應用總量指標、相對指標、平均指標等綜合指標,從靜態和動態上綜合反應和分析現象總體的規模、水平、結構、速度和依存關係等數量特徵和數量關係。

統計研究方法實質上是唯物辯證法在研究社會經濟現象數量方面的具體應用。因此,在運用統計研究方法時,還必須注意:根據實際情況,按照需要與可能分別採用不同的統計方法;要善於把多種統計方法結合運用,相互補充。

第四節　社會經濟統計學的幾個基本概念

社會經濟統計學中的概念比較多,這裡敘述下列幾個常用的基本概念。

一、統計總體與總體單位

(一) 統計總體

統計總體是指具有某種共同性質的許多個別事物構成的整體,簡稱總體。例如,要研究全國鄉鎮工業企業發展情況,全國的鄉鎮工業企業就組成為一個總體。這些鄉鎮工業企業儘管資產規模、產品品種、技術力量、設備狀況、經濟效益等各不相同,但它們都是鄉鎮企業,都是工業生產單位,向社會提供工業產品或勞務服務,在這方面具有共同性,

或稱同質性,是統計總體賴以形成的客觀基礎。總體具有以下三個特徵:

1. 大量性

總體的大量性是指總體應該由許多足夠數量的同質性單位構成,而不能只有個別或少數單位。這是因為研究總體數量特徵的目的是要揭露現象的規律性。而事物的規律性,特別是社會經濟現象的規律性只有在大量現象的匯總綜合中才能顯示出來,個別單位的現象有很大的偶然性,而大量現象的總體則相對穩定,表現出共同的傾向,這就是現象的必然性。

根據總體大量性的特點,總體可以分為有限總體和無限總體兩類。無限總體是指包括的單位很多,以至無限的總體。例如,要研究海洋魚類,海洋魚類就是無限總體。又如在一條自動化加工的連續生產線上製造某種零件,這些零件可以被假定為永遠不停地被製造出來,也屬於無限總體。有限總體的規模和範圍相對較小,是由有限個單位事物構成的總體。例如,一個國家的人口、一定時期內生產的產品等。社會經濟統計中,大多數屬於有限總體,可以採用全面調查,也可以用非全面調查。對無限總體,只能採用抽樣調查來推斷總體的情況。

2. 同質性

總體的同質性是指構成總體的各個單位至少具有某一方面相同的性質,它是將總體各單位結合起來的基礎,也是總體的質的規定性。同質性又是相對的,它是根據研究目的而定的,目的不同,確定的總體就不同。例如,研究企業職工的工資水平,全體企業職工構成總體,凡企業職工都是同質的。但如果研究困難職工的工資水平,並確定困難線在年收入 8,000 元以下,那麼工資水平在這個界限以上的職工就屬於不同質的了。

3. 差異性

總體的各個單位除了具有某種或某些共同的性質以外,在其他方面則各不相同,具有質的差別或量的差別。正因為差異是普遍存在的,才有必要進行統計研究,這是統計的前提條件。總體中各個單位之間具有差異,是由於各種因素錯綜複雜作用的結果,所以有必要採用統計方法加以研究,才能表明總體的數量或質量特徵。

(二) 總體單位

構成總體的每一個別事物或基本單位就是總體單位,也稱個體。原始資料最初就是從各個總體單位取得的,所以總體單位是各項統計數字最原始的承擔者。例如,研究全國鄉鎮工業企業發展情況時,全國的鄉鎮工業企業就組成為一個總體,每一個鄉鎮工業企業則是一個總體單位,將每個工業企業的某些數量特徵加以登記匯總,就取得全國鄉鎮工業企業的統計資料。

總體與總體單位不是固定不變的,而是隨著研究目的和任務的不同而相互轉化的,原來的總體可能成為總體單位。例如,要研究中國的煤炭生產情況,則全國所有的煤炭企業就構成統計總體,每一個煤炭企業就是總體單位。如果要研究某一煤炭企業的生產情況,則該煤炭企業是總體,每一個礦區(井)是總體單位。

二、統計標誌與標誌表現

(一)標誌

標誌是反應總體各單位屬性特徵和數量特徵的名稱。每個總體單位從不同方面考察都具有許多屬性和特徵。例如,每個工業企業是總體單位,則經濟類型、企業規模、職工人數、利潤額等都是標誌;如果每個工人是總體單位,則性別、工種、文化程度、技術等級、年齡、工齡、工資等就是標誌。標誌可以從以下幾方面進行分類:

1. 按標誌的性質,可分為品質標誌和數量標誌

(1)品質標誌,說明總體單位屬性特徵的名稱是品質標誌,它只能用文字來表現,不能用數值來表示。例如,企業的所有制形式、所屬部門、職工的姓名、性別、文化程度等。

(2)數量標誌,說明總體單位數量特徵的名稱是數量標誌,只能用數字來表現。如企業的人數、工資總額、總產值、利潤額、勞動生產率、職工的年齡、工資、工齡等。

2. 按標誌變異情況,可分為不變標誌和可變標誌

(1)不變標誌,指某一標誌在各個總體單位的具體表現都相同。例如,由全民所有制企業所組成的總體中,企業的所有制形式就是不變標誌;女同學總體中性別是不變標誌;90分以上同學是總體,成績是不變標誌等。不變標誌是形成總體的依據。

(2)可變標誌,指某一標誌在各個總體單位的具體表現不完全相同。例如,全民所有制企業總體中,企業的職工人數、年生產能力、固定資產、利潤、稅金等都是可變標誌;女同學中的年齡不同,身高不同,考試成績不同等。可變的品質標誌和可變的數量標誌是統計分組和統計核算與分析研究的基礎,我們可以在同質總體中,按照某種可變標誌將總體分成若干部分,然後再進行深入細緻的分析研究。總體的同質性和總體的變異性是進行統計分析的前提條件。

(二)標誌表現

標誌特徵在各個單位的具體表現叫作標誌表現。一般來講,每個總體單位都有相同的標誌,我們可以通過不同的標誌表現來區別一個單位與另一個單位。例如,每一個企業都有所有制形式這個標誌,但其具體表現卻有國有企業、集體企業、股份合作企業、私營獨資企業、中外合資經營企業等多種形式。性別是品質標誌,性別的標誌表現為男和女;職業是品質標誌,職業的標誌表現為工人、醫生、農民、教師等。

數量標誌表現為標誌值,又叫變量值。如年產量是數量標誌,具體在甲企業的年產量為160萬噸,乙企業的年產量為280萬噸;工人日產量是數量標誌也是一個變量,工人日產量分別為22件、25件、23件……這些日產量數值就是標誌值。

三、變異和變量

(一)變異

變異是指某一標誌在各個總體單位的標誌表現有差別。例如,年齡這個數量標誌,在每個人身上表現為不同的年齡;性別這個品質標誌,具體表現在每個人身上有男、女之別。有變異才有統計。

(二) 變量

可變的數量標誌稱為變量,變量所表現的具體數值稱為變量值。例如,在某市所有居民組成的統計總體中,某人的年收入四萬元,其中「年收入」為變量,「四萬元」為變量值。不變的數量標誌稱為常量或參數。變量不能相加平均,而變量值則可以加總平均。

變量可以從以下幾個角度進行分類。

1. 按變量值是否連續,可分為連續變量和離散變量

(1) 連續變量。連續變量的兩個相鄰變量值之間可以無限分割,也就是可取無限多個數值。例如,人的身高和體重,企業的固定資產、年利潤額,零件的尺寸,氣象上的溫度和濕度等。連續變量的數值需要通過測量或計算的方法取得。一般以時間、重量、長度、面積、體積、貨幣等形式計量的變量都是連續型變量。年齡是連續變量,在實際中作為離散變量。

(2) 離散變量。離散變量的數值都是以整數斷開的,如人數、企業數、設備臺數等只能取整數,不可取小數,其數值的取得必須用計數方法取得。

2. 按變量的性質,可分為確定性變量和隨機變量

(1) 確定性變量。確定性變量是指影響變量值變化的因素是確定可控的變量,確定性因素使變量值沿著一定的變動方向呈上升或下降趨勢。例如,圓的面積隨半徑的長短而變化,變化關係是確定的,因此圓的面積是確定性變量;又如推廣良種、提高土質、合理施肥、加強水利建設、加強田間管理等確定性因素會影響農作物的產量逐年增加,這時的農作物「產量」就是確定性變量;小孩身高在正常情況下隨著年齡增長而增高,則小孩身高是確定性變量。

(2) 隨機變量。隨機變量是指變量值的變化是受許多不確定因素影響。隨機性因素的影響作用是隨機的、偶然的,會使變量值的大小變化沒有一個確定的方向。例如,用同一臺設備加工一批零件,因受溫度、振動等多種因素的影響,其尺寸測量的結果不完全相同,帶有隨機性,故零件的尺寸是隨機變量;中獎號碼、人的壽命、畝產量等都是隨機變量。

四、統計指標

指標是說明現象總體特徵的。一般有兩種不同的理解和使用辦法:一是指現象總體數量特徵的概念。例如,中國的國民生產總值、國民收入、糧產量等,其包括 3 個構成要素,即指標名稱、計量單位、計算方法。這是統計理論和統計設計上所使用的統計指標的含義。二是指現象總體數量特徵的概念和具體數值。例如,2011 年中國的鋼產量為 68,388.3 萬噸,原煤產量為 35.2 億噸。其包括六個構成要素:指標名稱、計量單位、計算方法、時間限制、空間限制、指標數值,這是統計實際工作中所使用的統計指標的含義。統計指標有三個特點:數量性、綜合性、具體性。

指標與標誌是兩個既有區別又有聯繫的概念。

兩者的主要區別是:①標誌是說明總體單位特徵的,而指標是說明總體特徵的;②標誌有能用數值表示的數量標誌和不能用數值表示的品質標誌,而指標都可以用數值

表示。

兩者的主要聯繫是：①有許多統計指標的數值是從其總體單位的數量標誌值匯總而來的。例如，一個工業主管局的總產值是所屬各企業總產值的總和。②指標和數量標誌之間存在著變換關係，即如果原來的總體變成了總體單位，則相應的統計指標也就變成數量標誌了，反之亦然。

第五節　統計設計

一、統計設計概述

(一)統計設計的概念和意義

統計設計是統計工作的第一個階段，是根據統計研究對象的性質和研究目的對統計工作各個方面和各個環節的通盤考慮和安排。統計設計的結果表現為各種設計方案，如統計指標體系、分類目錄、統計報表、調查方案等。

統計工作的各個方面是指統計研究對象的各個組成部分。例如，就工業企業生產經營活動而言，包括人力、物力和財力，供應、生產和銷售。就整個社會經濟發展來說，包括人口、環境、資源等條件和生產、分配、流通、消費等擴大再生產過程，包括政治、文化、教育、科學、衛生、體育等社會活動。統計工作的各個環節是指統計工作具體進行時的各個階段，包括統計資料的搜集、匯總與整理，統計資料的分析研究、提供、保存和公布等。前者可以說是統計工作的橫的方面，後者則是統計工作的縱的方面。

無論是大範圍的統計工作或是小範圍的統計工作都會涉及相互聯繫的各個方面和各個環節。統計設計就是要從縱、橫兩個方面對整個統計工作做出通盤的考慮和安排。這是統計工作協調、有秩序、順利進行的必要條件，是保證統計工作質量的重要前提。

從理論上和認識的順序來講，統計設計是統計工作的開始。但在實際工作中，有時並不表現為統計工作的開始，而表現為統計工作連續活動的一個環節，表現為統計設計的改進。這是因為：

(1)實際統計工作碰到的是歷史上已經形成的統計指標體系、統計分類方法、統計報表製度等，不是從頭開始設計，而是要改進已有的設計。

(2)即使一項新的工作是從設計開始的，但如果在執行過程中發現設計存在問題，就應該對原來的設計進行修改或充實。

改進設計有時會比從頭設計產生更多的問題。例如，歷史資料的對比、照顧左鄰右舍關係的相應改變等。因此，統計設計這個概念，既包括從無到有的開始設計，也包括對已有設計方案的改進。它們的基本內容和基本原則是相同的。

統計設計是一項高度集中統一的工作，需要通盤考慮，因此，從實踐經驗看，統計設計應作為一個獨立工作階段來對待。只有通過統計設計，才能保證統計工作協調、統一、順利進行，避免統計標準不統一；只有通過統計設計，才能按需要與可能分清主次，採用各種統計方法以避免重複和遺漏，使統計工作有秩序地進行。

(二)統計設計的種類

統計設計從不同角度考察有不同的分類方法,現分述如下:

1. 從統計設計所包括的研究對象的範圍看,可分為整體設計和專項設計

整體設計是把研究對象作為一個整體而對整個統計工作進行的全面設計。整體設計的範圍可大可小,就微觀而言,可以是一個企業或事業基層單位;就宏觀而論,可以是整個國民經濟範圍。

專項設計是指對研究對象的某一組成部分的統計設計。例如,一個企業的有關人力、物資、資金、生產、供應、銷售的統計設計就是專項設計。就全國來說,工業、農業、交通運輸等統計設計也是專項設計。

整體設計和專項設計相比較,整體設計是主要的,專項設計是從屬於整體設計的。兩者的劃分是相對的。例如,從全社會看,工業統計設計是專項設計,但就工業作為獨立研究對象來說,工業統計設計則是整體設計。

2. 從統計設計所包括的工作階段看,可分為全階段設計和單階段設計

全階段設計是對統計工作全過程的設計,從確定統計任務、內容、指標體系開始到分析研究的全過程的通盤安排。

單階段設計是指統計工作過程中某一個階段的安排。例如,統計調查的設計、統計整理的設計、統計專題分析的設計等。

無論是整體設計和專項設計都可以進行全階段設計或單階段設計。全階段設計和單階段設計相比較,前者是主要的,後者是在前者的基礎上進行的。但是,兩者各有分工,各有側重,全階段設計偏重於安排各階段的聯繫,單階段設計則要細緻地安排工作的進度和方法。

3. 從統計設計包括的時期看,可分為長期設計、短期設計和中期設計

長期設計是指 5 年及 5 年以上的統計設計;短期設計一般是指 1 年或年度之內的統計設計;至於 2 年或 3 年的統計設計則可以稱為中期設計。

這種劃分和前兩種劃分的內容有所不同,它是從具體的組織工作的安排考慮的,有時相當於統計工作的組織計劃。

(三)統計設計的內容

統計設計所涉及的方面非常廣泛,包括整個統計工作過程的全部內容。然而,許多內容不可能在統計工作開始階段就能設計妥當,要根據工作的進程適當地進行調整和充實。而且,統計設計的內容又由於設計的種類不同而有所不同。儘管如此,它們卻有許多共同之處。一般地說,按認識對象範圍劃分的整體設計和專題設計,只是範圍大小之別,其設計內容相似。按工作階段劃分的全階段設計和單階段設計的內容也大致相同,只是詳略之別。這裡僅就統計設計屬於共性方面的內容作概略的說明。

1. 明確規定統計研究的目的和任務

統計設計的首要環節是明確規定統計研究的目的和任務,這是決定統計內容和方法的出發點。目的不明,任務不清,就無法確定研究什麼和怎樣研究。其結果可能不是當前迫切需要的,而迫切需要的卻得不到充分反應。所以,明確規定統計研究的目的和任

務是設計的首要問題。

2. 確定統計指標和統計指標體系

統計指標和統計指標體系是認識客觀事物的工具,所以,它是統計設計的中心內容。無論整體設計和專題設計,也不論全階段設計和單階段設計,都要解決統計指標和統計指標體系的設計問題。

3. 確定統計分類和統計分組

確定統計分類和統計分組也是統計設計的重要內容,這裡說的分類和分組是指社會經濟現象本身的分類和分組。例如,生產資料按所有制分類或按國民經濟部門分類,人口按職業分類或按年齡分組,家庭按人均收入分組等。

統計分類是一件很重要的工作,有些統計分類是很複雜的,需要統計設計人員具有廣博的理論和實際知識。統計分類實際上是一種定性認識活動。要搞好它,常常需要聘請有關方面的專家、學者及實際工作經驗豐富的人員共同討論研究,制訂出統一的分類目錄,規定出對各種複雜情況的處理方法。

4. 研究設計統計表

統計的意義、種類和結構詳見第三章的內容。

5. 決定統計分析研究的內容

在整個統計工作過程中,統計分析研究一般是在統計資料整理之後,但在統計設計過程中,對統計分析研究內容的考慮通常是放在明確統計目的、任務並確定統計指標、指標體系及分類、分組體系之後。同時,統計分析研究內容的確定還可以進一步對既定的統計指標和指標體系起核查校對作用,統計指標及其體系如不能滿足統計分析研究的要求,則可以修改和充實。

統計分析研究內容的設計最主要的是科學地選定分析研究的題目。確定了題目之後,還要考慮用什麼分析方法。

統計分析的設計還要考慮分析結果的表達形式。它可以是比較系統的書面分析報告,也可以是簡明扼要的文字說明,還可以是鮮明生動的圖表。這要根據統計指標的性質和服務對象來確定。

6. 制訂統計調查方案

為了保證在調查過程中統一認識,必須制定一個統一的統計調查方案。這是統計設計的重要內容(具體內容參見第二章)。

7. 規定各個階段的工作進度和時間安排

暫且不論統計工作的全部,只就某一項統計工作而言,其過程也是由若干大階段和許多小環節、細節構成,在設計時,要對它們嚴格規定。例如,統計調查階段包括資料登記、復查、質量抽查等工作,在統計整理階段包括資料審核、匯總、編碼等工作,分析提供階段包括資料的公布、報告等工作,這些都要規定完成的期限。為使各個階段、各個環節的工作能夠互相銜接、相互聯繫、協調配合地順利進行,按時保質地完成,還要設計出工作進度圖、統籌圖、流程圖,具體規定明確的起止日期。

8. 考慮各部門和各階段的配合和協調

在統計工作全過程中,統計調查、統計整理和統計分析是互相聯繫的環節,不同的指

標又有不同的搜集資料的方法,有不同的時間要求,從而也就有不同的整理方法。而這些又決定於統計分析研究的目的和內容。因此,整體設計雖然不能完全代替階段設計,但是需要考慮到各個階段之間的關聯。

9. 統計力量的組織與安排

統計力量的組織與安排是保證統計工作順利進行的一個重要的統計設計內容。就廣義而言,它包括專業機構的組織、統計機構與領導機關和其他業務機構的關係,非統計機構中統計活動和各種業務資料的利用等。

就狹義而言,統計力量的組織與安排則指專業機構的組織和統計力量的安排。具體而言就是:如何組織專業統計機構,各項工作如何分工,各安排多少人,各負什麼職責,怎樣既有分工又有合作,是否有必要定期輪換等。

二、統計指標和指標體系的設計

統計分析研究社會經濟現象總體的數量方面是通過統計指標和指標體系來進行的。所以統計指標和指標體系的設計是統計設計的中心內容。

(一)統計指標

1. 統計指標的概念

統計指標是統計活動中經常使用的概念,在統計理論與實踐中一般有兩種理解:

(1)反應一定社會經濟現象總體的某種數量特徵的概念。例如,國民生產總值這個指標是指一個國家(或地區)的物質生產部門和非物質生產部門在一定時期(通常是1年)內提供的社會最終使用的產品和勞務的價值,不包括中間消耗的產品和勞務價值。它作為一個數量特徵的概念綜合反應了社會經濟活動的總成果。這是統計理論和統計設計上所使用的統計指標的含義。

(2)反應總體現象數量特徵的概念和具體數值。例如,2012年中國國內生產總值為519,322億元,這個統計指標由概念和指標數值兩個部分組成。這是統計工作中經常使用的統計指標的含義。

2. 統計指標的特點

(1)數量性

統計指標是可以用數字表示的客觀現象的量的表現,不存在不能用數字表現的統計指標。

(2)綜合性

統計指標是統計總體特徵的數量表現。總體是由許多相同性質的個別事物構成的整體,總體的數量表現是其所包括的每個單位的標誌值進行綜合之後計算的,具有綜合性。

(3)具體性

統計指標不是抽象的,而是一定的具體的社會經濟現象量的反應,不存在脫離了質的內容的統計指標。統計指標的具體性是統計指標在一定時間、地點、條件的客觀數量的反應。

3. 統計指標的種類

（1）統計指標按其說明的總體現象的內容不同,可分為數量指標和質量指標。數量指標是反應社會經濟現象的規模大小和數量多少的統計指標,一般表現為總量指標、絕對數。例如,人口數、企業數、商品銷售額等。它的數值隨著總體範圍的大小而增減。它是認識總體現象的出發點。質量指標是說明總體性質和數量關係,表明總體的內容構成、比例、發展變化速度和一般水平的統計指標,一般表現為相對指標和平均指標,其數值表現為相對數和平均數。例如,人口的性別構成、出生率、死亡率、人口密度、職工平均工資、每畝糧食產量等。它的數值不隨總體範圍的大小而增減。

（2）統計指標按其表現形式不同,可分為總量指標、相對指標和平均指標。總量指標是反應總體規模的統計指標,其數值表現為絕對數。相對指標是表明兩個有聯繫的統計指標數值之比的,反應數量關係的指標,其數值表現為相對數。平均指標是同質總體內標誌總量與總體單位總量相除的結果,表明總體各單位標誌值的一般水平的指標。

（3）統計指標按其在管理工作中的作用,可分為考核指標和非考核指標。考核指標是指用於定期和不定期檢查、評比、考核用的指標。非考核指標是皆不用做考核,主要用於瞭解情況和一般分析研究的指標。

(二)統計指標體系

1. 統計指標體系的概念和作用

習慣上,統計指標指的是單個的統計指標和籠統的所有統計指標。但各個統計指標不是孤立的,在一定的範圍或條件下是相互聯繫的,單個統計指標反應總體現象的一個側面,瞭解和研究總體現象要使用一套相互聯繫的統計指標。若干個相互聯繫的統計指標組成的整體就稱為統計指標體系。社會經濟現象本身的聯繫是多種多樣的,所以統計指標之間的聯繫也是多種多樣的。例如,一個工業企業是人力、物資、資金、生產、供應、銷售相互聯繫的整體運動,用一系列統計指標反應和研究工業企業的全面情況,這就組成工業企業統計指標體系。

統計指標體系這個概念比統計指標這個概念更為重要。統計指標是泛指的一般性的概念,而統計指標體系則是有具體對象的,其反應了指標之間相互聯繫的概念。統計指標體系是應用更為廣泛和更為重要的手段,其原因如下：

（1）任何現象總體都是一個相互聯繫的有機整體

一個企業是由許多有機聯繫的部分組成的整體,一個部門是由許多有機聯繫的企業和單位組成的整體,整個國民經濟是由許多有機聯繫的部門和地區組成的整體,生產、分配、流通、消費是連續不斷的有機聯繫的複雜過程。人類所進行的各種社會活動也是相互聯繫的。這種社會經濟現象的相互聯繫是產生統計指標體系的客觀基礎,同時也產生了使用統計指標體系的要求。

（2）從對總體的認識來講,一個統計指標的作用是有限的

一個指標只能反應總體運動的一個側面,不能只靠一個指標來瞭解情況和做出判斷,而要使用相互聯繫的一套指標來反應它和研究它。

2. 統計指標體系的設計原則

設計統計指標體系是一個科學性很強的工作。設計時要通盤考慮設置哪些指標,名稱、含義、內容如何,計算時間、空間如何,計算方法和計量單位等。設計時必須遵循以下原則。

(1)科學性

科學性是指要有科學理論的指導,又要符合客觀對象實際。從中國實際出發,設計出符合中國國情的統計指標體系。

(2)目的性

目的性是指要能夠反應社會經濟現象和過程的各個方面、各個環節的指標,又能提供分析研究經濟中各種基本平衡和比例關係的數據,以適應客觀管理的需要。此外,還要滿足國際統計對比的需要。

(3)聯繫性

統計指標的設計要從整體上全面考慮各指標之間的聯繫。要從口徑、時間、空間、方法等方面通盤考慮大系統、分體系、子體系所構成的有機聯繫整體。

(4)統一性

統計指標體系的設計既要考慮內部聯繫,又要考慮外部聯繫。外部聯繫主要是統計指標體系在計劃、統計、會計和業務核算上的統一。

(5)可比性

設計統計指標體系要考慮各地區、各部門、各時期和國際對比的要求。統計指標體系要保持一定的穩定性,重要指標的更換要採用逐漸代替的方法,不宜斷然變更,要注意與過去資料的銜接。

上述是一般原則,在具體設計時,要充分考慮實際情況的複雜性。在實際工作中,常常不是對指標體系的重新設計,而是對原有指標體系的改進。即使如此,也要遵守上述原則。

3. 中國現行的統計指標體系

近幾年來,在國務院統一領導和組織下,經多方研究論證提出了國民經濟、科技和社會指標組成的總體系。其框架包括如下 3 部分:

(1)國民經濟統計指標體系

它包括社會再生產基本條件指標,反應社會產品和勞務資源的生產與使用狀況的指標,反應國內生產總值的初次分配、再分配情況的指標,反應消費和累積方面的指標,反應國際收支狀況的指標等。

(2)科技統計指標體系

它包括科研活動和技術開發的條件、科研投入產出等指標。

(3)社會統計指標體系

它包括人口、教育、文化、藝術、新聞、出版、衛生、體育、環境保護、社會保障等社會事業,以及社會條件、社會結構、社會關係和人們的物質文化生活、家庭生活、社會活動參與、思想意識傾向等指標。

(三)統計指標和統計指標體系的設計內容

這裡講的設計包括單項統計指標的設計，也包括反應整個對象的統計指標體系的設計。統計指標體系是由若干個統計指標所組成的，它們在設計內容和設計原則上是有密切聯繫的，許多問題是需要統一考慮的，因此，把它們合在一起進行敘述。

1. 確定統計指標體系的具體構成

其具體構成包括哪些統計指標，哪個指標是指標體系中的核心指標，統計指標之間具有什麼樣的聯繫。統計指標體系中指標的種類、數量以及核心指標的確定不是固定的，它決定於許多因素。例如，統計對象的性質、統計總體的範圍、管理或研究的目的等。

一個統計指標體系內的各個指標在總體範圍上應該一致，在指標口徑上應該相互聯繫，不然在運用統計指標分析研究時會產生困難，甚至無法進行分析。因此，統計指標體系的設計和單項統計指標的設計要統一起來通盤考慮。核心指標是統計指標體系中以它為主的中心指標，設計統計指標時首先要解決它的口徑範圍問題，其他統計指標則以它為標準來確定口徑範圍，也需要根據對它的分析研究來確定指標數量和分類方法。

統計指標體系的確定要經過反覆的實踐和研究，而且它不是一成不變的。即使是基本統計指標體系，也會隨社會實踐的要求而發生增添、減少或者內容和作用上的改變。

2. 確定統計指標的名稱、含義、內容和計算範圍

這是設計任何統計指標的第一個要點。也就是說，設計任何指標首先要明確它是什麼，界限劃在什麼地方，什麼算在內，什麼不算在內。

設計統計指標的名稱和含義主要根據實質性科學相應的概念和管理上的要求。例如，根據政治經濟學中關於社會產品、國民收入、勞動生產率、工資、利潤等概念去設計相應的統計指標的概念和它的含義。

統計指標概念和實質性科學相應的概念既有聯繫又有區別。實質性科學的概念是經過科學抽象的理論概念，是對客觀現象定性研究的結論，是純概念；統計指標概念是反應現實數量特徵的概念。現實是錯綜複雜的，為了反應現實的數量狀況，不可能完全按照理論進行計算，在內涵和外延上都必然會有出入。但是統計指標概念畢竟是以實質性科學的理論概念為基本依據的，如果完全脫離了理論概念，那就無法利用統計指標進行社會經濟關係的分析和研究。

實質性科學有各種不同的理論觀點和概念，這種理論觀點上的差別必然會反應到某些統計指標的概念上來。在這個問題上也反應出社會經濟統計的社會生產和階級性。

只規定統計指標的名稱和含義是不夠的，現實情況是複雜的，還需要根據實質性科學的概念和管理上的要求確定統計指標的計算範圍，即規定統計指標的具體內容和界限，什麼內容計算在內，什麼內容不應計算在內。例如，對工資總額這個指標就應具體規定發給職工的什麼收入算在工資總額之內，什麼收入不應該計算在內。我們習慣上稱這種計算範圍為指標口徑。

指標口徑和總體範圍是兩個不同的問題，有時候是一致的，但有時候則不一致。例如，人口數指標有常住人口、現有人口、戶口人口等人口數概念，這既是總體範圍問題，又是指標口徑問題。但工資總額就不同了，它只表現為指標口徑，總體範圍則是另一個問

題,是指包括哪些單位和不包括哪些單位,或者是包括哪些人和不包括哪些人。

3. 確定統計指標的計量單位

例如,對於實物量指標要規定是用自然實物計量單位或是用標準實物計量單位,採用什麼樣的實物計量單位,用什麼方法折合為標準實物量。對於勞動量指標要規定採用什麼樣的勞動量單位,是用工時或工日等。對於價值指標也要規定採用什麼樣的貨幣單位。

表面看來,計量單位是個很簡單的問題,但處理不當是會發生副作用的。例如,生豬收購量按頭計算時,發生過收購頭數年年增加而收購總量下降的情況,造成浪費。

4. 確定統計指標的計算方法

統計指標的計算方法有的簡單、有的複雜。有的統計指標在確定了總體範圍和指標口徑之後並不需要再規定具體的計算方法,因為統計指標的計算表現為點數、測量、登記和簡單的匯總計算。例如,產品生產量、職工人數、貨運量等。有的統計指標的計算方法則比較複雜,即使是總量指標也要解決許多複雜的實際問題。這種複雜主要不是表現在數字上,而是表現在怎樣能夠準確、綜合地反應社會經濟現象的數量狀況。例如,採用什麼樣的計算方法反應工業、農業以及全社會的產品生產總量就是個很複雜的問題。具體包括:是否要限制在一定範圍(如生產領域)之內;是否包括轉移價值,這類轉移價值能不能重複計算,如果可以,重複到什麼程度,採用什麼樣的價格;產品有不同的表現形式(實物形式和作業形式),計算時怎樣處理等。再如,播種面積指標也有各種不同的複雜問題,有的間種、有的套種等。這都需要恰當地加以處理。有的分析指標的計算要選擇和建立恰當的數學模型,運用高等數學方法求解。

設計統計指標的計算方法是一項嚴謹的科學研究工作,是將認識對象的性質、社會管理的要求或研究目的、實際情況以及數學方法等結合起來進行研究的一項複雜工作。

5. 確定統計指標的空間範圍和計算時間

空間範圍包括地區範圍,也包括組織系統的範圍。如果發生改變要規定處理辦法。

統計指標的計算時間有兩種:①以一段時期(日、月、季、年等)為計算的時間界限;②以某一標準時刻為計算的時間界限,如 1990 年 7 月 1 日 0 時為中國第四次人口普查的標準時間,以年末為計算時間等。採用哪一種計算時間是由統計指標的性質、特點和需要所決定的。

表面看來,計算時間的設計也是很簡單的,但處理不當也會發生副作用。例如,規定按年末統計「牲畜存欄頭數」,並且用它來考核成績,如秋季牲畜膘肥時不願宰殺,留到年末計數,結果既浪費飼料又減少出肉量。

上面分別列出了統計指標和指標體系設計的主要內容,這些設計內容是互相聯繫的。因此,在實際進行設計時要統一起來進行考慮,特別是要以統計指標體系中的核心指標為標準進行通盤的考慮。

三、統計、會計、業務核算的協調與統一

中國在 1955 年 2 月第四屆全國統計工作會議上就提出了統計、會計、業務(操作技術)三種計算方法的統一問題,但是直到今天也沒得到正式解決。

報告中提到的統一問題,絕不是誰吃掉誰,而是使資料能互相使用,主要是財務會計與統計的協調。

　　要搞好協調,就要做到通用化,如同機械工業中的通用件似的能把彼此的資料按自己的需要湊成所要的指標數值。要想通用化,必須搞好標準化,如部門分類問題。二十多年前統計是兩種部門,即經濟部門和主管部門分類並用。廣大統計人員都認為按主管部門分類沒有用處,因為劃分多少部和設立多少局是屬於上層建築,可以根據管理需要來變更,而經濟部門是由社會分工而形成的客觀存在。現在所看到的統計資料都是按經濟部門分類,而財務會計仍然是主管部門分類,沒有經濟部門分類,可以說統計與會計的差距很大。其主要原因是主管部門與經濟部門不同。屬於經濟部門的工業企業包括所有進行工業生產活動的企業,不管這些企業屬於哪個部門,主管部門是否按行政隸屬關係劃分,只有隸屬於各個工業部(如機械工業部、航天航空工業部等)的工業企業才列入工業,鐵道部所屬的大小工廠不列入工業而劃入運輸業中去。

　　在部門劃分上的協調主要是統計部門向財會部門提出的要求。事實上協調問題是由統計提出來的,統計要利用會計的資料,會計向統計索取資料是不常見的。解決部門劃分問題並不難,現在已經基本上解決了。

　　資金與資金運動是會計的研究對象,如固定資金、流動資金、成本、生產費用、工資、利潤、稅金等。而統計十分需要的資料,尤其是中央提出以經濟效益為重點的情況下,沒有會計的配合,統計是很難搞好的。會計與統計的協調是一項細微的工作,要從基層開始,基層會計是以行政單位進行核算的。中國的固定資產統計只能得到全國所有獨立核算的工業企業的固定資產,而沒有非獨立核算的工業企業的固定資產。如校辦工廠是非獨立核算單位,學校是基層行政單位,在會計上把工廠列在學校之內而沒有分開,都匯總於教育部門了。這只是舉一個工業為例,若按經濟部門分類考慮,類似情況很多,想一下都解決是不行的,也行不通,主要原因是統計需要而會計覺得沒有什麼必要。20世紀80年代國務院成立了統一核算辦公室,協調問題被重視了。後來統計學會與會計學會召開了新中國成立以來第一次統計、會計人員的討論會,使會計方面瞭解到許多統計方面的要求,並認為基本上可以滿足這些要求,而這些要求是會計人員一直不知道的。總之,要協商解決問題,根據經濟建設的需要共同合作來辦好事情。

第六節　社會經濟統計的組織系統和職能作用

一、社會經濟統計的組織系統

　　為了保證社會經濟統計活動的順利進行,必須建立相應的統計工作組織系統。統計工作組織系統的機構是否健全、運行是否高效,直接關係到統計工作的任務能否順利完成,社會經濟統計的職能能否充分發揮。

　　中國現行的集中統一的統計工作組織系統,是由各級政府部門的綜合統計系統、各級業務部門的專業統計系統以及城鄉基層企事業單位的統計組織組成的協調一致、有機

統一的整體。

1. 綜合統計系統

各級政府部門的綜合統計系統,是由國家統計局和地方各級政府統計機構組成的。它是中國國家統計組織的主系統。國家統計局是國務院的工作部門,負責組織領導全國各級、各部門統計機構開展社會經濟統計工作,並承擔全國性的基本統計任務;各級地方統計機構,包括省、自治區、直轄市統計局及其所轄地、市、縣統計局和鄉(鎮)統計站,它們受各級地方政府和上級統計機構的雙重領導。其中,在行政管理上,以同級地方政府的領導為主;在統計業務上,以上級統計機構的領導為主。各級統計機構負責組織領導本地區的統計工作。

此外,國家綜合統計系統還根據專項統計業務開展的需要,以統計局系統為主體,設置了各種子系統。如專業普查系統,中央成立國家普查領導機構,地方分設省、市、區、縣普查組織機構等;城鄉抽樣調查隊系統,在國家統計局設抽樣調查總隊、省、自治區、直轄市設省、自治區、直轄市調查隊,中選縣設縣調查隊等。

2. 專業統計系統

中國現行的專業統計系統,是由中央及地方各級專業主管部門的統計機構組成的。國務院各部、委、局設統計司或統計處,各省、自治區、直轄市及其所轄的地、市、縣、鄉(鎮)的專業主管部門,根據工作需要設置相應的統計機構。各級業務主管部門所設統計機構在業務上受國家統計局和同級地方政府統計機構的指導,組織完成本部門的各項統計任務。

3. 基層企事業單位的統計組織

目前,中國的基層企事業單位,都根據統計任務的需要設立了統計機構或配備了統計工作人員。他們在統計業務上受所在地人民政府統計機構和上級業務主管部門統計機構的指導,負責完成本單位的各項統計任務。

目前,中國除了國家統計組織和企業統計組織之外,還有社會團體的統計組織,其中包括各個政黨、團體、科研組織、民間諮詢和信息機構的統計組織。這些統計組織的設置,因所屬社會團體的條件不同而各異,但都應力求適應本系統、本單位對統計信息的要求,並為全社會提供相關的統計信息。

中國現行的統計組織系統及其相互關係如圖1-8所示。

二、社會經濟統計的職能作用

所謂統計職能,是指統計本身特有的功能。它是客觀存在的,它能否充分有效地發揮作用,主要取決於它是否滿足客觀需要以及人們對它的認識和開發利用程度的高低。統計工作作為國家管理系統的重要組成部分,同時兼有信息、諮詢、監督三種職能。

1. 信息職能

統計的信息職能,是指根據科學的統計指標體系和統計調查方法,靈敏、系統地採集、處理、傳遞、存儲和提供大量的以數量描述為基本特徵的社會經濟信息的職能。

社會經濟統計學

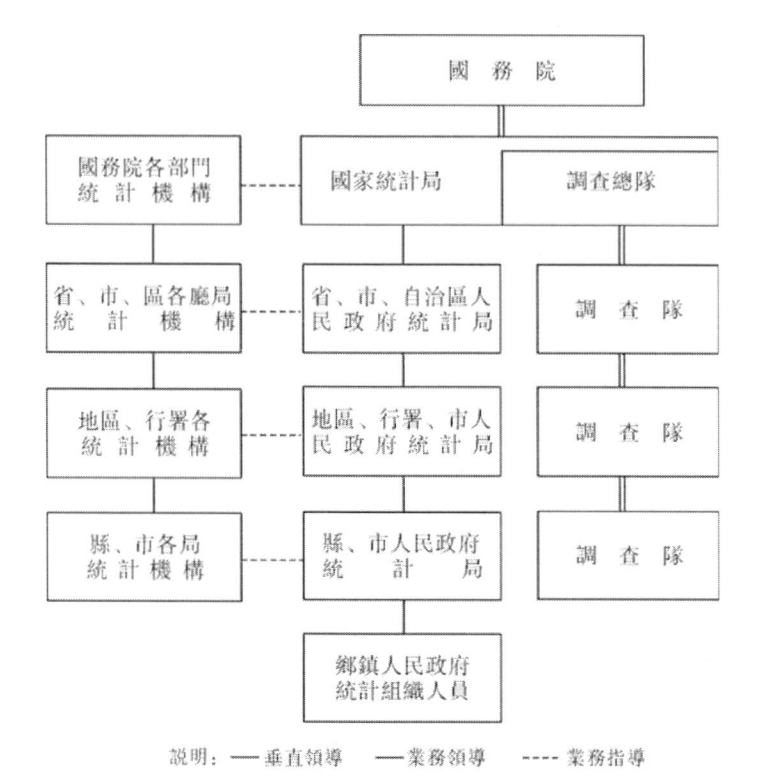

```
                          ┌─────────┐
                          │ 國 務 院 │
                          └────┬────┘
          ┌────────────────────┼────────────────────┐
   ┌──────┴──────┐      ┌──────┴──────┐      ┌──────┴──────┐
   │國務院各部門 │------│ 國家統計局  │      │  調查總隊   │
   │ 統計機構    │      │             │      │             │
   └──────┬──────┘      └──────┬──────┘      └──────┬──────┘
   ┌──────┴──────┐      ┌──────┴──────┐      ┌──────┴──────┐
   │省、市、區各廳局│----│省、市、自治區人│    │  調 查 隊   │
   │ 統 計 機 構  │     │民政府統計局  │      │             │
   └──────┬──────┘      └──────┬──────┘      └──────┬──────┘
   ┌──────┴──────┐      ┌──────┴──────┐      ┌──────┴──────┐
   │地區、行署各 │------│地區、行署、市人│    │  調 查 隊   │
   │ 統計機構    │      │民政府統計局  │      │             │
   └──────┬──────┘      └──────┬──────┘      └──────┬──────┘
   ┌──────┴──────┐      ┌──────┴──────┐      ┌──────┴──────┐
   │縣、市各局  │------│縣、市人民政府│      │  調 查 隊   │
   │ 統計機構    │      │  統 計 局    │      │             │
   └─────────────┘      └──────┬──────┘      └─────────────┘
                          ┌────┴─────┐
                          │鄉鎮人民政府│
                          │統計組織人員│
                          └──────────┘
```

說明：────垂直領導　────業務領導　----業務指導

圖1-8　中國國家統計組織系統

統計的信息職能是統計工作最基本的職能，是保證統計諮詢和監督職能得以有效發揮的前提和基礎。數據的準確、豐富、系統和反應靈敏，既是對統計信息的基本要求，也是衡量統計信息質量的重要標誌。

準確的統計數據是統計的生命，不斷提高統計數據質量，是優化統計信息職能最重要的內容。從而要求我們做到：

（1）增強統計質量意識，始終堅持實事求是的思想路線，保證主要統計數據經得起檢驗，不發生趨勢性偏誤，盡可能地消除技術性差錯，力求如實、準確地反應客觀實際。

（2）加強統計基層工作和基礎工作，逐步實現統計基礎工作規範化，從源頭上確保統計數據質量。在基層工作方面，要進一步建立和健全城鄉統計信息網路，堅持以強化統一管理，綜合協調為中心，健全機構，充實力量；在基礎工作方面，要逐步適應新國民經濟核算體系的要求，協調統計、會計、業務核算，加強原始記錄和臺帳等各項基礎工作；要與業務部門密切配合，根據企業現代化管理的要求，共同研究和制定基層企業統計基礎工作規範化的辦法和標準，做出規劃，分期、分批組織實施；要加強統計人員崗位知識培訓，不斷提高業務素質，實行基層統計人員持證上崗製度。

（3）繼續以提高統計數據質量為重點，認真貫徹執行統計法規，有計劃、有重點地開展統計數據質量檢查。各級統計部門要同監察、法制部門密切配合，共同依法治理統計，保證統計數據準確可靠。

(4)進一步探討並研製統計數據質量管理和控製的辦法,認真總結和推廣提高統計數據質量的經驗。根據提高統計數據質量的要求,改革和完善統計調查方法和計量方法,並針對不同的指標和不同的調查方法,制定在不同層次、不同環節上有效地實施統計數據質量管理和控製的措施。要建立統計數據的質量檢驗製度,特別是對主要統計指標應定期進行質量評估。

(5)進一步提高統計信息的靈敏度,加快統計信息自動化系統的建設。統計信息的靈敏度,在一定程度上決定著統計信息的價值和效益。統計部門廣泛地採用現代信息技術,是提高統計信息靈敏度的物質技術基礎。因此,必須加快建設統計信息自動化系統,並盡快建成統計信息數據庫。

根據社會經濟的發展變化和現代管理的客觀要求,不斷地豐富統計信息,是優化統計信息的一項十分重要的工作。為此,應按照近期要求與長遠目標相結合的原則,大力抓好現行製度方法的綜合配套改革,不斷完善經濟、社會、科技和環境統計指標體系,全面實施新國民經濟核算體系。

2. 諮詢職能

統計的諮詢職能,是指利用已經掌握的統計信息資源,運用科學的分析方法和先進的技術手段,深入開展綜合分析和專題研究,為科學決策和管理提供各種可供選擇的諮詢建議與對策方案的職能。

統計的諮詢職能,是統計信息職能的延伸和深化。因為採集信息的目的是為了運用,要使統計信息能夠盡快對科學決策、科學管理和人們的社會實踐產生作用,就必須通過去粗取精、去偽存真、由此及彼、由表及裡的改造製作過程,以透過經濟、社會和科技發展及其環境變化的數量表現,探求它們的內在聯繫和規律性。從目前的情況看,要把統計部門建設成為名副其實的重要的國家諮詢機構,還必須著重解決好以下幾個方面的問題:

(1)在指導思想上,必須堅持實事求是,用馬克思主義的立場、觀點和方法,指導統計諮詢實踐。要理論聯繫實際,密切聯繫群眾,充分調查研究,認真分析論證,實事求是地提出諮詢意見。在任何時候、任何情況下,都不能為迎合某種需要而隨波逐流,這是各級統計部門的一項嚴肅的政治職責,也是每個統計工作者起碼的職業道德。

(2)在諮詢方法上,必須堅持定量分析和定性分析相結合,以定量分析為主的原則。要十分重視預測方法的研究和應用,廣泛吸收和採用國內外已經成熟的各有關學科的先進科學方法,特別是對近幾年新出現的宏觀經濟分析方法,要努力學習,大膽應用,並使之與我們傳統的分析方法結合起來,以提高諮詢水平。

(3)在諮詢內容上,必須把重點放在那些關係到國民經濟和社會發展全局的戰略性、綜合性的問題上。當前,要以科學的發展觀為指導,緊密圍繞現階段國民經濟發展的目標和任務、社會經濟發展的主要矛盾及其對策以及如何促進國民經濟持續、穩定、協調發展等問題,廣泛深入地進行定量分析和研究,及時為各級黨政領導提供科學、可行的諮詢意見。

(4)在諮詢的組織形式上,必須打破專業和部門的界限,外引內聯,廣泛合作。對外,要加強與其他有關諮詢機構、科研機構和高等院校的聯繫與合作,以取長補短,開拓思

路;對內,要密切綜合平衡統計機構與各專業統計機構之間、上級統計部門與下級統計部門之間的協作關係,集思廣益,同心協力,共同提高諮詢水平。

此外,還要堅持有償服務與無償服務相結合的原則,進一步加強對國內外社會公眾的統計信息諮詢服務工作。要主動走向社會,特別要面向廣大基層企業,積極接受用戶委託,不斷發展有償服務業務,廣泛開展統計信息服務和各種業務技術諮詢服務活動,逐步提高統計信息的商品率。

3. 監督職能

統計的監督職能,是指根據統計調查和統計分析,及時、準確地從總體上反應經濟、社會和科技的運行狀態以及環境的變化情況,並對其實行全面、系統的定量檢查、監測和預警,以促使國民經濟按照客觀規律的要求持續、穩定、協調地發展。

統計的監督職能,就是通過信息反饋來評判、檢驗決策方案是否科學、可行,並及時對決策執行過程中出現的偏差提出矯正意見。統計的監督職能是在信息、諮詢職能基礎上的進一步拓展;而統計監督職能的強化,又必然要對信息與諮詢職能提出更高的要求,從而進一步促進統計信息與諮詢職能的優化。

統計監督的基本準則是:

(1)客觀經濟規律;

(2)黨和國家的方針、政策;

(3)國民經濟和社會發展規劃;

(4)各地、各部門的責任目標。

統計監督的主要內容有:

(1)國民經濟和社會發展的規模、水平、增長速度是否適度;

(2)產業結構和產品結構是否理順;

(3)主要比例關係是否協調;

(4)分配關係是否合理;

(5)經濟效益是否最佳;

(6)社會生產和生活的環境、條件是否優化。

統計監督職能充分有效發揮的前提條件是:

(1)加強宣傳,強化統計監督意識。根據國務院關於加強統計工作,發揮統計監督作用的指示精神,結合實際情況,充分運用各種宣傳工具,向全社會深入宣傳統計監督的重要性,以及如何正確對待統計監督的問題,使各級領導能尊重和支持統計機構和統計人員行使統計監督的職權,並善於運用統計監督的武器,開展經濟活動,進行科學決策。

(2)完善統計立法,強化統計部門進行統計監督的職能和職權。統計監督是國家賦予統計部門的職能之一,必須在法律上賦予相應的職權,才能使統計監督有效地進行。這包括:

第一,統計報告權。有關領導部門對統計部門所提供的有關統計監督的數據、觀點和意見,應予充分尊重,未經統計部門同意,任何單位和個人不得阻撓和扣壓統計報告,不得篡改統計數據,以確保統計部門的獨立報告權。

第二,行使質詢權。統計部門根據掌握的數據和情況,揭示經濟運行中某些不正常

的現象,對違反國家法律、政策和損害國家利益的現象,有權對有關主管部門提出質詢,並要求做出說明。

第三,參與決策權。統計部門應參加政府部門對重大經濟問題的決策會議,對重大經濟問題的決策,要以統計部門核定的統計數據為重要依據之一。

第四,參與評議權。應明確統計部門有參與評價各級領導政績的權力。各單位考核經濟效益、社會效益和工作成績,考核各領導崗位目標責任的量化指標,應以統計機構核定的統計數據為準。

(3)建立並實施新國民經濟核算體系。國民經濟核算體系是發展社會經濟,對宏觀經濟運行進行有效管理和監督的重要工具。它全面、系統地反應了社會再生產過程的條件和結果,描述了國民經濟的全貌,從而可據以評價總供給與總需求的平衡狀況、部門結構的優化程度、社會再生產整體效益的高低。同時,由於這種核算的範圍包括了參與經濟活動的各種經濟主體,因而它也能對各企業核算、各部門核算起到約束和監督作用。

(4)建立判斷各種現象是否正常的指標體系及確定各指標的臨界值,作為統計監督經濟、社會、科技運行狀態和環境變化情況的客觀標準。如中國曾經用過的一些監測指標及其臨界值是:工農業總產值、國民生產總值增長速度的下限標準為7%;國民收入累積率的上限標準值為30%;農輕重比例的標準值為各占1/3;勞動生產率增長的下限標準值為5%;財政收支結餘率的浮動標準值的下限為 -5%;外匯收支結餘率的浮動標準值為5%~10%;市場零售物價指數上漲的警報標準值為5%;等等。

(5)加強統計基礎建設。其內容包括:基層統計組織建設,基層統計的方法製度建設,從信息源頭保證統計資料真實可靠。用統計中的「實事」監督經濟運行中的「事實」,才是真正的監督。在強調統計對宏觀經濟監督的同時,也不能忽視統計對微觀經濟的監督作用。

(6)提高統計幹部的政治、業務素質。統計幹部要努力學習政治理論和黨的方針、政策,堅持黨的實事求是的思想路線,敢於行使統計監督權;同時還要具有較高的經濟理論水平和統計分析水平,善於進行統計監督。

總之,統計的信息、諮詢和監督職能是一個有機整體,是統計優質服務不可分割的三個方面。只有進一步優化統計信息服務,提高統計諮詢水平,強化統計監督職能,並使這三大職能凝結成一股合力,發揮其整體功能,提高其整體效應,才能充分體現和發揮統計工作在宏觀調控和微觀管理中的重要作用。

第七節　Excel 應用軟件簡介

Excel 是美國微軟公司開發的 Windows 環境下運行的電子表格系統。Excel 集數據的編輯、整理、統計分析、圖表繪製於一身。微軟公司先後推出了 Excel 97、Excel 2000、Excel 2002、Excel 2003、Excel 2007 等不同版本,隨著版本的不斷提高,Excel 的數據處理功能和操作的簡易性不斷加強。

一、Excel 在統計原理學習中的作用

　　Excel 2007 是一款功能强大的電子表格製作軟件，它和 Word、PowerPoint、Access 等組件一起，構成了 Office 2007 辦公軟件的完整體系。Excel 不僅具有强大的數據組織、計算、分析和統計功能，還可以通過圖表、圖形等多種形式形象地顯示處理結果，更能夠方便地與 Office 2007 其他組件相互調用數據，實現資源共享。在統計原理學習中的作用具體表現如下。

（一）創建統計表格

　　Excel 2007 的製表功能就是把用户所用到的數據輸入到 Excel 2007 中以形成表格。在 Excel 2007 中實現數據的輸入時，首先要創建一個工作簿，然後在所創建的工作簿的工作表中輸入數據。

（二）進行數據計算

　　在 Excel 2007 的工作表中輸入完數據後，還可以對用户所輸入的數據進行計算，如進行求和、求平均值、求最大值及最小值等。此外，Excel 2007 還提供强大的公式運算與函數處理功能，可以對數據進行更複雜的計算工作。

（三）建立多樣化的統計圖表

　　在 Excel 2007 中，可以根據輸入的數據來建立統計圖表，以便更加直觀地顯示數據之間的關係，讓用户可以比較數據之間的變動、成長關係以及趨勢等。

（四）分析與篩選數據

　　當用户對數據進行計算後，就要對數據進行統計分析。例如，可以對數據進行排序、篩選，還可以對數據進行數據透視表、單變量求解、模擬運算表和方案管理統計分析等操作。

（五）打印數據

　　當使用 Excel 電子表格處理完數據之後，為了能夠讓其他人看到結果或作為材料進行保存，通常都需要進行打印操作。進行打印操作前先要進行頁面設置，然後進行打印預覽，最後才進行打印。其中，打印預覽是為了能夠更好地對結果進行打印而提前查看打印效果的方法。

二、Excel 2007 的界面介紹

　　Excel 2007 的工作界面顏色更加柔和，更貼近於 Windows Vista 操作系統。如圖 1-9 所示。

圖 1-9　Excel 2007 工作界面

Excel 2007 的功能強大,本書由於受篇幅的限制,只能結合每章的內容進行簡要的介紹。

第八節　總論的基礎訓練

一、填空題

1. 統計研究的基本方法是＿＿＿＿＿＿、＿＿＿＿＿＿、綜合指標法、統計模型法和歸納推斷法。

2. 當我們研究某市居民戶的生活水平時,該市全部居民構成＿＿＿＿＿＿,每一居民是＿＿＿＿＿＿。

3. 標誌是說明總體單位的名稱,它有＿＿＿＿＿＿和＿＿＿＿＿＿兩種。

4. 要瞭解一個企業的產品生產情況,總體是＿＿＿＿＿＿,總體單位是＿＿＿＿＿＿。

5. 工人的年齡、工廠設備的價值,屬於＿＿＿＿＿＿標誌,而工人的性別、設備的種類是＿＿＿＿＿＿標誌。

6. 統計指標反應的是＿＿＿＿＿＿的數量特徵,數量標誌反應的是＿＿＿＿＿＿的數量特徵。

7. 一項完整的統計指標應該由＿＿＿＿＿＿、時間、地點、＿＿＿＿＿＿和數值單位等內容構成。

8. 若要調查某地區工業企業職工的生活狀況，調查單位是_____，填報單位是_____。

9. 調查單位是_____的承擔者，填報單位是_____的單位。

10. 統計分組按任務和作用不同，可劃分為_____分組、_____分組和_____分組。

11. 統計分組的關鍵在於_____的選擇。

12. 統計分組按分組標誌的多少有兩種形式：_____和_____。

13. 組距式分組根據其分組的組距是否相等可分為_____分組和_____分組。

14. 在組距數列中，表示各組界限的變量值稱為_____，各組上限與下限之間的中點數值稱為_____。

15. 各種不同性質的社會經濟現象的次數分布主要有四種類型：_____、_____、_____和_____。

16. 次數分配是由_____和_____兩個要素構成的。表示各組單位的次數又稱為_____，各組次數與總次數之比稱為_____。

二、單項選擇題

1. 社會經濟統計的研究對象是(　　)。
    A. 抽象的數量關係
    B. 社會經濟現象的規律性
    C. 社會經濟現象的數量特徵和數量關係
    D. 社會經濟統計認識過程的規律和方法

2. 某城市工業企業未安裝設備普查，總體單位是(　　)。
    A. 工業企業全部未安裝設備　　B. 工業企業每一臺未安裝設備
    C. 每個工業企業的未安裝設備　　D. 每一個工業

3. 標誌是說明總體單位特徵的名稱，標誌有數量標誌和品質標誌，因此(　　)。
    A. 標誌值有兩大類：品質標誌值和數量標誌值
    B. 品質標誌才有標誌值
    C. 數量標誌才有標誌值
    D. 品質標誌和數量標誌都具有標誌值

4. 指標是說明總體特徵的，標誌是說明總體單位特徵的，所以(　　)。
    A. 標誌和指標之間的關係是固定不變的
    B. 標誌和指標之間的關係是可以變化的
    C. 標誌和指標都是可以用數值表示的
    D. 只有指標才可以用數值表示

5. 連續調查與不連續調查的劃分依據是(　　)。
    A. 調查的組織形式　　B. 調查登記的時間是否連續
    C. 調查單位包括的範圍是否全面　　D. 調查資料的來源

6. 某市工業企業2010年生產經營成果年報呈報時間規定在2011年1月31日,則周查期限為(　　)。
   A. 一日　　　　　　　　　B. 一個月
   C. 一年　　　　　　　　　D. 一年零一個月
7. 調查資料所屬的時間是(　　)。
   A. 調查資料所屬時間　　　B. 進行調查的時間
   C. 調查工作期限　　　　　D. 調查資料報送的時間
8. 重點調查中重點單位是指(　　)。
   A. 標誌總量在總體中佔有很大比重的單位
   B. 具有典型意義或代表的單位
   C. 那些具有反應事物屬性差異的品質標誌的單位
   D. 能用以推算總體標誌總量的單位
9. 下列調查中,調查單位與填報單位一致的是(　　)。
   A. 企業設備調查　　　　　B. 人口普查
   C. 農村耕地調查　　　　　D. 工業企業現狀調查
10. 企業按資產總額分組(　　)。
    A. 只能使用單項式分組
    B. 只能使用組距式分組
    C. 可以單項式分組,也可以用組距式分組
    D. 無法分組
11. 劃分連續變量的組限時,相鄰的組限必須(　　)。
    A. 重疊　　　　　　　　　B. 相近
    C. 不等
12. 次數分配數列是(　　)。
    A. 按數量標誌分組形成的數列
    B. 按品質標誌分組形成的數列
    C. 按統計指標分組所形成的數列
    D. 按數量標誌和品質標誌分組所形成的數列
13. 次數分布的類型主要決定於(　　)。
    A. 統計總體所處的條件　　B. 社會經濟現象本身的性質
    C. 分組標誌的選擇

三、多項選擇題

1. 要瞭解某地區全部成年人口的就業情況,那麼(　　)。
   A. 全部成年人是研究的總體
   B. 成年人口總數是統計指標
   C. 成年人口就業率是統計標誌
   D. 「職業」是每個人的特徵,「職業」是數指標

E. 某人職業是「教師」,這裡的「教師」是標誌表現
2. 「國家統計系統」功能或統計的職能是(　　)。
　　　A. 信息職能　　　　　　　　B. 諮詢職能
　　　C. 監督職能　　　　　　　　D. 決策職能
　　　E. 協調職能
3. 下列統計指標中,屬於質量指標的有(　　)。
　　　A. 工資總額　　　　　　　　B. 單位產品成本
　　　C. 出勤人數　　　　　　　　D. 人口密度
　　　E. 合格品率
4. 中國統計調查的方法有(　　)。
　　　A. 統計報表　　　　　　　　B. 普查
　　　C. 抽樣調查　　　　　　　　D. 重點調查
　　　E. 典型調查
5. 在工業設備普查中(　　)。
　　　A. 工業企業是調查的對象　　B. 工業企業的全部設備是調查對象
　　　C. 每臺設備是填報單位　　　D. 每臺設備是調查單位
　　　E. 每個工業企業是填報單位
6. 抽樣調查方式的優越性表現在以下幾個方面(　　)。
　　　A. 全面性　　　　　　　　　B. 經濟性
　　　C. 時效性　　　　　　　　　D. 準確性
　　　E. 靈活性
7. 統計分組是(　　)。
　　　A. 在統計總體內進行的一種
　　　B. 在統計總體內進行的一種定量分類
　　　C. 將同一總體區分為不同性質的組成
　　　D. 把總體劃分為一個個性質不同的、範圍更小的總體
　　　E. 將不同的總體劃分為性質不同的組成
8. 統計分組的作用是(　　)。
　　　A. 劃分社會經濟類型
　　　B. 說明總體的基本情況
　　　C. 研究同質總體的結構
　　　D. 說明總體單位的特徵
　　　E. 分析被研究現象總體諸標誌之間的聯繫和依存關係
9. 在組距數列中,組中值是(　　)。
　　　A. 上限和下限之間的中點數值
　　　B. 用來代表各組標誌值的平均水平
　　　C. 開放式分組中無法確定
　　　D. 在開放式分組中,可以參照相鄰組的組距來確定

E. 組平均數

四、應用技能訓練

實訓 1

［應用訓練資料］

某校招生 500 名學生,現要瞭解這 500 名學生的入學成績狀況。

［訓練要求］

準確指出該調查活動的總體、總體單位、統計指標、數量標誌。

［訓練提示］

(1)本訓練旨在使學員理解和掌握統計總體、總體單位、統計指標、數量標誌四個概念。

(2)根據各概念的基本含義來回答,注意總體和總體單位要根據研究目的來確定,統計指標和數量標誌要根據總體和總體單位來確定。

實訓 2

［應用訓練資料］

在瞭解部隊的基本情況時從我軍某統計資料中得到這些名詞:海軍、陸軍、空軍、軍種、兵種。

［訓練要求］

針對上述五個名詞,指出品質標誌和標誌表現。

［訓練提示］

(1)本訓練旨在使學員掌握品質標誌及其標誌表現。

(2)準確掌握品質標誌和標誌表現的內涵後回答。注意要正確區分標誌和標誌表現、品質標誌和它表現的屬性。一般來說標誌是抽象的名詞,而標誌表現是具體的表現。

實訓 3

［應用訓練資料］

現有五個表達:

(1)指標是說明總體特徵的,而標誌則是說明總體單位特徵的。

(2)指標都是能用數值表現的,標誌也能用數值表現。

(3)許多指標值是從標誌值匯總而來的。

(4)指標和標誌之間存在著變換關係。

(5)指標數值和標誌值之間也存在著變換關係。

［訓練要求］

指出上述五個表達中哪些能正確表達指標和標誌之間的關係。

［訓練提示］

(1)本訓練旨在使學員正確理解和掌握標誌和指標的基本理論。

(2)根據指標和標誌的概念、特徵以及它們之間的區別和聯繫來選擇回答。

實訓 4

[應用訓練資料]

在研究企業職工和生產經營基本情況時,在企業的資料中有下列名稱:姓名、年齡、體重、工種、月工資、全廠人均產量(件)、車間人數、車間設備臺數。

[訓練要求]

指出上述名稱中的連續型變量和離散型變量。

[訓練提示]

(1)本訓練旨在使學員掌握變量的含義,並能正確區分連續型變量和離散型變量。

(2)根據變量的含義,明確變量只是說明總體單位數量特徵的名稱,且是可變的。上訴名稱中並不都是變量。要根據變量的取值區分其兩個種類。

實訓 5

[應用訓練資料]

某市有下列統計數據:2004 年全市人均年收入 9,500 元;該市某廠人均月創為 9,687 元;2004 年全市工農業總產值 20 億元,預計 2005 年達到 23 億元;該市資本最大的私人企業是曉洋公司,註冊資本 2,563 萬元;全市有外商投資企業 19 個;該市管轄 6 個區;該市 2005 年上半年進出口總額 32,038 萬美元。請指出上述指標中哪些是數量指標,哪些是質量指標。

[本章小結]

1.「統計」一詞一般有三種含義,即統計工作、統計資料和統計學。

2. 統計學的研究對象是客觀現象的數量方面,包括數量特徵和數量關係。其特點有:數量性、總體性、具體性。

3. 統計學從統計方法的構成來看分為描述統計學和推斷統計學。描述統計學是研究如何取得反應客觀現象的數據,並通過圖表形式對所搜集的數據進行加工處理和顯示,進而通過綜合、概括與分析得出反應客觀現象的規律性數量特徵。推斷統計學是研究如何根據樣本數據去推斷總體數量特徵的方法,它是在對樣本數據進行描述的基礎上,對統計總體的未知數量特徵做出以概率形式表述的推斷。

從統計方法研究和應用來看,統計學可分為理論統計學和應用統計學。理論統計學是指統計學的數學原理,它主要研究統計學的一般理論和統計方法的數學理論。應用統計學是探討如何運用統計方法去解決實際問題的。

4. 統計的基本任務是:對國民經濟和社會發展情況進行統計調查、統計分析,提供統計資料,實行統計監督。具體體現為信息、諮詢和監督三大職能,統稱為統計的整體功能。

5. 一個完整的統計工作過程一般可分為:統計設計、統計調查、統計整理和統計分析四個主要階段。

6. 統計研究的基本方法主要有大量觀察法、分組法和綜合指標法等。

7. 統計總體是指客觀存在的、由性質相同的許多個別事物構成的整體。同質性、大

量性和差異性是三大特點。總體單位就是構成統計總體的個別事物,可以是人、物或部門等。

8. 標誌是用來說明總體單位特徵的概念或名稱,按其是否可以用數字來表示分為數量標誌和品質標誌。標誌在各個單位的具體表現稱為標誌表現。數量標誌的標誌表現是數字,稱為標誌值。品質標誌的標誌表現是文字。

指標是用來說明總體數量特徵的概念和具體數值。一個完整的統計指標包括指標名稱和指標數值兩部分內容。統計指標按其反應的總體內容不同分為數量指標和質量指標;按其表現形式不同分為總量指標、相對指標和平均指標。統計指標體系是由一系列相互聯繫、相互影響的統計指標構成的整體。

9. 標誌和指標既有區別又有聯繫。其主要區別是:①標誌是說明總體單位特徵的,而指標是說明總體特徵的;②標誌有不能用數值表示的品質標誌和能用數值表示的數量標誌,指標都能用數值表示。其主要聯繫是:①有些統計指標的數值是從數量標誌值匯總得到的;②在一定的研究範圍內,指標和數量標誌之間存在著變換關係。

10. 標誌按其在總體各個單位的具體表現是否有差異分為不變標誌和可變標誌。可變標誌在總體各個單位具體表現上的差異就是變異,包括質的變異和量的變異。變量就是可變的數量標誌,變量按其取值是否連續分為連續變量和離散變量。

11. 統計數據是對客觀現象進行計量的結果。數據的計量尺度有定類尺度、定序尺度、定距尺度和定比尺度。定類尺度亦稱列名尺度,它是按照客觀現象的某種屬性對其進行平行的分類或分組,使同類同質,異類異質。定序尺度亦稱順序尺度,它是對客觀現象各類之間的等級差或順序差的一種測度。定距尺度亦稱間隔尺度,它是對客觀現象類別或次序之間間距的測度。定比尺度亦稱比率尺度,它是在定距尺度的基礎上,確定相應的比較基數,將兩種相關的數值加以對比而形成相對數或平均數,用以反應現象的結構、比重、速度、密度等數量關係。

12. 統計數據按照所採用的計量尺度不同分為定性數據和定量數據。按照收集方法不同分為觀測數據和實驗數據。按照被描述對象與時間的關係分為截面數據和時間數據。統計數據通常表現為絕對數、相對數和平均數三種形式。

[**關鍵名詞**]

總體(Population)

樣本(Sample)

總體單位(Population Units)

統計數據(Statistics Data)

變量(Variable)

統計指標(Statistics Indicators)

指標體系(Indicators System)

[討論與思考題]

1. 統計一詞有哪幾種含義？它們之間是什麼關係？
2. 為什麼說社會越發展，統計越重要？
3. 社會經濟統計學的研究對象是什麼？統計工作的研究對象是什麼？
4. 統計工作有哪些階段？它們之間是什麼關係？
5. 舉例說明總體、總體單位、標誌、指標、變異、變量、變量值。
6. 指標和標誌之間有何聯繫與區別？
7. 怎樣理解統計總體的同質性和差異性？
8. 統計學和數學有何區別與聯繫？
9. 怎樣理解變異是統計的前提？

第二章　統計數據的採集

[學習目標]

通過本章學習,要求瞭解統計調查的意義和種類;掌握統計調查的程序和調查方案的設計;掌握問卷調查的實施。重點是統計調查方案的設計和應用、問卷調查的實施和應用。

[案例開題]

外國公司怎樣才能更加穩妥地進入中國市場

「哈根達斯」是一個國際著名的冰淇淋品牌,在進入中國冷飲市場前曾經做了大量細緻的市場調查工作。公司認為首先要確定進入中國市場的「登陸灘」。它們從居民的收入水平、消費習慣、對外來產品的接受能力等方面對中國及各大城市做了調查,結果表明上海是最理想的首選地。同時調查結果還表明,上海對中國其他地方的消費觀念的影響作用也十分明顯。

接下來應該著手研究的是通過什麼渠道將產品推進上海的千家萬戶。調查結果顯示,上海市民選購冷飲的基本地方是:食品商場、大賣場、超市和便利店。但是對具體的品牌選擇上有明顯的「購買場所與品牌」的傾向。一些早期進入上海冷飲市場的國際品牌有自己的專賣店(與著名零售商合作)。而中外合資的便利店中顧客都是較高收入者和追求新奇的年輕人,這部分人是國際品牌在上海的領先採用者。所以,哈根達斯選擇在特定便利店與顧客「見面」的銷售方式,比如最早可以選擇那些開設在高中、大學校園附近和高檔住宅區鄰近的便利店,穩定一段時間後使顧客形成購買習慣。

產品包裝設計的調查結果表明,哈根達斯若像可口可樂那樣「中國化」可能會影響它的品牌形象,所以它們決定在包裝設計上盡量維持原有特徵。

最後的調查目標是「上海消費者會接受的價格水平」。「和路雪」也是外來者,它已經成為上海消費者最熟悉的食品商品品牌,價格已經做了幾次調整,成為大眾化冷飲,而哈根達斯要獨樹一幟,就必須進行差異化營銷。由於哈根達斯的產品定位是高檔冰淇淋,價格不能低,這樣才能避免陷入原定目標顧客的「價廉無好貨」的思維定式。

近兩年的實踐證明哈根達斯制定的營銷策略實現了既定目標。在年輕人中的普及率、忠誠度都達到並穩定在一定的水平。

由此案例導入本章主題內容,即什麼是統計調查。

搜集統計數據的過程就稱為統計調查，它是整個統計研究過程的起點，是統計分析的前提和基礎。在搜集統計數據的過程中，要著重考慮的問題是：搜集哪些數據？從哪裡能得到這些數據？如何獲得這些數據？歸結起來，就是調查內容、調查方式和調查方法的問題。

第一節　統計數據採集概述

一、採集統計數據的意義

搜集資料的過程又稱為統計調查。統計調查是按照統計研究的目的和要求，採取科學的調查方法，有組織、有計劃地向調查對象搜集需要的資料的統計工作過程。

調查取得的資料包括原始資料和次級資料。原始資料又稱為第一手資料，是指向調查單位直接搜集的、未經加工整理而保持原始狀態的資料；原始資料一般比較準確可靠，但搜集工作量較大，成本較高。次級資料又稱為第二手資料，是指為其他目的已經整理加工的資料；次級資料取得比較方便，但存在研究目的的不完全對應性。

統計調查是統計整理和分析的基礎與前提，是決定整個統計工作過程質量的重要環節。統計調查階段的工作質量會影響到統計整理和分析結果的可靠性、真實性。對統計調查階段提出的要求是：準確性、及時性、全面性和經濟性。

準確性是最基本的要求，就是要求搜集的資料必須真實可靠，客觀反應實際，調查誤差較小。統計資料的準確性是認識總體，做出科學結論的保證。

及時性是指在規定時間取得資料。統計調查資料具有較強的時效性，及時提供需要的統計資料，能夠提高資料的使用價值。

全面性是指取得需要的全部調查單位的全部資料。第一，對每個調查單位來說，應該取得按要求規定的項數資料，既不能多於也不能少於調查規定取得的資料項數；第二，應該調查全部調查單位，調查單位數不能隨意增加或減少。

經濟性是指在保證調查資料符合一定要求的條件下，力求以最小成本取得需要的統計資料。統計調查中，必然涉及人力、物力、財力和時間，即所謂的調查成本。調查的要求越高，成本就越大，在實際工作中，應該綜合考慮資料的準確性、時間規定、調查範圍和調查成本要求，既要質量又要經濟。在調查中一味強調資料的準確性，無視經濟性的要求，不計調查成本，只講資料的所謂「高質量」是不科學的。

調查要求是相互結合、相互依存的，需要根據實際情況區分主次、分清輕重緩急，科學地處理好關係。一般而言，應該以準確為基礎，力求準中求快，準快結合，以最小的成本取得最理想的實際應用調查統計資料。

二、統計調查的程序設計

統計調查的程序，如圖 2-1 所示。

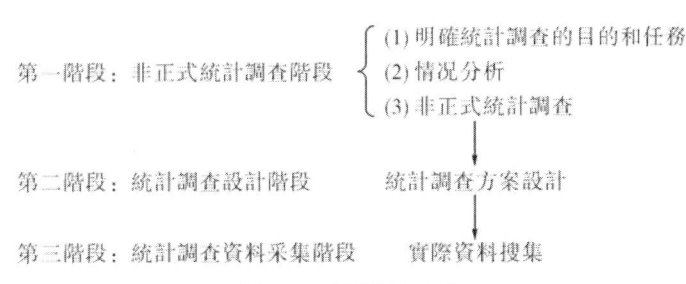

```
第一階段：非正式統計調查階段 ┤(1) 明確統計調查的目的和任務
                              │(2) 情況分析
                              │(3) 非正式統計調查

第二階段：統計調查設計階段    統計調查方案設計

第三階段：統計調查資料采集階段  實際資料搜集
```

圖 2-1　統計調查程序

第一階段非正式調查的主要任務是對所要進行的統計調查主題有一個粗線條的、概要性的瞭解。在本階段需要明確統計調查的目的和任務,明確調查對象、大致範圍、調查的難易程度等,必要時進行實驗性調查(即非正式調查)。

第二階段是統計調查方案設計,是統計調查的一項前期工作,即根據統計調查的目的和要求,對整個統計調查工作所做的規劃,形成具體的實施計劃和方案。

第三階段是統計調查資料採集階段,是統計調查的核心階段和主體部分,即按照統計調查方案,採用各種直接或間接的手段和方法,獲取所需資料的過程。

三、統計調查方案

統計調查是一項比較複雜的工作。進行統計調查時,必須全面地計劃、嚴密地組織,事先要制定統計調查方案,只有在統計調查過程中將統計調查的認識、內容、方法和步驟全面統計,才能順利完成統計調查任務。

(一) 確定調查的目的

確定調查的目的,就是要明確通過調查需要解決什麼問題,搜集什麼資料,這是調查的首要問題。有了調查的目的,才能確定調查的範圍、調查的方式方法、調查的具體內容和具體的實施計劃等。例如,中國 2000 年進行的第五次人口普查的目的是為了科學地制定國民經濟和社會發展戰略與規劃,制定人口政策,統籌安排人民的物質和文化生活,實現人口與資源、環境的協調發展。

(二) 確定調查對象和調查單位

調查對象是指需要進行調查的某個社會經濟現象的總體,即調查總體。調查單位是指構成調查總體的個體,是調查過程中需要登記其標誌的具體單位。例如,中國人口普查的調查對象是中國所有的城鄉居民,調查單位則是每個城鄉居民。

調查單位是進行調查登記的標誌的承擔者,負責提供調查單位資料的單位稱為填報單位。調查單位和填報單位有時是一致的,如調查學生情況並由學生自己提供資料;有時是不一致的,如設備使用情況調查,調查單位是每一臺設備,填報單位則是設備的使用者。

(三) 確定調查項目和調查表

調查項目是統計調查內容的具體化,直接關係到調查資料的數量和質量,關係到調

查的時間和成本。確定調查項目必須堅持「少而精」原則,具體來說應注意以下幾個方面:

(1)需要與可能原則,只列出能夠取得確切資料的項目。

(2)關鍵原則,只列出與調查目的密切相關的主要項目。

(3)聯繫原則,調查項目之間盡可能保持一定聯繫,便於對有關項目進行核對和檢查。

(4)統一理解原則,調查項目的含義具體明確,能夠統一理解,調查結果才能一致。

(5)答案統一原則,調查項目答案表現要有明確規定,即文字式、數字式或是否式。

將調查項目用表格形式表現出來就形成調查表。調查表有兩種形式:單一表和一覽表。單一表是在一張表格上只登記一個調查單位的資料,可以容納較多的調查項目。一覽表是在一張表格上登記多個調查單位的資料,其優點是每個調查單位的共同事項只登記一次,可節省人力、物力和時間;其缺點是不能容納較多的調查項目。

(四)確定調查時間

調查時間具體涉及調查資料所屬時間和調查工作期限。調查工作中的調查資料,一種是時點資料,必須有統一的調查時點,一般標為標準時間;一種是時期資料,必須確定統一的起止時間。

在調查工作中還應該有統一的工作期限,包括搜集資料時間和報送資料時間等。為了提高資料的時效性,調查期限應盡可能縮短。

(五)制訂調查的組織實施計劃

為了保證調查工作順利進行,必須制訂調查的組織實施計劃。具體包括:調查工作的組織領導和調查人員的組織、調查方式方法的確定、調查的宣傳工作、調查人員的培訓、調查文件的準備、調查經費的預算、調查資料的報送辦法等。必要時還需要進行試點調查。

第二節　統計調查的組織形式

一、統計報表

統計報表是一種以全面調查為主的調查方式,它是由政府主管部門根據統計法規,以統計表格的形式和行政手段自上而下布置,企業、事業單位自下而上層層匯總、上報逐級,以提供基本統計數據的一種調查方式。它的任務是經常地、定期地搜集反應國民經濟和社會發展基本情況的資料,為各級政府和有關部門制定國民經濟和社會發展計劃,以及檢查計劃執行情況服務。

統計報表按其性質和要求不同,有如下幾種分類。

(一)按報表內容和實施範圍不同,可分為國家統計報表、部門統計報表和地方統計報表

國家統計報表是國民經濟基本統計報表,由國家統計部門統一製發,用以搜集全國

性的經濟和社會基本情況,包括農業、工業、基建、物資、商業、外貿、勞動工資、財政等方面最基本的統計資料。部門統計報表是為了適應各部門業務管理需要而制定的專業技術報表。地方統計報表是針對地區特點而補充制定的地區性統計報表,是為本地區的計劃和管理服務的。

(二)按報送週期長短不同,可分為日報、旬報、季報、半年報和年報

報送週期短的統計報表,要求資料上報迅速,填報的項目比較少,如日報、旬報等;報送週期長的統計報表,要求內容全面一些,如月報、季報;年報具有年末總結的性質,反應當年中央政府的方針、政策和計劃貫徹執行情況,內容要求更全面和詳盡。

(三)按填報單位不同,可分為基層統計報表和綜合統計報表

基層統計報表是由基層企事業單位填報的報表;綜合統計報表是由主管部門或部門根據基層報表逐級匯總填報的報表。

(四)按調查範圍不同,可分為全面統計報表和非全面統計報表

全面統計報表是要求被調查的每一個單位都要填報的統計報表,統計報表製度中的大多數統計報表都屬於此列。非全面統計報表是只要求一部分單位填報的統計報表,如重點統計報表。

統計報表具有以下三個顯著的優點:

(1)它是根據國民經濟和社會發展宏觀管理的需要而周密設計的統計信息系統,從基層單位日常業務的原始記錄和臺帳(即原始記錄分門別類的系統累積和總結)到包含一系列登記項目和指標,都可以力求規範和完善,使調查資料具有可靠的基礎,保證資料的統一性,便於在全國範圍內匯總、綜合。

(2)它是依靠行政手段執行的報表製度,要求嚴格按照規定的時間和程序上報,因此,具有100%的回收率;而且填報的項目和指標具有相對的穩定性,可以完整地累積,並形成時間序列資料,便於進行歷史對比和社會經濟發展變化規律的系統分析。

(3)它既可以越級匯總,也可以層層上報、逐級匯總,以滿足各級管理部門對主管系統和區域統計資料的需要。

統計報表是以生產資料公有制為基礎,適應政府管理職能的需要而產生和發展起來的,曾經是高度集中的計劃經濟體制不可分割的組成部分。作為一種全面的基本情況的調查方式,經過調整和改進,同樣也是社會主義市場經濟體制下國家對國民經濟和社會發展進行計劃管理和宏觀調控的重要工具,是政府統計其執行「信息、諮詢和監督」基本職能的主要手段。

統計報表製度是一個龐大的組織系統。它不僅要求各基層單位有完善的原始記錄、臺帳和內部報表等良好的基礎,而且要有一支熟悉業務的專業隊伍。因此,它占用很大的人力和財力。總結歷史的經驗教訓,要很好地發揮統計報表製度的積極作用,必須嚴格按照統計法規辦事,實行系統內的有效監督和管理;報表要力求精簡,既要防止多發、亂發、濫發報表,又要防止虛報、瞞報和漏報。這樣,才能保證統計數字的質量,降低統計的社會成本。

二、普查

(一) 普查的概念和組織方式

普查是為了某種特定的目的而專門組織的一次性的全面調查。通過普查可以搜集到重要的國情國力和資源狀況的全面資料,為政府制定規劃、方針政策提供依據。例如,人口普查、科技人員普查、工業普查、物資庫存普查等。普查多半是在全國範圍內進行的,而且所要搜集的是經常的、定期的統計報表所不能提供的更為詳細的資料,特別是諸如人口、物資等時點數據。

普查的組織方式一般有兩種:一種是建立專門的普查機構,配備大量的普查人員,對調查單位進行直接的登記,如人口普查等;另一種是利用調查單位的原始記錄和核算資料,頒發調查表,由登記單位填報,如物資庫存普查等。這種方式比第一種簡便,適用於內容比較單一、涉及範圍較小的情況,特別是為了滿足某種緊迫需要而進行的「快速普查」,就可以採用這種方式。中國採取第一種方式普查的有1953年、1964年、1982年、1990年和2000年五次全國人口普查,1954年私營商業及飲食業普查,1964年第二次全國科技人員普查;採取上述第二種方式普查的有1954年黑色金屬、有色金屬和木材庫存普查,1954年以後所進行的多次物資庫存普查,1950年、1985年、1995年三次全國工業普查等。

(二) 普查的特點

普查作為一種特殊的數據搜集方式,具有以下幾個特點:

(1) 普查通常是一次性和週期性的。由於普查涉及面廣、調查單位多,需要耗費大量的人力、物力和財力,通常需要間隔較長的時間,一般每隔10年進行一次。例如,中國的人口普查從1953—2000年共進行了五次,今後,中國的普查將規範化、製度化,人口、第三產業、工業和農業普查每隔10年,分別於年份末尾數為0、3、5、7的年份進行,基本單位普查每隔5年,於年份尾數為1、6的年份進行。

(2) 規定統一的標準時點。標準時點是指對被調查對象登記時所依據的統一時點。調查資料必須反應調查對象的這一時點上的狀況,以避免調查時因情況變動而產生重複登記或遺漏現象。例如,中國第五次人口普查的標準時點為2000年11月1日0時,就是要反應這一時點上中國人口的實際狀況;農業普查的標準時點定為普查年份的1月1日0時。

(3) 規定統一的普查期限。在普查範圍內各調查單位或調查點盡可能同時進行登記,並在最短的期限內完成,以便在方法和步調上保持一致,保證資料的準確性和時效性。

(4) 規定普查的項目和指標。普查時必須按照統一規定的項目和標誌進行登記,不準任意改變或增減,以免影響匯總和綜合,降低資料質量。同一種普查,每次調查的項目和指標應力求一致,以便於進行歷次調查資料的對比分析和觀察社會經濟現象發展變化情況。

(5) 普查的數據一般比較準確,規範化程度也較高,因此,它可以為抽樣調查或其他

調查提供基本依據。

(6)普查的使用範圍比較窄,只能調查一些最基本及特定的現象。

普查既是一項技術性很強的專業工作,又是一項廣泛性的群眾工作。中國歷次人口普查都認真貫徹群眾路線,做好宣傳和教育工作,得到群眾的理解和配合,因而取得令世人矚目的成果。

(三)普查的準備工作

普查工作一般是在全國範圍內進行的,是一種大量性和一次性的社會調查,需要大量的人力、物力、財力和時間投入,一般是對國民經濟、社會發展和政治文化生活等重大問題進行的調查。在正式調查前應該做好以下工作:

(1)建立和健全統一的普查領導機構,做好普查工作的組織準備。

(2)做好廣泛的宣傳工作。普查和人民群眾利益是一致的,經過廣泛的宣傳教育,可以取得人民群眾的支持與合作。

(3)設計普查方案。普查方案包括普查目的、對象、單位、項目、時間等。

(4)培訓普查人員。普查涉及範圍廣,需要眾多的符合普查工作要求的人員參與。

(5)組織試點普查。試點普查的目的在於總結經驗,修訂普查方案、普查辦法經費預算等。

(6)物質準備。物質準備主要涉及如計算機等匯總工具、印發普查文件以及經費預算等。

(四)快速普查

快速普查是指為完成緊急的特殊任務而進行的一種必須在短時間完成的普查。其特點有:一是布置任務和報送資料越過中間一些環節由基層單位與最高一級機構直接聯繫;二是採用電訊方式布置任務和報送資料;三是調查項目少、時間週期短。

三、抽樣調查

抽樣調查是實際中應用最廣泛的一種調查方法。它是指從調查對象的總體中隨機抽取一部分單位作為樣本進行調查,並根據樣本調查結果來推斷總體數量特徵的一種非全面調查方法。關於抽樣調查的理論及應用將在第六章中詳細介紹。

四、重點調查

(一)重點調查的概念和特點

重點調查是專門組織的一種非全面調查,它是在總體中選擇個別的或部分重點單位進行調查,以瞭解總體的基本情況。所謂重點單位,是指在總體中具有舉足輕重地位的單位。這些單位數量雖然少,但它們調查的標誌值在總體標誌總量中佔有絕大比重,通過對這些單位的調查,就能掌握總體的基本情況。例如,鞍鋼、武鋼、首鋼、包鋼和寶鋼等特大型鋼鐵企業,雖然在全國鋼鐵企業中只是少數,但它們的產量卻占全國鋼鐵產量的絕大比重。對這些重大企業進行調查,便能省時省力而且及時地瞭解全國鋼鐵生產的基

本情況,滿足調查任務的要求。

重點調查可以是一次性的,即所謂的專門調查,也可以是經常性的,如重點統計報表就是經常性的重點調查。

重點調查的調查單位少,可以調查較多的項目的指標,瞭解較詳細的情況,取得及時的資料,使用較少的人力和時間,取得較好的效果。當調查任務只要求掌握總體的基本情況,而且總體中確實存在重點單位時,採用重點調查是比較適宜的。但必須指出,由於重點單位與一般單位的差別較大,通常不能由重點調查的結果來推算整個調查對象的總體指標。

(二)重點單位的選擇

重點調查的關鍵問題是確定重點單位。首先,選擇多少重點單位,要根據調查任務確定。一般來說,選出的單位應盡可能少些,而其標誌值在總體中所佔比重應盡可能大些,其基本標準是所選出的重點單位的標誌必須能夠反應研究總體的基本情況。其次,選擇重點單位時,要注意重點是可以變動的,即要看到一個單位在某一問題上是重點,而在另一問題上不一定是重點;在某一調查總體上是重點,而在另一調查總體上不一定是重點;在這個時期是重點,而在另一時期不一定是重點。因此,對不同問題的重點調查,或同一問題不同的重點調查,要隨著情況的變化而隨時調整重點單位。當然,選中的單位應是管理健全、統計基礎工作較好的單位,以有利於統計調查的實施。

五、典型調查

典型調查是專門組織的一種一次性的非全面調查,它是根據調查研究的目的和要求,在對總體進行全面分析的基礎上,有意識地選擇其中有代表性的典型單位進行深入細緻的調查,借以認識事物的本質特徵、因果關係和發展變化的趨勢。所謂有代表性的典型單位,是指那些最充分、最集中地體現總體某方面共性的單位。只要客觀地、正確地選擇典型單位,通過對典型單位的深入細緻的調查,既搜集詳細的第一手數字資料,又掌握生動具體的情況,就可以獲得對總體本質特徵的深刻認識,特別是對一些複雜的社會經濟問題的研究,典型調查可以瞭解得更深入、更具體、更詳盡。

典型調查具有以下兩個突出的作用:

(1)研究尚未充分發展、處於萌芽狀況的新生事物或某種傾向性的社會問題。通過對典型單位進行深入細緻的調查,可以及時發現新情況、新問題,探測事物發展變化的趨勢,形成科學的預見。

(2)分析事物的不同類型,研究它們之間的差別和相互關係。例如,通過調查可以區別先進事物與落後事物,分別總結它們的經驗教訓,進一步進行對策研究,促進事物的轉化與發展。

此外,在總體內部差別不大,或分類後各類型內部差別不大的情況下,典型單位的代表性很顯著,也可用典型調查資料來補充和驗證全面調查的數字。

典型調查的中心問題是如何正確選擇典型單位。選擇典型單位必須依據正確的理

論進行全面的分析,切忌主觀片面性和隨意性;它不僅要求調查者有客觀的、正確的態度,而且要有科學的方法。根據不同的研究目的和要求,有以下三種選典方法:

(1)「解剖麻雀」的方法。這種選典方法適用於總體內各單位差別不太大的情況。通過對個別代表性單位的調查,即可估計總體的一般情況。

(2)「劃類選典」的方法。總體內部差異明顯,但可以劃分為若干個類型組,使各類型組內部差異較小。從各類型組中分別抽選一兩個具有代表性的單位進行調查,即稱為劃類選典。這種調查既可用於分析總體內部各類型特徵,以及它們的差異和聯繫,也可綜合各種類型對總體情況做出大致的估計。

(3)「抓兩頭」的方法。從社會經濟組織管理和指導工作的需要出發,可以分別從先進單位和落後單位中選擇典型,以便總結經驗和教訓,帶動中間狀態的單位,推動整體的發展。

典型調查通常是為了研究某種特殊問題而專門組織的非全面的一次性調查。但是,有時為了觀察事物發展變化的過程和趨勢,系統地總結經驗,也可對選定的典型單位連續地進行長時間的跟蹤調查。例如,對新生事物或處於萌芽狀態的事物的研究,就適宜採用這種定點的跟蹤調查。

第三節 統計調查方法

統計調查中搜集的資料類型有兩種:第一手資料和第二手資料。第二手資料來源很多,包括內部來源、政府公開出版物、刊物和書籍、商業性資料等,常用的資料搜集方法是文案調查法。統計調查中大多數資料屬於第一手資料,資料搜集方法有桌面調查法、訪談調查法、網上調查法、專家調查法、觀察調查法和實驗調查法等。

一、桌面調查法

(一)桌面調查法的概念

桌面調查法是一種搜集第二手資料的間接資料調查法,也稱室內調查法或文案調查法。桌面調查搜集的主要是各種歷史和現實的資料。

桌面調查法的優點有:

(1)可以超越時空條件的限制,搜集古今中外有關的文獻資料。

(2)調查費用低,搜集渠道廣。

其缺點是:

(1)文獻資料一般是歷史資料,與現實存在一定的時差,難以取得時效性較強的資料。

(2)文獻資料形成的目的與調查目的存在一定的差異性。

(3)對調查人員要求比較高,要求調查人員具有綜合的專業知識和實踐經驗。

(二)桌面調查法的程序

(1)評價現成資料。現成資料是指已取得的、累積起來的第二手資料。按調查目的和要求挑選在已有現成資料中具有價值的資料。

(2)尋找搜集第二手資料的途徑。

(3)資料篩選與評價。這是指對取得的第二手資料需要進行篩選,剔除與調查目的無關的資料;同已有的調查資料比較研究還需要的具體資料。

(三)桌面調查的方式和方法

1. 桌面調查的方式

(1)有償搜集方式。它是指通過經濟手段、通過一定的正式渠道實行有償徵集和轉讓獲得文獻資料的方式。搜集的第二手資料價值與費用成正比關係。通過這種方式搜集資料應該考慮資料的搜集成本和帶來的價值。有償搜集的資料具有針對性、可靠性、及時性和準確性。

(2)無償搜集方式。它是指不需要支付任何費用而取得第二手資料的方式。無償搜集方式搜集的資料需要進行一定的加工才能成為有價值的資料。

2. 桌面調查的方法

(1)文獻資料篩選法。它是指從各類文獻資料中分析和篩選出與調查目的密切相關的資料的方法。

(2)報刊剪輯分析法。它是指調查人員平時從各種報刊上所刊登的文章、報導中分析搜集資料的方法。

(3)情報聯絡網法。它是指在一定地區範圍內設立情報資料聯絡網來搜集資料的方法。

二、訪談調查法

(一)個別訪問調查

個別訪問調查又稱派員調查,是指調查者與被調查者通過面對面地交談從而得到所需資料的調查方法。訪問調查的方式有標準式訪問和非標準式訪問兩種。標準式訪問又稱結構式訪問,是指按照調查人員事先設計好的、有固定格式的標準化問卷,有順序地依次提問,並由受訪者做出回答的調查方式;非標準式訪問又稱非結構式訪問,是指事先不製作統一的問卷式表格,沒有統一的提問順序,調查人員只是給一個題目或提綱,由調查人員和受訪者自由交談,以獲得所需資料的調查方式。

個別訪問調查過程比較靈活、有深度,但對調查人員要求較高,一般適用於調查範圍小、需要有一定調查深度的調查。

(二)郵寄調查

郵寄調查是指通過郵寄或其他方式將調查問卷送至被調查者,由被調查者填寫,然後將問卷寄回或投放到指定搜集點的一種調查方法。郵寄調查是一種標準化調查,其特

點是調查人員和被調查者沒有直接的語言交流,住處的傳遞完全依賴於問卷。郵寄調查的問卷發放方式有郵寄、宣傳媒介傳送、專門場所分發三種。

郵寄調查的基本程序是:在設計好問卷的基礎上,先在小範圍內進行預調查,以檢查問卷設計中是否存在問題,以便糾正;然後選擇一定的方式將問卷發放下去,進行正式的調查;最後將問卷按預定的方式收回,並對問卷進行處理和分析。

(三)電話調查

電話調查是指調查人員利用電話同受訪者進行語言交流,從而獲得信息的一種調查方式。電話調查具有時效快、費用低、調查內容少等特點。隨著電話的普及,電話調查的應用也越來越廣泛。電話調查可以按照事先設計好的問卷進行,也可以針對某一專門問題進行電話採訪。用於電話調查的問題要明確、問題數量不宜過多。

(四)座談會

座談會又稱集體訪談法,是指將一組受訪者集中在調查現場,讓他們對調查的主題(如一種產品、一項服務或其他話題等)發表意見,從而獲取調查資料的一種調查方法。通過座談會,研究人員可以從一組受訪者那裡獲得所需的定性資料,這些受訪者與研究主題有某種程度上的關係。為獲得此類資料,研究人員通過嚴格的甄別程序選取少數受訪者,圍繞研究主題以一種非正式的、比較自由的方式進行討論。這種方法適用於搜集與研究課題有密切關係的少數人員的傾向和意見。

參加座談會的人數不宜太多,通常為 6~10 人,並且是與調查問題有關的專家或有經驗的人。討論方式主要取決於主持人的習慣和愛好。通過小組討論,能獲取訪問調查無法取得的資料。而且,在彼此間交流的環境裡,各個受訪者之間相互影響、相互啓發、相互補充,並在座談過程中不斷修正自己的觀點,從而有利於取得較為廣泛、深入的想法和意見。座談會的另一個優點是不會因為問卷過長而遭到拒訪。當然,主持人一般都要受過心理學或行為科學方面的訓練,具有很強的組織能力,足以控製一群不同背景的陌生人,並盡可能多地引導受訪者說出他們的真實意見或想法。

三、觀察調查法

觀察調查法又稱觀察法。觀察法是調查者在現場對被調查者的情況直接觀察、記錄,以取得信息資料的一種調查方法。

觀察法可從不同的角度進行分類:

(1)按照觀察者的身分,可把觀察法分為參與觀察和非參與觀察。所謂參與觀察是指觀察者直接加入到某個群體中,以內部成員的角色參與他們的各項活動,在共同生活中進行觀察、搜集資料。非參與觀察是指觀察者以旁觀者的身分,置身於調查群體之外進行的觀察。

(2)按照標準化程度,可將觀察法分為結構式觀察和無結構式觀察。結構式觀察是指事先制定好觀察計劃並嚴格按照規定的內容和程序實施的觀察。其優點是標準化程度高,便於操作實施,也便於歸納分析。無結構式觀察是指對觀察的內容、程序事先不作

嚴格規定，依現場的具體情況隨機決定觀察。無結構式觀察的優點是靈活機動，信息量大，如果觀察者的能力強、素質高，可探尋出現象內在的屬性。缺陷是對觀察員的素質和能力要求高，所得資料不系統、不規範，難以歸類、分析。

（3）按照觀察的方式，可將觀察法分為直接觀察和間接觀察。直接觀察是指觀察者直接對被觀察者的活動進行觀察。間接觀察是指通過對自然物品、社會環境、行為痕跡等進行觀察，以便間接反應被調查者的狀況和特徵。例如，通過對某個城市市容衛生的觀察，就能從側面瞭解該市居民的精神面貌。

「神祕購物法」（Mystery Shopping Studies）是觀察法在實際經營管理中的一種具體應用。具體做法是：由對被調查行業有較深瞭解的調查員，以普通顧客身分親歷被調查企業的服務及產品，在真實的消費環境中以專業的視角感知企業與顧客接觸的每一個真實時刻，並將其消費經歷、感受等以顧客經理報告的形式反饋給被委託人。由於被檢查或需要被評定的對象無法確認「神祕」顧客，較之領導定期或不定期的檢查，能夠更真實、客觀並系統地反應出目標對象的真實狀況。

例如，某大學曾經受某服裝研究部門的委託，運用「神祕購物法」對「××」專賣店的營業員進行了結構觀察。觀察的內容主要包括：營業員的禮貌和笑容、營業員的推銷技巧、店鋪和貨品的整潔程度、管理人員的態度等。研究者事先設計了20個項目及相應的評分標準（如表2-1），製作出了暗訪操作流程圖（如圖2-2），由經過培訓的大學生擔任觀察員進行調查。[1]

表2-1　　　　　　　　　　　　　暗訪項目及評分標準

項目	評分	標　　準
1	優	有營業員立即面對顧客打招呼
1	良	有營業員銷售後才面對顧客打招呼
1	中	有營業員打招呼，但不面對顧客
1	差	不打招呼
2	優	衣著統一，佩戴胸卡，發飾整潔，化妝自然
2	良	四缺一
2	中	四缺二
2	差	四缺三或以上
3	優	全體店員積極服務或隨時準備服務顧客
3	良	大部分店員積極服務或隨時準備服務顧客
3	中	店內有依靠現象
3	差	店內有聊天或干私事現象

---

[1] 範偉達.市場調查教程[M].上海：復旦大學出版社，2002：210-214.

表2–1(續)

項目	評分	標　　準
4	優	禮貌用語,面帶微笑(當顧客講普通話時,營業員也講普通話)
	良	三缺一
	中	三缺二
	差	全部沒有
……	……	……
16	優	店內收銀臺附近,有標牌,且很整潔
	良	店內收銀臺附近,有標牌,且很不整潔
	中	店內收銀臺附近,有標牌,且很髒
	差	無標牌
17	優	店內貨架、櫥窗、門面招牌、地面均整潔
	良	一項欠缺
	中	二項欠缺
	差	三項或四項欠缺,或有一項嚴重損害商店形象
18	優	貨品全部擺放有條不紊,分門別類,貨架不空置,貨品及模特無污漬、無損壞
	良	有一個貨架(貨品、模特)未達到要求
	中	有兩個貨架(貨品、模特)未達到要求
	差	貨品亂放一氣,或三個以上貨品及模特有污漬、有損壞
19	優	試衣室整潔、門鎖安全、設施齊全
	良	三缺一
	中	三缺二
	差	全部沒有
20	優	燈光充足、音響適中、溫度適宜、走道暢通(無雜物堆放)
	良	一項有欠缺
	中	二項有欠缺
	差	三項或四項有欠缺,或有一項嚴重不足

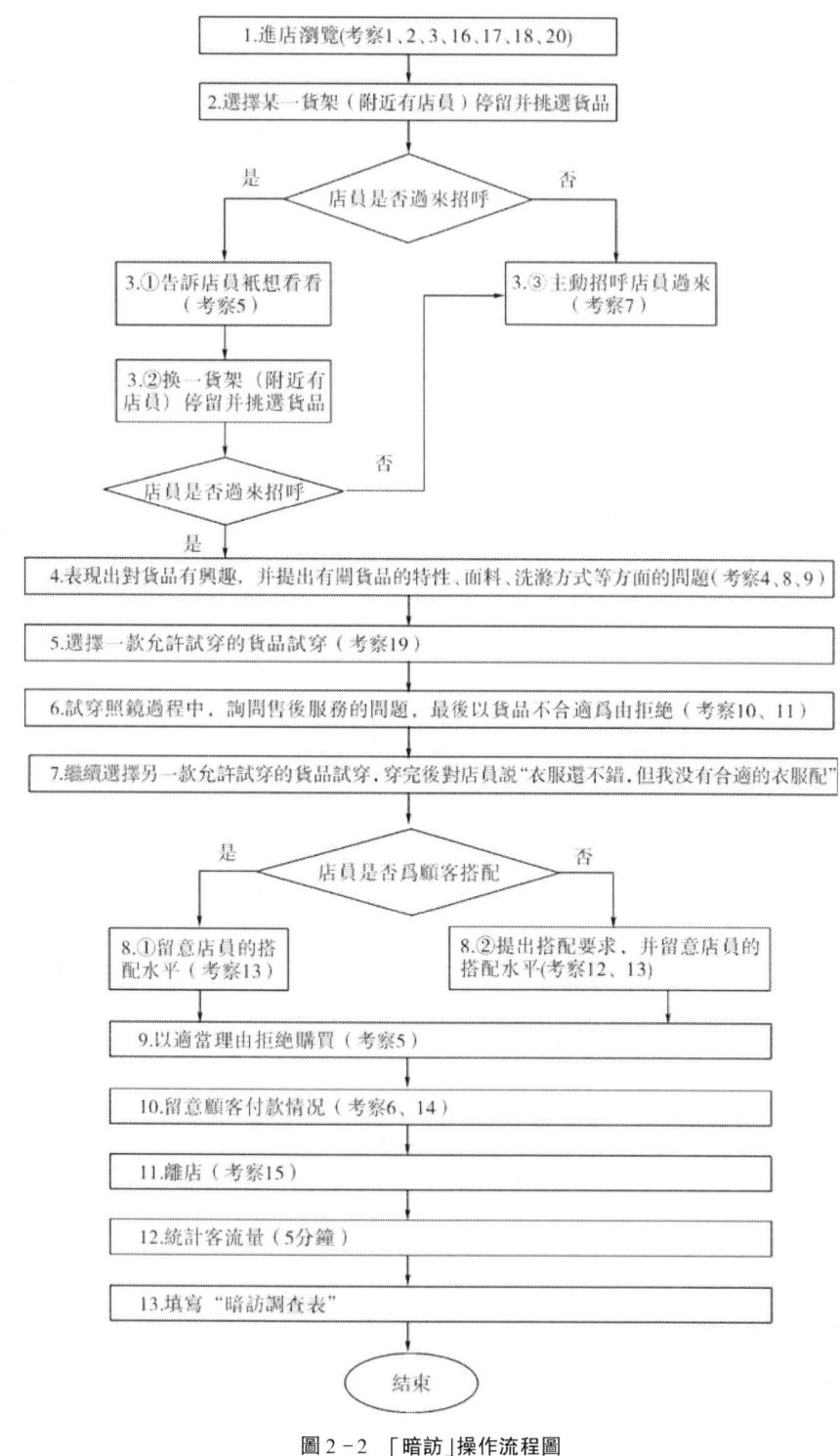

```
┌─────────────────────────────────────┐
│ 1.進店瀏覽(考察1、2、3、16、17、18、20) │
└─────────────────┬───────────────────┘
                  ↓
┌─────────────────────────────────────┐
│ 2.選擇某一貨架（附近有店員）停留并挑選貨品 │
└─────────────────┬───────────────────┘
                  ↓
          ◇ 店員是否過來招呼 ◇
         是 ↙              ↘ 否
┌──────────────┐      ┌──────────────┐
│3.①告訴店員祇  │      │3.③主動招呼店 │
│想看看(考察5)  │      │員過來(考察7)  │
└──────┬───────┘      └──────┬───────┘
       ↓                     │
┌──────────────┐              │
│3.②換一貨架（附│              │
│近有店員）停留  │              │
│并挑選貨品     │              │
└──────┬───────┘              │
       ↓                     │
   ◇店員是否過來招呼◇  否 →──┤
       是 ↓                  │
┌─────────────────────────────────────────┐
│4.表現出對貨品有興趣，并提出有關貨品的特性、│
│面料、洗滌方式等方面的問題(考察4、8、9)    │
└─────────────────┬───────────────────────┘
                  ↓
┌─────────────────────────────────────┐
│5.選擇一款允許試穿的貨品試穿(考察19)   │
└─────────────────┬───────────────────┘
                  ↓
┌───────────────────────────────────────────┐
│6.試穿照鏡過程中，詢問售後服務的問題，最後以 │
│貨品不合適爲由拒絶（考察10、11）            │
└─────────────────┬─────────────────────────┘
                  ↓
┌───────────────────────────────────────────────┐
│7.繼續選擇另一款允許試穿的貨品試穿，穿完後對店員│
│說"衣服還不錯，但我沒有合適的衣服配"           │
└─────────────────┬─────────────────────────────┘
                  ↓
          ◇ 店員是否爲顧客搭配 ◇
         是 ↙              ↘ 否
┌──────────────┐      ┌──────────────────┐
│8.①留意店員的  │      │8.②提出搭配要求， │
│搭配水平(考察13)│      │并留意店員的搭配水 │
│              │      │平(考察12、13)    │
└──────┬───────┘      └──────┬───────────┘
       ↓                     ↓
┌─────────────────────────────────────┐
│9.以適當理由拒絶購買（考察5）          │
└─────────────────┬───────────────────┘
                  ↓
┌─────────────────────────────────────┐
│10.留意顧客付款情況（考察6、14）       │
└─────────────────┬───────────────────┘
                  ↓
┌─────────────────────────────────────┐
│11.離店（考察15）                     │
└─────────────────┬───────────────────┘
                  ↓
┌─────────────────────────────────────┐
│12.統計客流量（5分鐘）                 │
└─────────────────┬───────────────────┘
                  ↓
┌─────────────────────────────────────┐
│13.填寫"暗訪調查表"                   │
└─────────────────┬───────────────────┘
                  ↓
                (結束)
```

圖2-2 「暗訪」操作流程圖

觀察法的優點是靈活方便,資料客觀真實,直接記錄了調查的事實和被調查者在現場的行為,調查結果更接近實際。缺陷是對觀察員的素質能力要求較高。另外,在應用觀察法時,要對觀察對象進行長時間觀察,切忌「走馬觀花」。

四、網上調查法

網上調查在20世紀90年代開始興起,並且發展迅速。

(一)網上調查的優點

(1)速度快。由於省略了印製、郵寄和數據錄入等過程,問卷的製作、發放及數據的回收速度均得以提高,可以在短時間內完成調查並統計調查結果。

(2)費用低。印刷、郵寄、錄入及調研員的費用都被節省下來,而調研費用的增加卻很有限。因此,進行大規模的調研較其他(如郵寄或電話)調研方法省下可觀的費用。

(3)易獲得連續性數據。隨著網上固定樣本調研的出現,調研員能夠通過跟蹤受訪者的態度、行為和時間進行縱向調研。複雜的跟蹤軟件能夠做到根據上一次的回答情況進行本次問卷的篩選,而且還能填補落選項目。

(4)調研內容設置靈活。打一個電話卻只提兩三個問題在經濟上是不劃算的。但在網上,調研內容可以很容易地出現在市場、商貿或其他一般的站點上。例如,如果一個人上了銀行主頁,激活「信用卡」連結,在進入正式網頁之前,他可以被詢問幾個有關被認為是最重要的信用卡特性問題。

(5)調研群體大。在網上可以接觸很多人。目前,很難還有什麼媒體可以像互聯網一樣提供那麼大的調研群體,隨著互聯網的普及,計算機產品購買者或是互聯網使用者,是使用互聯網調研的理想對象。利用互聯網的企事業單位使用者也是不錯的可發展的調研對象。

(6)可視性強。網上調查還有一個獨一無二的優點,即它們能夠在視覺效果上吸引人,互聯網的圖文及超文本特徵可以用來展示產品或介紹服務內容。

(二)網上調查的缺點

(1)代表性問題。網上調查在目前來說還有不少缺點,其中最大的一點恐怕就是上網者不能代表所有人口。通常,使用者多為教育水平高、有相關技術、較年輕和有較高收入的男性。不過,這種情形正有所改變,越來越多的人開始接觸互聯網。

(2)安全性問題。現在很多使用者為私人信息的安全性擔憂,提高安全性是互聯網有待解決的重要問題。

(3)無限制樣本問題。它是指網上的任何人都能填寫問卷。這完全是由自我決定的,很有可能除了「網蟲」外並不代表任何人。如果同一個人重複填寫多份問卷的話,問題就變得複雜了。

(三)互聯網樣本

互聯網樣本可以分為三類:隨意樣本、過濾性樣本、選擇樣本。

隨意樣本是指網上任何人都可以成為被調查單位,只要其願意,沒有任何對調查單

位的限制條件。

過濾性樣本是指按期望樣本特徵挑選的代表性樣本。這些特徵通常是一些統計特徵,如性別、收入、地理區域位置或與產品有關的標準,如過去的購買行為、工作責任、現有產品的使用情況等。對於過濾性樣本的使用與隨意樣本基本類似。

過濾性樣本通常是以分支或跳問形式安排問卷,以確定被選者是否適宜回答全部問題。有些互聯網調研能夠根據過濾性問題立即進行市場分類,確定被訪者所屬類別,然後根據被訪者不同的類型提供適當的問卷。

另外一種方式是一些調研者創建樣本收藏室,將填寫過分類問卷的被訪者進行分類重置。問卷的信息用來將被訪者進行歸類分析,被訪者按照專門的要求進行分類,而只有那些符合統計要求的被訪者才能填寫適合該類特殊群體的問卷。

互聯網選擇樣本用於互聯網中需要對樣本進行更多限制的目標群體。被訪者均通過電話、郵寄、E-mail 或個人訪問卷連結的站點。在站點中,通常使用密碼帳號來確認已經被認定的樣本,因為樣本組是已知的,因此可以對問卷的完成情況進行監視或督促未完成問卷以提高回答率。

選擇樣本對於已建立抽樣數據庫的情形最為適用。例如,以顧客數據庫作為抽樣框選擇參與顧客滿意度調查的樣本。

(四)進行網上調查的方法

進行互聯網調查主要有以下三種基本方法:E-mail 問卷、交互式 CATI 系統調查和互聯網 CGI 程序調查。下面我們就每一種方法進行簡要介紹。

(1)E-mail 問卷調查。該方法的問卷就是一份簡單的 E-mail,並按照已知的 E-mail 地址發出。被訪者回答完畢將問卷回覆給調研機構,有專門的程序進行問卷準備、編制 E-mail 地址和搜集數據。

E-mail 問卷製作方便,分發迅速。由於出現在被訪者的私人信箱中,因此能夠得到注意。但是,它只限於傳輸文本,圖形雖然也能在 E-mail 中進行連結但與問卷文本是分開的。

(2)交互式 CATI 系統調查。該方法是利用一種軟件語言程序在 CATI 上設計問卷結構,並在網上進行傳輸。互聯網服務站可以設在調研機構中,也可以租用有 CATI 裝置的單位。互聯網服務器直接與數據庫連結,對搜集到的被訪者答案直接進行儲存。

交互式 CATI 系統能夠對 CATI 進行良好抽樣及對 CATI 程序進行管理,它們還能建立良好的跳問模式和修改被訪者答案;它們能夠當場對數據進行認證,對不合理數據要求重新輸入。交互式 CATI 系統為網上 CATI 調研的使用者提供了一個方便的工具,而且支持程序問卷的再使用。

作為不利的一面,交互式 CATI 系統產品是為電話—屏幕訪談設計的。被訪者的屏幕格式受到限制,而且 CATI 語言技術不能顯示互聯網調研在圖片、播放等方面的優勢。

(3)互聯網 CGI 程序調查。該方法有專門為網路調查設計的問卷連結及傳輸軟件。這種軟件設計為無須使用程序的方式,包括整體問卷設計、網路服務器、數據庫和數據傳輸程序。一種典型的用法是:問卷由簡易的可視問卷編輯器產生,自動傳送到互聯網服務器上,通過網站,使用者可以隨時在屏幕上對回答數據進行整體統計或圖表統計。

相比之下，對於每次訪談，網路調查系統均比交互式 CATI 的平均費用低，但對於小規模的樣本調查(低於 500 名)的平均費用都比 E-mail 問卷調查高。平均費用低是由於網路調查系統使用了網路專業工具軟件，而且，軟件購置費用和硬件費用是由中心服務系統提供。

第四節　問卷調查設計

一、問卷設計的特徵

調查問卷是搜集資料的工具，是一份精心設計的調查提綱，是一套印刷在紙上的問答題目。調查問卷的基本特徵可以概括為「四易」，即易回答、易記錄、易整理和易辨別真假。調查問卷的具體特徵如下：

(一) 主題突出，問題關聯緊湊

根據調查主題，從實際出發擬題，問題目的明確，重點突出。一份好的調查問卷就是一個完整的理論體系。

(二) 結構合理、通俗易懂

問題的排列應有一定的邏輯順序，符合應答者的思維程序，一般是先易後難、先簡後繁、先具體後抽象；應使應答者一目了然，並願意如實回答；語氣要親切，符合應答者的理解能力和認識能力，避免使用專業術語；對敏感性問題應採取一定的技巧調查，使問卷具有合理性和可答性，避免主觀性和暗示性，以免答案失真。

(三) 用語準確規範，注意被調查者的身分和思維習慣

調查問卷要充分尊重被調查對象，問題提法要有禮貌、不能唐突、有助於問答；問題的提法、問題多少和排列順序要符合答者的思維習慣。

(四) 格式整齊，編碼規範

問卷格式對調查結果有直接影響，注意問卷問題的格式應整齊。調查問卷多採用事前編碼技術，編碼應該規範，便於資料整理加工。

二、問卷設計的程序

(一) 確定主題和資料範圍

根據調查目的的要求，研究調查內容、所需搜集的資料及資料來源、調查範圍等，醞釀問卷的整體構思，將所需要的資料一一列出，分析哪些是主要資料，哪些是次要資料，哪些是可要可不要的資料，淘汰那些不需要的資料，再分析哪些資料需要通過問卷取得、需要向誰調查等，並確定調查地點、時間及對象。

(二) 分析樣本特徵

分析瞭解各類調查對象的社會階層、社會環境、行為規範、觀念習俗等社會特徵，需

求動機、潛在慾望等心理特徵;理解能力、文化程度、知識水平等學識特徵,以便針對其特徵來擬題。

(三)擬定並編排問題

首先,構想每項資料需要什麼樣的句型來提問,盡量詳盡地列出問題;然後,對問題進行檢查、篩選,看有無多餘的、遺漏的或不適當的問題,以便進行刪、補、換。

(四)進行試問試答

站在調查的立場上試行提問,看看問題是否清楚明白,是否便於資料的記錄、整理;站在應答者的立場上試行回答,看看是否能答和願答所有的問題,問題的順序是否符合思維邏輯,估計回答時間是否合乎要求。有必要的小範圍進行實地試答,以檢查問卷的質量。

(五)修改、付印

根據試答情況,進行修改,再試答,再修改,直到完全合格以後才定稿付印,制成正式問卷。

問卷設計的具體步驟見圖2-3。

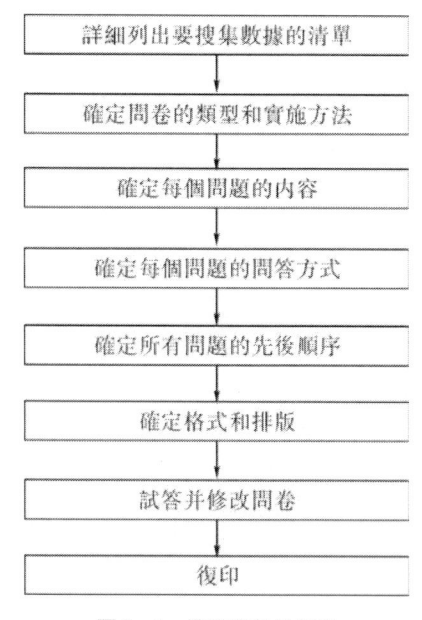

```
┌─────────────────────┐
│ 詳細列出要搜集數據的清單 │
└──────────┬──────────┘
           ↓
┌─────────────────────┐
│ 確定問卷的類型和實施方法 │
└──────────┬──────────┘
           ↓
┌─────────────────────┐
│   確定每個問題的內容   │
└──────────┬──────────┘
           ↓
┌─────────────────────┐
│  確定每個問題的問答方式 │
└──────────┬──────────┘
           ↓
┌─────────────────────┐
│  確定所有問題的先後順序 │
└──────────┬──────────┘
           ↓
┌─────────────────────┐
│     確定格式和排版    │
└──────────┬──────────┘
           ↓
┌─────────────────────┐
│     試答并修改問卷    │
└──────────┬──────────┘
           ↓
┌─────────────────────┐
│         復印         │
└─────────────────────┘
```

圖2-3　問卷設計的程序

三、問題的形式

(一)開放式問題

開放式問題又稱無結構的問答題。在採用開放式問題時,應答者可以用自己的語言自由地發表意見,在問卷上沒有已擬定的答案。

例如,您抽香菸多久了？您喜歡看哪一類的電視節目？您認為加入 WTO 對中國政府管理體制有何影響？

應答者可以自由回答以上的問題,並不需要按照問卷上已擬定的答案加以選擇,因此應答者可以充分地表達自己的看法和理由,並且比較深入,有時還可獲得研究者始料未及的答案。

開放式問題亦有其缺點,一是回答有難度;二是資料整理與分析的困難。

(二) 封閉式問題

封閉式問題又稱有結構的問題。封閉式問題與開放式問題相反,它規定了一組可供選擇的答案和固定的回答格式。答案選擇分為限選和非限選兩種。

例如,你購買雕牌洗衣粉的主要原因是(選擇最主要兩種):

(1) 洗衣較潔白。
(2) 售價較廉。
(3) 任何商店都有出售。
(4) 不傷手。
(5) 價格與已有的牌子相同,但分量較多。
(6) 朋友介紹。

封閉式問題的優點包括以下幾個方面:

(1) 答案是標準化的,對答案進行編碼和分析都比較容易。
(2) 回答者易於作答,有利於提高問卷的回收率。
(3) 問題的含義比較清楚。因為所提供的答案有助於理解題意,這樣就可以避免回答者由於不理解題意而拒絕回答。

封閉式問題也存在一些缺點:

(1) 回答者不能自由發表意見或看法。
(2) 回答者對題目不正確理解的,難以覺察出來。
(3) 可能產生「順序偏差」或「位置偏差」,即被調查者選擇答案可能與該答案的排列位置有關。為了減少順序偏差,可以準備幾種形式的問卷,每種形式的問卷答案排列的順序都不同。

四、問題的類型

(一) 事實性問題

事實性問題是指要求應答者回答一些有關事實的問題。例如:「你通常什麼時候看電視？」

事實性問題的主要目的在於求取事實資料,因此問題中的字眼定義必須清楚,讓應答者瞭解後能正確回答。

在市場調查中,許多問題均屬「事實性問題」。例如,應答者個人的資料,如職業、收入、家庭狀況、居住環境、教育程度等。這些問題又稱為「分類性問題」,因為可根據所獲得的資料對應答者進行分類。在問卷之中,通常將事實性問題放在後邊,以免應答者在

回答有關個人的問題時有所顧忌,從而影響以後的答案。

(二)意見性問題

在問卷中,往往會要求應答者回答一些有關意見或態度的問題。例如,你是否喜歡××電視節目?

意見性問題事實上即態度調查問題。應答者是否願意表達他真正的態度,固然要考慮,而態度強度亦有不同,如何從答案中衡量其強弱,顯然也是一個需要解決的問題。通常而言,應答者會受到問題所用字眼和問題排列順序的影響,做出不同的回答。

(三)困窘性問題

困窘性問題是指應答者不願在調查員面前作答的某些問題,如關於個人隱私的問題,或不為一般社會道德所接納的行為、態度、或屬有礙聲譽的問題。例如,平均說來,每個月你打幾次麻將?你除了工資收入外,尚有其他收入嗎?

如果一定要想獲得困窘性問題的答案,又想避免應答者作不真實回答,可採用以下方法。

1. 間接問題法

採用該方法時,不直接詢問而是通過間接詢問瞭解應答者對某事項的觀點。例如,用間接問題旨在套取應答者回答認為是旁人的觀點。所以在他回答後,應立即再加上問題:「你同他們的看法是否一樣?」

2. 卡片整理法

採用該方法時,將困窘性問題的答案分為「是」與「否」兩類,調查員可暫時走開,讓應答者自己取卡片投入箱中,以緩和困窘氣氛。應答者在無調查員看見的情況下,選取正確答案的可能性會提高不少。

(四)斷定性問題

斷定性問題是指有些問題是先假定應答者已有該種態度或行為。

例如,你每天抽多少支香菸?

事實上,該應答者極可能根本不抽菸,這種問題則為斷定性問題。正確處理這種問題的方法是在斷定性問題之前加一條「過濾」問題。

例如,「你抽菸嗎?」

如應答者回答「是」,可繼續問下去,否則就應停止。

(五)假設性問題

假設性問題是指先假定一種情況,然後詢問應答者在該種情況下,他會採取什麼行動的問題。

例如:「如果《××晚報》漲價至 2 元,你是否將改看另一種未漲價的晚報?」

「如果××牌洗衣粉跌價 1 元,你是否願意購買它?」

「你是否願意加薪?」

「你是否讚成公共汽車公司改善服務?」

以上皆屬假設性問題,應答者對這種問題多數會答「是」。這種探測應答者未來行為

的問題,應答者的答案事實上沒有多大意義,因為多數人都願意嘗試一種新東西,或獲得一些新經驗。

五、問卷的結構

調查問卷一般可以看成是由三大部分組成:說明信、正文和結尾。

(一)說明信

問卷的說明信一般包括下列幾個方面內容:

(1)稱呼、問候。如「××先生、女士:您好」。
(2)調查人員自我說明調查的主辦單位和個人的身分。
(3)簡要地說明調查的內容、目的、填寫方法。
(4)說明作答的意義或重要性。
(5)說明作答所需時間。
(6)保證作答對被調查者無負面作用,並替他保守秘密。
(7)表示真誠的感謝,或說明將贈送小禮品。

說明信的語氣應該是親切、誠懇而禮貌的,簡明扼要,切忌囉唆。問卷的開頭是十分重要的。問卷說明信可以達到兩個基本目的:一是說明調查內容與重要性;二是爭取被調查者的參與。

(二)正文

問卷的正文實際上也包含了三大部分。

第一部分包括向被調查者瞭解最一般的問題。這些問題應該適用於所有的被調查者,讓其能很快、很容易地回答。在這一部分不應有任何難答的或敏感的問題,以免嚇壞被調查者。

第二部分是主要的內容,包括涉及調查的主題的實質和細節的大量問題。這一部分的結構組織安排要符合邏輯性,並對被調查者來說應是有意義的。

第三部分一般包括兩部分的內容:一是敏感性或複雜的問題,以及測量被調查者的態度或特性的問題;二是人口基本狀況、經濟狀況等。

(三)結尾

問卷的結尾一般可以加上 1~2 道開放式題目,給被調查者一個自由發表意見的機會。然後,對被調查者的合作表示感謝。

六、問卷設計應注意的問題

(一)措辭的選擇

(1)用詞要確切。問卷中的用詞一定要保證所提問題清楚明了。例如,「你是否經常上網」,這裡的「經常」是指 1 週、1 個月或 1 年,回答者可能產生不一致的理解。

(2)用語要通俗。問卷中的問題提法應力求通俗易懂,避免專業或技術用語,保證被調查者能夠統一理解所提問題。例如,「你對哪個 ISP 的服務比較滿意」,顯然許多人對

ISP(網路服務供應商)這個縮寫還不瞭解,也就無法回答問題。

(二)問題的選擇及順序

問卷中問題的順序一般按下列規則排列:

(1)容易回答的問題放前面,較難回答的問題放稍後,困窘性問題放後面,個人資料的事實性問題放卷尾。

(2)封閉式問題放前面,自由式問題放後面。由於自由式問題往往需要時間來考慮答案和語言的組織,放在前面會引起應答者的厭煩情緒。

(3)要注意問題的邏輯順序,按時間順序、類別順序等合理排列。

(三)一項提問只問一個要點

一項提問只問一個要點,否則被調查者可能難以回答。例如,「你喜歡看電影和電視嗎」,顯然,若回答者僅喜歡看電影或電視時就難以回答問題。

問卷中的問題應簡短,如果問題過長,不僅會給被調查者理解問題帶來困難,也會帶來厭煩感。

(四)問題應避免誘導性、斷定性

問卷中的問題不應該帶有傾向性,應該保持中立。引導性問題容易使被調查者在心理上產生順從或逆反效應,以致不假思索地回答問題,使調查無法搜集真實資料。

斷定性問題容易使調查者難以回答問題。例如,「你一天抽幾支菸」,不抽菸者無法回答。一般的處理是在這類問題前面加一個「過渡」性問題,即「你抽菸嗎」,如回答「是」,該問題調查繼續,否則就終止。

(五)問題界限明確,避免估算或推算

問卷中所提問題的界限要明確,如收入水平的內容應該具體明確,否則理解不一致,調查結果就不可靠。

問卷中的問題應盡可能避免被調查者通過估算或推算來作答,否則偏差較大。

第五節　數據採集基礎知識訓練

一、填空題

1. 調查表有＿＿＿＿和＿＿＿＿兩種形式。
2. 專門調查主要有＿＿＿＿、＿＿＿＿、＿＿＿＿和＿＿＿＿四種形式。
3. 按被研究總體的範圍不同來劃分,統計調查可分為＿＿＿＿和＿＿＿＿。
4. 調查人員親臨現場對調查單位進行清點和計量,這種調查方法稱為＿＿＿＿法。
5. 典型調查中的典型單位是＿＿＿＿選取的,抽樣調查中的樣本單位

_____選取的。

6. 無論採用何種調查方法進行調查都要先制訂_____。

7. 調查表一般由_____、_____和_____三部分組成。

8. 由調查人員通過口頭、書面等方式向被調查者瞭解情況,取得第一手統計資料的調查方法稱為_____法。

9. 調查問卷中問題的形式有兩種,即_____問題和_____問題。

10. 網上調查分為_____和_____兩種。

二、單項選擇題

1. 從一批袋裝奶粉中隨機抽取 1,000 包進行質量檢驗,這種調查是( )。
   A. 普查   B. 重點調查
   C. 抽樣調查   D. 典型調查

2. 對家樂福超市全體員工進行身體健康狀況調查,調查單位是( )。
   A. 每位員工   B. 所有員工
   C. 所有商品   D. 每一件商品

3. 普查人口 2000 年 11 月 1 日零時的狀況,要求將調查單位的資料在 2000 年 11 月 10 日前登記完成,則普查的標準時間是( )。
   A. 2000 年 10 月 31 日 24 時   B. 2000 年 11 月 10 日零時
   C. 2000 年 11 月 9 日 24 時   D. 2000 年 11 月 1 日 24 時

4. 某市 2004 年工業企業經濟活動成果的統計年報的呈報時間為 2005 年 1 月 31 日,則調查期限為( )。
   A. 一年   B. 一年零一個月
   C. 一個月   D. 一天

5. 調查大慶、勝利、大港、中原的幾個大油田,以瞭解中國石油工業生產的基本情況,這種調查屬於( )。
   A. 普查   B. 重點調查
   C. 抽樣調查   D. 典型調查

6. 有意識地選取若干塊水田,測算其糧食產量來估算該地區的糧食收成情況,這種調查屬於( )。
   A. 普查   B. 重點調查
   C. 抽樣調查   D. 典型調查

7. 下列情況的統計調查,哪一種屬於一次性調查( )。
   A. 商品庫存量   B. 商品購進額
   C. 商品銷售量   D. 商品銷售額

8. 在下列調查中,調查單位與填報單位一致的是( )。
   A. 公司設備調查   B. 農村耕地調查

C. 學生學習情況調查　　　D. 汽車養護情況調查

9. 要瞭解糖果包裝的改變對銷售量的影響情況,則選定一個地區,將新舊兩種包裝的糖果投入市場進行實驗對比,觀察其銷售變化和消費者反應,獲得數據作為新包裝是否採用的依據,這種調查方法是(　　)。
　　A. 觀察法　　　　　　　B. 實驗法
　　C. 報告法　　　　　　　D. 訪問法

10. 要調查人群中經常上網瀏覽的人的年齡、性別、職業等情況,比較適宜的調查方法是(　　)。
　　A. 觀察法　　　　　　　B. 訪問法
　　C. 實驗法　　　　　　　D. 網上調查

三、多項選擇題

1. 要調查一個地區學校情況,每一個學校是(　　)。
　　A. 重點單位　　　　　　B. 調查單位
　　C. 調查對象　　　　　　D. 總體單位
　　E. 填報單位

2. 在工業設備普查中(　　)。
　　A. 工業企業是調查對象　　B. 工業企業的全部設備是調查對象
　　C. 每臺設備是調查單位　　D. 每個工業企業是填報單位
　　E. 每臺設備是填報單位

3. 普查屬於(　　)。
　　A. 全面調查　　　　　　B. 非全面調查
　　C. 經常性調查　　　　　D. 一次性調查
　　E. 專門調查

4. 調查單位是(　　)。
　　A. 需要調查的那些社會經濟現象的總體
　　B. 所需調查的社會經濟現象總體的每個單位
　　C. 調查項目的承擔者
　　D. 負責向上報告調查內容的單位
　　E. 調查中所調查的具體單位

5. 統計報表的資料來源有(　　)。
　　A. 原始記錄　　　　　　B. 調查問卷
　　C. 基層單位內部報表　　D. 基層單位統計報表
　　E. 統計臺帳

6. 下列調查中屬於直接調查搜集第一手資料的方法有(　　)。
　　A. 觀察法　　　　　　　B. 電話調查法
　　C. 實驗法　　　　　　　D. 文獻法
　　E. 網上問卷調查

7. 要檢查節日市場上肉製品質量,有關部門任意抽取部分肉製品進行調查,此項調查屬於( )。

  A. 全面調查   B. 非全面調查
  C. 典型調查   D. 抽樣調查
  E. 專門調查

8. 中國第五次人口普查的標準時間是 2000 年 11 月 1 日零時,下列情況應統計人口數的有( )。

  A. 2000 年 11 月 2 日出生的嬰兒
  B. 2000 年 10 月 31 日出生的嬰兒
  C. 2000 年 10 月 31 日晚死亡的人
  D. 2000 年 11 月 1 日 1 時死亡的人
  E. 2000 年 10 月 31 日出生,11 月 1 日 5 點死亡的人

9. 網上調查與傳統調查相比的優越性在於( )。

  A. 費用低   B. 無地域、時空限制
  C. 及時性   D. 資料能反應所有用戶的信息
  E. 易獲得更完整的統計資料

四、應用技能訓練題

實訓 1

[應用訓練資料]

1. 閱讀下面的資料,瞭解調查問卷的結構及設計要求

調查問卷的結構及設計要求

  採用問卷進行調查始於 20 世紀 30 年代的美國,主要應用於政治選舉、商業推銷和經濟預測等方面,並逐步成為調查研究中搜集資料的一種主要方式。

  統計調查所採用的問卷,是調查者依據調查目的和要求,按照一定的理論假設設計出來的,由一系列問題、備選答案及填寫說明組成的,向被調查者搜集資料的一種工具,屬於調查表的一種形式。

  調查問卷的主要內容是關於調查事項的若干問題和答案,但僅有這些內容是不夠的。一份調查問卷通常由題目、說明信、被調查者的基本情況、調查事項的問題和答案、填寫說明與解釋等五個主要部分構成。

  (1)題目

  題目是問卷的主題。俗話說「題好一半文」,調查問卷與文章一樣,題目非常重要,應該準確、醒目、突出,要能準確而概括地表達問卷的性質和內容;觀點新穎,句式構成上富於吸引力和感染力;言簡意賅,明確具體;還要注意題目不要給被調查者以不良的心理刺激。

  (2)說明信

  說明信一般在問卷的開頭,是致被調查者的一封短信。這是調查者與被調查者的溝

通媒介,目的是讓被調查者瞭解調查的意義,引起被調查者足夠的重視和興趣,爭取他們的支持與合作。說明信要說明調查者的身分,調查的中心內容及要達到的目的和意義、選樣原則和方法,調查結果的使用和依法保密的措施與承諾等,有時還需要將獎勵的方式、方法及獎金、獎品等有關問題敘述清楚。說明信必須態度誠懇,口吻清切,以打消被調查者的疑慮,取得真實資料。寫好說明信,獲得被調查者的合作與支持,是問卷調查取得成功的必要保證。

(3)被調查者的基本情況

被調查者的基本情況是對調查資料進行分類研究的基本依據。一般而言,被調查者包括兩大類:一是個人,二是單位。如果被調查者是個人,則其基本情況包括姓名、性別、民族、年齡、文化程度、職業、職務或技術職稱、個人或家庭收入等項目;如果被調查者是企事業等單位,則包括單位名稱、經濟類型、行業類別、職工人數、規模、資產等項目。若採用不記名調查,被調查者的姓名可在基本情況中略去。

(4)調查事項的問題和答案

調查事項的問題和答案是調查問卷最主要、最基本的組成部分,調查資料的搜集主要是通過這部分來完成的,它也是使用問卷的目的所在。這一部分設計得如何,關係到該項調查價值的大小。通常在這一部分既提出問題,又給出回答方式。問題從形式上看有開放式與封閉式之分;從內容上看有背景問題、行為問題、態度問題與解釋性問題之別。問題的內容決定於調查目的和調查項目。

開放式問題是指問題對每一個應答者是同一的,但不確定任何答案,應答者可以自由地圍繞提出的問題寫下描述性的情況和意見。優點:應答者不受任何定式的約束,可以自由地發表意見,對問題的探討比較深入,獲得的資料往往比較豐富而生動。不足之處:答案五花八門、複雜多樣,有時出現答非所問的情況;描述性的回答較多,難以定量處理;受應答表述能力的影響較大,由此會造成一些調查性誤差。

封閉式問題是指問題不僅對每一位應答者相同,而且每一個問題都已預先分列了若干答案,由應答者選擇符合自己實際情況的答案。優點:問題清楚具體,容易回答,材料可信度高;答案標準,填寫方便,容易整理,適於定量分析。不足之處:事先規定預選答案約束了應答者的創造性,不利於發現新問題;應答者在對預選答案不理解、不滿意或隨便選擇的情況下,會影響調查結果的正確性。

為了能使用計算機對問卷進行定量分析,往往需要對調查事項的問題和答案進行編碼,用事先規定的「代號」來表示某些事物及其不同狀態的信息。開放式問題一般在問卷回收後再編碼,因為其答案數只在回收後才知道。封閉式問題一般在問卷設計時預先編碼。編碼應盡量做到準確、唯一和簡短。

(5)填寫說明和解釋

填寫說明和解釋包括填寫問卷的要求、調查項目的含義、被調查者應注意的事項等,其目的在於明確填寫問卷的要求和方法。

除了上述五個基本部分以外,問卷的最後也可以寫上幾句短評,表示對被調查者的感謝,或徵求被調查者對問卷設計和問卷調查的意見和感受。如果是訪問式問卷還可以加上作業證明的記載,其主要內容包括調查人員姓名、調查時間、作業完成情況。這可以

明確調查人員的責任,有利於檢查、修正調查資料。

設計問卷是一項十分複雜而又需要耐心和細緻的工作,即使是很有經驗的研究人員在進行這項工作時也要反覆推敲。一般在設計問卷時應注意:

①問卷上所列問題應該都是必要的,可有可無的問題不要列入。

②所列問題應是被調查者熟悉且易於回答的,避免出現被調查者不瞭解或難以回答的問題。回答問題所用的總時間最好不超過半小時。

③注意詢問語句的措辭和語氣,問題要問得清楚、明確、具體、簡短;明確問題的界限和範圍,問句要清楚;避免引導性問題或帶有暗示性問題的出現。

④屬於年齡、收入等私人問題,最好採用間接提問的方法,可以給出一定範圍,如「500~1,000元、1,000~1,500元」等,讓被調查者選擇。

⑤問卷上所擬答案要有窮盡性,避免重複和相互交叉。被選答案不宜過多,以不超過十個為最理想。問卷上擬定的答案要編號。

⑥問卷紙張質地要良好,不易破損,字跡印刷清晰,留作填寫說明的空白處要大,頁數較多時要裝訂成冊。

2. 問卷設計的一般步驟

設計問卷的一般步驟如下:

(1)確定所要搜集的信息。

(2)確定問卷調查方式。因問卷調查方式之不同,問卷內容的繁簡及問卷設計方式必有不同。應依問卷方式作適當的問卷內容安排。

(3)確定問題內容。在決定問題內容時,應考慮下述問題:

①問題必須切題,且是必要的,最好不要有無關調查目的的問題在內。

②一個問題中不要包含兩個以上問題,以免在未來統計分析時造成困擾。例如問:「××洗衣粉是否清潔又不傷衣服?」可能會得到不同答案。應該問:「你現在使用的××洗衣粉和其他洗衣粉相比的好處是什麼?」或問:「你使用××洗衣粉的動機是什麼?」

③要提出訪問者所知道的問題。

④使訪問者樂於回答。

(4)確定問題形式。開放式問題,讓應答者自由回答所提問題,不作任何限制。在問卷調查中採用封閉式問題的較多。封閉式問題的形式又有三種:

①二分式問題。把問題簡化成是與否兩種答案,由應答者勾答。如:

問:「你會不會開車?」

☐會　　　☐不會

如遇有兩者都有之時,應分兩個問題問。如:

問:「你現在使用電胡刀嗎?」

☐用　　　☐不用

問:「你現在使用安全刀片嗎?」

☐用　　　不用

②復選式問題。每一問題列舉幾個答案,讓被問者在其中勾選答案。如:

問：「你使用過哪種洗髮精？」
　　□飛柔　　□力士　　□花香　　□雷雅

③聲明式問題。由用戶根據自己的感受、愛好等做出判斷，確定備選項的好壞、先後等。如：

問：「你選購紙尿褲時，認為哪一種條件最重要？」請按重要順序 1、2、3、4 之順序註明下列答案。
　　□好用　　□防漏　　□經濟　　□耐久

(5)確定問題用語。詢問用語在問卷調查中對調查結果有重要的影響，應注意以下幾項：

①詢問的著眼點要明確、明朗。例如問：「你現在使用什麼洗髮精？」

②主觀問句勝於客觀問句。例如，「××汽車會不會比××汽車好？」採用主觀問句或客觀問句還要看所調查的事項。

③用平易語句，讓被詢問人易於回答。例如問：「貴公司對新進推銷員有無給予職前訓練？」

④避免有誘導性作用的問題，使答案和事實產生誤差。例如不該問：「府上使用空調嗎？」應該問：「府上用的是××牌空調？」

⑤避免過於涉及個人隱私。例如不應該問：「你今年幾歲？」而不妨以「你是哪一年出生的？」來代替。

(6)確定問題先後順序。確定問題的順序時應注意：

①打頭的問題必須有趣且容易答覆；

②重複的問題放在重要地方；

③容易的在前面，慢慢引入比較難答的問題；

④問題要一氣呵成，且前後連貫，不要讓答詢人的情感或思緒中斷；

⑤私人問題和易引起對方困擾的問題，應最後提出；

⑥避免被訪者太勞累。

(7)確定檢驗可靠性問題。為了解被訪者之答題可靠與否，於訪問結束時不妨將問題中重要者再重新抽問。

(8)確定問卷版面佈局。問卷形式及體裁的設計，對搜集資料成效關係很大，故應力求：

①紙質及印刷精美，留作填充空白處易於填寫；

②日後處理作業方便。

(9)試查。在實地市場調查大體完成之際，有必要根據計劃舉行小規模試驗檢查，以瞭解：

①問卷格式是否適合，並作必要之改進；

②調查員調查方式是否正確，並作必要之改進；

③求證抽樣設計是否適當，加以改良；

④調查編組是否合理，進行必要的人員調整；

⑤調查成本之搜集，以為成本控制參考；

⑥對未來資料整理的有效性預作測驗。

這種事前測驗的樣本不必太多,20個就夠了,若是被詢問對象回應熟練,更可以要求提供有關建議。

(10)修訂及定稿。將必要調查的問卷付之於印刷,將必要之調查手冊編輯成冊,以供相關人員參考。

[本章小結]

本章主要介紹了作為統計工作基礎環節的統計數據採集的基礎知識,共分四節內容。

在第一、第三節中,主要介紹了統計數據採集的概念、意義、種類和方法。

統計數據採集,即統計調查,是按照統計研究的預定目的、要求和任務,運用科學的調查方法,有計劃、有組織地搜集、登記總體各單位事實資料的工作過程。統計調查的質量在很大程度上決定著整個統計工作過程的質量。統計調查的基本任務是採集社會經濟現象總體、總體單位的原始資料及其相關資料。其基本要求是準確、及時和完整。

統計調查可按不同的標準進行多種分類,按是否直接面向被調查單位分為直接調查和間接調查,按調查範圍不同分為全面調查和非全面調查,按登記的連續性不同分為經常性調查和一次性調查,按組織方式不同分為統計報表和專門調查。各種類型之間相互聯繫,交叉整合,可以根據事物的具體情況選擇運用和結合運用。統計調查技術是採集資料的具體方法和技巧,常用採集方法有詢問調查法、觀察法、實驗調查法等幾種。在數據採集過程中,應特別重視被調查者如實反應情況,注意問、聽、看、想、記,切忌按照自己的想法去尋找與其相符的材料。

在第二節中主要介紹了統計調查組織形式和統計調查方案的主要內容。

統計調查方案是統計設計在調查階段的具體化,是保證統計調查有計劃、有組織地進行,準確、及時、完整取得調查資料的必要條件。一份完整的調查方案應包括數據採集方案和統計調查組織實施方案,其中數據採集方案的基本內容有:調查目的;調查對象、調查單位和填報單位;調查項目和調查表;調查的時間和地點。

統計調查組織形式主要介紹了統計調查常用的專門調查和統計報表方式。其中專門調查包括普查、重點、抽樣調查和典型調查。

普查是根據統計的特定目的而專門組織的一次全面調查。抽樣調查、重點調查和典型調查為非全面調查,在這三種非全面調查中,抽樣調查遵循隨機原則抽選調查單位,重點調查以單位的標誌值占總體標誌總量的比重大小來選擇調查單位,典型調查以對總體具有某種代表性來選擇調查單位。抽樣調查主要用於推斷總體,重點調查分析總體基本情況,典型調查主要用於深入研究問題,有時也用於總體數量特徵的粗略推算,但可靠性無法把握。

統計報表是依據國家有關法規,自上而下地統一布置,再以一定的原始記錄為依據,按照統一的表式、統一的項目、統一的報送時間和報送程序,自下而上逐級定期提供基本統計資料的一種調查組織形式。它包括的範圍比較全面,項目比較系統,指標內容相對

穩定,主要搜集中國國民經濟和社會發展的基本統計資料。統計報表有多種類型。統計報表製度由基層表和各專業綜合表兩部分組成。基層表一套表的各項指標由七個指標群組成。綜合表以基層統計報表為基礎,並利用各業務部門的資料,採用多種調查和推算方法填報報表,共有九套綜合報表製度。統計報表製度在統計範圍、統計指標、統計編碼、計算方法等諸多方面制定了統一的統計標準。

在第四節中,主要介紹了問卷調查設計與提供了對統計數據採集基本技能進行訓練的資料,主要介紹了調查問卷的設計問題和調查方案的設計。並提供了設計調查問卷和編制調查方案的應用訓練資料,提出了訓練要求,給出了訓練提示。

[本章案例1]

廣東省企業景氣調查方案

一、調查目的

1. 根據企業家對本行業景氣狀況和企業生產經營狀況的判斷和預期編制景氣指數;
2. 及時、準確地反應宏觀經濟運行和企業生產經營狀況,為各級黨政領導進行宏觀管理和宏觀決策提供參考依據。
3. 及時反應企業的要求和建議,為企業生產經營服務。

二、調查範圍

1. 工業(包括採礦業、製造業、電力、燃氣及水的生產和供應業);
2. 建築業;
3. 交通運輸、倉儲和郵政業;
4. 批發和零售業;
5. 房地產業;
6. 信息傳輸、計算機服務和軟件業;
7. 住宿和餐飲業;
8. 社會服務業(包括租賃和商務服務業、環境和公共設施管理業、居民服務業和其他服務業)。

三、調查對象

上述調查範圍內的各法人企業及其負責人(如廠長、總經理等)以及依照法人單位進行統計的產業活動單位及其負責人。

四、調查內容

調查內容包括以下四方面:

1. 企業基本情況,包括法人單位名稱、法人單位代碼、法定代表人(負責人)、聯繫電話、詳細地址、企業規模、所在行業代碼、上年主營業務收入等;
2. 企業家對本行業景氣狀況的判斷,包括企業家對當前本行業總體運行狀況的判斷、對下期本行業總體運行狀況的預計等;
3. 企業家對企業生產經營景氣狀況的判斷,包括企業家對企業綜合生產經營狀況、

流動資金、固定資產投資、勞動力需求等方面的本期景氣狀況的判斷和下期景氣狀況的預計;

4. 企業家對企業生產經營問題的判斷與建議。

五、調查表式

設置1張基本情況調查表和8張基層調查問卷,即:

1. 企業景氣調查企業基本情況調查表(N131表);

2. 工業企業景氣調查問卷(N231表);

3. 建築業企業景氣調查問卷(N232表);

4. 交通運輸、倉儲和郵政業企業景氣調查問卷(N233表);

5. 批發和零售業企業景氣調查問卷(N234表);

6. 房地產業企業景氣調查問卷(N235表);

7. 社會服務業企業景氣調查問卷(N236表);

8. 信息傳輸、計算機服務和軟件業企業景氣調查問卷(N237表);

9. 住宿和餐飲業企業景氣調查問卷(N238表)。

六、樣本量及樣本分配

2003年省樣本量為2,793家,其中工業企業1,414家,建築業企業230家,交通運輸、倉儲和郵政業企業201家,批發和零售業企業337家,房地產業企業177家,社會服務業企業149家,信息傳輸、計算機服務和軟件業企業134家,住宿和餐飲業企業151家。

七、樣本維護

根據新《國民經濟行業分類》(GB/T4754-2002)對樣本單位進行調整,基本原則是:

1. 保持國家和省樣本總量基本不變;

2. 剔除2002年度消亡的企業,並按同行業、同規模等情況相似的原則進行補充;

3. 增補2002年度新增的大型企業和上市公司;

4. 適當增補信息傳輸、計算機服務和軟件業,租賃和商務服務業,環境和公共設施管理業等行業的樣本(這部分樣本由省企調隊統一抽出,並下發企業樣本企業名單,如省企調抽出的樣本仍不能滿足當地的實際情況時,再由市企調隊自行補充完成。新抽的企業暫時定為省級樣本,等國家給出標準後,再定出國家點樣本),以保證各地區新增行業的代表性。

八、組織實施

省企業調查隊組織各市企業調查隊統一實施。

九、數據處理

數據處理程序由國家統計局企業調查總隊編制下發,調查數據的錄入、編輯、審核由省和中心城市企業調查隊負責,全省調查數據匯總和分析由省企業調查隊負責。

十、調查時間

2003年企業景氣調查問卷的現場調查時間分別為2003年3、6、9、12月的13~15日,分別調查2003年第一季度、第二季度、第三季度、第四季度的企業景氣狀況。

十一、報送時間與要求

1. 各市企業調查隊報送國家和省級樣本單位的調查數據;

2. 各市企業調查隊於 2003 年 3 月 10 日前,將《企業景氣調查企業基本情況調查表》(N131 表)按照規定的格式,以電子郵件的方式分國家、省級數據庫上報省企業調查隊;

3. 各市企業調查隊分別於 2003 年 3、6、9、12 月的 19 日前,將 2003 年第一、第二、第三、第四季度的企業景氣調查問卷按照規定的格式,以電子郵件的方式分國家、省級數據庫上報省企業調查隊。

十二、質量控製

1. 嚴格調查時間,不得提前或延後,以確保調查資料真實反應調查時期內的情況;

2. 各市企業調查隊要建立調查問卷審核製度,制定數據審核方法,嚴格審核,確保質量;

3. 點面結合、分類指導,加強走訪與國訪,認真組織企業按時填報,確保問卷填報質量;

十三、統計標準

本調查製度實行全國統一的統計分類標準和指標編碼,各市企業調查隊必須嚴格執行。

十四、資料反饋

各市企調查隊根據本地區的實際情況,及時向全部大型企業和部分中小型企業反饋調查結果。

——資料來源:《廣東省企業景氣調查方案》。

思考題

現以上述廣東省企業景氣調查方案為例,設計並瞭解某省工業企業生產經營情況的調查方案。

[本章案例 2]

工業企業景氣調查問卷

(一)企業名稱及代碼

01 法人單位名稱_____

02 法人單位代碼□□□□□□□-□

請於下列各選項後的□中打「√」

(二)本行業景氣狀況判斷

1. 您對當前本行業總體運行狀況的看法是

①樂觀□　　　　　　　　②一般□　　　　　　　　③不樂觀□

2. 您對下期本行業總體運行狀況的看法是

①樂觀□　　　　　　　　②一般□　　　　　　　　③不樂觀□

3. 第二部分問卷計算機平衡項選擇

選擇①共□　　　　　　　選擇②共□　　　　　　　選擇③共□

(三)企業生產經營狀況判斷

生產成本

4. 本期本企業生產成本比上期
① 下降□　　　　　　　　　② 不變□　　　　　　　　　③ 上升□

5. 下期本企業生產成本預計比本期
① 下降□　　　　　　　　　② 不變□　　　　　　　　　③ 上升□

生產總量

6. 本期本企業生產總量比上期
① 增加□　　　　　　　　　② 持平□　　　　　　　　　③ 減少□

7. 下期本企業生產總量預計比上期
① 增加□　　　　　　　　　② 持平□　　　　　　　　　③ 減少□

產品訂貨(沒有訂貨的企業估計產品需求情況)

8. 本期對本企業產品訂貨量預計量是
① 較多□　　　　　　　　　② 一般□　　　　　　　　　③ 較少□

9. 下期對本企業產品訂貨量預計將
① 增加□　　　　　　　　　② 持平□　　　　　　　　　③ 減少□

其中:國外訂貨

10. 本期本企業來自國(境)外的訂貨量是
① 較多□　　　　　　　　　② 一般/不常有□　　　　　　③ 較少□

11. 下期本企業來自國(境)外的訂貨量預計將
① 增加□　　　　　　　　　② 不變/不常有□　　　　　　③ 減少□

產品銷售

12. 下期本企業產品銷售量比上期
① 增加□　　　　　　　　　② 持平□　　　　　　　　　③ 減少□

13. 下期本企業產品銷售量預計比本期
① 增加□　　　　　　　　　② 持平□　　　　　　　　　③ 減少□

產品銷售價格

14 本期本企業產品平均銷售價格比上期
① 上升□　　　　　　　　　② 不變□　　　　　　　　　③ 下降□

15 下期本企業產品平均銷售價格預計比本期
① 上升□　　　　　　　　　② 不變□　　　　　　　　　③ 下降□

產成品庫存

16. 本期本企業產成品庫存是
① 理想□　　　　　　　　　② 一般/不常有□　　　　　　③ 不理想□

17. 下期本企業產成品庫存預計將
① 下降□　　　　　　　　　② 不變/不常有□　　　　　　③ 上升□

盈利(虧損)變化

18. 本期本企業盈利(虧損)比上期

①盈利增加/虧損減少□　　　　②盈利不變/虧損不變□

③盈利減少/虧損增加□

19. 下期本企業盈利(虧損)預計比本期

①盈利增加/虧損減少□　　　　②盈利不變/虧損不變□

③盈利減少/虧損增加□

流動資金

20. 本期本企業流動資金是

①充足□　　　　　　　　②一般□　　　　　　　　③緊張□

21. 下期本企業流動資金預計是

①充足□　　　　　　　　②一般□　　　　　　　　③緊張□

貨款拖欠

22. 本期本企業應收未收的到期貨款比上期

①減少□　　　　　　　　②持平□　　　　　　　　③增加□

23. 下期本企業應收未收的到期貨款預計比本期

①減少□　　　　　　　　②持平□　　　　　　　　③增加□

設備能力利用(填百分數)

24. 本期本企業設備利用率是＿＿＿＿＿＿％

25. 下期本企業設備利用率預計是＿＿＿＿＿＿％

勞動力需求

26. 本期本企業對勞動力的需求比上期

①增加□　　　　　　　　②持平□　　　　　　　　③減少□

27. 下期本企業對勞動力的需求預計比本期

①增加□　　　　　　　　②持平□　　　　　　　　③減少□

固定資產投資

28. 本期本企業固定資產投資比上期

①增加□　　　　　　　　②持平□　　　　　　　　③減少□

29. 下期本企業固定資產投資預計比本期

①增加□　　　　　　　　②持平□　　　　　　　　③減少□

科技創新

30. 本期本企業科技創新投入比上期

①增加□　　　　　　　　②持平□　　　　　　　　③減少□

31. 下期本企業科技創新投入預計比本期

①增加□　　　　　　　　②持平□　　　　　　　　③減少□

主要原材料及能源購進價格

32. 本期本企業購進的主要原材料及能源的價格比上期

①下降□　　　　　　　　②不變□　　　　　　　　③上升□

33. 下期本企業購進的主要原材料及能源的價格預計比本期

①下降□　　　　　　　　②不變□　　　　　　　　③上升□

主要原材料及能源供應

34. 本期主要原材料及能源的供應是
①充足□　　　　　　　　　②一般□　　　　　　　　　③緊張□
35. 下期主要原材料及能源的供應預計是
①充足□　　　　　　　　　②一般□　　　　　　　　　③緊張□

企業綜合生產經營狀況

36. 本期本企業綜合生產經營狀況是
①良好□　　　　　　　　　②一般□　　　　　　　　　③不佳
37. 下期本企業綜合生產經營狀況預計是
①良好□　　　　　　　　　②一般□　　　　　　　　　③不佳
38. 第三部分問卷計算機平衡項選擇
選擇①共□　　　　　　　　選擇②共□　　　　　　　　選擇③共□

(四)企業生產經營問題判斷與建議(自願填寫)

39. 您認為目前您的企業生產經營中的主要問題是什麼？下一步有何打算？有何建議與意見？

——資料來源:《廣東省企業景氣調查方案》

思考題

現以某家用電器生產廠家想通過市場調查瞭解以下問題:企業產品的知名度;產品的市場佔有率;用戶對產品質量的評價及滿意程度。

(1) 設計一個調查方案。
(2) 設計出一份調查問卷。

[關鍵名詞]

統計調查　全面調查　非全面調查　經常性調查　一次性調查　統計報表　專門調查　統計調查方案　普查　重點調查　抽樣調查　典型調查

[討論與思考題]

1. 統計數據採集過程中有哪些基本要求?
2. 統計數據採集方式有哪些種類?其基本內容是什麼?
3. 統計數據採集主要有哪些方法和技巧?
4. 統計調查方案包括哪些基本內容?為什麼要事先制定統計調查方案?
5. 什麼是普查?它有哪兩種組織方式?能否用統計報表代替普查?
6. 什麼是抽樣調查、重點調查和典型調查?它們各有什麼特點?
7. 什麼是統計報表?統計報表制度有什麼特點?

第三章 統計數據整理與顯示

[學習目標]

通過本章學習,要求瞭解統計資料整理的意義、步驟與內容;瞭解統計分組的作用,理解並掌握統計分組的基本方法;掌握統計分組和變量數列的編制方法;統計表的基本結構和編制原則。

[案例開題]

重慶市城市居民服務性消費支出現狀及分析

十六大以來伴隨著重慶社會經濟發展速度的加快,人們收入水平不斷提高,重慶城市居民的服務性消費支出保持平穩增長。據國家統計局重慶調查總隊的抽樣調查資料顯示,2002—2006年的五年間重慶市城市居民年人均服務性消費支出由1,883.88元增加到2,969.28元,淨增1,085.4元,增幅達57.6%,年均增長9.5%,比商品消費支出增幅快2個百分點,成為推動居民消費支出持續增長的首要原因。服務性消費占消費支出的比重逐年增加,由2002年的29.6%上升到2006年的31.6%,增加2個百分點,保持平穩上升態勢如表3-1所示。

表3-1　　　　2002—2006年重慶城市居民服務性消費支出比重

年份 名稱	2002	2003	2004	2005	2006
可支配收入(元)	7,238.07	8,093.67	9,910.09	10,243.99	11,569.74
消費支出(元)	6,360.2	7,118.06	7,973.05	8,623.29	9,398.67
服務性消費支出(元)	1,883.88	2,019.74	2,443.77	2,689.82	2,969.28
服務性消費支出比重(%)	29.6	28.4	30.7	31.2	31.6

從服務性消費內部構成來看,教育文化娛樂服務占的比重最大(見表3-2),2002年占到40%,2003年以後始終保持在35%以上,占整個服務性消費支出的三分之一以上。居民用於教育文化娛樂的支出由2002年的792.24元/人增加到2006年的1,049元/人,增長32.4%,年均增長3.4%。在教育文化娛樂服務中,教育費用是主要部分,占教育文化娛樂服務的70%以上,占整個服務性消費的26%以上;這與近年來人們重視對子女的教育和培養,教育投入加大;成人更加注重自身的學習提高,購買各種書籍、學習軟件,聽講座,參加培訓班,豐富自身文化知識,不斷提升個人素質和綜合素質是分不開的。

表 3-2　　　　　　2002—2006 年重慶城市居民各類服務性消費支出比重(%)

名稱＼年份	2002	2003	2004	2005	2006
全部服務性消費	100.0	100.0	100.0	100.0	100.0
1. 餐飲服務	12.1	12.5	12.7	13.2	14.9
其中:在外用餐占總比	12	12.4	12.6	12.9	14.7
2. 衣著加工服務	0.3	0.2	0.2	0.2	0.2
3. 家庭服務	1.5	1.7	1.1	1.3	1.9
其中:家政服務費占	61.4	56.6	50.2	67.0	67.8
4. 醫療服務	6	5.4	5.7	7.4	7.6
5. 交通通信服務	29.2	32.5	32.2	30.1	30.1
6. 教育文化娛樂服務	42	37	35.6	36.2	35.3
其中:教育費用占	75.4	71.8	73.7	73.5	73.5
7. 居住服務	6.6	8.8	10.4	9.4	7.8
其中:居住服務費占	14.1	23	21.7	21.9	29.69
物業管理費占	53.4	54.4	68.0	65.2	74.3
8. 其他服務	2.3	1.9	2.1	2.2	2.2

　　交通通信服務在服務性消費支出中居第二位。近年來隨著重慶市交通條件的不斷改善,人們出行的便利程度大幅提高,有效地激發了人們出行的熱情,重慶市城市居民的交通費支出五年間增加了 63.46 元,增長 25.9%。移動電話、固定電話、小靈通等通信設備以及互聯網的廣泛普及,在通信資費整體下降的情況下,人均通信服務消費支出保持年均 3.7% 的增速,2006 年人均通信服務費達 572.13 元,比 2002 年增加 88.3%,平均每天消費 1.59 元/人,占交通通信服務的 64%,占整個服務性消費支出的 19% 左右。交通通信服務支出在服務性消費中的比重達 30% 以上。

　　餐飲消費仍是城市居民常規消費的主流。重慶人熱情好客又好吃,重慶美食名揚天下。重慶人均在外用餐的消費占服務性消費的比重常年保持在 12% 以上,2006 年達到 14.7%,年均保持 3.7% 的增幅。

　　家庭服務需求快速增長。隨著居民收入的不斷增加、職業女性擺脫家務勞動的意願不斷增強,居民對家庭服務的需求不斷上升,各類家政服務紛紛走進居民家庭生活。2006 年重慶市城市居民的人均家庭服務支出為 55.6 元,比 2002 年增加 28.24 元,增長 103.2%,以家政服務為主要消費方式的支出快速增長,2006 年比 2002 年增加 20.92 元/人,占家庭服務支出的 67.8%。家庭服務消費的增幅居各類服務性消費首位。

　　居住房屋需求旺盛。近年來,重慶的城市建設不斷加快,安居工程、廉價房工程的推廣、各種中高檔樓盤相繼落成,在改變城市面貌、美化城市環境的同時,也改善了人們的住房條件,有效地帶動了居住服務消費快速增長,2006 年人均居住服務支出比 2002 年增加 108.65 元,累計增長 87.6%,其中人均居住服務消費支出增長 292.7%,年均增速達 4.5%。在居住服務費中物業管理費的增長最快,2006 年比 2002 年增長了 4.46 倍,人均

物業管理費支出達51.09元,年均增長4.8%。

醫療服務消費逐年上升。由於醫療費上漲和人口老齡趨勢加快,醫療服務消費需求逐年上升,消費支出不斷增長,2002—2006年重慶城市人均醫療服務支出增加112.69元,增幅達100.4%,僅次於家庭服務消費的增幅。2006年醫療服務支出占服務性消費的比重達7.6%。

由案例導入什麼是統計整理? 統計數據的整理,就是根據統計研究的目的,對所搜集到的資料進行科學加工,使之系統化、條理化的工作過程。數據整理通常是對統計調查所取得的原始數據進行整理,對某些已加工的綜合數據進行再整理。

整理數據是統計工作過程的重要階段,它是實現從個體單位標誌值過渡到總體數量特徵的必經階段。由於統計調查所獲得的數據多是分散的,它只是反應一些個體單位的特徵,無法揭示被研究現象的本質和規律性,達不到統計研究的目的。這就需要對數據進行去粗取精、去偽存真、由此及彼、由表及裡的加工改造。同時,數據整理又是統計分析的前提,不對數據進行整理,就無法進一步計算有關的統計分析指標,無法進行有關的統計分析。並且,如果搜集的數據準確無誤,而整理的方法不當,也難以得出滿意的分析結果。因此,數據的整理,是統計研究必不可少的中間環節,數據整理的質量直接影響著統計分析的效果。

隨著電子計算機技術的應用,數據整理的概念和作用都大大地擴展了。數據整理已不局限於滿足單項統計研究目的而進行的綜合匯總加工,而是將大量的原始數據和再加工數據進行有序系統化,建立統計數據庫,以滿足多方面、多層次的反覆需要。這樣不但大大提高了數據整理的計算匯總速度,而且大大提高了統計信息資源的開發利用程度。

第一節　統計數據整理的概念和程序

統計調查之後,就是統計整理。我們在統計調查階段搜集得到大量的原始資料,這些資料是分散、零亂、不系統、不規範的,只能反應統計總體的每個具體單位的特徵,不能反應總體的綜合數量特徵。統計認識客觀現象的目的不在於認識個體的狀況,而在於通過個體來認識總體。因此,我們需要將調查資料進一步整理成系統化、條理化、規範化、科學化,得出能反應客觀現象總體特徵的綜合資料。

一、統計數據整理的概念和作用

所謂統計整理,簡單來說是對調查資料進行加工處理的過程。完整來說就是根據統計研究的目的和任務,將統計調查階段所搜集到的分散的、零亂的、不系統的、不規範的大量原始資料,用科學的方法進行分類匯總、加工處理,使之系統化、條理化、科學化、規範化,成為能夠反應事物總體特徵的綜合資料的過程,對於已整理過的初級資料進行再整理,也屬於統計整理。

統計整理是統計工作的第二個階段,是從統計調查到統計分析的中間環節,是統計

調查工作的繼續和統計分析的前提。統計調查雖然已經搜集到大量的原始資料,但從這些反應個體的零散的資料只能得出不全面的感性認識,只有通過統計整理,才能提供全面系統的資料,使我們對現象的感性認識深化到理性認識。所以,統計整理是統計認識過程中的一個重要階段,是統計分析的基礎。它在統計研究中起著承前啟後的作用。

二、統計數據的審核

數據的審核是統計整理的初始階段,也是整個統計整理工作的基礎。所謂數據的審核,就是根據統計研究的目的和事先的研究設計,檢查所搜集的統計數據是否符合研究的要求,並在此基礎上進行必要的修正和補充。這裡主要討論調查問卷的數據審核,審核的主要內容包括數據的檢查和數據的校訂。

(一)數據的檢查

數據的檢查是指對所搜集的數據的完整性和準確性進行檢查。

數據檢查的目的是為了甄別出符合研究要求的有效數據,剔除無效數據的干擾和影響,為進一步的統計整理打好基礎,從而提高統計分析結果的準確性。針對問卷調查而言,數據檢查的主要內容就是問卷的完整性和準確性。檢查的主要步驟是:

(1)事先制訂出檢查的規則,明確規定出哪些問卷可以接受、哪些問卷必須拒絕等,並對每一份問卷進行檢查。

(2)根據檢查規則,將所有的問卷分為三個部分:可以接受的、明顯要作廢的、對於是否可以接受有疑問的。一般而言,下面情況的問卷是要作廢的:

所回收的問卷是明顯不完整的,如缺失了一頁甚至更多內容;

問卷從整體上看是回答不完全的;

問卷的幾個關鍵部分的內容回答不完全的;

問卷顯示調查員或被調查者沒有理解或遵循訪問要求的,如沒有按要求跳答等;

問卷中的答案機會沒有什麼變化的;

問卷是在事先規定的截止日期以後回收的;

問卷是由不符合要求的被訪者回答的;

……

如果問卷作廢後,有效問卷數量達不到規定的樣本容量,則需要補充調查,使有效樣本量達到規定的數目,否則將無法達到滿意的準確性和精確度的要求。

(3)對可以接受的問卷和有疑問的問卷做進一步的校訂。

(二)數據的校訂

所謂數據的校訂,是指根據研究目的和研究設計,對數據做進一步的補充和修正,以滿足統計研究的要求。

針對調查問卷,數據校訂的步驟是:

(1)對每一份問卷,檢查出不滿意的答案(如果有的話)。如下答案屬於不滿意答案:

字跡模糊的;

回答不完全的;

不一致的;

模棱兩可的;

跳答錯誤的;

……

(2)處理不滿意答案。對於不滿意的答案,通常有兩種處理方法:①按缺失值處理;②整個問卷作廢。

在下列情況中,不滿意答案按缺失值處理:

有不滿意答案的問卷數量很小;

整份問卷中,不滿意的答案所占比例很小;

有不滿意答案的變量(問題)不是關鍵變量。

對於缺失值,通常採取如下方法進行處理:用一個樣本統計量的值去代替缺失值;用從一個統計模型計算出來的值去代替缺失值;將這份問卷保留,但缺失的答案僅在相應的分析中做必要的排除。

在下列情況中,則要將包含不滿意答案的整個問卷作廢:

不滿意的問卷比例很小(不超過10%);

樣本容量很大;

不滿意的問卷和滿意的問卷之間沒有明顯的差別;

每份不滿意的問卷中,不滿意答案的比例很大;

關鍵變量的答案是缺失的。

經過檢查和校訂後的問卷,被視作有效問卷,就可以做進一步的整理和分析了。

對於通過其他渠道取得的第二手數據,除了對其完整性和準確性進行審核外,還應著重審核數據的適用性和時效性。第二手數據可以來自多種渠道,有些數據可能是為特定目的通過專門調查所取得的,或者是已經按特定目的的需要做了加工整理。對於使用者來說,首先應弄清楚數據的來源、數據的口徑以及有關的背景材料,以便確定這些數據是否符合分析研究的需要,是否需要重新加工整理等,不能盲目生搬硬套。此外,還要對數據的時效性進行審核,有關時效性較強的問題,如果所取得的數據過於滯後,就失去了研究的意義。一般來說,應盡可能使用最新的統計數據。數據經過審核後,確認適合實際需要,才有必要做進一步的加工整理。

對審核過程中發現的錯誤應盡可能予以糾正。調查結束後,當數據中發現的錯誤不能予以糾正,或者有些數據不符合調查的要求而又無法彌補時,就需要對數據進行篩選。數據篩選包括兩方面內容:一是將某些不符合要求的數據或有明顯錯誤數據予以剔除;二是將符合某種特定條件的數據篩選出來,對不符合特定條件的數據予以剔除。

三、統計數據整理的原則和步驟

統計整理的目的是通過對事物個性的研究認識事物的共性,揭示事物的發展規律。社會經濟現象的數量方面不是單一的,而是多方面的,彼此之間有密切的聯繫。因此,在統計整理工作中應該首先對所研究的社會經濟現象進行深刻的政治經濟分析,在此基礎上運用最基本的、最能說明問題本質特徵的統計分組和統計指標對統計資料進行加工

整理。

統計整理的基本步驟為以下五點：

(一)設計和編制統計資料整理方案

在進行統計資料整理之前，首先應當根據研究目的，確定對調查中所搜集資料的哪些內容進行整理。同時，還要確定如何進行統計分組，採用哪些匯總指標以及統計資料如何表現等，這些整理方案的內容體現在一系列的整理或匯總表中。

(二)對原始資料進行審核

在進行資料整理之前，必須對調查來的原始資料進行審核，以保證統計資料和資料整理的質量，這是一項不可缺少的準備工作。審核的內容主要是資料的完整性和準確性。

在審核資料時，既可以逐項地對資料進行全面細緻的審核，也可以抽取重要部分或容易出現差錯的部分作重點審核。對於通過審查發現的問題和錯誤，應及時予以查詢和糾正。

(三)對原始資料進行統計分組和統計匯總

先通過鍵盤、掃描儀等錄入設備，將數據記載到磁介質上，然後再用統計數據庫軟件進行處理，對原始資料進行統計分組和統計匯總，計算出各組單位數和合計總數，計算出各組指標和綜合指標的數值。統計匯總一般有逐級匯總、集中匯總、綜合匯總三種組織形式。

(四)編制統計表和繪製統計圖

經過匯總，得出表明社會現象總體和各個組的單位數和一系列標誌總量的資料，把這些資料按一定的規則在表格上表現出來，這種表格就叫統計表，或是繪製統計圖把統計整理結果用直方圖、折線圖、曲線圖、扇形圖等直觀地表現出來，這種圖叫統計圖。

這裡，我們是把統計表或統計圖作為整理過程的最後一個環節來看待，當匯總的結果體現在表上或圖上，意味著整理過程的終止。

(五)數據的保管和發布

網路技術使統計數據的保管和發布，從傳統的紙質頁面發展到磁盤信息，再到網頁信息，實現無紙化統計數據的存儲和網上查閱。

第二節　統計分組

一、統計分組的概念

統計分組就是根據統計研究的需要，將統計總體中的所有單位按照一定的標誌劃分為互有差別的若干組成部分的統計方法。即把屬於同一性質的單位集中在一起，把不同性質的單位區別開來，以形成各種不同類型的集團。

統計分組有兩層含義。第一層含義對總體而言是「分」，就是把性質上有差異的單位分開。第二層含義對個體而言是「合」，就是把性質上差異不明顯的單位歸並在一起。例如對人口普查結果進行分析時，只有一個「人口總數」指標是不夠的。若分析的目的是人口的民族構成，就得按「民族」這個標誌，將人口分成漢族、藏族、回族、蒙古族、維吾爾族等 56 個組，每個組內都是同一民族的人口；若研究的目的是人口的性別構成，就要分成男性和女性兩組。

統計分組的目的是要按照某個標誌，把統計研究對象各部分單位的本質特徵正確地反應出來，保持組內同質性和組間的差別性，以便進一步運用各種統計方法，研究總體的數量表現和數量關係，從而正確認識事物的本質及其規律性。例如，在工業企業這一同質總體中，就存在著所有制不同的差別，存在著生產方向上的差別和規模大小的差別，等等。為了研究問題的需要，就必須對總體進行各種分組，以便從數量方面深入瞭解和研究總體的特徵。

二、統計分組的作用

統計分組是統計研究的基本方法之一，它的基本作用，就是把大量原始資料加以系統化、條理化、規範化和科學化，把調查對象的種種特徵反應出來，以便於研究客觀現象總體數量的規律性。其具體作用主要表現在三個方面：

(一)劃分社會經濟現象的類型

社會總體的各個個體客觀上存在著各種各樣的類型，不同類型的現象具有不同的特徵和不同的發展變化規律。經過統計分組，劃分出各種不同的類型，對各種類型的數量表現進行分析研究，就可以認識各種類型的社會經濟現象的本質特徵及其發展規律，從而對整個社會總體認識也就更加深刻。

在各組類型分組中，按照經濟類型分組具有重要的意義。經濟類型分組就是按照生產關係，即按生產所有制分組。中國目前劃分為九種經濟類型，即國有經濟、集體經濟、個體經濟、私營經濟、合作經濟、外商投資經濟、港澳臺投資經濟、股份制經濟和其他經濟。它們之間的性質不同，國家對它們的政策也有所區別，表現在它們的外部條件、收益分配、經營機制、管理方法等均不盡相同。因此，對它們分別觀察具有重要意義。

[例3-1]下面是中國1999年各類經濟類型工業總產值，如表3-3所示。

表3-3　　　　　　　　1999年中國各經濟類型工業總產值

按經濟類型分組	總產值(億元)	占總數(%)
1. 國有及國有控股企業	35,571	26.14
2. 集體企業	44,607	32.78
3. 個體企業	22,928	16.85
4. 其他經濟類型企業	32,962	24.23
總產值合計	136,068	100.00

(二)反應社會經濟現象的內部結構和比例關係

在統計分組的基礎上,計算各組統計指標在總體指標中所占比重,可以反應現象內部的結構狀況並研究其變化規律。

[例3-2]改革開放以來,中國農業、輕工業、重工業總產值的構成情況如表3-4所示。

表3-4 　　　　　中國農業、輕工業、重工業總產值的構成情況

年份	工農業總產值100			以工業總產值100	
	農業	輕工業	重工業	輕工業	重工業
1978	24.8	32.4	42.8	43.1	56.9
1980	27.2	34.3	38.5	47.2	52.8
1985	27.1	34.6	38.3	47.1	52.9
1989	22.9	37.7	39.4	49.9	51.1

資料來源:國家統計局.中國統計摘要[M].北京:中國統計出版社,1990.

(三)揭示社會經濟現象間的相互依存關係

一切現象都是相互聯繫、相互依存的,通過分組可以揭示現象間的依存關係。

[例3-3]某地區100個副食品商店的年銷售額與流通費用的關係,如表3-5所示。

表3-5 　　　　某地區100個副食商店的年銷售額與流通費用情況

按銷售額分(萬元)	商店數(個)	每百元商品銷售的流通費用
50以下	10	11.2
50~100	20	10.1
100~200	30	9.2
200~300	25	8.5
300以上	15	6.0

從表3-5的分組資料可以看出,流通費用與銷售額具有明顯的依存關係,即銷售額越大,每百元銷售額支付的商品流通費用越少。

三、統計分組的原則

科學的統計分組,應遵循以下幾項原則:

(一)科學性原則

必須堅持組內統計資料的同質性和組間資料的差別性,這是統計分組的一個基本原則。要實現這一原則關鍵是正確選擇分組標誌和正確劃分分組界。

(二)統計分組必須符合完備性和互斥性原則

完備性即所謂「窮舉」性,它是指總體中的任一單位都有所歸屬,即都能歸納到某一組。互斥性即總體任一單位都只能歸屬於一組,而不能同時屬於兩個或兩個以上的組。

統計分組的整體空間應該容納總體現象的全部單位,也就是說分組的結果能夠把全部資料包括進去。例如,某市的全部工業企業,或按經濟類型分組,或按生產規模分組,或按部門分組,這樣每一個工業企業都有所歸屬,而且只能歸屬於其中的某一組,也就是既不遺漏又不重複。如果違反這項原則,分組就會混亂,既可能重複,也可能遺漏。

(三)分組標誌的選擇

將所研究的社會現象劃分為類型或性質不同的組,是根據一定的標誌進行的,這種標誌稱為分組標誌。分組目的明確以後,正確選擇分組標誌,就成為科學分組的關鍵,成為獲得正確分析結論的前提。選擇分組標誌應遵循以下三項原則:

1. 應根據研究的目的或任務選擇分組標誌

統計分組是統計研究的一種方法和手段,同一研究總體,研究的目的不同,可選用的分組標誌也不同。例如,以工人為總體,如果研究的任務是分析工人的文化素質,就應選用工人的文化程度為分組標誌;如果研究目的是分析工人的技術水平,就應選用工人的技術等級作為標誌進行分組。可見,分組標誌是隨任務的不同而變化的。

2. 要選用能夠反應事物本質或主要特徵的標誌作為分組標誌

事物的標誌多種多樣,有些標誌是帶有根本性的、主要的標誌,能夠反應事物的本質,而有的則是非本質的次要標誌。例如,要研究中國經濟結構特點,儘管有許多標誌可供選擇,但是按國民經濟部門和按經濟類型分組才是最基本的分組標誌。

3. 根據現象所處的具體歷史條件和經濟條件來選擇分組標誌

社會經濟現象隨時間、地點、條件的變化而變化。同一分組標誌在過去某一歷史條件下適用,而今用它就不一定能反應其本質特徵。例如,過去我們在瞭解職工情況時,曾選擇「階級成分」作為一種主要的分組標誌,但現在再選擇這一分組標誌來分組,顯然是很不合時宜的。其次,對於同一社會現象由於經濟條件不同,所選擇的分組標誌也應有所不同。例如研究企業規模大小,在經濟不發達國家或地區,一般是選擇職工人數作為分組標誌。而在經濟高度發達的國家或地區,則應選擇固定資產價值、產品生產能力或利稅為分組標誌。

四、統計分組的種類和方法

(一)按分組標誌的多少和分組的形式可分為簡單分組和複合分組

1. 簡單分組

簡單分組是指對所研究的總體按一個標誌進行分組。例如,工業企業按生產規模分為大型、中型和小型三個組,人口按性別分別為男性、女性兩組,投資按資金來源分為國家預算內資金、國內貸款、利用外資、自籌投資和其他投資等五個組。

2. 複合分組

複合分組是指對所研究的總體按兩個或兩個以上的標誌進行的多層次分組。例如,工業企業按經濟類型分組後,每一組中再按規模進行分組。

(二)按分組標誌的性質分為品質分組和數量分組

按品質標誌分組就是用反應事物的屬性、性質的標誌分組。例如企業按所有制形

式、所屬關係、地區分組等。在一些場合下,品質標誌的具體表現明確,分組也比較簡單,容易確定總體單位的歸屬,如人口按性別分組、按文化程度分組等;但在許多場合下,按品質標誌分組比較複雜。例如,工業人口與農業人口的歸類,應當說是很簡單的問題,但是在農村中,很多農民既從事農業生產,也有兼營工業,而且工業品的產量很大。為了使這些複雜的分類在全國統一起來,國家統計局及中央有關部門統一制定有各種分類目錄,如《工業部門分類目錄》《大中型工業企業劃分標準》等目錄供全國各地區、各部門、各單位分類時使用。

按數量標誌分組就是將總體單位按照某種數量標誌數值的大小進行分組,數量標誌可以是絕對數。例如,職工按年齡、工資額來分組;也可以是相對數或平均數,如企業按完成計劃百分比、發展速度、資金利稅率進行分組,工人按加工零件平均使用時間分組等。如果標誌變動範圍很小,標誌值項數很少,就可直接將標誌值按一定順序排列,形成單項式分組。這一般適合離散型變量且變量值較少的情況。如果標誌的變動範圍很大,而且標誌值的項數又很多,就應當用組距形式分組。這一般適合連續變量分組,或離散型變量組且變量值較多的情況。組距式分組又有等距分組和異距分組兩種。如果變量變化很不均勻,一般應採用等距分組,如零件按尺寸分組;如果變量變化很不均勻,則應採用異距分組,如企業按職工人數分組。究竟採用單項式分組還是採用組距式分組,以及採用等距或異距分組,這些問題的解決主要取決於變量的特點及研究任務。總之,要求能通過各組間數量的差別區分出事物不同的類型或性質。

按品質標誌分組和按數量標誌分組是一對重要的統計分組,統計分組方法主要是圍繞這兩種分組來闡述的。

(三)按任務和作用不同,可分為類型分組、結構分組和分析分組

通常認為:總體按品質標誌分組,屬於類型分組;按數量標誌分組屬於結構分組;為研究現象總體諸標誌依存關係而進行的分組叫分析分組。

第三節　分配數列

一、分配數列的概念和種類

在統計分組的基礎上,將總體中所有單位按組歸類整理,並按一定順序排列,形成總體中各個單位在各組間的分布,叫作分配數列或稱次數分布。其中各組分配的總體單位數叫次數或頻數。各組次數與總次數的比稱為頻率。

分配數列實質上是反應統計總體中所有單位在各組間的分布狀態和分布特徵的一個數列。例如,人口按性別分組後形成的人口數在各組分布情況的數列;學生按年齡分組後形成的學生人數在各組分布情況的數列等。分配數列主要由不同屬性或變量值形成的分組和次數兩個要素組成。分配數列按其所採用的分組標誌不同可劃分為品質數列和變量數列兩種。

(一)品質數列

品質分配數列指按品質標誌分組形成的分配數列。品質分配數列反應了總體單位按某一品質標誌分布的狀況,是研究總體類型結構和性質特點的基礎。

[例3-4]中國土地按地形分組統計資料,如表3-6所示。

表3-6　　　　　　　　　中國土地按地形分組的情況

地　　形	面積(萬平方千米)
山　　地	320
高　　原	250
盆　　地	180
平　　原	115
丘　　陵	95

(二)變量數列

按數量標誌分組形成的分配數列叫變量數列。變量數列包括單項變量數列和組距變量數列。

1. 單項變量數列

單項變量數列是以一個變量值為一組的變量數列,將變量值直接按照由小到大的順序排列所形成的分配數列,即在單項式分組基礎上形成的變量數列。

[例3-5]編制單項變量數列,如表3-7所示。

表3-7　　　　　　　某車間工人按一天加工的零件數分組的情況

工人按加工一天零件數分組(個)	工人數(人)	占總人數比重(%)
18	4	10
19	8	20
20	10	25
21	10	25
22	8	20
總　　計	40	100

2. 組距變量數列

組距變量數列是由兩個數值組成的區間代表的一個組,由這些組及每組分配的單位數按一定順序排列所組成的變量數列,即在組距式分組基礎上形成的變量數列。如表3-8所示。

組距變量數列可分為連續組距數列和不連續組距數列,還可分為等距數列和異距的組距數列,下面著重討論連續等距數列的有關問題。

(1)組距和組數

在組距數列中是用變量變動的一定範圍代表一個組,每個組的最大值為組的上限,最小值為組的下限。每個組上限和下限之間的距離稱為組距。

組距 = 上限 - 下限

編制組距數列必須要確定組距和組數。首先要找出全部變量的最大值和最小值的距離(即全距),以及大多數變量集中在什麼範圍內,然後才能據以考慮組距和組數的問題,從而使分組的結果盡可能反應出總體分布的特點。

組數的確定和組距有密切聯繫。組距大則組數少,組距小則組數就多,兩者成反比例變化。在具體確定組距時,應使組距能體現組內資料的同質性和組與組資料的差異性。現以表3-8編制組距數列。

表3-8　　　　　　　　某廠工人按工資水平分組統計表

工人按工資水平分組(元)	工人數(人)
60~70	25
70~80	90
80~90	50
90~100	50
100~110	35
合　　計	250

(2)組限

組限是指各組變量值變動的兩端界限,是每組的起點和終點。每組的起點稱為下限,每組的終端為上限。由於變量有離散型和連續型兩種,因此,其組限的劃分也有所不同。

①按連續變量分組,由於相鄰兩組的上限與下限通常以同一個數值來表示,每一組的上限同時是下一組的下限,為了避免計算總體單位分配數值的混亂,一般原則是把到達上限值的單位數計入下一組內,習慣上把變量值恰為上限的總體單位不歸入本組,而放在下一組中,即各組包括下限,不包括上限。這在統計學中稱為「上限不在內」原則。如表3-8中,70~80元,滿了80元的,應計入下一組80~90元這一組內。這樣做,不僅能使計算方法統一,而且這些數字也往往正是事物發生質變的量的界限。

②按離散變量分組,則相鄰兩組的上限與下限通常是以兩個確定的不同整數值來表示,故相鄰兩組的上下限可以不重合。按「上組先不在內」的原則寫為重疊式組限,在表3-9中,按計劃完成程度進行分組:100以下,100~110,110以上等。

(3)組中值

組距數列是按變量的一段區間來分組,掩蓋了分布在各組內的單位的實際變量值。為了反應分在各組中個體單位變量值的一般水平,統計工作中往往用組中值來代表它。

組距數列中,各組下限和上限之間的中點數值稱為組中值。組中值常用來代表各組變量值的水平,為進一步計算分析帶來了方便。組中值一般按下式計算:

$$組中值 = (下限 + 上限)/2$$

在組距數列中,會出現最低一組無下限,最高一組無上限的情況。常常使用像「××以上」或「××以下」這樣不確定組限的組,稱為開口組,如表3-9中首組和末組。

首末兩組之所以無下限或上限,是因為有的總體單位變量值小得太分散或大得太分散,也就是存在少量的極端值,這樣處理可以使分組緊湊些。

表3－9　　　　　　　某局所屬企業利稅計劃完成情況

按計劃完成程度分組(%)	企 業 數
100 以下	6
100～110	16
110 以上	6
合　計	28

開口組的組中值按下列公式計算:

缺下限的最小組的組中值 = 上限 - 相鄰組的組距 ÷ 2

缺上限的最大組的組中值 = 下限 + 相鄰組的組距 ÷ 2

例如,在表3－9中,第一組的組中值 = 100 -(110 - 100)÷ 2 = 95%,第二組的組中值 =(100 + 110)÷ 2 = 105%,第三組的組中值 = 110 +(110 - 100)÷ 2 = 115%。

二、變量數列的編制方法

編制變量數列牽涉的問題較多,不僅取決於分組標誌的選擇,而且要看分組界限的確定是否合理。編制變量數列過程中,首先要對所研究的範圍內各單位的標誌值進行登記,然後按以下四個步驟進行。

(一)將變量值序化,求出全距

通過登記取得的變量值大都是不規則的,為便於分組和計算,應將各個變量值按照由小到大的順序重新排列。

[例3－6]某車間64名工人的月平均獎金額資料如下(單位:元)。

```
22  18  55  30  48  31  65  32  24  30
32  45  20  68  29  16  35  52  48  40
21  44  26  34  40  41  38  36  46  28
54  28  34  45  26  33  37  49  22  27
58  36  50  34  43  36  50  25  28  52
56  43  44  31  37  58  35  39  38  15
62  27  12  25
```

上述變量值資料經重新排列如下:

```
12  15  16  18  20  21  22  22  24  25
25  26  26  27  27  28  28  28  29  30
30  31  31  32  32  33  34  34  34  35
35  36  36  36  37  37  38  38  39  40
40  41  43  43  44  44  45  45  46  48
48  49  50  50  52  52  54  55  56  58
58  62  65  68
```

原資料經過上述排列就形成一個有序數列或稱序列。觀察這個數列,可以初步瞭解變量變化的一些特點。首先,64名工人的獎金最低為12元,最高為68元,顯示了變量變化的最大範圍。其次,較多的工人獎金介於20～50元的範圍內,而低於20元或高於50元的工人均比較少。據此可計算64名工人獎金額的全距如下:

全距＝變量的最大值－最小值＝68－12＝56元

(二)確定組數和組距

編制組距數列需要分多少組,組距取多大,這需要根據變量的性質和資料的具體情況。確定組距和組數應考慮下列原則:

從原則上講,要盡量能反應出總體單位的分布情況及總體單位的集中趨勢;要盡可能區分出組與組性質上的差異。在確保各組事物的同類型的大前提下,通過反覆實踐摸索才能確定。

此處根據資料情況,初步確定分為6組。組距＝全距/組數＝56/6＝9.33元

據此,可將組距確定為10元。

(三)確定組限

確定組距以後,合理安排各組上下限的坐落就成為分組成敗的一個關鍵問題。要選擇能反應現象質的分界線的標誌項為組限。組限的確定主要考慮下列幾點:

最小組的下限要略低於最小變量值,最大組的上限要略高於最大變量值;組限的確定應當有利於表現總體單位分布的規律性;對於等距數列,如果組距是5,10,…,100,…,則每組的下限最好是它們的倍數。

工人月獎金額是連續變量,以採用連續組限較為適宜,並根據本資料情況,分別將最小值和最大值延伸至10元和70元。這樣處理,既可使各組下限、上限均成為10的倍數,組限有恰當的坐落點,同時也便於分析計算。於是,其分組可表示為:20以下、20～30、30～40、40～50、50～60、60以上共6組。這樣就完全確定了。

(四)對總體單位按組計數,編制成分配數列

變量值分組確定以後,就應以序列化的資料為基礎,對總體單位按組計數,並將整理結果編制成統計表。分組計數時需要注意一點,對標誌值恰好處於組限上的單位,一般均按「上組限不在內」的規則處理,即將該單位歸入其標誌值作為下限的一組。如當某工人獎金額恰好為40元時,該工人應計入40～50元一組,而不是計入30～40元一組。

本資料經分組計數,可得出如表3－10所示的結果。

這個變量數列反應了64名工人在月獎金額這個變量上的分布情況。可以認為,工人月獎金額在30元以下的19人為獎金水平較低組,其人數約占工人總數的30％;月獎金額介於30～50元的工人為中等獎金水平組,占工人總數的51.56％;而50元以上的為獎金水平較高的組,共分布12人,占工人總數的18.76％。在此基礎上,還可以作一系列的分析計算,以反應工人月獎金額的分布狀況和分布特徵。

表 3-10　　　　　　　　　××車間工人按月獎金額分組統計表

工人按月獎金額分組(元)	工人數(人)	工人數所占比重(%)
20 以下 (含)	4	6.25
21～30	15	23.44
31～40	20	31.25
41～50	13	20.31
51～60	9	14.06
61 以上	3	4.69
合　計	64	100

三、次數分布的主要類型

由於社會經濟現象性質的不同,各種統計總價都有不同的次數分布,形成各種不同類型的分布特徵。概括起來,各種不同性質的社會現象的次數分布主要有三種類型:鐘形分布、U形分布、J形分布。

(一)鐘形分布

鐘形分布的特徵是「兩頭小,中間大」,即靠近中間的變量值分布的次數多,靠近兩邊的變量值即極大變量值和極小變量值出現分布的次數少,其曲線圖宛如一口鐘。如圖3-1、圖3-2、圖3-3 所示。

鐘形分布可分為以下兩種:

(1)對稱分布。其特徵是:中間變量值分布的次數最多,兩側變量值分布的次數隨著與中間變量值距離的增大而漸次減少,並且圍繞中心變量值兩側呈對稱分布,如圖3-1所示。一般次數分布呈正態分布曲線,正態分布是最重要的對稱分布。社會經濟現象中許多變量分布都屬於正態分布類型。

(2)偏態分布。其特徵是:中間變量值分布的次數最多,兩側變量值分布的次數逐漸減少,但兩側減少的速度快慢不同,致使分布曲線向某一方向偏斜。分布曲線偏斜分兩種情況:

①右偏。當變量值存在極端大值時,次數分布曲線就會向右延伸,這種分布稱右偏型分布。如圖3-2所示。

②左偏。當變量值存在極端最小值時,次數分布曲線就會向左延伸,這種分布稱左偏型分布。如圖3-3所示。

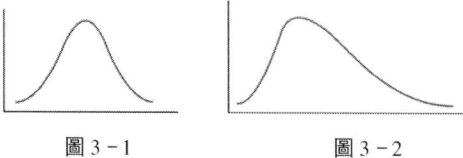

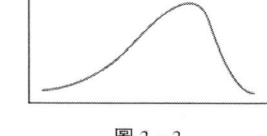

圖 3-1　　　　　　圖 3-2　　　　　　圖 3-3

有許多社會經濟現象是屬於鐘形分布的。例如,農作物畝產量、市場價格、學生的成績、職工的工資等現象都屬於上述兩種鐘形分布。

(二)U形分布

U形分布的特徵與鐘形分布恰恰相反,其特徵是:「兩頭大,中間小」,即靠近中間的變量值分布的次數少,靠近兩端的變量值分布的次數多。其分布曲線圖像英文字母「U」字,如圖3-4所示。

在社會經濟現象中,如人口死亡現象按年齡分布就是如此。由於人口總體中幼兒和老年人死亡人數較多,而中年死亡人數較少。因此死亡人數按年齡分布便呈現為U形分布。

(三)J形分布

其特徵是「一邊小,一邊大」,即大部分變量值集中在某一端分布,分布曲線像英文字母「J」字。J形分布有兩種類型。

(1)正J形分布。其表現為次數隨著變量值的增大而增多,大部分變量值集中分布在右邊,如圖3-5所示。例如,投資額按利潤率大小分布,一般呈正J形分布。

(2)反J形分布。其表現為次數隨著變量值的增大而減少,如圖3-6所示。例如,人口按年齡大小分布,即「金字塔式」的分配次數,表明年齡越大,人數越少。

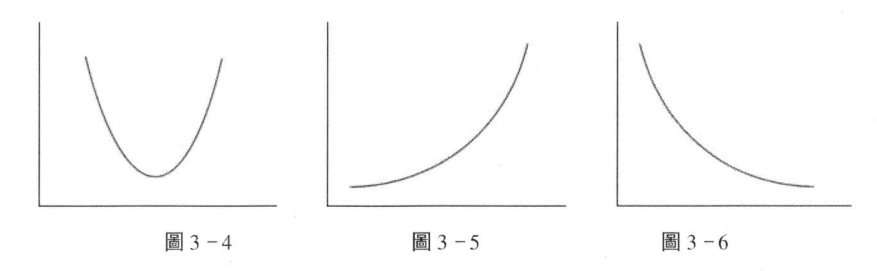

圖3-4　　　　　　　圖3-5　　　　　　　圖3-6

第四節　統計表和統計圖

統計資料匯總的結果,需要用一定的形式來表現。統計表是統計用數字說話的一種最常用的形式。將匯總得出的綜合性統計資料用表格的形式表現出來,便形成了統計表。廣義的統計表包括統計工作各階段中所使用的一切表格,如調查表、整理表、計算表等。這裡著重介紹反應統計匯總結果的統計表。

一、統計表

(一)統計表的意義

(1)運用統計表來表示統計資料,能使大量的統計資料系統化、條理化,因而能更清晰地表述統計資料的內容。

(2)利用統計表便於比較各項目(指標)之間的關係,而且也便於計算(如有些計算表比用公式更簡易、明了)。

(3)採用統計表格表述統計資料比用敘述的方法表述統計資料顯得更緊湊、簡明,使人一目了然。

(4)利用統計表易於檢查數字的完整性(是否有遺漏)和正確性。

(二)統計表的結構

統計表的結構可以從形式和內容兩個方面觀察。從形式上看,統計表由總標題、縱欄與橫行標題、統計數字和縱橫線條組成的框架等四個要素組成,如表3-11所示。

表3-11　　　　　　　　　中國國內生產總值表

		1992年		1993年		
		金　額 (億元)	比　重 (%)	金　額 (億元)	比　重 (%)	速度(%) (92為100)
橫行標題	國內生產總值	24,363	100.0	31,380	100.0	113.4
	第一產業	5,800	23.8	6,650	21.2	104.0
	第二產業	11,700	48.0	16,245	51.8	120.4
	第三產業	6,863	28.2	8,485	27.0	109.3

（縱欄標題／指標數值）

總標題是表的名稱,排列在表的上端中央。橫行標題是總體分組各單位的名稱及「合計」時統計表所要說明的對象,一般寫在表的上方。縱欄標題是統計指標的名稱。統計數字是說明縱欄內容的具體數值,填列在各橫行標題與各縱欄標題相交的小方格內。由縱橫交錯的線條組成的框架(表框)使統計表成為一個整體,沒有表框,資料就會如同一盤散沙。

從內容上看,統計表包括主詞和賓詞兩個部分。主詞是統計表所要說明的對象,可以是總體單位的名稱,總體的各個組,或現象所屬時間的排列。賓詞則是說明主詞的指標。主詞一般列在表的左邊,賓詞一般列在表的右邊,但也可以互換位置(見表3-13)。

(三)統計表的種類

統計表按主詞是否分組以及分組的程度,可分為簡單表、分組表和複合表三種。

1. 簡單表

簡單表是指表的主詞未作任何分組的統計表。這種表的主詞一般是總體單位名稱如表3-12所示。通常是對調查來的原始資料初步整理所採用的形式。

表3-12　　　　　　某工業公司所屬企業職工人數和工業總產值

企業名稱	職工人數(人)	工業總產值(萬元)
一廠	2,000	1,000
二廠	2,200	1,200
三廠	2,500	1,400
總　計	6,700	3,600

2. 分組表

分組表是指表的主詞只按一個標誌分組的統計表。分組表可以具體地反應總體中各組的情況,用於研究總體的內部結構以及現象之間的相互依存關係。

3. 複合表

複合表是指表的主詞按兩個或兩個以上的標誌進行複合分組的統計表。複合分組是一種層疊式的分組,即在按某一標誌分組基礎上再按另一標誌分組,如表3-13所示。

分組表可以從多種標誌上反應現象的結構特徵,以深入認識總體。但應注意分組標誌不能太多。

表3-13　　　　1992年××地區工業企業基本建設投資情況統計表

工業企業基本建設年份項目分組	項目數（個）	投資完成額（億元）	比　　重(%)	
			按項目計	按金額計
預算內投資	50	15.80	62.5	79
生產性投資	36	12.42	45	62.1
非生產性投資	14	3.38	17.5	16.9
預算外投資	30	4.20	37.5	21
生產性投資	25	3.94	31.25	19.7
非生產性投資	5	0.26	6.25	1.3
合　　計	80	20	100	100

另外,統計表還可以按用途不同分為:調查表、整理表和分析表(計算表)三種。

至於統計表賓詞的排列,也有簡單式和複合式兩種方法,簡單式是將縱欄的各指標作互不相關的平行排列;複合式是將縱欄指標按不同標誌分組整理並層疊排列。

(四)統計表設計的原則和要求

編制統計表是一項業務性和技術性較強的工作,編制統計表應注意以下幾點:

(1)統計表應清楚地反應所研究現象的政治經濟內容,而且表內的內容力求簡明扼要,一目了然,便於分析比較。

(2)總標題的文字應簡明扼要,能夠確切地反應表的內容以及統計資料所屬的空間和時間。

(3)表中應有合計或總計。合計和總計一般排列在表的最後,但當無必要列出全部其中數時,應先列合計或總計,後列其中數。

(4)統計表的欄數比較多時,為了使用方便,一般要加上編號。編號時凡文字欄部分用(甲)、(乙)、(丙)……;數字欄則用(1)、(2)、(3)……編號。

(5)表中各欄數字要填寫整齊。每筆數字要有同一的精確度,上下行要對齊位數。如前後欄或上下行有相同的數字,應重寫,不能寫「同左」或「同上」;沒有數的空格要用短線「—」表示;當某項資料免填時,要用符號「×」表示。

(6)表中必須註明數字資料的計量單位。全表只有一個計量單位時,可在表的右上角表明;有多種計量單位時,一般應專門設計計量單位欄(行),或在指標名稱下加上計量

單位。

(7)統計表一般採用「開口式」。即表的左右兩端不封口,表的上下兩條底線應用略粗於表內細線的粗實線,或用雙細線。

(8)對於某些需要特別說明的統計資料,應在表下加以說明。一些上報的統計表還要在表的下方寫明主管負責人和製表人,以示負責。

二、統計圖

(一)統計圖的含義

統計圖是以直觀、形象的圖形,將數據的分布特徵呈現出來的重要輔助工具。

(二)統計圖的種類

1. 非數值型數據的統計圖

非數值型數據通常使用的統計圖有條形圖和餅圖。

(1)條形圖(bar chart)

條形圖以一簇寬度相等、相互分離的條狀圖形的長度(或高度)來表示頻數分布的統計圖。當以條狀圖形的高度來表示頻數分布特徵時,條形圖也稱為柱形圖。條形圖中條狀圖形的長度(或高度)所表示的數據可以是頻數,也可以是頻數的相對比例,還可以是事物具體的數值水平等。

條形圖圖形為落在一個直角坐標系中的條狀或柱狀圖形。這個直角坐標系可以是二維的,也可以是三維的。相應的條狀或柱狀圖形為平面和立體的。這個直角坐標系原點的具體數值可以為0,也可以為其他特定數值,需要根據實際情況而定。

圖3-7和圖3-8都採用了三維的直角坐標系,其條狀或柱狀圖形均為立體的。其中圖3-7是根據中國2003年人口變動情況抽樣調查資料中該年中國按性別劃分人口數的數據繪製的。在該圖中以中國2003年0.982%人口變動情況抽樣調查樣本數據的人口數作為柱形的高度,並採取了以60,000萬人作為該直角坐標系縱軸起點數值的方式,以此突出展示中國人口性別比例上的差距水平。

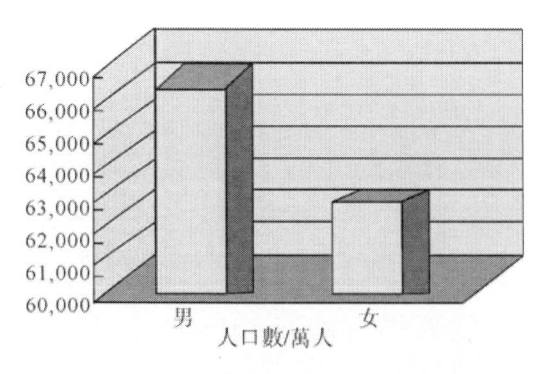

圖3-7 2003年中國按性別劃分人口數柱形圖

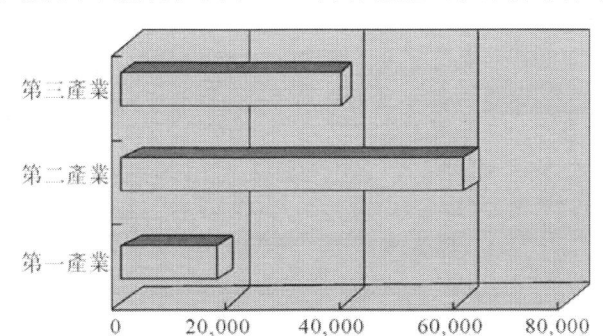

圖 3-8 是根據同年調查表中中國 2003 年國內生產總值數據繪制的條形圖。

圖 3-8　2003 年中國國內生產總值條形圖

(2) 餅圖 (pie chart)

餅圖是以同一圓形內一簇扇形的面積的大小來表示數值分布的統計圖。
圖 3-9 是根據同年調查表中中國 2003 年國內生產總值數據繪圖的餅圖。

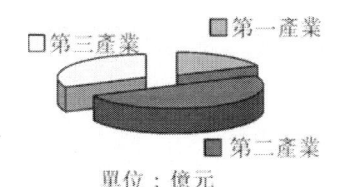

圖 3-9　2003 年中國國內生產總值餅圖

2. 數值型數據的統計圖

常用的數值型數據有直方圖和折線圖。適用於非數值型數據的條形圖和餅圖,同樣也可用於數值型數據。

(1) 直方圖 (histogram)

直方圖是以各組的組距為寬,以各組的頻數為高,在直角坐標系的第一象限依次繪制一系列矩形來表示頻數分布狀態的統計圖。

直方圖與條形圖的本質區別在於直方圖的矩形寬度是數值型數據分組的組距,並且在直方圖的直角坐標系中直接標明了每一分組的上限和下限。所以,直方圖的矩形一般是連續的方式相繼排列,不同於條形圖一般是以間斷的方式分隔排列。

對於異距分組,繪制直方圖時應以各組的實際組距為寬,以相應的標準組距頻數或頻數密度為高。

(2) 折線圖 (ling graph)

折線圖是將各組的組中值和頻數在直角坐標系的點,用一條折線聯繫起來,以反應頻數分布狀態的統計圖。

折線圖是從最低數值組的下限減去 1/2 最低數值組組距的位置,從而使折線圖中的折線與直角坐標系的橫軸所圍的面積同直方圖的矩形所圍的面積相等。

折線圖也可以在直方圖的基礎上繪制,用直線依次連接直方圖各矩形頂邊的中點,

並在直方圖的左右兩端各延伸一個假定分組,使折線在假定分組的中點位置與橫軸相交,繪製出折線圖。

對於異距分組的折線圖繪制,類似於異距分組的直方圖的繪制,應在相應的標準組距頻數或頻數密度的基礎上繪制,或者在已經完成的直方圖的基礎上繪制。

第五節　統計數據的整理和顯示應用技能訓練

一、填空題

1. 統計數據分組的關鍵在於_____。
2. 根據分組標誌的不同,統計分組可以有_____分組和_____分組。
3. 在組距式數列中,表示各組界限的變量值叫_____。各組中點位置上的變量值叫_____。
4. 組距式變量數列,根據各組的組距是否相等可以分為_____和_____。
5. 已知一個數列最後一組的下限為900,其相鄰的組中值為850,則最後一組的上限和組中值分別為_____和_____。
6. 統計資料的表現形式主要有_____和_____。
7. 從形式上看,統計表主要由_____、_____、_____和_____四部分組成;從內容上看,統計表由_____和_____兩部分組成。
8. 統計數據整理就是對搜集得到的_____進行審核、分組、匯總,使之條理化、系統化,變成能反應總體特徵的_____的工作過程。
9. 數據的預處理是數據整理先行步驟,它是在對數據分類或分組之前對_____和_____所做的必要處理,包括對數據的_____、_____和_____。
10. 雷達圖是一種_____的圖示方法。

二、單項選擇題

1. 某城市進行工業企業未安裝設備普查,總體單位是(　　)。
    A. 工業企業全部未安裝設備　　B. 工業企業每一臺未安裝設備
    C. 每個工業企業的未安裝設備　　D. 每一個工業企業
2. 工業企業的設備臺數、產品產值是(　　)。
    A. 連續變量　　B. 離散變量
    C. 前者是連續變量　　D. 前者是離散變量
3. 對某地區工業企業職工情況進行研究,統計總體是(　　)。
    A. 每個工業企業　　B. 該地區全部工業企業
    C. 每個工業企業的全部職工　　D. 該地區全部工業企業的全部職工
4. 在全國人口普查中(　　)。
    A. 男性是品質標誌　　B. 人的年齡是變量

C. 人口的平均壽命是數量標誌　　D. 某家庭的人口數是統計指標

5. 指標是說明總體特徵的,標誌是說明總體單位特徵的,所以(　　)。

　　A. 標誌和指標之間的關係是固定不變的
　　B. 標誌和指標之間的關係是可以變化的
　　C. 標誌和指標都是可以用數值表示的
　　D. 只有指標才可以用數值表示

6. 統計指標按所反應的數量特點不同可以分為數量指標和質量指標兩種。其中數量指標的表現形式是(　　)。

　　A. 絕對數　　B. 相對數　　C. 平均數　　D. 小數

7. 社會經濟統計是(　　)的有力工具。

　　A. 解決問題　　B. 克服困難　　C. 進行交流　　D. 認識社會

8. 總體有三個人,其工資分別為 645 元、655 元和 665 元。其平均工資 655 元是(　　)。

　　A. 指標值　　B. 標誌值　　C. 變異度　　D. 變量

9. 記帳員的記帳差錯率是(　　)。

　　A. 數量指標　　B. 質量指標　　C. 數量標誌　　D. 品質標誌

10. 屬於數量指標的是(　　)。

　　A. 糧食總產量　　　　　　B. 糧食平均畝產量
　　C. 人均糧食生產量　　　　D. 人均糧食消費量

11. 統計表的賓詞是用來說明總體特徵的(　　)。

　　A. 標誌　　B. 總體單位　　C. 統計指標　　D. 統計對象

12. 統計表的主詞是統計表所要說明的對象,一般排在統計表的(　　)。

　　A. 左方　　B. 上端中部　　C. 右方　　D. 下方

13. 用組中值與次數求坐標點連接而成的統計圖是(　　)。

　　A. 直方圖　　B. 條形圖　　C. 曲線圖　　D. 折線圖

14. 按字母的順序或筆畫數的多少順序排序的統計數據一般是(　　)。

　　A. 定類型數據　　B. 定距數據　　C. 定比數據　　D. 定序數據

15. 多指標的圖示方法是(　　)。

　　A. 直方圖　　B. 條形圖　　C. 環行圖　　D. 雷達圖

三、多項選擇題(在備選答案中有兩個以上是正確的)

1. 要瞭解某地區全部成年人口的就業情況,那麼(　　)。

　　A. 全部成年人口是研究的總體　　B. 成年人口總數是統計指標
　　C. 成年人口就業率是統計標誌　　D. 某人職業是教師是標誌表現
　　E. 反應每個人特徵的職業是數量指標

2. 下面研究問題中所確定的總體單位有(　　)。

　　A. 研究某地區國有企業的規模時,總體單位是每個國有企業
　　B. 研究某地區糧食收穫率時,總體單位是每一畝播種面積

C. 研究某種農產品價格,總體單位可以是每一噸農產品
D. 研究貨幣購買力(一定單位的貨幣購買商品的能力),總體單位應是每元貨幣
E. 確定某商店的銷售額,總體單位是每一次銷售行為。

3. 在全國人口普查中,(　　　)。
   A. 全國人口總數是統計總數　　　B. 男性是品質標誌表現
   C. 人的年齡是變量　　　　　　　D. 每一戶是總體單位
   E. 人口的平均年齡是統計指標

4. 下列變量中屬於離散變量的有(　　　)。
   A. 機床臺數　　　　　　　　　　B. 學生人數
   C. 耕地面積　　　　　　　　　　D. 糧食產量
   E. 汽車產量

5. 下列各項中,哪些屬於統計指標(　　　)。
   A. 中國 1995 年國民生產總值　　B. 某同學該學期平均成績
   C. 某地區出生人口總數　　　　　D. 某市工業勞動生產率
   E. 某企業全部工人生產某種產品的人均產量

6. 為了研究全國鄉鎮工業企業的發展情況,國家決定對全國鄉鎮工業進行普查,則每個鄉鎮工業企業是(　　　)。
   A. 調查總體　　　　　　　　　　B. 調查單位
   C. 報告單位　　　　　　　　　　D. 調查對象
   E. 既是調查總體又是調查單位

7. 統計數據整理的內容一般有(　　　)。
   A. 對原始數據進行預處理　　　　B. 對統計數據進行分組
   C. 對統計數據進行匯總　　　　　D. 對統計數據進行分析
   E. 編制統計表、繪製統計圖

8. 國民經濟中常用的統計分組有(　　　)。
   A. 經濟成分分組　　　　　　　　B. 登記註冊類型分組
   C. 國民經濟行業分類　　　　　　D. 三次產業分類
   E. 機構部門分類

9. 某單位 100 名職工按工資額分為 300 以下、300~400、400~600、600~800、800 以上五個組。這一分組(　　　)。
   A. 是等距分組　　　　　　　　　B. 分組標誌是連續型變量
   C. 末組組中值為 800　　　　　　D. 相鄰的組限是重疊的
   E. 某職工工資 600 元,應計在「600~800」元組內

10. 變量數列中頻率應滿足的條件是(　　　)。
    A. 各組頻率大於 1　　　　　　　B. 各組頻率大於 0
    C. 各組頻率之和等於 1　　　　　D. 各組頻率之和小於 1
    E. 各組頻率之和大於 0

四、應用技能訓練

實訓 1

[應用訓練資料]

某企業工人日產量統計資料如表 3 - 14 所示。

表 3 - 14　　　　　　　　工人日產量分組資料

日產量(件)	50~60	60~70	70~80	80~90	90~100	100~110	110~120	120~130	合計
人數(人)	6	12	12	14	15	18	22	8	107

[訓練要求]

(1)指出上述變量數列屬於哪一種變量數列。

(2)指出表中的變量、變量值、上限、下限、次數、總體單位總數。

(3)計算各組的組距、組中值和頻率。

[訓練提示]

(1)本訓練旨在使學員掌握數據整理的基本知識點。

(2)重新繪製表格,在表 3 - 14 的下方增加上限、下限、組距、組中值、頻率五行。計算組中值前要判斷是重疊式組限還是銜接式組限。

實訓 2

[應用訓練資料]

某集團公司所屬 30 家企業 2004 年年度利潤率(%)指標如下:

6.4　16.4　19.4　22.4　21.6　18.2　19.8　24.4　17.8　19.4
11.5　9.7　20.9　26.5　13.6　18.8　18.4　28.4　12.7　17.5
15.2　19.2　21.9　29.3　23.5　20.6　17.3　16.9　14.4　18.5

[訓練要求]

(1)將上述資料用兩種不同的組距編制成兩個等距式組距數列。

(2)根據該集團公司所屬企業利潤的分布情況,比較哪個組距數列更合理。

[訓練提示]

(1)本訓練旨在使學員掌握編制等距數列的操作方法。

(2)組距可分別採用 5% 和 10% 兩種,組限採用重疊式,可考慮採用開口組。

實訓 3

[應用訓練資料]

在某區抽取 100 戶居民調查人均收入(元)情況,得到如下數據:

190　320　520　280　650　320　460　390　320　460　220　280　390
160　280　650　580　280　460　320　460　520　220　120　390　320
280　460　160　460　320　320　580　390　120　390　390　320　580
320　390　460　580　390　280　390　280　390　460　520　580　280
390　580　280　390　280　460　460　520　650　160　190　280　460

460	320	320	460	460	580	160	460	320	390	390	280	320
320	580	520	120	320	580	220	280	280	460	390	460	460
520	220	460	650	520	390	520	390	280				

[訓練要求]

(1)根據上述資料,詳細描述編制組距數列的過程。

(2)計算頻率、累計頻數及累計頻率。

[訓練提示]

(1)本訓練旨在使學員掌握組距數列的編制方法和累計次數(頻率)的計算方法。

(2)採用重疊式組限進行分組。組數的確定參考斯特吉斯公式,也可先多分幾組編制組距數列,然後根據觀察法採用合併組數的辦法最後確定組距數列。

(3) 頻數的計算要考慮「上限不在內」的原則。累計頻數(頻率)的計算可訓練由小到大和由大到小兩種累積方法。

實訓4

[應用訓練資料]

某地區2004年工業企業實現增加值390億元,具體情況如下:國有及國有控股工業實現工業增加值159億元,其中,重工業和輕工業分別為94億元、65億元;集體工業實現工業增加值62億元,其中,重工業和輕工業分別為12億元、50億元;股份制工業實現工業增加值87億元,其中,重工業和輕工業分別為46億元、41億元;股份合作制工業實現工業增加值12億元,其中,重工業和輕工業分別為3億元、9億元;外商及港澳臺投資工業實現工業增加值54億元,其中,重工業和輕工業分別為11億元、43億元;其他類型工業實現工業增加值16億元,其中,重工業和輕工業分別為2億元、14億元。

[訓練要求]

(1)根據上面的資料分別編制按經濟類型、輕重工業分組的簡單分組表。

(2)根據上面的資料編制複合分組表。

[訓練提示]

(1)本訓練旨在使學員掌握編制簡單分組表和複合分組表的方法。

(2)統計表的編制應嚴格按照統計表的編制原則進行。複合分組表的設計可分別採用層疊形式和交叉形式設計,並比較哪種更美觀。

附錄:Excel 在統計整理中的應用

Excel 提供多種統計分組方法,如利用函數 Frequency 進行頻數統計;利用「數據分析」中的「直方圖」宏程序進行頻數分析;還有利用「數據透視表」進行兩個或兩個以上變量的交叉分組等。

(一)Frequency 函數

Excel 能進行單變量值和分組頻數的統計,進行頻數累計。

［例3－7］某公司50名工人日加工零件數如下：

117	108	110	112	122	131	118	134	124	125	123	127	129	117	126	123	139
122	133	119	107	133	134	113	117	126	127	120	130	122	123	123	122	118
188	127	125	108	112	135	137	121	114	124	128	139	115	124	120	128	

結合例［3－7］的資料，說明組距分組頻數統計步驟（單變量頻數統計類同）：

第一步，按組距分組要求輸入組距分組數據（F3：F9）。

第二步，將光標移至G3單元格，按住鼠標左鍵，拖曳光標覆蓋G3：G9區域。點擊Excel插入菜單中「函數」選項，在「統計」類函數中選擇「Frequency」函數，在「Data_array」中輸入原始數據陣列「B3：B52」，在「Bins_array」中輸入分組組距陣列「F3：F9」，如圖3－10所示。

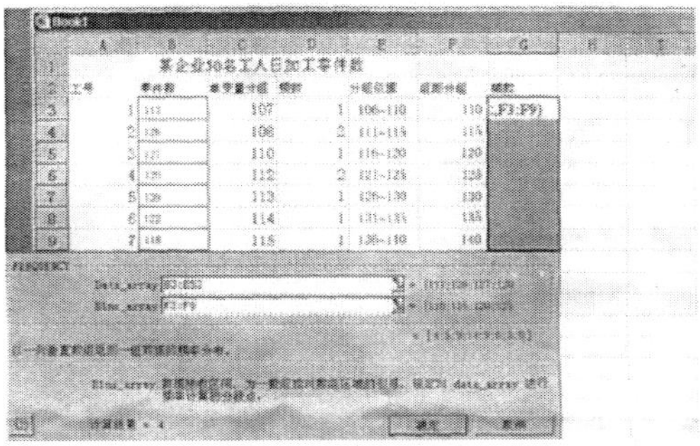

圖3－10　組距分組頻數統計（一）

第三步，按「Ctrl－Shift－Enter」鍵即得如圖3－10所示頻數統計結果。「Ctrl－Shift－Enter」是Excel特別針對矩陣運算的回車符。注意不可點擊圖3－10中的「確定」，否則只能確定一個單元的頻數。

第四步，百分比和頻數累計。百分比和頻數累計，如圖3－11所示。

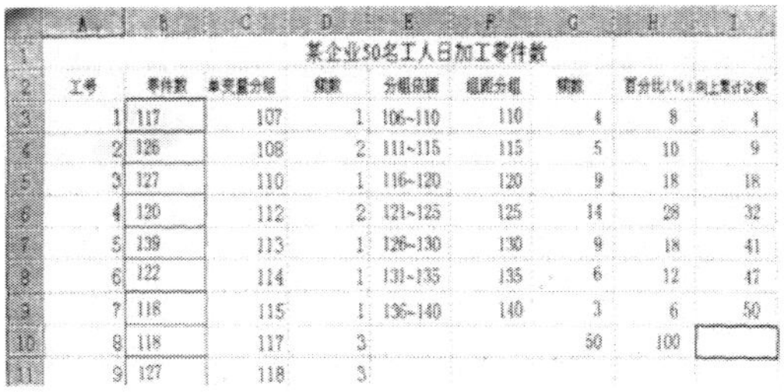

	A	B	C	D	E	F	G	H	I
1	某企业50名工人日加工零件数								
2	工号	零件数	单变量分组	频数	分组依据	组距分组	频数	百分比(%)	向上累计次数
3	1	117	107	1	106~110	110	4	8	4
4	2	126	108	2	111~115	115	5	10	9
5	3	127	110	1	116~120	120	9	18	18
6	4	120	112	2	121~125	125	14	28	32
7	5	139	113	1	126~130	130	9	18	41
8	6	122	114	1	131~135	135	6	12	47
9	7	118	115	1	136~140	140	3	6	50
10	8	118	117	3			50	100	
11	9	127	118	3					

圖3－11　組距分組頻數統計（二）

（二）數據分析直方圖宏

對於上面同樣的例子，利用「數據分析」宏中提供的「直方圖」宏過程進行統計分組的步驟如下：

第一步，點擊「工具欄」，然後點擊「數據分析」宏，在「數據分析」宏中選擇「直方圖」，如圖3－12所示。

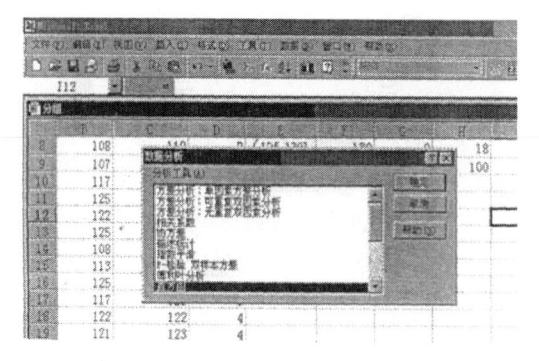

圖 3-12　數據分析直方圖(一)

　　第二步,在「直方圖」中的「輸入區域」輸入 B3:B52,「接收區域」輸入「F3:F9」,選定「輸出區域」為同一工作表中的由 D1 為起點的區域,然後選擇「圖表輸出」並點擊「確定」即完成統計分組和直方圖的製作過程。輸出結果,如圖 3-13、圖 3-14 所示。

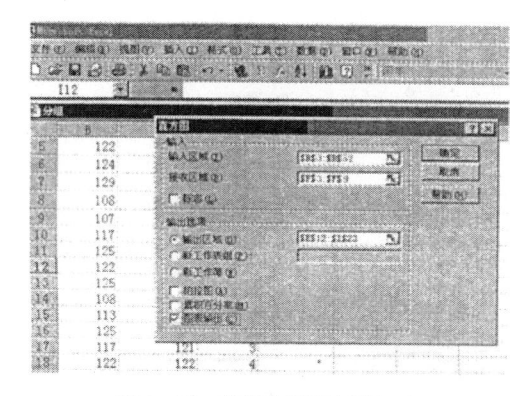

圖 3-13　數據分析直方圖(二)

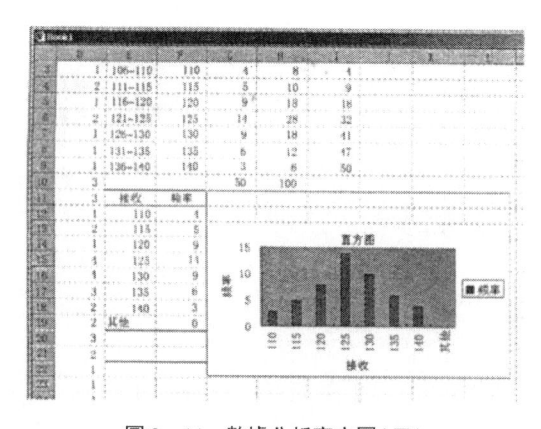

圖 3-14　數據分析直方圖(三)

[本章小結]

本章主要介紹了統計數據整理和顯示的基本內容,共分五節。

在第一節中,主要介紹了統計數據整理的含義、重要性和整理的內容。

1. 關於統計數據整理的含義和重要性

統計數據整理是根據統計研究的目的和任務,對統計調查所得的大量資料進行科學的分類、匯總,或對已初步加工的資料進行再加工,使之成為系統化、條理化的綜合資料,以反應現象總體綜合特徵的工作過程。

統計整理是整個統計研究過程的中間環節,既是統計調查的繼續,又是統計分析的基礎,在統計工作中具有承前啟後的重要作用。統計數據整理還是累積歷史資料的必要手段。

2. 關於統計數據整理的內容

統計數據整理的內容包括調查資料的審核、統計分組和匯總、編制統計表、繪制統計圖等。

在第二節中,主要介紹了統計分組的基本知識,包括統計分組的意義、類型、原則和方法,也介紹了國民經濟中常見的幾種統計分類。

1. 關於統計分組的意義

統計分組是根據現象總體的特點和統計研究的需要,按照一個或幾個重要標誌將統計總體劃分為若干個組成部分的驗證統計方法。統計分組實質上是在統計內部進行的定性分類。

統計分組的作用包括反應社會經濟現象總體的內部結構、劃分社會經濟現象的類型、分析社會經濟現象之間的依存關係等。

2. 關於統計分組的類型

統計分組主要有兩種劃分方法:字符型分組和數值分組、簡單分組和複合分組。其中,數值型分組有單項和組距分組兩種;若干個簡單分組可形成平行分組體系,複合分組本身形成複合分組體系。

3. 關於統計分組的原則

科學的統計分組應遵循組內資料的同質性和組間資料的差異性、窮舉性和互斥性的原則。

4. 關於社會經濟中的常用分類

主要介紹了經濟類型、三次產業、國民經濟行業、機構部門等分類。

在第三節中,主要介紹了分配數列的主要內容,包括分配數列的意義、種類和編制方法。

在統計分組的基礎上,把總體的所有單位按組歸並排列,形成總體中各個單位在各組間的分布,稱為分配數列,也叫次數分布數列。分配數列有品質數列和變量數列兩種。

編制組距變量數列需要經過五步:第一步將數值排列,第二步計算全距,第三步確定組距和組數,第四步確定組限,第五步匯總各組單位數並編制變量數列。

在第四節中,主要介紹了統計表和統計圖的基本知識,包括統計表的構成、種類和編

制原則。

統計表從外形看由總標題、橫行標題、縱欄標題和指標數值四部分組成,從內容上看由主詞和賓詞兩部分組成。根據主詞中對總體的分組程度不同,統計表有簡單表、簡單分組表和複合表三種。編製統計表一定要按照編製原則進行。

在最後部分中,提供了統計數據整理和顯示的技能訓練。分為統計數據整理技能訓練和統計數據顯示技能訓練。安排了適當的訓練資料,提出了訓練要求,並提供了訓練提示。本節內容有助於幫助學員提高統計數據整理和顯示的操作能力。

[案例分析]

某外貿局16家外貿出口企業2008年的出口額分別如下(單位:萬美元):
451、490、543、560、570、578、585
600、610、620、624、638、690、698

有人根據上述資料,利用分組法將其編製成如表3-15所示的組距數列。

表3-15　　　　　　　　2008年某局出口企業分組表

按出口額分組(萬美元)	企業數(個)	頻率(%)
400～500	2	12.5
500～600	6	37.5
600～700	8	50.5
合計	16	100.0

根據這個分布數列得到高創匯企業占一半,其次是中等創匯企業,而創匯額低的企業數最少的結論。

然而,根據觀察可以看出:16家企業的出口額中,有11家集中在550萬～650萬美元之間,低於550萬美元的有3家,高於650萬美元的有2家。這符合事物的發展規律,即「中間大兩頭小」,最高的和最低的均占少數,中間水平占多數。因此,該局所屬的這16家企業按出口額分組,表3-16的形式更為合理。

表3-16　　　　　　　　2000年某局出口企業分組表

按出口額分組(萬美元)	企業數(個)	頻率(%)
450～550(含本數,下同)	3	18.75
551～650	11	68.75
651以上	2	12.5
合計	16	100.0

在實際工作中,要恰當地編製組距數列,最好結合現象本身的特點繪製變量分布圖來進行分析,必要時,可編製多種分組進行比較選擇。

[關鍵名詞]

統計整理　統計分組　簡單分組　複合分組　數值型分組　變量數列　組距　組限　組中值　全距　簡單分組表　複合分組表

[討論與思考題]

1. 為什麼要進行統計整理？
2. 統計分組的原則有哪些？
3. 以研究某單位職工生活水平的高低為例，討論如何選擇分組標誌。
4. 以你所在的學習班全體學員為總體，可以做多少種統計分組？將它們表達出來。
5. 討論各種情況下組距與組數的關係，如何正確地確定組距與組數？
6. 設計統計表應注意哪些問題？
7. 分別按年齡、性別、籍貫、愛好、學習成績、月消費額等標誌對你所在學習班的成員進行統計分組，並編制分配數列，最後用統計表或統計圖的形式將整理結果表現出來。

第二篇
應用分析技能部分

　　統計工作的最後一個環節是統計分析,即對統計整理後的各種統計資料進行深入細緻的分析,以揭示現象的特徵、本質和規律,是一種定性分析。統計分析的方法很多,最初的分析方法有對事物總量的分析、相對水平的分析、總體分布狀況分析(包括集中趨勢分析和離中趨勢分析)。在此基礎上再進一步的分析有動態分析、指數分析、相關分析和迴歸分析以及抽樣推斷分析等方法。由於統計分析方法在日常生活和經濟管理分析中應用非常廣泛,所以,掌握這些分析方法對每一位學員來說都是很重要的。重點掌握和靈活運用上述各種分析方法。

　　這些分析方法之間是相互聯繫的,比如總量分析、相對分析、集中趨勢分析是動態分析和指數分析的重要基礎,總體分布狀況分析和抽樣推斷分析是相關分析和迴歸分析的重要基礎。教學中應對這些聯繫加以引導,學員在學習中也應充分利用這些聯繫,以提高學習效率。

第四章　總量指標和相對指標的計算與分析

[學習目標]

通過本章學習要求瞭解綜合指標中總量指標和相對指標的概念和特點,深刻理解各類指標計算的方法及運用原則。重點掌握總量指標和相對指標的計算及應用。

[案例開題]

「Old Faithful」噴泉噴發時間

美國俄亥俄州的黃石國家公園是世界聞名的地質公園,公園內的「Old Faithful」間歇噴泉是世界最著名的間歇噴泉之一。因為參觀者都希望到公園後不用等候太久就可以看到噴泉的噴發,所以公園的服務部門就在噴泉旁邊安置了一個告示牌,預報下次噴泉噴發的時間,如表4-1所示。

表4-1　　　　　　　　「Old Faithful」間歇噴泉噴發時間告示牌

開始時間	持續時間	預測區間	預測下一次噴發時間
6:35am	1分55秒	58分	7:33am
7:32am	接近4分	82分	8:54am
8:59am	1分51秒	58分	9:57am
10:12am	4分33秒	89分	11:47am
11:46am	1分42秒	58分	12:44am
中午吃飯			
7:06pm	1分41秒	55分	3:01pm

公園是如何得到這個結果的呢?這個告示牌的依據是什麼呢?公園為了解噴泉噴發間隔時間的規律,以1978年8月至1979年8月間噴泉222次噴發的間隔時間記錄為樣本進行分析,得到如圖4-1所示的直方圖。

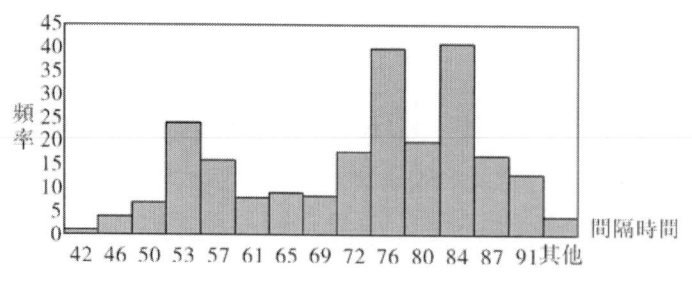

圖 4－1 「Old Faithful」噴發時間間隔圖

從圖 4－1 可以看出，噴泉噴發的間隔時間一般在 40～100 分鐘內變動。但是，在數據中明顯存在兩個子群，它們的中心大約分別在噴發間隔 55 分鐘和 80 分鐘，這樣在圖形中間形成一個缺口。進一步對數據進行描述性分析，得表 4－2 結果。

表 4－2　　　　　　　　「Old Faithful」噴發間隔時間描述性統計

統計指標	
平均數	71.009 01
標準誤差	0.859 024
中位數	75
眾數	75
標準差	12.799 18
樣本方差	163.818 9
峰值	−0.885 65
偏度	−0.485 52
全距	53
最小值	42
最大值	95
合計	15 764
單位數	222
置信度(95%)	1.692 928

從表 4－2 可以看出，平均間隔時間大約為 7 分鐘。但事實上，間隔時間大致呈現雙峰分布，因而這一平均數並不能確切地描述上述兩個子群中任何一個子群的特徵。

那麼，如何幫助遊客呢？這裡有兩個重要事實：一是的確存在兩個有區別的子群；二是每次較長時間的噴發都伴隨著一個較長時間的間歇。J. S. Rinehart 在 1969 年發表在《地理研究》雜誌上的一篇論文中，對這種類型的問題提供了一種解釋：間歇噴泉頂部的水達到沸點是以其管狀部分底部的水溫為基礎的，較短時間的噴發將伴隨著較短時間的間歇，這和 Rinehart 模型是一致的。因為短期噴發的特徵是較多的水在噴泉底部被加熱，所以用不了多長時間下次噴發就會發生。長期噴發會導致噴泉管狀部分是空的，所以噴泉底部的水必須從較低的溫度被加熱，因此就會花費較長時間。

按噴發持續的時間將觀察值分為兩組，可以對兩種噴發的不同特性在更多細節上做

出檢測。表4-3是以噴發持續的時間是少於還是大於3分鐘為依據分組,分別列出噴發間歇時間的主要統計指標。

表4-3　　　　　　　　噴發間隔時間的主要描述統計指標

統計指標 \ 間隔時間	噴發時間<3分鐘	噴發時間>3分鐘
樣本數	67	155
平均數	54.463	78.161
標準數	6.298,9	608,911
最小值	42.000	53.000
中位數	53.000	78.000
最大值	78.000	95.000

根據這些統計指標和圖表,可以得出一個簡單的預測規律:一個持續時間少於3分鐘的噴發將必然伴隨著一個大約55分鐘的間歇;一個持續時間大於3分鐘的噴發必然伴隨著一個大約80分鐘的間歇。並且,後者這種較長間歇的發生的可能性為67%。

這樣,通過一個非常簡單的規則,國家公園的工作人員就可以引導遊客及時觀看到Old Faithful間歇噴泉的噴發。

本案例導入現象的統計分析。所謂統計分析就是通過各種統計指標來反應現象總體的數量特徵的。統計指標是統計分析說明問題的特有語言。不同的指標有不同的作用和特點,但從其功能和方法特點的角度來說可概括為兩類:總量指標和相對指標。這兩類指標是綜合指標的組成部分。

第一節　總量分析

一、總量分析的意義

總量指標是反應社會經濟現象在一定時間、地點、條件下所達到的總規模,總水平或總工作量,是最基本的統計指標。只有有限總體才能計算總量指標,總量指標是用絕對數的形式表示的,所以又稱統計絕對數。例如,2003年年末中國城鄉居民本外幣存款餘額22萬億元,2003年1~12月全國新批設立外商投資企業41,081家。這些指標都是總量指標,是通過總體單位資料匯總得到的。上述總量指標的大小反應了中國城鄉居民本外幣存款餘額、新批設立外商投資企業數等情況,總量指標的大小受總體範圍的限制,總體範圍大,指標數值就大;反之則小。

研究總量指標具有重要的意義,首先,總量指標是認識客觀現象總體的起點。人們要想全面瞭解一個客觀現象總的情況,首要的問題是準確掌握其在一定時間、地點等條件下的絕對數量的多少和大小。例如,要研究一個國家的社會經濟情況,就必須瞭解該

國的人口和勞動力的總資源、國民財富、土地面積以及鋼鐵、煤炭、糧食總產量和工農業總產值等。只有瞭解了這些總量指標數值,才能對這個國家有一個總體的認識。其次,總量指標是實行宏觀調控和科學管理的依據之一。無論是宏觀調控還是微觀管理,都要以反應客觀現象的總量指標作為重要參考依據,而不能憑空想像。例如,中央政府為了實現綜合平衡,保證國民經濟持續、穩定、協調地發展,其調控手段就是對人口、總供給與總需求、貨幣收支、財政收支、資源開發量等總量指標進行調控。最後,總量指標是計算相對指標和平均指標的基礎。相對指標和平均指標一般是兩個有關係的總量指標相對比計算出來的,它們是總量指標的派生指標。例如,人口密度是人口數與土地面積對比,產品單位成本指標是總成本與總產量對比。所以,總量指標是否科學、正確,將直接影響到相對指標和平均指標的科學性和準確性。

二、總量指標的種類

從不同的角度可以把總量指標劃分為不同的種類。

(一)按指標說明總體內容的不同,分為總體單位總量和總體標誌總量

總體單位總量是用來反應總體中單位數的指標,簡稱總體總量。如工業企業數、全國人口總體的人口數等。總體單位總量決定一個統計總體的規模的大小。

總體標誌總量是指總體單位的某一數量標誌值的總和,簡稱標誌總量。如研究某國全國工業企業生產情況時,全國工業企業是總體,每一個工業企業為總體單位,那麼全國所有工業企業總數便是總體單位總量,工業企業的工業總產值、工業利稅額、職工總數等是總體標誌總量。標誌總量的大小決定某一數量標誌規模的大小。

(二)按反應時間狀況不同,分為時期指標和時點指標

時期指標是反應社會經濟現象在一段時期內某一標誌值累計總量的指標。比如,利潤額、國內生產總值、產品銷售收入等都是時期指標。

時期指標有三個特點:第一,指標各時期的數值具有可加性,相加以後表示更長時期的累計總量。如1~12月份每月的產量連續相加就得到年產量;第二,指標數值的大小與時間長短有直接關係,一般時期越長,指標數值越大。第三,指標的數值是通過連續登記取得的。

時點指標是反應社會經濟現象在某一時刻(瞬間)上所表現的數量特徵的總量。如人口數、儲蓄存款餘額、商品庫存量,都是時點指標。時點指標也有三個特點:第一,指標數值不具有可加性,即不同時點的指標數值相加沒有實際意義。第二,時點指標的大小與時點的間隔的長短沒有直接關係。第三,指標數值是隔一段時間對經濟現象某一時點的數量表現進行一次登記而得到的。

(三)從使用計量單位的角度,分為實物指標、價值指標和勞動量指標

實物指標就是以實物單位計量的總量指標。如原煤產量、糧食產量等。實物指標能反應經濟現象總體使用價值總量,但其綜合能力較差,只有同類現象才能計算總量,不同

類現象的實物量是不能相加的,如原煤產量和糧食產量是不能簡單相加,相加無意義。

價值指標是以貨幣單位計量的總量指標。如工農業產值、國民收入、商品銷售額等。價值指標充分彌補了實物指標不能跨實物形態而綜合的缺點,可以綜合說明不同使用價值量的總水平、總規模,具有較強的綜合性和概括能力。

勞動量指標是勞動單位計量的總量指標。如出勤工時、缺勤工時、生產實用工時等。由於具體條件不同,不同企業的勞動指標不具有可比性,勞動指標多用於企業內部制定生產定額、計算勞動生產率、編制和檢查生產計劃等時使用。

三、總量指標的計算與應用

(一)總量指標的計算方法

總量指標的計算方法有兩種;一種是直接計量法,即統計人員採用直接點數或測量的方法將現象的總量計算出來。如統計報表和普查中的總量指標基本上就是這樣計算出來的;另一種是估計推算法,即採用平衡關係、因素關係或比例關係、插值估算等推算方法將經濟現象的總量推算出來。

(二)計算和應用總量指標應遵循的原則

科學性原則。必須以科學的理論來確定總量指標的含義範圍和計算方法。例如,對工業企業數的統計,表面看來簡單,但首先要對工業企業的含義加以明確的規定,明確了它與農業、建築業等的區別後,才能統計出準確的工業企業數。

可比性原則。計算總量指標應注意歷史條件變化對指標內容和範圍的影響,使不同時期的指標具有可比性,有利於進行動態研究。例如,在研究中國稅制改革前後時期的各種稅收總量的變化時,就要注意其含義和範圍變化情況。

一致性原則。計算總量指標要注意計算的口徑、計算方法和計量單位的一致性。如在不同地區(或系統)常因為行政區劃的變動或管理體制的改變,使該地區或系統的人口、土地和各種社會經濟指標的計算口徑不一致,在對這樣的指標進行動態分析時,必須調整為統一的口徑,才能匯總計算,便於對比研究。

第二節　相對分析

一、相對分析的意義

相對指標又稱統計相對數,是兩個有聯繫的統計指標的比值。說明現象發展變化的速度、強度、結構、普遍程度或比例關係等。如人口的比例、資金利潤率、人均糧食產量、國內生產總值、發展速度、失業率、人口密度、物價指數等都是相對指標。

二、相對指標的作用

(一)相對指標可以反應事物之間的數量聯繫程度,為人們深入認識市場發展提供客觀依據

總量指標雖然是反應現象規模和水平的重要指標,但它不易深入說明事物發展的程度和差別。相對指標是將相互有關的指標進行對比來反應事物之間的數量聯繫程度,使人們清楚地瞭解現象的結構、比例、強度和速度等情況。例如,中國城鎮居民和農村居民食品消費支出的比重在 1978 年分別為 57.5% 和 67.8%,2001 年分別為 374.9% 和 47.7%。說明改革開放二十多年來,人們的生活水平有了很大的提高,但農村居民消費水平仍低於城鎮居民。

(二)相對指標可以使不能直接對比的總量指標,轉化為具有對比性

利用相對指標還可以使不能直接對比的總量指標變為可以對比。不同的總量指標,由於它們代表的事物的性質、規模各不相同,往往無法直接對比。在這種情況下,只有將它們轉化為適當的相對指標,才便於進行對比。例如,2002 年某公司下屬 A、B 兩個企業的利稅總額分別是 300 萬元和 1,000 萬元,直接從絕對數上看好像 B 企業的經濟效益好於 A 企業,其實是不能用絕對數比較的。事實上 A 企業資本金為 2,000 萬元,B 企業為 10,000 萬元,資金利稅率 A 企業為 15%,B 企業為 10%,顯然 A 企業的效益好,所以我們只能用產出與投入比較得出資金利稅率等指標,對企業的經濟效益評價才更為客觀、合理。

三、相對指標的表現形式

相對指標的表現形式有兩種:無名數和有名數。

無名數是一種抽象化的數值,主要有系數、倍數、成數、百分數、千分數等表示。系數和倍數是把對比基數定為 1 計算出來的相對數。兩個數值對比,分子數值和分母數值差別不大時,常用系數,分子數值比分母數值大很多時,常用倍數。成數又稱十分數,是將對比的基數定為 10 來計算的相對數,例如,今年糧食比去年增長一成,即增產十分之一。百分數是將對比基數定為 100 計算出來的相對數,其符號為%,是相對數中最常用的一種表現形式。如計劃完成相對數、結構相對數、動態相對數、比較相對數等,一般都以百分數的形式來表示。千分數是將對比基數定為 1,000 計算的相對數,其符號為‰。兩個數值對比,分子數值比分母數值小得多時候宜用千分數,如人口的出生率、死亡率、利息率等都用千分數表示。萬分數是將對比基數定為 10,000 計算的相對數,其符號為‱,當兩個數值對比,分子數值比分母數值小得許多的時候宜用萬分數,以保持較高的精度,如每萬人中的科技人員用萬分數表示。

有名數是將相對指標中的分子、分母資料同時使用,用以反應客觀事物的強度和普遍程度。有名數主要用於表明某些強度相對指標的數值。如人口的密度以「人/平方千米」來表示,人均國民收入用「元/人」來表示。

四、相對指標的種類和計算

相對指標根據現象研究的目的和現象的特點的不同,分為結構相對指標、比例相對指標、比較相對指標、強度相對指標、動態相對指標和計劃完成相對指標六種。

(一) 結構相對指標

結構相對指標是對總體分組的基礎上,用總體的部分數值與全部總體數值對比得到的比重或比率,用以反應總體內部的構成狀況、分布特徵及工作質量。其計算公式為:

$$結構相對指標 = \frac{總體中某一部分數值}{總體全部數值} \times 100\%$$

〔例 4-1〕2001 年中國出口貿易方式結構如表 4-4 所示。

表 4-4

項　　目	出口額(億美元)	比重(%)
一般貿易	1,119	42.0
加工貿易	1,475	55.4
其他貿易	68	2.6
合計	2,662	100.0

表 4-4 中的資料表明了 2001 年中國出口貿易方式仍然是以加工出口為主的基本情況和特徵,為正確認識中國出口貿易方式提供了依據。

(二) 比例相對指標

比例相對指標是指總體中各組成部分之間數量對比關係的相對指標,用來分析總體範圍內各分組間比例關係和協調狀況。

其計算公式為:

$$比例相對指標 = \frac{總體中的某一部分數值}{總體中另一部分數值}$$

比例相對數通常用百分數表示,也可用幾比幾的形式表示。例如 2001 年年末中國人口的男女比例為 106:100。比例相對指標也可以是總體中三個以上部分數量的對比,此時,相對而言指標表現為一種連比的形式。例如,2001 年中國國內生產總值中,第一、二、三產業的增加值之比為 100:335.86:220.77。

比例相對指標的分子與分母數值可以互換,其分子和分母可以是總體總量(如人口的性別比例),也可以是標誌總量(如累積和消費的比例)。

計算比例相對指標的意義在於分析總體內部之間的數量關係是否協調一致。按比例發展是事物發展的客觀要求,國民經濟中許多重大的比例關係,如人口的性別比例、各產業之間的比例、累積與消費的比例、農輕重之間的比例關係等,都可以運用比例相對指標進行分析研究。

(三) 比較相對指標

比較相對指標是將同類現象在不同的空間(不同的地區、部門、單位)的數值相比計算的相對數。其計算公式為:

$$比較相對指標 = \frac{某一空間範圍的某一指標數值}{另一空間範圍的同一指標數值}$$

[例4-2]1998年中國人均GDP為768美元,美國為31,456美元,試計算美中GDP對比的比較相對指標。

$$比較相對指標 = \frac{31,456}{768} = 40.96 倍,即1998年美國人均GDP是中國的10.96倍。$$

比較相對指標一般可以用系數、倍數或百分數來表示。比較相對指標屬於靜態對比關係,一般情況下,比較相對指標的分子與分母可以相互對換位置,比較相對指標可以是絕對數的對比,也可以是相對數和平均數的對比,計算比較相對數多採用相對數和平均數。根據不同的研究目的,比較相對數可以用於不同國家、地區之間經濟實力的比較,也可以用於先進和落後之間的比較,還可以用於實際水平與標準水平的比較,從而找出差距,挖掘潛力,提高工作質量。

(四) 強度相對指標

強度相對指標是兩個性質不同而有一定聯繫的總量指標的比值,用以反應社會經濟現象的強度、密度和普遍程度,它和其他相對指標的區別就在於它不是同類現象指標的對比。其計算公式為:

$$強度相對指標 = \frac{某一總量指標數值}{另一性質不同而有聯繫的總量指標數值}$$

強度相對指標一般用復名數表示,如人均糧食產量用千克/人;人口密度用人/平方千米,有時也用百分數和千分數表示,如資金利稅率、商品流通費用率、人口出生率等。某些強度指標的分子和分母可以互換,從而形成正指標和逆指標兩種計算的形式。例如每千人擁有零售商業機構數或每個商業機構服務數。正指標數值大,說明所研究現象的分布越密,實力越強,強度和普遍程度越高。逆指標的數值越大,說明所研究現象的分布越疏,實力越弱,強度和普遍程度越低。

值得注意的是有些強度指標只有正指標,而無逆指標,如資金利稅率、商品流通費用率、人口出生率等。

強度相對指標是重要的統計分析指標,它可以反應一個國家或地區的經濟實力,如人均國內生產總值、人均主要產品產量等,還可以反應一個部門為社會服務的能力,如醫療網密度、商業網點密度等。強度相對指標還應用於反應生產的條件或效果,如各種裝備程度指標和各種效率指標。

(五) 動態相對指標

動態相對指標又稱發展速度,是反應同類事物在不同時間的指標數值進行對比而計算的相對數,一般用百分數和倍數來表示。表明現象在不同時間上發展變化的方向和速度。其計算公式為:

$$動態相對指標 = \frac{報告期指標數值}{基期指標數值} \times 100\%$$

〔例4-3〕中國原煤產量數2000年為9.98億噸,2001年為11.61億噸,求其發展速度。

$$動態相對指標 = \frac{11.61}{9.98} = 116.33\%$$,即2001年原煤的產量是2000年的116.33%,增長了6.33%。

(六)計劃完成程度相對指標

計劃完成程度相對指標是指某指標的實際完成數和計劃規定數的比值,用以檢查和監督計劃的執行情況,計劃完成相對指標一般以百分數表示。其基本公式為:

$$計劃完成相對指標 = \frac{實際完成數}{計劃規定數} \times 100\%$$

由於計劃完成相對數是以計劃任務為準來檢查計劃執行情況的,所以分子和分母不能互換。

計劃執行情況有兩種檢查方法。

由於下達計劃任務數的表現形式不同,計劃完成相對數指標的具體計算方法也各有所不同,下面分別作詳細介紹。

1. 短期計劃執行情況檢查方法

短期計劃是指年度計劃、季度計劃、月度計劃、旬計劃等。由於計劃數的表現形式和考核目的不同,其考核的方法有以下幾種。

(1)計劃數表現出為絕對數

由於不同的考核目的,產生了兩種不同的具體計算方法:

第一,全期計劃考核方法。即以整個計劃期為考核期,考察全期計劃完成與否。計算公式為:

$$計劃完成程度指標 = \frac{計劃期實際完成數}{計劃期計劃數} \times 100\%$$

上式中:分子和分母相減表示超額完成計劃的絕對效果。

〔例4-4〕某企業某月產品產量計劃400萬噸,該月的實際產量為404萬噸,則產量計劃完成程度為:

$$計劃完成程度指標 = \frac{404}{400} \times 100\% = 101\%$$

超額完成程度 = 101% - 100% = 1%(即該企業產品產量計劃超額完成了1%)

超額完成計劃的絕對量 404 - 400 = 4(萬噸)

第二,計劃執行進度考核方法。即以計劃期某一段時間為考核期,考察這段時間完成全期計劃任務的程度。這種方法多用考核和控製生產計劃的執行進度。其具體公式為:

$$計劃完成程度指標 = \frac{期初至報告期實際累計完成數}{全期計劃數} \times 100\%$$

上式中:不能以100%為是否完成計劃的標準,而應一般遵循「任務與時間同步」的原則,以時間進度作為考核標準。比如,1~6月累計應完成全年計劃的50%,1~9月累計完成全年計劃的75%等。

[例4-5] 某商業企業計劃全年完成銷售額846萬元,在計劃執行過程中,1~9月份實際完成銷售額668.4萬元,則該企業銷售額計劃完成程度為:

$$計劃進度執行指標 = \frac{668.4}{846} = 100\% \approx 79.01\%$$

該企業1~9月份的銷售額計劃執行進度為79.01%,超額完成4.01%。若以完成計劃為目標,那麼,該企業在第四季度的工作壓力將大大減輕。

(2)計劃數表現為動態相對數

計劃數表現為動態相對數時,計劃完成程度指標可以檢查和監督以社會經濟現象的增長率或降低率為目標的執行情況,它是實際完成百分比和計劃規定應完成百分比的比值,即:

$$計劃完成程度指標 = \frac{實際達到的百分比}{計劃規定應達到的百分比} = \frac{1 \pm 實際提高(降低)率}{1 \pm 計劃提高(降低)率}$$

[例4-6] 某企業計劃規定勞動生產率比上年提高3%,單位成本比上年降低2%,實際上,勞動生產率比上年提高3.9%,單位成本比上年降低了3%,則:

$$勞動生產率計劃完成程度指標 = \frac{1+3.9\%}{1+3\%} \times 100\% \approx 100.87\%$$

$$單位成本計劃完成程度指標 = \frac{1-3\%}{1-2\%} \times 100\% \approx 98.98\%$$

即該企業勞動生產率計劃完成程度為100.87%,超額完成了0.87%;單位成本完成計劃98.98%,超額完成計劃1.02%。

這裡有必要指出,兩個百分數之差稱為「百分點」。如上例中,勞動生產率實際比計劃多完成了0.9個百分點(3.9% - 3%)。

(3)計劃數表現為平均數

當計劃數表現為平均數時,計劃完成程度指標適用於考核各種技術經濟指標和經濟效益指標的計劃完成情況。這時,直接用實際達到的水平與計劃規定的水平相對比即可計算計劃完成程度指標。其計算公式為:

$$計劃完成程度指標 = \frac{實際平均水平}{計劃平均水平} \times 100\%$$

該指標是用於考核平均水平表示技術經濟指標的計劃完成程度。

[例4-7] 某年某廠某產品計劃單位成本45元,則計劃完成程度為:

$$單位成本計劃完成程度指標 = \frac{45}{50} \times 100\% = 90\%$$

計算表明該企業單位成本實際比計劃降低10%,超額完成計劃。

2. 長期計劃執行情況的考核辦法

長期計劃指5年以上的計劃,對長期計劃執行情況檢查,可以根據計劃規定不同,有

水平法和累計法兩種。

(1)水平法,採用水平法檢查長期計劃的完成情況。水平法適用檢查計劃期內最後一年應達到的水平而制定的計劃指標,各種產品產量、工業總產值、農業總產值、社會商品零售額等計劃執行情況的檢查均使用水平法。其計算公式為:

$$計劃完成程度指標 = \frac{計劃期末年實際達到的水平}{計劃規定的末年應達水平} \times 100\%$$

採用水平法檢查長期計劃的執行情況的目的在於檢查年度水平是否達到計劃要求。其檢查方法是:只要是在連續一年(12個月)的時間內(可以跨日曆年度)實際完成的年水平首次達到了計劃規定的水平,就算完成了計劃,以後至計劃期末所剩下的時間就是提前完成計劃的時間。

[例4-8]某企業「九五」計劃規定產品年產量達到700萬噸。實際執行情況如表4-5所示。

表4-5　　　　　　某企業「九五」期間產品產量資料表　　　　　　單位:萬噸

時間(年)	1996	1997	1998	1999 一季度	二季度	三季度	四季度	2000 一季度	二季度	三季度	四季度
產量	608	619	649	165	169	172	177	192	182	186	189

$$計劃完成程度指標 = \frac{182+186+189+192}{700} \times 100\% = 107\%$$

由於自1999年第二季度至2000年第一季度合計首次達到700萬噸的計劃水平,所以,確定該企業提前三個季度完成了五年計劃。

(2)累計法。當下達的計劃任務是整個計劃期內各年的總累計完成總量時,採用累計法來檢查長期計劃的完成情況。如基本建設投資額、造林面積、新增生產能力等,要求用累計法計算計劃完成程度。其計劃完成程度的計算公式是:

$$計劃完成程度指標 = \frac{最後一年實際達到水平}{最後一年計劃達到水平} \times 100\%$$

採用累計法考核長期計劃執行情況時,如果從計劃期初開始累計至計劃期內某一時間為止的實際數達到了計劃規定的累計數,那麼就算完成了計劃,以後至計劃期末所剩的時間為提前完成計劃的時間。

[例4-9]某地區「九五」時期計劃固定資產投資900億元,實際上自1996年初到2000年4月底累計完成固定資產投資已達到900億元,至2000年底累計完成924億元。

則該地區固定資產投資計劃完成程度為:

$$計劃完成程度指標 = \frac{924}{900} \times 100\% \approx 102.67\%$$

即該地區「九五」時期固定資產投資計劃超額完成了2.67%,提前完成計劃的時間為8個月。

五、計算和應用相對指標應注意的問題

(一) 注意相對指標的可比性

相對指標是用兩個指標相比較來反應現象之間數量的對比關係的綜合指標,而可比性的問題是相對分析的重要問題,若將不能對比的現象加以比較,就會歪曲事實真相,導致認識上的嚴重錯誤。因此,可比性的問題是計算和應用相對指標的一個重要條件。可比是指對比雙方的時間、範圍、指標含義、計算方法、計量單位等方面的可比性。例如,比較兩個企業的勞動生產率水平,如果一個企業的產量是與全體生產工人相比較,另一個企業又是與全體工人相比較,那麼,這兩個企業的勞動生產率是不可比的,要將指標調整為可比後才能進行對比。

(二) 要將相對指標與總量指標結合運用

總量指標可以反應現象的規模和發展水平,但無法揭示現象之間的聯繫和差異。相對指標可以反應現象之間的聯繫和對比關係,卻將現象之間的絕對水平抽象化了,表現出來的數量信息並不全面。在進行各種統計分析時,只有將總量指標和相對指標兩者結合起來,才能得出正確的結論。例如人口增長率這一相對指標,近幾年來在世界各國中中國的數據並不算高。以 1993 年為例,中國人口自然增長率為 11.45‰,但結合人口總量看,增長絕對數僅此一年就增加了 1,476 萬人,相當於一個中等國家的全部人口,因此,長期堅持計劃生育是中國的一項重要國策。

(三) 要把各種相對指標結合起來運用

一個相對指標只能反應社會經濟現象一個方面的數量特徵,要對經濟現象進行全面的分析,就需要將各種可利用的相對指標結合起來。例如,評價一個企業的生產經營情況的好壞,不僅要看總產值的增長速度,還要分析各種生產經營計劃的完成情況、產值利稅率、生產費用率、資金週轉率、淨資產利潤率、物耗和成本的變動幅度、產品質量的水平提高程度等指標,從而對企業生產經營情況進行全面反應和綜合的評價,這樣才能避免因孤立地看問題而產生偏差甚至錯誤。

第三節　總量分析和相對分析的技能訓練

一、填空題

1. 綜合指標包括_____指標、_____指標和_____指標。
2. 總量指標按其反應的時間狀況不同,可分為_____指標和時期指標。
3. 總量指標是反應社會經濟現象總體在一定時間、地點條件下的_____和_____的絕對數指標。
4. 總量指標按其說明總體內容不同,可分為_____總量和_____總量。
5. 總量指標的計量單位有_____單位、_____單位和_____單位三種。

6. 相對指標是應用_____的方法,來反應社會經濟現象中某些_____間_____程度的綜合指標。

7. 相對指標數值常用的無名數有:_____、_____、_____、_____和_____等。

8. 根據研究的目的和比較標準的不同,相對指標可分為_____、_____、_____、_____、_____和_____六種。

9. 強度相對指標是兩個_____而又_____的現象的總量指標對比的比值。它反應現象的_____、密度、_____程度和_____程度。

10. 某種產品單位成本計劃降低4%,實際降低了5%,則成本計劃完成程度為_____除以_____等於_____。

二、單項選擇題

1. 總量指標按其反應時間狀況的不同,可以分為(　　)。
    A. 總體總量和標誌總量
    B. 總體總量和時點指標
    C. 標誌總量和時期指標
    D. 標誌總量和時點指標
    E. 時點指標和時期指標

2. 總量指標按其反應內容的不同,可分為(　　)。
    A. 時點指標和時期指標
    B. 時點指標和總體總量
    C. 時期指標和標誌總量
    D. 總體總量和標誌總量
    E. 總體總量和時點指標

3. 結構相對指標用來反應總體內部的(　　)。
    A. 質量關係
    B. 密度關係
    C. 各部分占總量的比重
    D. 計劃關係
    E. 互為因果關係

4. 總量指標分為總體單位總量和總體標誌總量,是按(　　)劃分的。
    A. 其不同時間狀況
    B. 其不同的具體表現形式
    C. 其不同的計量單位
    D. 其不同的內容反應
    E. 其不同的計算方法

5. 總量指標是(　　)。
    A. 有計量單位的

B. 沒有計量單位的

C. 無所謂有無計量單位的

D. 有的有計量單位，有的無計量單位

E. 抽象的無經濟內容的數字

6. 比例相對指標是用來反應總體內部各部分之間內在的(　　)。

   A. 計劃關係

   B. 質量關係

   C. 強度關係

   D. 數量關係

   E. 發展變動關係

7. 某種材料上月末庫存量和本月末庫存量這兩個指標(　　)。

   A. 都是時期指標

   B. 都是時點指標

   C. 一個是時期指標，一個是時點指標

   D. 前者是時點指標，後者是時期指標

   E. 都是相對指標

8. 某廠1991年的工業總產值，按1990年不變價格計算為606萬元，按1980年不變價格計算為632萬元，該廠1992年工業總產值時間為652萬元(按1980年不變價格計算)，完成當年計劃的102%，則該廠1992年計劃工業總產值(按1992年不變價格計算)應該是(　　)。

   A. $\dfrac{632}{606} \times 652 \div 1.02$

   B. $\dfrac{606}{632} \times 652 \div 1.02$

   C. $\dfrac{632}{652} \times 606 \div 1.02$

   D. $\dfrac{606}{652} \times 632 \div 1.02$

   E. $\dfrac{632}{652} \div 606 \div 1.02$

9. 某種產品按五年計劃規定，最後一年產量應達到450萬噸，計劃執行情況如下：(萬噸)

	第一年	第二年	第三年 上半年	第三年 下半年	第四年 一季度	第四年 二季度	第四年 三季度	第四年 四季度	第五年 一季度	第五年 二季度	第五年 三季度	第五年 四季度
產量	300	320	170	190	100	100	110	120	120	120	130	130

該產品五年計劃任務(　　　)。
  A. 提前一年完成 B. 提前 9 個月完成
  C. 提前半年完成 D. 提前 3 個月完成
  E. 按計劃要求完成
10. ××省 2008 年 1～3 月又新批 94 個外資項目,這是(　　　)。
  A. 時點指標 B. 時期指標
  C. 動態相對指標 D. 比較相對指標
  E. 平均指標

三、多項選擇題

1. 總量指標的計量單位有(　　　)。
  A. 實物單位
  B. 勞動時間單位
  C. 價值單位
  D. 百分比和千分比
  E. 倍數、系數和成數
2. 在社會經濟中計算總量指標有著重要意義,是因為總量指標是(　　　)。
  A. 對社會經濟現象認識的起點
  B. 實行社會管理的依據之一
  C. 計算相對指標和平均指標的基礎
  D. 唯一能進行統計推算的指標
  E. 沒有統計誤差的統計指標
3. 在相對指標中,分子和分母可以互相對換的有(　　　)。
  A. 比較相對指標 B. 比例相對指標
  C. 動態相對指標 D. 結構相對指標
4. 相對指標的數值表現形式是(　　　)。
  A. 絕對數 B. 有名數
  C. 無名數 D. 樣本數
  E. 平均數
5. 計劃完成情況相對數在形式上各有所異,是由於基數的表現形式不同,從而有(　　　)。
  A. 計劃數為絕對數的形式
  B. 計劃數為相對數的形式
  C. 計劃數為平均數的形式
  D. 計劃數為時點數的形式
  E. 計劃數為時期數的形式
6. 總量指標和相對指標的計算和運用原則有(　　　)。
  A. 可比性原則

B. 與典型事物相結合的原則
C. 相對指標和總量指標相結合的原則
D. 多項指標綜合運用的原則
E. 結合經濟內容的原則

7. 下列指標中屬於強度相對指標的有( )。
A. 按人口計算平均每人佔有國民收入
B. 人口自然增長率
C. 人口密度
D. 按人口計算平均每人佔有糧食產量
E. 職工出勤率

四、應用技能訓練

實訓 1

［應用訓練資料］

某鄉現有各種輪式拖拉機數量如表 4－6 所示。

表 4－6　　　　　某鄉輪式拖拉機臺數資料表

拖拉機規格	12 馬力	15 馬力	24 馬力	28 馬力	合計
實際臺數(臺)	1,500	940	500	4,000	6,940

［訓練要求］

以 15 馬力為一個標準臺,計算各種拖拉機的總標準臺數。

［訓練提示］

(1)本訓練旨在使學員掌握總量指標中標準實物單位的換算及標準實物量的計算方法。

(2)編制一份拖拉機標準臺數計算表,如表 4－7 所示。根據表中要求完成訓練。

表 4－7　　　　　某鄉輪式拖拉機標準臺數計算表

拖拉機規格	馬力數(馬力)	實際臺數(臺)	換算系數	標準臺數(臺)
(甲)	(1)	-2	(3)＝(1)÷15	(4)＝(3)×(2)
12 馬力	12	150		
15 馬力	15	94		
24 馬力	24	50		
28 馬力	28	400		
合計	—	694	—	

實訓 2

［應用訓練資料］

某企業 4 月份生產情況資料如表 4－8 所示。

表 4-8　　　　　　　　　某企業 4 月份生產情況資料

車間名稱	一車間	二車間	三車間
計劃完成程度(%)	118	103	85
計劃總產值(萬元)	90	95	160

[訓練要求]
計算該企業總產值計劃完成程度。

[訓練提示]
(1)本訓練旨在使學員掌握計劃完成程度相對指標的計算方法。
(2)編制企業產值計劃完成程度計算表,如表 4-9 所示,根據表中的要求完成訓練。

表 4-9　　　　　　　企業 4 月份產值計劃完成程度計算表

車間名稱	計劃完成程度(%)	計劃總產值(萬元)	實際總產值(萬元)
(甲)	(1)	(2)	(3)=(1)×(2)
一車間	118	90	
二車間	103	95	
三車間	85	160	
合計			

實訓 3

[應用訓練資料]

某地區 2004 年平均人口 600 萬人,其 2003 年國民生產總值為 118 億元,到 2004 年計劃達到 120 億元,實際上達到了 132 億元,其中三次產業情況如表 4-9 所示。相鄰乙地區 2004 年平均人口 700 萬人,實現國民生產總值 150 億元。

表 4-10　　　　　　　2004 年某地區 GDP 三次產業資料

	計劃數(億元)	實際數(億元)
國民生產總值	120	132
第一產業	10	12
第二產業	65	73
第三產業	45	47

[訓練要求]
(1)本訓練旨在讓學員掌握各種相對指標的基本理論和計算方法。
(2)可以計算六種相對指標,有的相對指標可以再對比計算另一種相對指標。

附錄：Excel 在規模和比率中的應用

在 Excel 中計算總量指標和相對指標，主要是使用 SUM 函數和公式輸入的方法，結合使用填充柄功能，現以資料表 4-11 所示，並加以說明。

表 4-11　　　　　　　　　工業企業主要經濟指標計算表

	A	B	C	D	E	F	G	H	I
1	經濟類型	企業數（個）	總產值（億元）	產品銷售收入（億元）	產品銷售利潤（億元）	企業數比重（%）	產值比重（%）	產品銷售率（%）	銷售利潤（%）
2	國有經濟	79,731	23,301.22	22,090.41	2,876.25	17.48	50.03	87.31	13.2
3	集體經濟	342,908	15,835.96	11,646.01	1,032.4	75.18	31.31	73.54	8.68
4	股份制經濟	4,359	2,914.72	2,513.91	425.87	0.96	5.76	86.25	16.94
5	外商投資經濟	12,713	3,413.67	2,916.65	344.48	2.79	6.75	85.44	11.81
6	港澳臺投資經濟	16,388	3,107.88	2,612.16	203.94	3.59	6.15	84.05	7.81
7	合計	456,099	48,573.45	41,799.14	4,882.94	100.00	100.00	83.32	11.69

首先，計算 B、C、D、E 四列的合計。用鼠標單擊 B7 單元格，輸入「=SUM(B2:B6)」，回車確認，即得到 B 列的企業數合計 456,099；或用鼠標單擊 B2 的單元格，並按住鼠標左鍵向下拖至 B6（即選定 B2 至 B6 單元格），再點擊「常用」工具欄中的「Σ」按鈕，同樣得到 B 列的企業數合計 456,099。C、D、E 列的操作與此相同。

其次，計算 F、G 列的比重。單擊 F2 單元格，輸入「=B2*100\456,099」，回車確認，得到國有企業比重 17.48%，然後利用填充柄功能（鼠標點擊 B2 單元格並移至其右下角的黑方塊上，使鼠標變成黑十字），按住鼠標左鍵向下拖至 B6，鬆開鼠標再點擊「常用」工具欄中的「Σ」按鈕，即得到各組的比重和比重合計。G 列的操作與此相同。

最後，計算 G、I 列的比率，單擊 H2 單元格，輸入「=D2*100\C2」，回車確認，得到國有企業的產品銷售率 87.31%，然後利用填充柄功能，用鼠標拖至 H7，得到各類企業的產品銷售率和所有企業的總產品銷售率 82.61%。I 列輸入公式的除數的行列號，不能用數值做除數。

經過以上計算，可以大體看出各種經濟類型企業的基本情況：①國有經濟企業個數比重僅佔 17.84%，而產值比重卻達 50% 以上；集體經濟企業個數比重高達 75.18%，而產值比重卻只有 31.31%。這說明國有經濟企業多屬大中型骨幹企業，而集體經濟企業則以小型企業為主。②股份制經濟企業個數比重不到 1%，而產值比重卻接近 6%，其產品銷售率僅次於國有經濟，銷售利潤率竟同居首位。這說明在生產、銷售和經濟利益上，股份制經濟都顯示出優越性，但從絕對數上看，它在這方面還不占重要地位。③各種經濟類的產銷平衡情況都不夠好，產品銷售率平均不到 83%，最差的集體經濟企業只達 73.54%，這是不少企業處於困境的一個重要原因。

註：產品銷售率 = $\dfrac{產品銷售收入（元）}{總產值（百元）}$　　銷售利潤率 = $\dfrac{產品銷售利潤（元）}{產品銷售收入（百元）}$

[本章小結]

本章共分二節,是闡明總量指標和相對指標的分類、特點及其計算方法。這裡所講的總量指標和相對指標有它特定的內容、形式與應用意義。這兩類指標的分類見圖4-2。

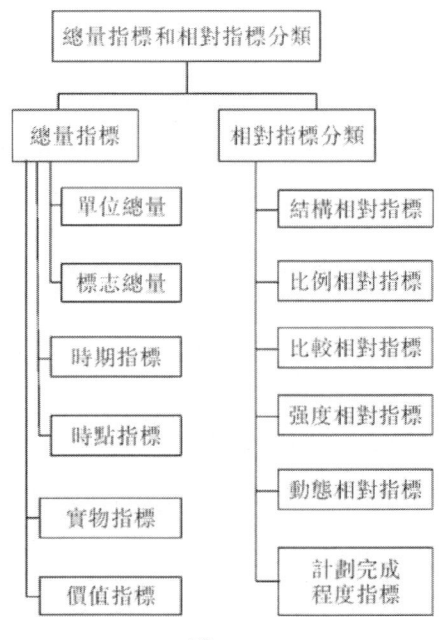

```
                    總量指標和相對指標分類
                          │
              ┌───────────┴───────────┐
           總量指標                相對指標分類
              │                         │
           單位總量                 結構相對指標
              │                         │
           標志總量                 比例相對指標
              │                         │
           時期指標                 比較相對指標
              │                         │
           時點指標                 強度相對指標
              │                         │
           實物指標                 動態相對指標
              │                         │
           價值指標                 計劃完成
                                    程度指標
```

圖4-2

一、總量指標的意義、種類和要求

總量指標又稱統計絕對數,反應現象發展的總規模或水平。總量指標之間的絕對差額也屬總量指標。

總量指標是對社會經濟現象總體認識的起點;是編制計劃、實行經濟管理的重要依據;是計算其他一切統計指標的基礎。所以總量指標是最基本的綜合指標。

總量指標按其反應總體內容的不同,分為總體單位總量和總體標誌總量;按其反應的時間狀況不同分為時期指標和時點指標;按所採用計量單位的不同分為實物指標和價值指標。

對於總量指標所劃分的各種具體指標的特點要有充分的認識,要能舉出社會經濟現象中許多總量指標的例子,並指出屬於哪種細分類。

總量指標的計算要求:注意現象的同類性;要有正確的計算方法和統一的計量單位。

二、相對指標的意義、種類和應用條件

相對指標也稱統計相對數,它是兩個相互聯繫指標的比率,一般表現為不名數,也有用名數表現的。

計算相對指標的必要性決定於社會經濟現象之間所存在的相互依存、相互制約的關係,不把有關指標聯繫起來做比較分析,往往難以把問題的實質和全貌反應出來。同時,

計算相對指標還可以使那些不能直接對比的指標找到可比的基礎。各種相對指標的概念、特點如下：

（1）結構相對指標是以總體總量為比較標準，計算各組總量占總體總量的比重，來反應總體內部組成情況的綜合指標。它不外是總體單位和總體標誌值的結構。總體中各組結構相對數的總和等於100%或1。

（2）比例相對指標是總體不同部分數量對比的相對數，借以分析總體範圍內各個局部之間比例關係和協調平衡狀況。通常以總體各組總量指標進行對比，也可運用總體各部分的平均數或相對數對比。

（3）比較相對指標是不同單位的同類指標對比而確定的相對數，借以說明同類現象在同一時期內各單位發展的不平衡程度。在經濟管理工作中，把各單位的技術經濟指標與同類企業先進水平對比，與國家規定的質量標準對比，從而找出差距，這是把比較對象典型化，也是比較相對指標。

（4）強度相對指標是兩種性質不同而又聯繫的屬於不同總體的總量指標之間的對比，用來表明某現象在另一現象中發展的強度、密度和普遍程度。對比的兩指標有可能互相轉換，從而產生正指標和逆指標。

（5）動態相對指標一般指發展速度指標。

（6）計劃完成程度相對指標是現象在某一段時間內的實際完成數與計劃任務數對比，借以觀察計劃完成的程度。計劃工作中，若用動態相對指標來規定計劃任務，計劃完成程度相對指標的計算應採取時間動態相對指標（實際為上年的百分比）除以計劃動態相對指標（計劃為上年的百分比）。

檢查長期計劃執行情況有累計法和水平法。這兩種方法運用的場合和說明的問題都是不相同的。

嚴格保持對比兩指標的可比性是正確應用相對指標的條件。

[本章案例]

中等職業學校佈局結構調整評價指標體系的設計

在深入瞭解中等職業學校佈局結構調整相關概念的基礎上，根據指標體系的方法學，通過指標的篩選和測試，提出了中等職業學校佈局結構調整評價指標體系。

一、中等職業學校佈局結構調整評價指標體系的定義

中等職業學校佈局結構調整作為一個系統，其各個子系統的各因素都在質量上和數量上有序地表現為一個指標（變量），根據中等職業學校佈局結構調整的內涵以及指標體系的方法學，篩選出具有代表性的指標，並按其各自特徵進行組合，就構成了中等職業學校佈局結構調整評價指標體系，從而能夠整體反應出中等職業學校佈局結構調整的基本狀況，並應用於實際評價。

指標體系與其他測定中等職業學校佈局結構調整的單項指標和複合指標相比，其優點在於能夠全面系統地描述中等職業學校佈局結構調整所依賴的各項資源條件的配置

狀況、各項資源條件的利用效率以及佈局結構調整所形成的教育社會效益、教育經濟狀況。

二、中等職業學校佈局結構調整評價指標體系設計的原則

設計和建立中等職業學校佈局結構調整評價指標體系,首先必須有明確的目的,同時還要重視其所具有的科學性、聯繫性、統一性、可比性、可操作性和綜合性以及前瞻性和導向性。

(一)目的性

在中等職業學校佈局結構調整評價指標體系中,在確定每一個單項指標時,都應考慮此項指標在整個指標體系中的地位和作用,依據它所反應的某一特定研究對象的性質和特徵,確定該指標的名稱、含義和口徑範圍。應當指出,僅僅對中等職業學校佈局結構調整做出反應和評價,還不是根本目的,根本目的在於對整個中等職業教育進行科學的管理,包括制定中等職業教育政策等。就反應和評價中等職業學校佈局結構調整本身而言,有許多指標可供選擇,但是究竟確定哪些指標才能科學地對所研究的問題的實質加以反應和分析,則必須充分考慮中等職業教育管理的目的和要求。

(二)科學性

依據一定的目的構建中等職業學校佈局結構調整評價指標並確定其名稱、含義和口徑範圍,即對指標做出質的規定,在理論上必須有科學的依據,在實踐上必須可行而有效,這樣才能用來搜集資料並予以數量表現,而後據以做出正確的評價和應用。

(三)聯繫性

中等職業學校佈局結構調整評價指標體系是由多個相互聯繫、相互影響的具體指標所構成的一個整體。因此,在中等職業學校佈局結構調整評價指標體系中的各個具體指標之間,無論是在其含義、口徑範圍、計算方法方面,還是在計算時間和空間範圍等方面,都必須是相互銜接而有聯繫的,這樣才能綜合而全面地認識營銷現象之間的數量關係、內在聯繫及其規律性。

(四)統一性

統一性包括兩方面的內容:一方面,就中等職業學校佈局結構調整評價指標體系的內部關係來說,中等職業學校佈局結構調整評價指標的含義、口徑範圍、計算方法、計算時間和空間範圍等,都必須是統一的;另一方面,就中等職業學校佈局結構調整評價指標體系與外部關係來說,還必須與其相對應的諸如合格評估指標體系等具有統一性。

(五)可比性

在目的一定的前提下,要求中等職業學校佈局結構調整評價指標具有科學性、聯繫性和統一性,都是為了保證在中等職業學校佈局結構調整評價指標上具有可比性,因為只有可比的中等職業學校佈局結構調整評價指標,才能提供準確的信息資料。可比性要求有兩個含義:一是在計算時間和空間範圍上具有可比性;二是在評價方法上具有可比性,如採用相對數、比例數、指數和平均數等。

(六)可操作性

設計的中等職業學校佈局結構調整指標應簡明、可操作。也就是說,指標的計算方法應簡單,易為人們所掌握、運用;數據也比較容易搜集或推算,能夠有利於人們有意識

地使用現成的數據。如果評價時需選用大量原始數據,繁重的數據處理工作會降低數據的有效利用,造成信息反饋的時滯。

(七)綜合性

所設計的中等職業學校佈局結構調整評價指標體系能夠從全方位、多角度反應和評價中等職業學校佈局結構調整的狀況。

(八)前瞻性和導向性

利用中等職業學校佈局結構調整評價指標體系設計的原則,不僅要反應中等職業學校佈局結構調整的狀況,也要通過表述過去和現狀資源、資源利用等各要素之間的關係,借以指示中等職業學校未來佈局的方向。

三、中等職業學校佈局結構調整評價指標體系

依據上述中等職業學校佈局結構調整評價指標體系設計的原則,本課題著重從效益性方面提出了由13項指標組成的中等職業學校佈局結構調整評價指標體系。具體為:

(一)本區域中等職業學校學生入學率

該指標表現為本區域升入中等職業學校的學生人數與當年本區域應屆初中畢業生總人數之比。它不僅反應了中等職業學校佈局結構調整後中等職業學校吸納學生的總體水平,而且反應了本區域應屆初中畢業生中進入中等職業學校學習機會增加的程度。該指標值越高,說明中等職業學校吸納學生的總體水平越強,應屆初中畢業生進入中等職業學校學習的機會也越多。將不同時期的該項指標進行動態對比,也可反應本區域未來具有職業技能的勞動力的增加趨勢。

(二)校均在校生規模比重

該指標表現為本區域中等職業學校學生總數與本區域中等職業學校總數之筆。它反應了本區域中等職業學校辦學規模效益的大小。

(三)中等職業學校師生比

該指標表現為本區域中等職業學校教師總數與學生總數之比。它從師資方面反應了本區域中等職業學校辦學條件的滿足程度。該指標是一個適度指標,既不能太高,太高意味著因教師資源不足而不能滿足辦學條件;也不能太低,太低意味著教師資源有一定的閒置,甚至有一定的浪費。

(四)實驗實習課時開出率

該指標表現為本區域中等職業學校按規定實際開出的實驗實習課是屬於本區域中等職業學校按規定應開出的實驗實習課時數之比。它從實驗實習方面反應了本區域中等職業學校辦學條件的滿足程度。當該指標值表現為100%時則說明本區域中等職業學校在實驗實習這一辦學條件方面已能全部滿足;否則,則是基本滿足或部分滿足。

(五)實驗設備利用率

該指標表現為本區域中等職業學校各種實驗設備實際工作臺時與本區域中等職業學校各種實驗設備計劃工作臺時之比。它說明各種實驗設備計劃臺時實際利用的程度,從一個側面反應了本區域中等職業學校硬件資源使用的效率狀況。

(六)中等職業學校教師專業對口率

該指標表現為本區域中等職業學校按畢業專業從事專業教學的教師與本區域中等

職業學校從事專業教學的教師數之比。該指標值的大小,反應了專業教師「學以致用」程度的高低。它從專業教師方面反應了本區域中等職業學校辦學條件的滿足程度。當該指標值表現為100%時則說明本區域中等職業學校在專業教師這一辦學條件方面已能全部滿足;否則,則是基本滿足或部分滿足。

(七)學生收益率

學生收益率可用每一個學生教育投資平均回收期(靜態)這一指標來反應。它表現為本區域中等職業學校全體畢業生在3年中所發生的與學習有關的人均成本,包括由家庭負擔的直接成本(如食宿費、交通費、書籍費、學雜費、校服費等,用C_2表示)和學生由於參加3年職業學校學習而放棄的收入,即學生的機會成本(用C_1表示)與全體畢業生參加工作後第一年的人均總收入之比。它說明學生教育投資回收期的長短。教育投資回收期越短,表明學生收益率越高;反之,則越低。全體畢業生參加工作後第一年的人均總收入可按各地方政府提供的相應於中等職業學校畢業生的每月參考工資乘以12個月計算而得或直接根據各地方政府提供的相應於中等職業學校畢業生的參考年收入計算。

(八)學生就業率

該指標表現為本區域中等職業學校就業學生屬於本區域中等職業學校畢業學生數之比。學生就業率越高,說明本區域中等職業學校培養的學生越受歡迎,進而也說明本區域中等職業學校的教育水平和教育質量越高。

(九)中等職業學校學生占高中階段學生的比重

該指標表現為本區域中等職業學校學生總數與本區域高中階段學生總數之比。該指標值的大小,反應了本區域中等職業學校被社會認同的程度的大小,也在一定程度上說明了本區域中等職業學校社會地位的高低以及發展狀況的好壞。

(十)中等職業學校向社會輸送人才增值率

該指標表現為報告期本區域中等職業學校向社會輸送的人才數與基期本區域中等職業學校向社會輸送的人才數之比。本區域中等職業學校向社會輸送人才增長的狀況,反應了本區域中等職業學校適應社會人才需求以及滿足社會人才需求的程度,反應了本區域中等職業學校辦學規模、辦學能力和辦學質量的總體狀況。因此,該指標是一個綜合性的指標。

(十一)本區域勞動者素質提高率

大量的中等職業學校的學生進入社會,轉變為具有較高思想素質、文化修養和技術能力的勞動者,對於本區域勞動者素質的提高、全社會勞動生產率的增長以及本區域物質文明、精神文明和政治文明的建設都具有重要的、積極的意義。在今後本區域的社會、政治、經濟發展進程中,它們無疑是一支重要的改善本區域勞動者素質結構、推動本區域勞動生產率增長的勞動大軍,是一支重要的加快本區域物質文明、精神文明和政治文明建設的生力軍。顯然,這也是中等職業學校佈局結構調整的根本意義之所在。

區域勞動者素質的高低一般是通過本區域勞動者受教育程度的高低來表現的。具體表現為本區域勞動力中具有中等以上學歷的人數占全部勞動力人數的比重。因此,本區域勞動者素質提高率就表現為報告期本區域勞動者素質與基期勞動者素質之比。該指標反應了本區域勞動者素質的提高程度。該指標是一個正指標,其值越大越好。越

大,說明本區域勞動者的素質越高,其他方面發展的潛力也就越大。

(十二)全社會勞動生產率增值率

該指標表現為本區域報告期全社會勞動生產率與基期全社會勞動生產率之比。而全社會勞動生產率則是指本區域某一時期的 GDP 與本區域同一時期的全部勞動力之比。該指標的大小,反應了本區域勞動生產率增值率的高低,在一定程度上也反應著中等職業學校畢業的勞動力在本區域經濟發展中自身發揮效率狀況的如何以及被利用程度的如何。

(十三)社會效益率

該指標表現為本區域某一時期的 GDP 與本區域同一時期的中等職業學校全部教育成本之比。本區域某一時期的中等職業學校全部教育成本包括三部分:其一是家庭負擔的直接成本(如食宿費、交通費、書籍費、學雜費、校服費等,用 C_2 表示);其二是學生由於參加 3 年職業學校學習而放棄的收入,即學生的機會成本(用 C_1 表示);其三是公共成本,主要是政府對中等職業學校所進行的各種教育投入,其他還有企業、私人所進行的對中等職業學校的各種教育投入(用 C_3 表示)。它反應了本區域中等職業學校每一單位教育投資為本區域經濟發展所做出的貢獻的多少。該指標值越大,說明投資於中等職業學校教育的社會效益越大;反之,則越小。

四、中等職業學校佈局結構調整評價指標體系的功能和應用

中等職業學校佈局結構調整評價指標體系的基本目的是對中等職業學校佈局結構的調整狀況進行評價,從而為中央政府和地方政府制定中等職業學校佈局結構調整政策提供依據,為中等職業學校佈局結構調整提高標準。

(一)中等職業學校佈局結構調整評價體系的功能

綜合地說,中等職業學校佈局結構調整評價指標體系的功能主要有五個方面:一是描述和反應了中等職業學校佈局結構調整的狀況,從而將中等職業學校佈局結構調整的政策變成具有實際意義的內容;二是與事先所確定的標準相對照,評價某一地區中等職業學校佈局結構調整的好壞;三是對各地區中等職業學校佈局結構調整的狀況進行比較,綜合衡量各地區之間中等職業學校佈局結構調整的差異程度;四是對不同時期的中等職業學校佈局結構調整狀況進行比較,把握中等職業學校佈局結構調整的趨勢;五是通過指標體系的信息說明能力,決策者可以瞭解中等職業學校佈局結構調整的相關信息,包括眾多支援學校報價結構系統的整體信息、各子系統的信息、各地區的信息、各個不同時期的信息等,並據此確定相應的中等職業學校佈局結構調整政策,使得其政策更具有科學性、規範性和可操作性。

(二)中等職業學校佈局結構調整評價體系的應用

中等職業學校佈局結構調整評價體系可以應用於中央政府和地方政府,指導和引導中等職業學校佈局的結構調整和中等職業學校的建設發展。具體地說,有兩個方面的應用:一是為中等職業學校佈局結構調整提供政策依據和指示政策效果。政策的執行需要可操作性的指標,政策效果的衡量也需要一些指標。顯然,中等職業學校比較結構的調整也不例外,而且這也正是落實中央政府或地方政府中等職業學校佈局結構調整思想的具體手段之一,也是不斷推進中等職業學校佈局結構調整的手段之一。二是中等職業學

校佈局結構調整信息的搜集、處理和傳播。這也是由指標體系的功能決定的。通過該指標體系，可以使得人們能夠比較容易地搜集到中等職業學校佈局結構的信息，進行規格的處理，進行相互比較，並且，能夠容易地累積和傳播中等職業學校佈局結構調整的經驗。

思考題
1. 簡述總量指標的作用與分類。
2. 什麼是相對指標？相對指標的表現與種類有哪些？

[關鍵名詞]

　　總量指標　　總體標誌總量　　總體單位總量　　時期指標　　時點指標　　相對指標　　強度相對指標　　比較相對指標　　比例相對指標　　結構相對指標　　動態相對指標　　計劃完成程度相對指標

[討論與思考題]

1. 什麼是總量指標？
2. 什麼是相對指標？
3. 相對指標的作用有哪些？
4. 強度相對指標的具體計算方法有幾種？
5. 時點指標和時期指標為什麼不一樣？
6. 計算和運用總量指標與相對指標的原則是什麼？
7. 為什麼說計算總量指標不是一個技術上簡單加總的過程？

第五章　總體分布分析

[學習目標]

本章主要介紹了統計中描述社會經濟現象集中趨勢和離中趨勢的基本理論,其內容主要包括平均指標和變異指標的含義、作用、種類,各種平均指標和變異指標的特點、計算方法及其應用等。通過學習,學員能夠掌握各種平均數和變異指標的基本概念,學會運用各種平均數分析經濟現象的集中趨勢和離中趨勢及其分布特徵,以及提高對現象總體均衡性、穩定性、平均水平代表性的判斷能力。

[案例開題]

對中國東部蘇州無錫常州地區經濟發展的評價

一、建立蘇錫常地區經濟發展評價指標體系

(一)建立地區經濟發展評價指標體系的原則

1. 科學實用原則

指標體系必須建立在科學的基礎上,能全面涵蓋經濟發展目標的內涵和目標的實現程度,指標的設置簡單明了,指標概念明確,計算方法規範,容易理解,要考慮數據取得的難易程度和可靠性,最好利用現有統計資料,盡可能選擇那些有代表性的綜合指標和重點指標。

2. 層次原則

經濟發展是一個複雜的系統,它由不同層次、不同要素組成。應根據系統的結構分出層次,將指標分類,使指標體系結構清楚,便於使用。

3. 代表性原則

指標體系必須能夠全面地反應經濟發展的各個方面。指標體系作為一個有機整體,要求較為全面地反應和測評被平均地區在一定時期內的經濟發展特徵和發展狀況,指標選取應強調代表性、典型性。

4. 可比性原則

指標體系的設計應注重指標計算口徑、時期、地點和範圍的可對比性,以便於縱橫向比較,體現其特點。

5. 時態性原則

指標體系應充分考慮系統動態變化的特點,能綜合反應經濟發展的現狀和未來趨勢,以便於預測和決策。同樣,在一定時期內,指標體系內容不宜頻繁地變動,應保持其

相對的穩定性,經濟發展指標體系應是動態與靜態的統一,既要有靜態指標,又要有動態指標。

(二)建立地區經濟發展評價指標體系

經濟的發展是地區發展的基礎,強有力地推動社會的發展,促進人類社會的文明與進步。地區經濟發展評價指標體系是由一整套反應經濟發展情況的若干個指標構成的一個有機整體。在與有關專家分析討論的基礎上構建蘇錫常地區經濟發展評價指標體系,如表5-1所示。

表5-1　　　　　　　　　蘇錫常地區經濟發展評價指標體系

目　標	中間層	具　體　評　價　指　標
經濟發展指標A	經濟總量指標A_1	國內生產總值A_{11}、年財政收入A_{12}、年出口總額A_{13}、固定資產投資總額A_{14}、實際利用外資總額A_{15}
	經濟水平指標A_2	人均GDP A_{21}、人均財政收入A_{22}、人均高新技術產業產值A_{23}、第三產業產值比重A_{24}、人均旅遊收入A_{25}
	經濟速度指標A_3	GDP增長速度A_{31}、財政收入增長率A_{32}、出口總額增長率A_{33}、固定資產投資總額增長率A_{34}、實際利用外資增長率A_{35}
	經濟效益指標A_4	社會勞動生產率A_{41}、工業資本金利潤率A_{42}、農業土地產出率A_{43}、財政收入占國內生產總值比重A_{44}、工業技術進步貢獻率A_{45}、農業技術進步貢獻率A_{46}、萬元工業產值能耗A_{47}

二、蘇錫常地區經濟發展評價指標權重的確定

以上四大類22個指標中,各指標之間存在著一定的相關度,指標之間也存在不同的重要程度,即權重。如何確定各指標的權重,關係到最後評判結論的準確性。美國數學家托馬斯·薩迪於20世紀70年代提出的層次分析法(Analytical Hierarchy Process,簡稱AHP),就是按組成目標各要素的重要性,把它們排列成由高到低的相互關聯的若干層次,並把每一層次各要素的相對重要性予以量化,建立元素的重要性秩序,並依此作為最終決策的依據。我們利用層次分析法來計算各下級指標相對而言於上一級指標的權重。

AHP法採用1~9標度法,對不同情況的比較給出數量標度。1、3、5、7、9分別表示「同等重要、稍微重要、重要、明顯重要和絕對重要」,2、4、6、8是四個亞等級,用來表示上述相鄰兩個重要性標度之間的重要性程度。

經過對蘇錫常經濟發展評價指標進行分析,建立按次序排列的判斷矩陣(略)層次的權重採用文根法加以計算。其計算步驟如下:

(1)計算判斷矩陣中各行元素之乘積:

$$M_i = \prod_{j=i}^{N} P_{ij} = p_{i1} \cdot p_{i2} \cdots p_{in} \quad (i=1,2,\cdots,n)$$

(2)計算M_i的n次方根:

$$W_i' = \sqrt[n]{M_i}$$

(3) 對 W'_i 進行正則化處理：

$$W_i = W'_i / \sum_{i=1}^{n} W'_i$$

計算各指標的權重過程省略。

三、層次分析法在蘇錫常地區經濟發展綜合評價中的應用

蘇錫常地區經濟發展綜合評價指標中，有些是正指標，數值越大越好（除 A_{47} 外）；有的是逆指標，數值越小越好，如 A_{47}。利用指標體系綜合評價地區經濟，要注意指標之間的可比性問題；本文運用線性變換法對指標數據進行處理，即取每個指標最優值 X_j^*，通過 X_j^* 對 (X_{ij}) 進行標準化處理，轉換為 (Y_{ij})，$Y_{ij} = X_{ij} \div X_j^*$（正指標），$Y_{ij} = X_j^* \div X_{ij}$（逆指標），得到對初始數據處理的數值 Y_{ij} 如表 5-2。蘇錫常地區經濟發展綜合得分為 $\sum Y \cdot W$。計算綜合得分，進行排序，蘇錫常地區經濟發展排列結果，如表 5-2 所示。

表 5-2　　　　　　2002 年蘇錫常地區經濟發展指標初始值下處理值

指標	2002 年經濟發展初始值 蘇州	無錫	常州	指標權重 (W)	線性變換法數據處理值 (Y) 蘇州	無錫	常州
A_{11}（億元）	2,080	1,601.7	760.3	0.098,9	1	0.770,0	0.365,5
A_{12}（億元）	290.82	200.85	102.9	0.072,6	1	0.690,6	0.353,8
A_{13}（億美元）	363.9	97.4	39.2	0.026,3	1	0.267,7	0.107,7
A_{14}（億元）	810	537.8	250	0.038,5	1	0.664	0.308,6
A_{15}（億美元）	48.14	17.4	9.8	0.026,3	1	0.361,4	0.203,6
A_{21}（元/人）	35,700	36,632	22,260	0.206	0.974,6	1	0.607,7
A_{22}（元/人）	4,995.2	4,593.6	3,005.6	0.136,5	1	0.919,6	0.601,7
A_{23}（元/人）	17,189.6	9,480.8	5,961.3	0.037,4	1	0.551,5	0.346,8
A_{24}（%）	37.35	41.5	36.85	0.037,4	0.9	1	0.888
A_{25}（元/人）	3,408.5	3,451.2	1,789.1	0.037,4	0.987,6	1	0.518,4
A_{31}（%）	14.5	13.1	12.4	0.053,1	1	0.903,4	0.855,2
A_{32}（%）	28.8	23.7	35.9	0.039	0.802,2	0.660,2	1
A_{33}（%）	53.8	46.3	20.3	0.014,1	1	0.860,6	0.377,3
A_{34}（%）	43.3	32.8	31.1	0.020,7	1	0.755,8	0.716,6
A_{35}（%）	59.3	64.2	35.9	0.014,1	0.923,7	1	0.559,2
A_{41}（元/人）	64,258	71,975	39,586	0.046,5	0.892,8	1	0.550,0
A_{42}（元/百元）	26.86	36.42	33.78	0.017,7	0.737,5	1	0.927,5
A_{43}（元/畝）	4,036.04	3,971.57	2,852.26	0.017,7	1	0.984	0.706,7
A_{44}（%）	14	12.5	13.5	0.03	1	0.892,9	0.964,3
A_{45}（%）	49.69	48.04	41.21	0.009,8	1	0.966,8	0.829,3
A_{46}（%）	57.13	57.96	56.37	0.009,8	0.985,7	1	0.972,6
A_{47}（噸）	0.86	0.65	1.06	0.009,8	0.755,8	1	0.613,2
綜合得分	—	—	—	—	0.969,2	0.848,4	0.574,3

表5-2(續)

指標	2002年經濟發展初始值			指標權重	線性變換法數據處理值(Y)		
	蘇州	無錫	常州	(W)	蘇州	無錫	常州
名次	—	—	—	—	1	2	3

註:初始值資料來源《2002年蘇州、無錫、常州國民經濟和社會發展統計公報》《2002年江蘇省科技進步監測結果與科技統計公報》。

表5-2綜合評價結果顯示,蘇州綜合得分排列第一位,無錫列第二位,常州列第三位。從綜合得分值看,蘇州得分最高,無錫的得分為蘇州的87.54%,常州得分僅為蘇州的59.26%,無錫的67.69%;從22個指標系數來看,達到最優值,蘇州有13個指標,占59.1%,無錫有8個指標,占36.4%,常州僅有1個指標,占4.5%,系數在0.7以下的蘇州沒有,無錫為6個指標,占全部指標的27.3%,常州為14個指標,占全部指標的63.6%。在蘇錫常地區經濟發展中,蘇州經濟發展優勢明顯,無錫經濟發展與蘇州存在一定差距,常州經濟發展同蘇州、無錫差距明顯。

——資料來源:《江蘇統計》2003第10期

由此案例引入本章主題,什麼是集中趨勢和離中趨勢?各相關平均指標如何計算與分析等,即集中趨勢和離中趨勢的含義、集中趨勢和離中趨勢各種測度值(或稱平均數)的計算與應用。

第一節 總體分布集中趨勢的分析

一、平均指標的意義

(一)平均指標的概念

平均指標又稱統計平均數,是反應總體或樣本各個單位某一數量標誌在一定時間、地點條件下所達到的一般水平的統計指標,如平均工資、平均年齡、平均價格、平均畝產量等。

我們研究的同質總體中,在某一數量標誌下各總體單位的數值都表現不同,例如某班50名學生統計考試成績各不相同,為了說明他們考試的總體水平,顯然要以用平均成績這個指標來說明。可見,利用平均指標可以消除個別事物的偶然變動,抽象而綜合地揭示出現象的共同特徵。

(二)平均指標的作用

在統計研究中,平均指標有著廣泛的用途,其作用概括起來主要有以下五點:

(1)可用來比較同一現象在不同空間的一般水平。例如,評價不同的工業企業或農業的生產情況,就不能用工業增加值或總收穫量等總量指標進行比較,因其規模大小不同,無法評價,若用勞動生產率、平均畝產量等平均指標,就可消除這種影響,進行比較

評價。

(2)可用來研究某一現象的平均水平在同一空間、不同時間上的變化,說明總體的發展過程和趨勢。例如,中國職工的人均收入逐年增長,使人們的生活水平呈現不斷提高的趨勢。

(3)平均指標可作為某些科學預測、決策、評價和某些推算的依據。例如,對工廠工人勞動生產率的評價,通常就是以他們的平均勞動生產率水平為依據。企業的勞動定額、生產定額、物資消耗定額等都要依據相應的平均指標來確定,抽樣推斷中,可利用樣本平均指標推斷總體平均指標或總體標誌總量。

(4)可以分析現象之間的依存關係。在對客觀現象總體進行分組的基礎上,結合應用平均指標,就可以觀察現象之間存在的制約關係。

(5)反應總體各單位變量分布的集中趨勢。在社會經濟現象中,變量從小到大形成一定的分布。通常,標誌值很小或很大的單位比較少,而標誌值圍繞在平均數周圍的單位占比重較大,平均數反應的是標誌值變動的集中趨勢。

[例5-1]某地區糧食單位面積產量和每畝施肥量的情況如表5-3所示。

表5-3　　　　　　　某地區糧食畝產量與施肥的關係表

每畝化肥施用量(千克/畝)	糧食單位面積產量(千克/畝)
15.5	377.0
17.8	416.0
19.4	452.8
20.5	481.1
21.8	464.4

表中資料顯示,糧食產量與施肥量之間存在著依存關係,即在一定的限度內,施肥量與糧食產量呈正方向變化,當施肥量超過一定的限度時,二者呈反方向變化。

二、平均指標的種類

平均指標按現象分析目的和資料的性質不同,分為數值平均數和位置平均數。凡根據總體各單位標誌值計算的平均數,稱為數值平均數,常見的主要包括算術平均數、調平平均數和幾何平均數;凡根據總體標誌值在分配數列中的位置確定的平均數,稱為位置平均數,常見的主要有中位數和眾數。

三、數值平均數的計算與分析

(一)算術平均數

算術平均數是總體標誌總量與總體單位總數對比得到的平均指標。用符號 $\bar{x}$ 表示,其基本公式是:

$$算術平均數 = \frac{總體標誌總量}{總體單位總量}$$

算術平均數是統計中最常用的一種平均指標。在客觀現象中,若已知總體單位總量

和標誌總量,即可直接利用上式計算算術平均數。

[例5－2]某公司職工某月工資總額為276,000元,職工總數為300人,

則:平均工資 $=\dfrac{\text{工資總額}}{\text{職工總人數}}=\dfrac{276,000}{300}=920$ 元

計算算術平均數時,一定要確保總體標誌總量與總體單位總量的口徑嚴格一致。即確定各標誌值與各單位之間有一一對應的關係存在,或者說,二者同屬於一個總體。否則,所計算出的結果將不是平均數。而強度相對數的分子與分母分屬於不同的總體,如人均糧食產量是由全國糧食產量與全國人口數對比得到的強度相對數,雖然其子項與母項之間存在著密切聯繫,但並非每個人都具有糧食產量這一標誌。因此,其子項與母項並不屬於同一總體,口徑範圍上是不一致的。

算術平均數因掌握資料不同,可以分為簡單算術平均數和加權算術平均數。

1. 簡單算術平均數

簡單算術平均數就是在所掌握的資料未經分組的條件下,直接將總體各單位的標誌值相加,除於總體單位數所求得的平均數。其公式為:

$$\bar{x}=\dfrac{x_1+x_2+\cdots+x_n}{n}=\dfrac{\sum x}{n}$$

式中:$\bar{x}$ 代表算術平均數;x 代表總體各單位的標誌值(變量值);n 代表總體單位總數(標誌值個數);$\sum$ 是總和符號,讀作西格瑪。

[例5－3]某村有8個養豬專業戶,某月各戶養豬頭數分別為38、46、57、48、61、52、50、32,求這8個養豬專業戶平均養豬頭數。

則 平均養豬頭數: $\bar{x}=\dfrac{\sum x}{n}=\dfrac{38+46+57+48+61+52+50+32}{8}=48(\text{頭})$

2. 加權算術平均數

加權算術平均數是指統計資料在已分組形成變量數列的情況下,先計算出各組標誌總量,再加總求得總體標誌總量,然後除以總體單位數而計算的平均數。其公式如下:

$$\bar{x}=\dfrac{x_1f_1+x_2f_2+\cdots+x_nf_n}{f_1+f_2+\cdots+f_n}=\dfrac{\sum xf}{\sum f}=\sum x\cdot\dfrac{f}{\sum f}$$

式中,f 代表各組變量值出現的次數(或權數);xf 代表各組總量;$\sum xf$ 代表總體標誌總量;$\sum f$ 代表各組出現的次數(頻數或權數);$\dfrac{f}{\sum f}$ 代表各組出現的頻率(權數系數)。

由以上公式和計算結果可以看出,加權算術平均數的大小取決於兩個因素:一是各組標誌值(x);二是各標誌值出現的次數(f)。當標誌值較大且出現次數也較少時,平均數就趨近於標誌值大的一方;當標誌值較小且出現次數也較多時,平均數就趨近於標誌值小的一方。各標誌值的次數多少對於平均數的大小起著權衡輕重的作用,所以在統計中又稱各組標誌值的次數為權數。

權數有兩種形式:絕對數和相對數。絕對數權數就是各組標誌值實際出現的次數

(f),相對數權數又稱比重權數或權數系數,是各組次數在總次數中所占的比重($\frac{f}{\sum f}$),實為一種結構相對數,一般用百分數或系數來表示。在掌握比重數的情況下,也可以直接利用權數系數來求加權算術平均數,即各組標誌值與其權數系數乘積的總數和等於加權算術平均數。

[例5－4] 某廠某生產小組某月產量資料,如表5－4所示。

表5－4　　　　　　　　　工人平均日產量計算表

按日產量分組(件) x	工人人數(人) f	月產量 xf	比重(%) $\frac{f}{\sum f}$	$x \cdot \frac{f}{\sum f}$(件)
17	1	17	10	1.7
18	2	36	20	3.6
19	4	76	40	7.6
20	3	60	30	6.0
合計	10	189	100	18.9

則該生產小組每個工人平均產量

$$\bar{x} = \frac{\sum xf}{\sum f} = \frac{189}{10} = 18.9 (件) ; \bar{x} = \sum x \cdot \frac{f}{\sum f} = 18.9 (件)$$

可見計算加權算術平均數時,權數採用絕對數形式或採用相對數形式,其計算結果是一致的。

如所給資料為組距數列,則各組的標誌值 x 應是每組的組平均數,但計算各組平均數往往資料不足,一般則用其組中值來代替 x,當然利用組中值計算平均數是假設各組內的標誌值是均勻分布的或對稱分布的,但實際各組的分布特徵並非一定是均勻和對稱的,組中值與平均數之間存在著一定誤差,所以組中值僅是平均數的近似值。

[例5－5] 某銀行2001年2月份為100家企業貸款情況如表5－5所示。

表5－5　　　　　　　某銀行2001年2月份為100家企業貸款情況表

按貸款額分組 (萬元)	組中值(萬元) x	貸款企業數(個) f	各組貸款額(萬元) xf
10 以下	5	20	100
10～20	15	10	150
20～30	25	22	550
30～40	35	34	1,190
40 以上	45	14	630
合計	—	100	2,620

根據上述資料計算出該銀行為每家企業的平均貸款額為：

$$\bar{x} = \frac{\sum xf}{\sum f} = \frac{2,620}{100} = 26.2（萬元）$$

(二) 調和平均數

調和平均數又稱倒數平均數，它是被研究對象中各個變量值倒數的算術平均數的倒數。用符號 M_H 表示。由於掌握的資料不同，調和平均數可以分為簡單調和平均數和加權調和平均數兩種。

1. 簡單調和平均數

如果掌握的資料是未分組的總體各單位的某一數量標誌的標誌值時，則用簡單調和平均數計算平均指標。其計算公式為：

$$M_H = \frac{n}{\frac{1}{x_1} + \frac{1}{x_2} + \cdots + \frac{1}{x_n}} = \frac{n}{\sum \frac{1}{x}}$$

式中，M_H 代表調和平均數。

[例5-6] 某菜市場3個等級的黃瓜價格分別為每斤(1斤 = 500克)1.00元、0.90元和0.70元，現3個等級黃瓜各買1斤和1元，求平均價格。

各買1斤：$\bar{x} = \frac{\sum x}{n} = \frac{1.00 + 0.90 + 0.70}{3} = 0.867（元）$

各買1元：$M_H = \frac{n}{\sum \frac{1}{x}} = \frac{3}{\frac{1}{1.00} + \frac{1}{0.90} + \frac{1}{0.70}} = 0.848（元）$

顯然，各買1斤的平均價格計算採用了算術平均法，而各買1元時平均價格的計算則採用了調和平均法。其實，它們都遵循平均價格的經濟公式，只是由於掌握的已知條件不同，才採用了不同的平均數形式。

2. 加權調和平均數

如果掌握的資料是已分組的總體各單位的標誌值和標誌總量，而未掌握各組單位數，則用加權調和平均數計算平均指標。其計算公式為：

$$M_H = \frac{m_1 + m_2 + \cdots + m_n}{\frac{m_1}{x_1} + \frac{m_2}{x_2} + \cdots + \frac{m_n}{x_n}} = \frac{\sum m}{\sum \frac{m}{x}}$$

式中，m 代表各組的標誌總量，即加權調和平均數中的權數。需要指出的是，此處的權數是變量值與其相應的次數的乘積，即 $xf = m$。

[例5-7] 某生產車間工人日產甲產品情況如表5-6所示，求工人平均日產量。

表 5 - 6　　　　　　　　某生產車間工人日生產產品情況表

每人日產量(件)x	各組產量(件)m
8	56
9	99
10	160
11	110
12	72
合計	497

$$平均日產量\ M_H = \frac{\sum m}{\sum \frac{m}{x}} = \frac{56+99+160+110+72}{\frac{56}{8}+\frac{99}{9}+\frac{160}{10}+\frac{110}{11}+\frac{72}{12}} = 9.94(件)$$

通過[例 5 - 7]可以看出,加權調和平均數實際上是加權算術平均數的變形,即當 $m = xf$ 時,即 $f = \frac{m}{x}$,代入調和平均數公式:

$$\frac{\sum m}{\sum \frac{m}{x}} = \frac{\sum xf}{\sum f}$$

在實際工作中,當掌握的資料為各組標誌總量和各組變量值而缺少各組次數時,用調和平均的方法計算平均數。

在實際統計中,採用調和平均的方法計算平均數,並不完全是算術平均數公式的變形使用,即有的現象並不符合總體標誌總量比總體單位總量這一含義。

[例 5 - 8]某公司下屬 5 個分公司,某年產值如表 5 - 7 所示,計算 5 個公司的平均產值計劃完成程度。

表 5 - 7　　　　　　　　某公司某年產值計劃情況表

企業	計劃完成程度 x(%)	實際完成產值 m(萬元)
A	120	10,800
B	115	11,500
C	95	11,400
D	100	8,000
E	98	4,900
合計	—	46,600

$$M_H = \frac{\sum m}{\sum \frac{m}{x}} = \frac{10,800+11,500+11,400+8,000+4,900}{\frac{10,800}{1.20}+\frac{11,500}{1.15}+\frac{11,400}{0.95}+\frac{8,000}{1.00}+\frac{4,900}{0.98}} = 105.91\%$$

從[例 5 - 8]中計算可以看出,子項是 5 個分公司的實際完成數,母項是 5 個分公司的計劃數,子項和母項並不存在標誌總量與總體單位總量之間的關係。所以計算的調和平均數就不是算術平均數變形的應用,而是一種具有獨立意義和算術平均的方法。調和

平均數的應用主要適用於由相對數和平均數來計算平均數的場合。

(三) 幾何平均數

幾何平均數是 n 個標誌值的連乘積的 n 次方根,用符號 G 來表示。幾何平均數最適用於計算平均比率和平均發展速率。

幾何平均數由於掌握的資料不同,可以分為簡單幾何平均數和加權幾何平均數,前者適用於資料未分組情況,後者適用於資料分組情況。

1. 簡單幾何平均數的計算公式是:

$$G = \sqrt[n]{x_1 \cdot x_2 \cdots x_n} = \sqrt[n]{\Pi x}$$

式中:G 代表幾何平均數,x 為變量值,Π 表示連乘積符號。

[例 5-9] 某軸承廠生產軸承,經過下料、鍛造、機加裝配 4 道工序完成,各工序合格率分別為 98%、97%、96% 和 99%,求 4 道工序的平均產品合格率。

由於後續工序的合格率是在前一工序全部合格品的基礎上計算的,各道工序的平均產品合格率不能用算術平均數和調和平均數的方法計算,而是利用幾何平均的方法計算。

則:平均產品合格率 $G = \sqrt[4]{98\% \times 97\% \times 96\% \times 99\%} = 97.5\%$

2. 加權幾何平均數的計算公式是:

$$G = \sqrt[f_1+f_2+f_3\cdots f_n]{x_1^{f_1} \cdot x_2^{f_2} \cdots x_n^{f_n}} = \sqrt[\Sigma f]{\Pi x^f}$$

[例 5-10] 某投資銀行的某筆投資的本利率是按複利計算的,25 年的本利率如表 5-8 所示。

表 5-8　　　　　　　　　　某筆投資 25 年的本利率表

本利率 $x(\%)$	年數 f
103	1
105	4
108	8
110	10
115	2
合計	25

試求 25 年的平均本利率。

對於這個問題同樣不能採用算術平均數和調和平均數,而要採用幾何平均數來計算平均本利率。因為各年本利率的總和並不等於 25 年總本利率。而各年本利率的連乘積才是 25 年的總本利率。所以 25 年的平均本利率為:

$G = \sqrt[\Sigma f]{\Pi x^f} = \sqrt[25]{1.03^1 \times 1.05^4 \times 1.08^8 \times 1.10^{10} \times 1.15^2} = 108.7\%$

關於幾何平均數計算平均發展速度的問題,將在第九章進行詳細闡述。

四、位置平均數的確定與分析

(一) 中位數

將研究總體的各單位的標誌值按大小順序排列,處於中間位置的那個標誌值就是中位數。用符號 M_e 表示。

中位數是一種位置平均數,它的大小決定於數列中間位置的那個標誌值,不受其他標誌值的影響,所以用它代表整個總體各單位標誌值的平均水平。在許多場合,用中位數來表示該現象和一般水平,更有特殊的意義。例如在社會成員收入懸殊的國家,用其收入的中位數比平均數更能代表多數成員的一般收入。

根據所掌握的資料不同,中位數的計算方法有兩種:

(1) 未分組資料確定中位數,處於中點位次的標誌值就是中位數。位次公式為:$\frac{n+1}{2}$,這裡有兩種情況,當 n 為奇數時,中位數就是居於中間位置的那個標誌值;當 n 為偶數時,中位數就是處於中間位置的兩個標誌值的算術平均數。

〔例5-11〕有五個同學的年齡按大小順序排列為:16、17、18、19、21,則中位數的項次 $\frac{5+1}{2}=3$,即中位數是第三位上的標誌值18歲。

如上例變成一個6項的變量值,第6個變量為22歲,則中位數的項次 $=\frac{1}{2}(n+1)=\frac{1}{2}(6+1)=3.5$,則中位數是中間位置的兩個標誌值的算術平均數。所以,$M_e=\frac{1}{2}(18+19)=18.5$(歲)。

(2) 分組資料確定中位數:① 單項式變量數列:首先確定中位數的位置:中位數的位置 $=\frac{\sum f+1}{2}$;然後計算各組累計次數,最後確定中位數。② 根據組距數列確定中位數:首先確定中位數的位置:中位數的位置 $=\frac{\sum f+1}{2}$;然後計算各組累計次數,最後根據上限公式和下限公式計算中位數。

下限公式:
$$M_e = L + \frac{\frac{\sum f}{2} - f_{m-1}}{f_m} d$$

上限公式:
$$M_e = U + \frac{\frac{\sum f}{2} - f_{m+1}}{f_m} d$$

式中:L 表示中位數組所在組的下限;U 表示中位數組所在組的上限;f_m 表示中位數組所在組的次數;d 表示中位數組所在組的組距;f_{m-1} 表示中位數組所在組的所有組的由低到高累計次數;f_{m+1} 表示中位數組所在組的所有組的由高到低累計次數。

〔例5-12〕某企業職工按月工資分組資料表如表5-9所示。

表5-9　　　　　　　　　　某企業職工按月工資分組資料表

按月工資分組(元)	工人數(人) f	累計次數 由低到高累計	累計次數 由高到低累計
400 ~ 500	140	140	1,500
600 ~ 600	190	330	1,360
600 ~ 700	300	630	1,170
700 ~ 800	350	980	870
800 ~ 900	260	1,240	520
900 ~ 1,000	200	1,440	260
100 ~ 1,100	40	1,480	60
1,100 ~ 1,200	20	1,500	20
合計	1,500	—	—

$$中位數位置 = \frac{\sum f + 1}{2} = \frac{1,500}{2} = 750$$

根據由低到高累計次數或由高到低累計次數，中位數所在的組為第四組，即「700 ~ 800」這一組。

根據下限公式：

$$M_e = 700 + \frac{750 - 630}{350} \times 100 = 734.29(元)$$

根據上限公式：

$$M_e = 800 - \frac{750 - 520}{350} \times 100 = 734.29(元)$$

利用上限公式和下限公式計算的結果是相同的。

(二) 眾數

1. 眾數的意義

眾數是總體中出現次數最多的那個標誌值，一般用符號 M_0 表示。在統計中，有時為了方便，常用眾數來說明社會經濟現象的一般水平。例如要說明消費者需要的服裝、鞋、帽等普遍尺碼，反應集貿市場某種商品的價格等，都可以通過市場調查分析、瞭解哪一尺碼成交量最大，哪一蔬菜價格成交量最多，以此作為廠家和商家加工訂貨或進貨的依據。

2. 眾數的確定方法

根據掌握資料的不同，眾數確定的方法有所下同。

(1) 根據單項數列確定眾數。數列中，出現次數最多的標誌值即眾數。

[例5-13] 某商店某日女式羊毛衫的銷售資料如表5-10所示。

表 5 - 10　　　　　　　某商店某日女式羊毛衫的銷售資料

尺碼(厘米)	銷售量(量)
100	9
110	24
115	48
120	17
125	8
合計	106

根據上述資料可以看出,標誌值是 115 厘米的羊毛衫的銷售量最大,即出現次數最多,所以該商店銷售羊毛衫的一般水平為 115 厘米。

(2)根據組距數列確定眾數

在組距數列條件下確定眾數,應先確定次數最多的組,因為眾數在次數最多的一組裡面,然後利用計算公式確定眾數的近似值。

下限公式:
$$M_0 = L + \frac{\Delta_1}{\Delta_1 + \Delta_2}$$

上限公式:
$$M_0 = U + \frac{\Delta_2}{\Delta_1 + \Delta_2}$$

式中:M_0 代表眾數;L 代表眾數組所在組的下限;U 代表眾數組所在組的上限;Δ_1 代表眾數組所在組的次數與比它小的鄰組的次數之差;Δ_2 代表眾數組所在組的次數與比它大的鄰組的次數之差。

[例 5 - 14]根據表 5 - 9 的資料,確定該月工資眾數在第四組,即「700 ~ 800」這一組內。

根據下限公式:$M_0 = 700 + \frac{350 - 300}{(350 - 300) + (350 - 260)} \times 100 = 735.71(元)$

根據上限公式:$M_0 = 800 - \frac{350 - 260}{(350 - 300) + (350 - 260)} \times 100 = 735.71(元)$

五、算術平均數、眾數和中位數的比較

算術平均數、眾數和中位數之間的關係與次數分布數列有關。在次數分布完全對稱時,算術平均數、眾數和中位數都是同一數值,如圖 5 - 1 所示。

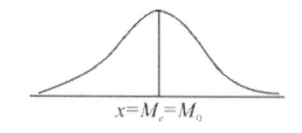

圖 5 - 1　正態分布

在次數分布非對稱時,算術平均數、眾數和中位數不再是同一數值了,而具有相對固定的關係。在尾巴拖在右邊的正偏態(或右偏態)分布中,眾數最小,中位數適中,算術平

均數最大,如圖 5－2 所示。

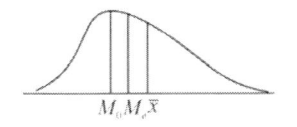

圖 5－2　右偏態分布

在尾巴拖左邊的負偏態(或左偏態)分布中,眾數最大,中位數適中,算術平均數最小,如圖 5－3 所示。

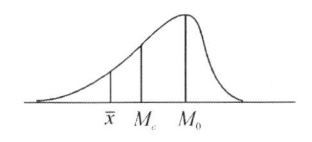

圖 5－3　左偏態分布

在統計實務中,可以利用算術平均數、中位數和眾數的數量關係判斷次數分布的特徵。此外,還可利用三者的關係進行相互之間估算。根據經驗,在分布偏斜程度不大的情況下,不論右偏或左偏,三者存在一定的比例關係,即眾數與中位數的距離約為算術平均數與中位數的距離的 2 倍,用公式表示如下:

$$M_e - M_0 = 2 \times (\bar{x} - M_e)$$

由此可以得到三個推導公式:

$$\bar{x} = \frac{3M_e - M_0}{2}$$

$$M_e = \frac{M_0 - 2\bar{x}}{3}$$

$$M_0 = 3M_e - 2\bar{x}$$

六、應用平均指標的原則

1. 總體的同質性是計算和應用平均指標的前提條件和基本原則

因為只在同質總體中,總體各單位才具有共同的特徵,才能用一個代表值說明總體一般水平。否則,只能給人們以掩蓋事實真相的假象。

2. 應用算術平均數、調和平均數、幾何平均數、眾數和中位數,應注意各自特點與適用條件

眾數、中位數是一種位置代表值,易理解,不受極端值的影響。眾數不適於進一步代數運算;應用不如算術平均數廣泛。

算術平均數、調和平均數和幾何平均數通俗易懂,直觀清晰;全部數據都要參加運算,因此它是一個可靠的具有代表性的量;具有優良的數學性質,適合於代數方法的演算。

3. 用組平均數補充總體平均數

為了正確表明總體指標的影響因素或變動原因,總體平均數是不足以說明問題的,應在分組的基礎上計算組平均數,補充說明總體平均數。

第二節　總體分佈離中趨勢的分析

一、標誌變異指標概述

(一) 標誌變異指標的概念

變異指標又稱標誌變動度，是反應總體中各個單位標誌值差異程度的指標。標誌變異指標反應總體中各標誌值分布離中趨勢，有助於我們認識社會經濟現象的數量規律，從而為統計分析和統計決策提供有力的工具。

(二) 標誌變異指標的作用

標誌變異指標的作用可以概括為三個方面：

1. 可以衡量平均數的代表性大小

一般來講，變異指標的數值愈大，平均數的代表性愈小，反之，變異指標的數值愈小，平均數的代表性愈大。

[例5－15] 某車間甲乙兩班組工人的月工資額(元) 形成的數列如下：

甲組：700　750　800　850　900

乙組：200　500　800　1,100　1,400

顯然，兩個小組的平均工資是相等的，即 $x_{甲} = x_{乙} = 800$(元)。但是，各組工人工資的差異程度卻不同，甲組工人工資額的最大差異為 200 元，乙組工人工資額的最大差異為 1,200 元。但就甲組來說其代表性就大得多，而對乙組來說其代表性就小得多。由此可見，總體中各標誌值差異程度大，平均數的代表性就小，總體中各標誌值差異程度小，平均數的代表性就大。

2. 可能說明社會經濟現象變動過程的均衡性、節奏性和穩定性

計算同類總體的標誌變異指標，並進行比較，可以觀察標誌值變動的均衡性、節奏性和穩定性。例如，企業生產經營要有節奏性，不希望時快時慢，農業生產產量要有穩定性，既要求穩產高產，又不希望大起大落，以及社會經濟活動進程中的均衡性等。

3. 標誌變異指標是科學地確定必要抽樣數目應考慮的重要因素

進行抽樣調查時，要合理地利用人力、物力、財力和時間，應正確確定抽樣數目，抽取的樣本數過多或過少都會影響到樣本的代表性。而根據標誌變異程度的大小就可以幫助正確地確定必要的抽樣數目。

二、各種標誌變異指標的計算與應用

標誌變異指標主要有全距、平均差、方差和標準差、變異系數等。其中標準差和標準差系數的應用最廣泛。

(一) 全距

全距又稱極差，是總體各單位標誌值加最大值與最小值之差，用符號 R 表示，公式

為:R = 最大標誌值 - 最小標誌值

仍以[例5-15]為例說明 $R_{甲}$ = 900 - 700 = 200;$R_{乙}$ = 1,400 - 200 = 1,200,說明甲組的平均工資代表性高於乙組。

對於組距數列全距的近似計算公式為:R = 最高組的上限 - 最低組的下限

全距指標是測定變異度的一種粗略的方法,它計算簡便,容易理解,但由於它僅考慮最大值和最小值,而沒有考慮中間標誌值的變異程度,所以它易受極端數值的影響,其結果往往不能反應客觀現象實際離散程度。此外,若遇到開口組的組距數列,則計算的誤差會更大。

在實際工作中,全距可用於檢查產品質量的穩定性和進行產品質量的控製。在正常生產條件下,產品質量性能指標的差距總是在一定的範圍內波動,如果超出了一定的範疇,就說明生產過程不正常,需要採取一定措施。

(二) 平均差

平均差是各標誌值與其算術平均數離差絕對值的算術平均數,用符號 AD 表示,它反應標誌值與其算術平均數之間的平均差異。由於掌握資料不同,可以分為簡單平均差和加權平均差。

1. 簡單平均差

在資料未經分組時,平均差採用簡單平均法計算,具體方法是:求各標誌值與平均數的離差,並取絕對值的總和除以標誌值的項數,用公式表示為:

$$AD = \frac{\sum |x - \bar{x}|}{n}$$

[例5-16] 甲、乙兩個參賽隊的身高資料,計算簡單平均差。

表5-11　　　　　　　　　　計算簡單平均差

甲隊 $\bar{x}_{甲}$ = 198(cm)			乙隊 $\bar{x}_{乙}$ = 198(cm)		
身高(cm) x	離差 $x - \bar{x}$	離差絕對值 $\|x - \bar{x}\|$	身高(cm) x	離差 $x - \bar{x}$	離差絕對值 $\|x - \bar{x}\|$
185	-13	13	190	-8	8
191	-7	7	197	-1	1
195	-3	3	199	+1	1
202	+4	4	200	+2	2
217	+19	19	214	+6	6
合計	—	46	990	—	18

甲隊平均差: $AD_{甲} = \frac{\sum |x - \bar{x}|}{n} = \frac{46}{5} = 9.2(cm)$

乙隊平均差: $AD_{甲} = \frac{\sum |x - \bar{x}|}{n} = \frac{18}{5} = 3.6(cm)$

計算結果表明,雖然甲、乙兩隊的平均身高都為198cm,但乙隊身高平均差小於甲隊,所以乙隊的身高比甲隊更均勻,乙隊的平均身高的代表性高於甲隊。

2. 加權平均差

在資料已經分組,形成變量分布數列時,計算平均差就應採取加權平均法計算。其計算公式如為:

$$AD = \frac{\sum |x - \bar{x}| f}{\sum f}$$

[例5－17] 某企業某車間工人日產量資料如表5－12所示。由表求得

表5－12　　　　　　　　加權平均差計算表

工人按日產量分組(件)	工人數 f	xf	$x - \bar{x}$	$|x - \bar{x}|$	$|x - \bar{x}|f$
25	5	125	-17	17	85
35	35	1,225	-7	7	245
45	45	2,025	3	3	135
55	15	825	13	13	195
合計	100	4,200	—	—	660

$$\bar{x} = \frac{\sum xf}{\sum f} = \frac{4,200}{100} = 42(件) \qquad AD = \frac{\sum |x - \bar{x}| f}{\sum f} = \frac{660}{100} = 6.6(件)$$

計算結果表明,該車間工人日產量的加權平均差為6.6件。一般而言,平均差越大,標誌變動越大,而平均數的代表性就越小,反之,平均數代表性越大。從計算過程可知,平均差是根據全部變量值計算出來的,可以全面反應總體各單位標誌值的變異程度,但由於其計算時涉及絕對值,不能直接用代數方法處理,使用起來不方便,因此在統計分析中很少應用。

(三) 方差和標準差

標準差是各個標誌值與其算術平均數離差平方的算術平均數的平方根,又稱均方差。用符號 σ 表示。標準差就其統計意義來講,與平均差基本相同,也是根據總體所有單位的標誌值計算出來的,可以全面反應總體各單位標誌值的變異程度。由於它避免了絕對值的計算,在數學處理上比平均差更合理,也更優越。所以在統計分析中,它是測定標誌變異程度的最重要、最常用的指標。

標準差由於掌握的資料不同,也分為簡單標準差和加權標準差。其計算公式有簡單與加權兩種:

$$\sigma = \sqrt{\frac{\sum (x - \bar{x})^2}{n}} \quad ; \quad \sigma = \sqrt{\frac{\sum (x - \bar{x})^2 f}{\sum f}}$$

[例5－18] 以[例5－16]為例說明簡單標準差的計算,見表5－13。

表5-13　　　　　　　　　　　　　　計算簡單標準差

甲　　隊			乙　　隊		
身高(cm) x	離差 $x-\bar{x}$	離差平方 $(x-\bar{x})$	身高(cm) x	離差 $x-\bar{x}$	離差平方 $(x-\bar{x})$
185	-13	169	190	-8	64
191	-7	49	197	-1	1
195	-3	9	199	+1	1
202	+4	16	200	+2	4
217	+19	361	214	+6	36
990	0	604	990	0	106

甲、乙隊平均身高均為198(cm)。

$$甲組標準差:\sigma = \sqrt{\frac{\sum(x-\bar{x})^2}{n}} = \sqrt{\frac{604}{5}} = 10.99(cm)$$

$$乙組標準差:\sigma = \sqrt{\frac{\sum(x-\bar{x})^2}{n}} = \sqrt{\frac{106}{5}} = 4.60(cm)$$

計算結果說明,甲隊標準差大於乙隊的標準差,從而乙隊隊員的身高比甲隊更均勻,甲隊的平均身高較乙隊的平均身高的代表性差。

[例5-19] 已知甲車間工人的平均日產量42千克,其標準差為5.6千克。乙車間工人的產量資料如下,計算乙車間工人日產量及標準差。如表5-14所示。

表5-14　　　　　　乙車間工人的平均日產量標準差計算表

工人日產量(千克)	工人數(人)	組中值	總產量	離差平方	離差平方×次數
20～30	10	25	250	289	2,890
31～40	70	35	2,450	49	3,430
41～50	90	45	4,050	9	810
51～60	30	55	1,650	169	5,070
合計	200	—	8,400	516	12,200

$$乙車間平均產量:\bar{x} = \frac{\sum xf}{\sum f} = \frac{8,400}{200} = 42(千克)$$

$$乙車間標準差:\sigma = \sqrt{\frac{\sum(x-\bar{x})^2 f}{\sum f}} = \sqrt{\frac{12,200}{200}} = 7.8(千克)$$

計算結果表明在兩個車間平均日產量相同的情況下,乙車間的標準差7.8千克,大於甲車間的標準差5.6千克,說明乙車間工人平均產量的代表性小於甲車間。

(四)變異系數

變異系數或稱離散系數,是各種變異指標與其算術平均數對比的相對數。一般用符

號 ν 表示。用以反應總體各單位標誌值之間離散程度的相對指標。

變異系數有三種,有全距系數、平均差系數和標準差系數。其計算公式為:

全距系數 $\nu_R = \dfrac{R}{\bar{x}}$,平均差系數 $\nu_{AD} = \dfrac{A \cdot D}{\bar{x}}$,標準差系數 $= \nu_\sigma = \dfrac{\sigma}{\bar{x}}$

變異系數以算術平均數為中心,反應各標誌值的相對離差的大小。變異系數愈小說明次數分布愈集中,平均數的代表性也就愈高;反之,說明次數分布愈分散,平均數的代表性也就愈低。

既然全距、平均差和標準差已經可以反應變量數列中標誌值的差異程度,為什麼還要計算變異系數呢?這是因為它們的大小不但取決於數列中各標誌值的離散程度,而且還取決於標誌值平均水平的高低。所以對於平均值水平不同的兩個數列,就不宜直接用上述變異指標來比較其差異情況。另外,對於兩個計量單位不同的數列,由於計量單位不同,也不能直接用上述變異指標來比較其差異大小。這樣,為了比較兩個以上不同平均水平或不同計量單位的變量數列之間標誌值的差異程度,就需要計算反應標誌值相對差異程度的指標,即變異系數。

以上幾種系數以標準差系數在實際工作上應用更為廣泛。下面以標準差系數為例說明變異指標的計算和應用。

[例5-20] 某車間甲乙兩生產小組平均日產量分別為72件、17件;標準差分別為7.96件、5.91件,好像甲組的日產量代表水平低於乙組。通過計算變異系數,$\nu_{\sigma 甲} = \dfrac{7.96}{72} \times 100\% = 11.06\%$,$\nu_{\sigma 乙} = \dfrac{5.91}{17} \times 100\% = 34.76\%$。

可見,$\nu_{\sigma 甲} < \nu_{\sigma 乙}$,即甲組的平均日產量72件更具有代表性。這才是正確的分析。

標準差系數的重要特點是:不受計量單位和標誌值水平的影響,消除了不同總體之間再計算單位和標誌值水平方面的不可比性。

第三節 總體分布分析的技能訓練

一、填空題

1. 當標誌值出現的次數相同時,即 $f_1 = f_2 = \cdots f_n$,$\dfrac{\sum xf}{\sum f}$ 就可以變成_____公式。
2. 加權算術平均數的權數有_____和_____兩種形式。
3. 平均指標反應了總體分布的_____趨勢。整個變量數列以_____為中心而左右波動。
4. 算術平均數計算的基本公式是_____。
5. 在用組距數列計算算術平均數時,要先計算出_____作為變量值。
6. 如果變量值既是相對數,又能連乘,其平均數宜用_____。
7. 調和平均數又稱_____平均數。在一定的變量值情況下,它與算術平均數

相比較,調和平均數應＿＿＿＿＿＿算術平均數。

8. 在 27、27、18、29、30、34 六個變量值中,其眾數是＿＿＿＿＿＿,中位數是＿＿＿＿＿＿。

二、單項選擇題

1. 下列幾種趨勢測試值中易受極端值影響的是(　　)。
   A. 眾數　　　　　　　　B. 中位數
   C. 分位數　　　　　　　D. 平均值

2. 若一組數據呈左偏分布,則有(　　)。
   A. 平均值 = 中位數 = 眾數　　B. 平均值 > 中位數 > 眾數
   C. 平均值 < 中位數 < 眾數　　D. 無法判斷

3. 現有甲、乙兩組商場售貨員對某類產品的銷售額數據:甲組售貨員每人的銷售(元)4,000、4,500、2,500、3,000。乙組售貨員每人的銷售(元)3,000、4,750、3,500、2,750。若要比較這兩組售貨員銷售額差異程度,應選用的方法是(　　)。
   A. 極差　　　　　　　　B. 標準差
   C. 離散系數　　　　　　D. 平均值

4. 下列離中趨勢測度值中受極端值影響最大是(　　)。
   A. 極差　　　　　　　　B. 四分位差
   C. 標準差　　　　　　　D. 離散系數

三、多項選擇題

1. 統計上反應離中趨勢的測度值主要有(　　)。
   A. 極差　　　　　　　　B. 離散系數
   C. 平均值　　　　　　　D. 方差
   E. 標準差

2. 某品牌的電腦 1～9 月份的月銷售量數據為:150、75、78、85、108、96、125、200、163(臺),據此計算結果正確的項目有(　　)。
   A. 中位數是 108　　　　B. 平均值是 120
   C. 無眾數　　　　　　　D. 極差 125
   E. 標準差是 0

3. 某百貨公司 4 月份各天的銷售額數據如表 5－15:

表 5－15　　　　　　　　　　　　　　　　　　　　　　　　　　　單位:萬元

257	276	297	252	238	310	240	236	265	278
271	292	261	281	301	274	267	280	291	258
272	284	268	303	273	263	322	249	269	295

據此計算正確的是( )。

A. 日銷售額的平均值為 280 萬元
B. 日銷售額的平均值為 274.1 萬元
C. 日銷售額的標準差為 24.8 萬元
D. 日銷售額的標準差為 20.28 萬元
E. 日銷售額的方差為 433.47 萬元

四、應用技能訓練題

實訓 1

[應用訓練資料]

商品陳列是一種重要的促銷手段,某超市經研究設計出 A、B 兩種商品陳列方案,為了檢驗哪種方案好,該超市的市場部對下屬的 18 個連鎖店進行了試驗。其具體做法是:試驗連續進行了兩個月,各月份的上半月按照 A 方案陳列商品,下半月按照 B 方案陳列商品。實驗的結果得到 18 家店的商品銷售額數據如表 5－16 所示:

表 5－16　　　　　　　　18 家店商品銷售額統計表

商品序號	A 方案(萬元)	B 方案(萬元)
1	235	233
2	236	237
3	220	243
4	234	256
5	225	242
6	238	245
7	247	242
8	242	238
9	230	247
10	228	250
11	225	249
12	231	244
13	233	242
14	220	247
15	215	243
16	230	241
17	234	252
18	225	246
合計	4,402	4,148

[訓練要求]

試根據上表中提供的有關銷售額的詳細資料,對 A、B 兩種商品陳列方案的效果做出評價。

實訓 2

[應用訓練資料]

某車間工人按日產量分組的人數分布資料如表 5－17 所示。

表 5－17　　　　　　　　某車間工人的日產量資料

按日產量分組(件)	5	6	7	8	9	合計
工人數(人)	10	28	35	31	16	120

[訓練要求]

計算該車間工人的日均產量。

[訓練提示]

本訓練旨在使學員掌握根據單項變量數列計算加權算術平均數的方法。

實訓 3

[應用訓練資料]

某鄉甲、乙兩村某種糧食和生產情況如表 5－18 所示。

表 5－18　　　　　　　　某鄉甲乙兩村的糧食生產情況

按耕地的自然條件分組	甲村 平均畝產(千克／畝)	甲村 糧食產量(千克)	乙村 平均畝產(千克／畝)	乙村 播種面積(畝)
山地	120	27,000	150	1,250
丘陵地	150	150,000	200	500
平原地	350	420,000	400	750
合計	—	597,000	—	2,500

[訓練要求]

(1) 分別計算甲、乙兩個村的平均畝產量。

(2) 評價分析工作質量，比較分析哪一個村的生產經營管理工作做得好。

[訓練提示]

(1) 本訓練旨在使學員學會判斷什麼條件下採用算術平均數計算平均水平，什麼條件下採用調和平均數計算平均水平，並學會根據總體結構的不同來分析總體水平與各組水平不一致的原因。

(2) 分析生產經營管理工作做得好與差，要注意將組平均數、各組比重和總平均數結合起來進行評價分析。

附錄：應用 Excel 進行集中趨勢分析

在 Excel 中配備了許多統計函數，以前我們用的 SUM 就是統計函數之一，應用 Excel 進行集中趨勢分析，主要使用 Excel 的函數工具，對一些不能使用函數工具的，可以輸入

公式結合填充柄功能進行操作。

一、算術平均數

在 Excel 中將算術平均數稱為「均值」。對未分組資料求均值，可以使用 AVERAGE 函數；對分組資料求均值，需要輸入加權公式結合填充柄功能。

1. 用 AVERAGE 函數求均值

現有某些班級 50 名學生的年齡原始資料（單位：歲）：

18 18 21 20 21 21 19 19 19 20 21 18 17 19 19
19 17 19 19 19 21 20 20 18 19 19 19 20 19 18
20 20 19 19 20 19 19 18 19 18 21 19 19 18

將這些數據輸入到 Excel 表的 A1 至 A50 中，然後進行以下操作：

單擊任一空單元格（用於放置計算好的平均數）後，在「插入」菜單中單擊「函數」選項（或直接點擊「常用」工具欄中的粘貼函數「fx」按鈕），彈出「粘貼函數」對話框如圖 5-4 所示。

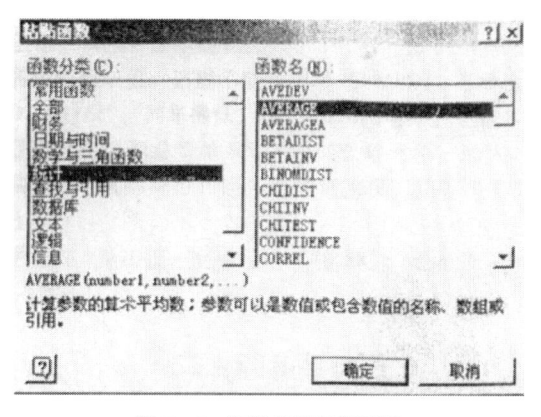

圖 5-4　粘貼函數對話框圖

在對話框左側的函數分類中選擇「統計」，在右側的「函數名」中選擇「AVERAGE」，按「確定」按鈕，彈出「AVERAGE」對話框，如圖 5-5 所示。

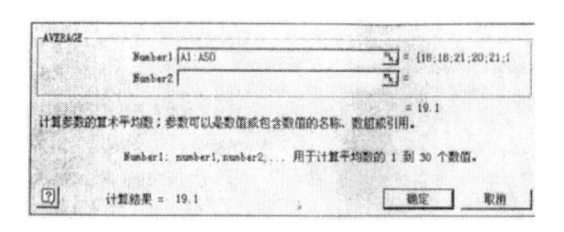

圖 5-5　AVERAGE 對話框圖

在「AVERAGE」對話框中的 Nnumber1 後面，輸入「A1：A50」，按「確定」按鈕即得到平均數 19.1 歲。

若在 Excel 中的數據有若干列，可以將各列數據的起止行列號輸入到「AVERAGE」對話框的 Number1、Number2、Number3……中，同樣可以一次得出總平均數。

除此之外,還可以直接輸入帶函數的公式進行計算,方法是單擊任一空單元格,輸入「=AVERAGE(A1:A50)」,回車確認,即得到平均年齡19.1(歲)。此法比打開對話框操作更簡便快捷。

2. 對分組資料求均值

現在某銀行2月份為100家企業貸款情況資料如表5-19所示。

表5-19　　　　　　　　　　　企業貸款情況表

	A	B	C	D
1	貸款額(萬元)	組中值 x	貸款企業數(個) f	總貸款額(萬元) xf
2	0~10	5	20	100
3	10~20	15	10	150
4	20~30	25	22	550
5	30~40	35	34	1,190
6	40~50	45	14	630
7	合計	—	100	2,620
8	26.2			

計算平均每家企業貸款額的操作如下:

第一步,計算各組的組中值。這裡不能使用填充柄功能,需要輸入公式。如單擊B2單元格,輸入「=(0+10)/2」,回車確認,得出B2組中值5,其他各組同樣操作。

第二步,計算各組貸款額和總貸款額。單擊D2單元格,輸入「=B2*C2」,回車確認,再利用填充柄功能,用鼠標拖出其他各組的貸款額並按「Σ」按鈕進行合計,得到總貸款額2,620萬元。

第三步,計算平均數。單擊任一空單元格(如A8),輸入「=D7/C7」,回車確認,即得到總平均數26.2萬元。

二、調和平均數

在Excel中對未分組數據計算調和平均數,需要使用HARMEAN函數。如單擊任一空單元格,輸入「=HARMEAN(0.5,0.4,0.2)」,回車確認,即得到0.5,0.4,0.2三個數的調和平均數為0.315,8。如果數據比較多,則需將數據輸入到表中的一欄中,利用「粘貼函數」中「統計」的「HARMEAN」函數進行計算,其操作過程與算術平均數基本一致。

對分組資料計算調和平均數,在將數據輸入到表中各列以後,需要使用公式輸入和填充柄功能進行操作,其操作方法參考根據分組資料計算算術平均數的操作方法。

三、幾何平均數

幾何平均數有三個計算公式,分別適用於三種資料。

1. 使用 $\bar{x} = \sqrt[n]{x_1 \times x_2 \times x_3 \times \cdots \times x_n}$ 計算幾何平均數

如果數據較少,可以直接使用GEOMEAN函數,如計算四道工序合格率(98%、97%、90%、95%)的平均合格率,可以單擊任一空單元格,輸入「=GEOMEAN(0.98,0.97,0.90,0.95)」回車確認,即得到期(94.95%)的平均合格率。如果數據較多,則需要將數

據輸入到某列中,利用「粘貼函數」中「統計」的「GEOMEAN」函數進行操作,操作過程與算術平均數基本一致。

2. 使用 $\bar{x} = \sqrt[n]{\dfrac{x_n}{x_0}}$ 計算幾何平均數

例如,已知2005年產量658萬噸,2008年產量783噸,要計算平均發展速度,可以使用對函數計算。單擊任一空單元格(如A1),輸入「=LOG10(783)」,回車得到其對後,單擊任一空單元格(如A3),輸入「=(2.983,761,8-2.818,225,9)/3」,或「=(A1-A2)/3」回車確認,得出結果0.025,178,6;最後查反對數表或用科學型計算器求得其真數為1.059,689($\approx$105.97%),就是所求的平均發展速度。(注意,LOG10函數在「函數分類」中不屬於「統計」,而屬於「數學與三角函數」)

3. 使用 $\bar{x} = \sqrt[n]{R}$ 計算幾何平均數

操作過程與使用 $\bar{x} = \sqrt[n]{\dfrac{x_n}{x_0}}$ 計算幾何平均數的過程大致相同。

四、眾數

對未分組資料計算眾數,需要先將原始數據輸入到表中的某一列,然後使用「粘貼函數」中「統計」類中的「MODE」函數進行計算,操作方法與算術平均數基本一致,這裡不再贅述。如果事先沒有將數據輸入表中,也可以直接在「MODE」對話框中直接輸入數據,最多可輸入30個數據,但比較麻煩,且容易出錯,更快捷的方法是單擊任一空單元格,輸入「=MODE(A1:A50)」,回車確認,即得到年齡眾數19歲。

五、中位數

對未分組資料計算中位數的操作方法與眾數基本相同,只是要將函數由「MODE」改為「MEDIAN」。

[本章小結]

本章介紹了平均性指標和變異性指標兩部分內容。平均性指標是反應社會經濟現象總體各單位某一數量標誌在一定時間、地點條件下所達到的一般水平。它具有兩個特點,一是把總體各單位某一數量標誌值的差異抽象化了。另外它是一個代表值,反應了總體分布的集中趨勢。平均性指標是統計分析的重要依據之一,常作為評價事物的客觀標準。平均性指標按其表現形式分為數值平均數和位置平均數。數值平均數包括算術平均數、調和平均數、幾何平均數,位置平均數包括中位數和眾數。算術平均數應用最廣泛、最重要。

變異性指標是測定總體各單位標誌值差異程度的指標。通過研究總體各單位差異情況,評價平均數代表性高低。標誌值變異程度小,平均數代表性高,反之平均數代表性小。常用的變異性指標有全距、平均差、標準差、標準差系數。標準差的計算符合數學運算要求,比較科學,是測定標誌變動度最好的方法。

平均數和變異性指標是從不同角度來反應總體各單位標誌值的分布特徵。它們只

能在同質總體中計算。在應用平均性指標時,應注意用組平均數補充說明總平均數,用分配序列補充說明平均數,用變異性指標補充說明平均數。還應注意把平均性指標與典型事例結合起來進行分析。

[案例分析]

「平均工資陷阱」

某公司急需一名技術工人,登一招聘啓事,雲:「……本公司工作環境良好,工資待遇優厚,職工週平均工資 300 元……」。某先生前往應聘,經考核合格被錄用。然時隔不久,該先生滿面怒容地找到經理,稱其騙人。經理滿臉不解,問其緣故。該先生說:「我身邊絕大多數職工的週工資在 100 元左右,與招聘啓事上所言的『週平均工資 300 元』相差甚遠。」經理坦然相告,公司確實沒有弄虛作假,表 5-20 是該公司職工週工資分布狀況。

表 5-20　　　　　　　　　某公司職工週工分布

職工	人數	週工資(元)
經理	1	2,200
副經理	1	1,200
管理人員	6	250
領班	5	200
工人	10	100
合計	23	——

應聘者見狀瞠目結舌,繼而憤然辭職,拂袖而去。

分析:根據表 5-20 可知,該公司職工的週平均工資為 $(2,200 \times 1 + 1,200 \times 1 + 250 \times 6 + 200 \times 5 + 100 \times 10) \div 23 = 300(元)$。

表面上看,職工的週平均工資的確為 300 元,似乎並沒有騙人,但實際上,大多數職工的週工資水平在 250 元以下。由於經理和副經理的週工資水平特別高,不可同算(即「極端」數據)。反之,結果把平均數拉了起來,造成平均數表達失真的情況。此時,用算術平均數來反應一般水平是不合適的,可用中位數來刻畫一般水平。

中位數 = 200 元。顯然,此時用中位數來反應一般水平是合適的。

[關鍵名詞]

平均指標　算術平均數　幾何平均數　調和平均數　眾數　中位數　全距　平均差　標準差　方差　標準差系數

[討論與思考題]

1. 眾數、中位數和平均值的特點和應用場合是什麼？
2. 統計中用於描述數據離散程度的指標主要有哪些？如何計算？
3. 什麼是離散系數？它適用於什麼情況？如何應用？
4. 各種變異指標中受極端數值影響最大的是哪個？
5. 標準差和標準差系數的特點是什麼？在實際應用中如何具體體現這些特點？
6. 如何實現平均指標與變異指標的綜合運用？

第六章　抽樣推斷

[學習目標]

本章主要介紹抽樣調查的基本知識及抽樣調查的基本理論和方法。通過本章學習,學員能夠掌握抽樣調查的一般問題,瞭解影響抽樣誤差的因素,重點掌握計算抽樣誤差、抽樣平均誤差以及簡單隨機抽樣誤差的計算方法。

[案例開題]

簡單隨機抽樣方式

某技術學院為了瞭解學生身體素質的基本情況,欲從全校學生總數 N = 5,580 人中抽選一個簡單隨機樣本 n = 300 人進行體檢。

簡單隨機抽樣的步驟為:

(一)利用全校學生名冊,將全校學生的名字排列起來,每個學生編一個號碼,依次為 0,001~5,580,從而形成一個抽樣框。

(二)對於這樣一個 N = 5,580 人的總體,採取簡單隨機抽樣方式抽取 n = 300 人的簡單隨機樣本,有兩種方式:

1. 抽籤法

第一,準備 5,580 張卡片,寫上全體學生的抽樣框編號,將它們放在一個盒子裡充分搖勻;第二,在排除任何主觀因素的條件下取出 300 張卡片,以卡片上號碼所代表的 300 個學生為樣本。這就是一個隨機化過程,所選方法簡單,但在實踐中一般不採用,因為:

(1)這種方法用起來很麻煩,尤其當 N 很大時更不實用。

(2)這種方法的等概率性無法得到保證。當卡片沒有充分搖勻時,就會造成隨機性較差的結果。

2. 隨機數表法

在一個隨機數表中,從 0~9 的第一個個位數,以及兩位數、三位數……在表中隨機出現並有相同的出現頻率。從一個隨機數表中任意連續選取 4 列(因為 5,580 是四位數),遇到大於 5,580 的數字就去掉,直到選滿 300 個為止。這種方式在實踐中得到了廣泛的應用。下表為隨機數表的一部分:

28	46	53	35	74	92	13	45	20	67	42	15	20
20	57	80	90	04	36	28	19	26	64	37	15	55
01	26	64	98	56	71	49	72	58	43	57	89	64
27	54	17	34	44	09	47	27	96	54	49	17	45

由案例可知,抽樣調查是按隨機原則,從總體中抽取部分單位進行調查,並以樣本數據對總體數量特徵做出具有一定可靠程度的估計和判斷。抽取樣本的組織形式多種多樣,如簡單隨機抽樣、分層抽樣、系統抽樣和整群抽樣。

第一節　抽樣推斷概述

一、抽樣推斷的概念、作用和特點

(一)抽樣推斷的概念

抽樣推斷是現代統計學的主要組成部分,它不僅是統計調查的方法,而且也是統計分析的方法。

抽樣推斷是在抽樣調查的基礎上,首先利用樣本的實際資料計算出樣本的指標,然後據以推斷總體數量特徵的一種統計分析方法。在實際工作中,我們往往不可能對總體的所有單位進行全面調查,換句話說,往往無法掌握總體中全部個體資料,而能知道的僅僅是總體中部分個體數據,即樣本數據。因而,若要達到通過樣本來認識總體數量特徵的目的,這就需要使用一定的方法,這就是抽樣推斷的方法。

(二)抽樣推斷的特點

第一,抽樣推斷是一種由部分推斷整體的一種研究方法。就目的而言,我們是要認識總體的數量特徵,但從手段來看,我們又只能掌握部分的實際資料,這在認識上形成了全局與局部之間的矛盾。而抽樣推斷的原理正好科學地論證了樣本指標與相應的總體指標之間的聯繫,且二者誤差分布又有規律可循,使部分推斷總體成為可能。例如,人們可以根據部分城鎮居民家庭收支情況,來推斷全國城鎮居民家庭的收入和消費水平。

第二,抽樣推斷是建立在隨機取樣的基礎上。這包括兩層意思:一是在抽取樣本時必須保證總體中每個樣本單位的抽取不受到任何主觀因素的影響,使樣本成為真正的總體的「縮影」。二是從總體中抽取的每個樣本的可能性也是相同的。

第三,抽樣推斷應用的是概率估計方法。概率估計的基本思路是抽取樣本並根據實際客觀取得的數據,計算一定的抽樣指標,然後就要回答用這樣的抽樣指標來代表相應的總體指標究竟有多大的可靠性,如果估計的準確性和可靠性都達到了允許的要求,那麼此抽樣的指標就可以作為總體指標的估計值。

第四,抽樣推斷的誤差是不可以避免的,但可以事先計算並加以控製。抽樣誤差不是由於調查失誤引起,而是隨機抽樣特有的,是不可避免,難於消滅的,只能加以控製。

(三)抽樣推斷的作用

(1)在不可能進行全面調查情況下,可採用抽樣調查方法。例如,對一些破壞性的調查。如電燈泡、子彈、菸草、茶葉、火柴、農產品的質量檢查時,不可能把所有的燈泡都點

燃,不可能把所有的子彈都打出去,只能進行抽樣調查。

(2)在不必要進行全面調查時,可以採用抽樣調查方法。比如,大批量產品連續性生產過程中廢品率檢查、居民的購買力調查、民意測驗調查等。

如有時由於時間經費限制,或對調查誤差要求不高,可以主動選擇抽樣調查;為滿足緊急需要,來不及全面調查,也可以採用抽樣調查方法。例如,農作物基本成熟尚未收割之際,需要首先掌握農產品產量數字,全面調查需時較長、不能滿足急需,只能採用抽樣調查。

(3)採用抽樣調查能節約人力、物力、財力和時間。

(4)利用抽樣調查可對全面調查資料進行檢驗和修正。例如,全國人口普查時,採用抽樣調查,以便提高調查質量。

二、抽樣推斷中的基本概念

(一)全及總體和樣本總體

全及總體又稱母體,簡稱總體。它是指有某種共同性質的許多單位的集合體。一般用大寫字母 N 表示總體單位數。樣本總體簡稱樣本,就是按照隨機原則從總體中抽取的一部分單位所組成的整體,一般用小寫字母 n 代表樣本單位數,也稱樣本容量。

(二)全及指標和抽樣指標

全及指標是根據總體各單位的標誌值或標誌屬性計算的反應總體數量特稱的綜合指標,又稱參數,其指標值是確定的、唯一的。常用的總體參數有四個:總體平均數、總體成數、總體方差和標準差。

(1)總體平均數。它是總體各單位數標誌值的平均數,一般用符號 $\bar{X}$ 表示。總體未分組時: $\bar{X} = \dfrac{\sum X}{N}$;分組時: $\bar{X} = \dfrac{\sum XF}{\sum F}$。

(2)總體成數。它是指總體中具有某種相同標誌表現的單位數占全部總體單位數的比重,一般用大寫的 P 表示。總體中具有相同標誌表現的單位數用 N_1 表示,則 $P = \dfrac{N_1}{N}$。

(3)總體方差:根據總體各單位標誌值計算的方差稱為總體方差。用符號 σ^2 表示。

平均數(未分組) $\sigma^2 = \dfrac{\sum (X - \bar{X})^2}{N}$

平均數(分組) $\sigma^2 = \dfrac{\sum (X - \bar{X})^2 F}{F}$

成數方差 $P(1 - P)$

(4)總體標準差 σ 表示:

未分組 $\sigma = \sqrt{\dfrac{\sum (X - \bar{X})^2}{N}}$

已分組 $\sigma = \sqrt{\dfrac{\sum (X - \bar{X})^2 F}{F}}$

成數標準差 $\sigma = \sqrt{P(1 - P)}$

抽樣指標:根據樣本中各單位標誌值和標誌屬性的綜合指標,又稱統計量。它是用來估計總體參數的,因此和常用的總體參數相對應。

變量樣本條件下:(平均數) $\bar{x} = \dfrac{\sum x}{n}$;或 $\bar{x} = \dfrac{\sum xf}{\sum f}$

$$\sigma = \sqrt{\dfrac{\sum (x - \bar{x})^2}{n}} \quad 或 \quad \sigma = \sqrt{\dfrac{\sum (x - \bar{x})^2 f}{f}}$$

屬性樣本(成數) 成數 $p = \dfrac{n_1}{n} = 1 - q$

$$\sigma = \sqrt{p(1 - p)}$$

三、抽樣推斷的基本要求與方法

這部分內容是指從總體內抽取樣本單位的方法步驟,即抽取樣本有重複抽樣和不重複抽樣的兩種方法。

重複抽樣也稱回置抽樣,即每次從總體中抽取一個單位,把結果登記下來,又重新放回,參加下一次抽樣,直到把樣本數抽夠為止。其特點是:總體單位數始終不減少;而且同一個樣本有再一次被抽到的可能。

從總體 N 個單位中,用重複抽樣方法可抽取 n 個樣本。比如:從 A、B、C、D 四個單位組成的整體中,若採用重複抽樣方法抽 2 個單位構成樣本,則全部可能抽取的樣本數目為 $4^2 = 16$ 個。

不重複抽樣,也稱不回置抽樣,即在總體 N 中每次抽出一個單位後不再放回去,每抽一次,總體單位數就少一個,樣本由幾次連續抽取的結果組成,各單位沒有被重複抽中的可能。

從總體 N 個單位中,用不重複抽樣的方法,抽取 n 個單位樣本,全部可能抽取樣本數目為:$N(N - 1)(N - 2)\cdots\cdots(N - n + 1)$ 個。

第二節　　抽樣誤差

一、抽樣誤差的概念和種類

(一) 抽樣誤差的概念

抽樣誤差的大小表明抽樣效果的好壞,所以我們有必要對此加以專門討論。

抽樣誤差,是指由於隨機抽樣的偶然因素使樣本各單位的結構不足以代表總體單位

的結構,而引起的抽樣指標和全及指標之間的絕對偏差。例如:樣本平均數與總體平均數之差 $\bar{x} - \bar{X}$,樣本成數與總體成數之差 $p - P$。抽樣誤差究竟是什麼性質的誤差?有必要先瞭解抽樣誤差的種類。

(二) 抽樣誤差的種類

抽樣誤差按產生原因,可分為登記誤差和代表性誤差。

(1) 登記性誤差是指在統計調查時,由於主觀原因,在登記匯總、計算過程中產生的差錯。全面調查、非全面調查都可能產生登記性誤差。

(2) 代表性誤差是指調查可能產生的誤差。又分為兩種:① 系統性誤差,又稱偏差,它是由於抽樣調查沒有遵循隨機原則而產生的誤差。② 隨機誤差,又稱偶然的代表性誤差。它是指在沒有登記性誤差的前提下,又遵循了隨機原則,所產生的樣本指標與被它估計的總體相應指標的差數,是抽樣調查所固有的誤差。抽樣誤差就是指這種隨機誤差。

二、抽樣平均誤差的概念和計算

(一) 抽樣平均誤差的概念

抽樣平均誤差是反應抽樣誤差一般水平的指標,即抽樣誤差的平均數。確切地說,它是所有可能出現的樣本指標(樣本平均數和樣本成數)的標準差。一般用符號 μ 表示。

(二) 抽樣平均誤差的計算

定義公式為:

$$\text{平均數}(\mu_x) = \sqrt{\frac{\sum (\bar{x} - \bar{X})^2}{\text{可能樣本數}}}$$

$$\text{成數}(\mu_p) = \sqrt{\frac{\sum (p - P)^2}{\text{所有可能抽取的樣本數目}}}$$

但在實際工作中,由於 $\bar{X}, p$ 是未知的,所以無法按定義公式來計算抽樣平均誤差。數理統計表明,抽樣平均誤差計算公式如表 6-1 所示:

表 6-1

項目	重複抽樣	不重複抽樣
抽樣平均數平均誤差	$\mu_x = \sqrt{\frac{\sigma^2}{n}} = \frac{\sigma}{\sqrt{n}}$	$\mu_x = \sqrt{\frac{\sigma^2}{n}\left(1 - \frac{n}{N}\right)}$
抽樣成數平均誤差	$\mu_p = \sqrt{\frac{p(1-p)}{n}}$	$\mu_p = \sqrt{\frac{p(1-p)}{n}}\left(1 - \frac{n}{N}\right)$

註:σ^2 總體平均數方差; $p(1-p)$ 總體成數方差;

    n 樣本容量; $1 - \frac{n}{N}$ 修正係數;

    N 總體單位數。

由上面計算公式可以看出:重複抽樣與不重複抽樣的平均誤差之間只相差一個 $1 - \frac{n}{N}$。由於 $1 - \frac{n}{N} < 1$,因此,在同樣條件下,不重複抽樣的抽樣平均誤差總是小於重複抽樣的抽樣平均誤差。舉例說明:

[例6-1]某工廠有1,500個工人,現採用簡單隨機抽樣方法從中抽取50個工人作為樣本,調查其工資水平。其資料如表6-2所示:

表6-2

月工資水平 (元)x	工人數f	xf	$(x - \bar{x})^2$	$(x - \bar{x})^2 f$
524	4	2,096	1,296	5,184
534	6	3,204	676	4,056
540	9	4,860	400	3,600
550	10	5,500	200	1,000
560	8	4,480	0	0
580	6	3,480	400	2,400
600	4	2,400	1,600	6,400
660	3	1,980	10,000	30,000
合計	50	28,000	——	52,640

要求:計算樣本平均數和抽樣平均誤差。

(1) $\bar{x} = \frac{\sum xf}{\sum f} = \frac{28,000}{50} = 560(元)$

(2) 樣本標準差 $\sigma = \sqrt{\frac{\sum (x - \bar{x})^2 f}{\sum f}} = \sqrt{\frac{52,640}{50}} = 32.45(元)$

(3) 重複抽樣條件下,抽樣平均誤差:

$\mu_x = \sqrt{\frac{\sigma^2}{n}} = \sqrt{\frac{(32.45)^2}{50}} = 4.589(元)$

(4) 不重複抽樣條件下,抽樣平均誤差:

$\mu_x = \sqrt{\frac{\sigma^2}{n}\left(1 - \frac{n}{N}\right)} = \sqrt{\frac{(32.45)^2}{50}\left(1 - \frac{50}{1,500}\right)} = \sqrt{20.358} = 4.512(元)$

[例6-2]從10,000件產品中隨機抽200件進行質量檢驗,發現其中有10件產品不合格。試分別用重複和不重複抽樣誤差計算該產品合格率的抽樣平均誤差。

已知:$N = 10,000 \quad n = 200 \quad n_1 = 10$

(1) 抽樣合格率:

$P = \frac{n - n_1}{n} \times 100\% = \frac{200 - 10}{200} \times 100\% = 0.95$

(2) 成數抽樣平均誤差

重複抽樣：$\mu_p = \sqrt{\dfrac{p(1-p)}{n}} = \sqrt{\dfrac{0.95(1-0.95)}{200}} = 1.54\%$

不重複抽樣：$\mu_p = \sqrt{\dfrac{p(1-p)}{n}\left(1 - \dfrac{n}{N}\right)} = \sqrt{\dfrac{0.95(1-0.95)}{200}\left(1 - \dfrac{200}{10,000}\right)} = 1.53\%$

(三) 影響抽樣平均誤差的因素

從計算抽樣平均誤差的公式可以看出：影響 μ_x 和 μ_p 的主要因素有：

(1) 總體各單位標誌變異程度。總體標誌變異程度越大，抽樣誤差越大；反之，總體標誌變異程度越小，抽樣誤差越小。

(2) 樣本容量的大小。在相同條件下，樣本容量越大，抽樣誤差越小；反之，樣本容量越小，抽樣誤差越大。

(3) 抽樣方法。不同的抽樣方法，抽樣誤差也不同。一般來說，重複抽樣的誤差比不重複抽樣的誤差要大些。

(4) 抽樣的組織形式。不同的抽樣組織形式就有不同的抽樣誤差。比如：採用分層抽樣、整群抽樣等方式計算的抽樣誤差，都與簡單隨機抽樣誤差不同，也就有不同的抽樣推斷效果。

三、抽樣極限誤差

抽樣極限誤差是從另一個角度來考慮抽樣誤差的問題。

所謂抽樣極限誤差，是指樣本指標與總體指標之間可能的誤差範圍。它等於樣本指標可允許的變動的上限或下限與總體指標之差的絕對值。用希臘字母 Δ 表示：

$$\Delta x = |\bar{x} - \bar{X}|, \quad \Delta p = |p - P|$$

由於我們的目的是需要樣本指標來估計總體指標，因此，可以將其變換為以下完全等值的不等式：

$$\bar{x} - \Delta \bar{x} \leq \bar{X} \leq \bar{x} + \Delta \bar{x}; \qquad p - \Delta p \leq P \leq p + \Delta p$$

公式展開後的式子表明：總體參數包含在樣本指標減去和加上某一極限誤差的範圍內。可見，確定極限誤差 Δ 實際上是希望以樣本($\bar{x}$ 或 p)為中心長度 2Δ 的區間能夠包含總體指標($\bar{x}$ 或 p)。

第三節　抽樣調查的組織形式

統計實踐中，常用的抽樣組織形式有：簡單隨機抽樣、類型抽樣、系統抽樣和整群抽樣。

一、簡單隨機抽樣

(一) 簡單隨機抽樣概念

　　簡單隨機抽樣又稱純隨機抽樣。它是最基本的、最簡單的抽樣組織形式。它就是按隨機原則直接從整體 N 個單位中抽取 n 個單位做樣本。不論是重複抽樣還是不重複抽樣，都要遵循每個單位在抽選中都有相等的中選機會。它適用於均勻總體。

　　一般在抽樣之前對總體各單位進行編號，然後用抽籤的方法或者根據「隨機數字表」來抽選必要的抽樣數目。

　　前面討論的平均誤差、極限誤差、點估計、區間估計等計算問題，均是針對簡單隨機抽樣而言的。

(二) 必要抽樣數目的計算

　　抽樣推斷中確定樣本容量是需先行解決的問題，合理確定樣本容量具有重要意義，樣本容量過大會增加工作量，造成人力、物力、財力和時間的浪費，樣本容量過小，樣本又缺乏對總體足夠的代表性，難以保證推斷的精確度和可靠性。因此，科學地確定必要抽樣數目是一個十分重要的問題。

　　(1) 重複抽樣條件下：

　　① 平均數必要抽樣數目 $n_x = \dfrac{t^2 \sigma^2}{\Delta^2 \bar{x}}$

　　② 成數必要抽樣數目 $n_p = \dfrac{t^2 p(1-p)}{\Delta^2 p}$

　　(2) 不重複抽樣條件下：

　　① 平均數必要抽樣數目 $n_x = \dfrac{N t^2 \sigma^2}{N \Delta^2 \bar{x} + t^2 \sigma^2}$

　　② 成數必要抽樣數目 $n_p = \dfrac{N t^2 p(1-p)}{N \Delta^2 p + t^2 p(1-p)}$

　　［例6-3］假定某統計總體被研究標誌的標準差為30，若要求抽樣極限誤差不超過3，概率保證程度為99.73%，試問採用重複抽樣方法應抽取多少樣本單位？

　　已知：因為 $F(t) = 99.73\%$，所以 $t = 3$

　　重複抽樣數目 $n = \dfrac{t^2 \sigma^2}{\Delta^2 \bar{x}} = \dfrac{3^2 30^2}{3^2} = 900$ 個

　　［例6-4］假定某統計總體有5,000個總體單位，其被研究的標誌的方差為400，若要求抽樣極限誤差不超過3，概率保證程度為0.954,5，試採用不重複抽樣方法，應抽取多少樣本？

　　已知：$N = 5,000$　　$\sigma^2 = 400$　　$\Delta \bar{x} = 3$

　　因為 $F(t) = 99.73\%$，所以 $t = 3$

　　重複抽樣數目 $n_x = \dfrac{N t^2 \sigma^2}{N \Delta^2 \bar{x} + t^2 \sigma^2} = \dfrac{5,000 \times 2^2 \times 400}{5,000 \times 3^2 + 2^2 \times 400} = 172$ 個

[例6－5] 某市開展職工家計調查,歷史資料顯示,該市職工家庭平均每人月收入的標準差為350元,恩格爾系數為38%,現在採用重複抽樣方法,要求在95.45%的概率保證下,平均收入的極限誤差不超過20元,恩格爾系數的極限誤差不超過3%,求抽取樣本的單位數。

(1) 樣本平均數的單位數

已知:$F(t) = 95.45\%$,所以$t = 2, \sigma = 350, \Delta \bar{x} = 20$

$$n = \frac{t^2 \sigma^2}{\Delta^2 \bar{x}} = \frac{2^2 350^2}{20^2} = 1,225 (戶)$$

(2) 樣本成數單位數

已知:$F(t) = 95.45\%$,所以$t = 2, p = 0.38, \Delta p = 3\%$

$$n = \frac{t^2 p(1-p)}{\Delta^2 p} = \frac{2^2 \times 0.38(1-0.38)}{0.03^2} = 1,047 (戶)$$

兩個抽樣的指標所要求抽取的單位數不同。我們應當取其中比較大的單位數,即抽取1,225戶進行統計調查,以滿足共同要求。

(三) 影響必要樣本容量的因素

為了確定必要的樣本容量,應當分析一下哪些是影響標本容量的因素。

(1) 總體各單位標誌變異程度。即總體方差σ^2或$p(1-p)$的大小。若總體標誌變異程度大,樣本就要多抽些;反之,總體標誌變異指標小,樣本可以少抽些。

(2) 極限誤差(允許誤差)$\Delta \bar{x}$或Δp的大小。極限誤差是指估計值的誤差範圍。允許的極限誤差越大,樣本容量越小。反之,允許的極限誤差小,樣本容量就越大。

(3) 抽樣推斷的可靠程度,即概率$F(t)$的大小。推斷的可靠程度要求越高,即$F(t)$越大,樣本容量就越多;反之,推斷的可靠程度要求越低,樣本容量就越小。

(4) 抽樣方法。在其他條件相同的情況下,重複抽樣應比不重複抽樣多抽一些樣本單位。

(四) 計算必要樣本容量時應注意的問題

(1) 如果進行一次抽樣調查,既對總體平均數又對成數進行區間估計,用公式計算兩個樣本容量n_1和n_2,這時為了同時滿足兩個推斷要求,一般在兩個樣本容量中選擇較大的一個。

(2) 或利用過去全面資料,要注意選方差大的,成數方差在完全缺乏資料的情況下,可用成數方差極大值0.25來代替。

(3) 用公式計算的樣本容量結果不一定是整數,如果帶小數,一般不採取四舍五入辦法化成整數,而是用比這個數大的鄰近整數代替。例如,根據公式求得$n = 53.02$,樣本應確定為54個。

二、類型抽樣

(一) 類型抽樣概念

類型抽樣又稱分層抽樣。它的特點是首先把總體按某一個標誌分成若干個類型組,使各組內標誌值比較接近,然後再分別在各組內按隨機原則抽樣本單位。它是把分組法和隨機原則結合起來。

其優點:首先提高了樣本的代表性;其次降低了影響抽樣平均誤差的總體方差。

(二) 類型抽樣種類

類型抽樣具體分為兩種:等比例和不等比例類型抽樣。

(1) 等比例類型抽樣:各類型組按同一比例抽取樣本單位,樣本單位在各類型的分配比例同總體單位在各類型組的分配比例相同,該法簡便易行,運用比較多。

(2) 不等比例類型抽樣:各類型組不按同一比例抽樣本單位。

這裡介紹等比例抽樣的誤差計算。

(1) 等比例抽樣平均數抽樣誤差的計算

重複抽樣:$\mu_{\bar{x}} = \sqrt{\dfrac{\overline{\sigma_i^2}}{n}}$

不重複抽樣:$\mu_{\bar{x}} = \sqrt{\dfrac{\overline{\sigma_i^2}}{n}\left(1 - \dfrac{n}{N}\right)}$

式中:$\overline{\sigma_i^2}$ 為各組 i 內方差的平均數。

$$\overline{\sigma_i^2} = \dfrac{\sum \sigma_i^2 n_i}{n}$$

σ_i^2 為第 i 組的組內方差;n_i 為第 i 組樣本單位數;

n 為總的樣本單位數。

(2) 成數抽樣誤差的計算

重複抽樣 $\mu_p = \sqrt{\dfrac{\overline{p(1-p)}}{n}}$

不重複抽樣 $\mu_p = \sqrt{\dfrac{\overline{p(1-p)}}{n}\left(1 - \dfrac{n}{N}\right)}$

式中:$\overline{p(1-p)}$ 為組內方差平均數。

$$\overline{p(1-p)} = \dfrac{\sum p_i(1-p_i)n_i}{n}$$

式中:$p_i(1-p_i)$ 為各組成數方差。

[例 6-6] 某鄉糧食播種面積為 20,000 畝,現按平原和山區面積比例抽取其中 2%,計算各組平均畝產 $\bar{x}_i$ 和各組標準差 σ^2,如表 6-3 所示:

表 6-3　　　　　　　　　　　　　類型抽樣計算

土地類型	全部面積 (畝)	樣本面積(畝) n_i	樣本平均畝產 (千克)$\bar{x}_i$	畝產標準差(千克) σ_i
平原	14,000	280	560	80
山區	6,000	120	350	150
合計	20,000	400	497	106

要求:求樣本平均畝產 $\bar{x}$ 和抽樣平均誤差 μ_x。

$$\bar{x} = \frac{\sum \bar{x}_i n_i}{n} = \frac{280 \times 560 + 120 \times 350}{400} = 497(千克)$$

$$\bar{\sigma}_i^2 = \frac{\sum \sigma_i^2 n_i}{n} = \frac{280 \times 80^2 + 120 \times 150^2}{400} = 11,230(千克)$$

重複抽樣條件下 $\mu_x = \sqrt{\frac{\bar{\sigma}_i^2}{n}} = \sqrt{\frac{11,230}{400}} = 5.3(千克)$

不重複抽樣條件下:

$$\mu_x = \sqrt{\frac{\bar{\sigma}_i^2}{n}\left(1 - \frac{n}{N}\right)} = \sqrt{\frac{11,230}{400}\left(1 - \frac{400}{20,000}\right)} = \sqrt{27.513,5} = 5.25(千克)$$

三、系統抽樣

系統抽樣也稱機械抽樣或等距抽樣。它先按某一標誌對總體各單位進行排隊,然後按一定順序和間隔來抽取樣本單位。

作為總體各單位順序排列的標誌,可以是無關標誌也可以是有關標誌。無關標誌排隊法是指總體排隊時所依據的標誌不是所要調查的標誌,或與所要調查的標誌無關。如調查職工生活水平,按姓氏筆畫多少排隊。所謂有關標誌排隊的方法,是指總體排隊時所依據的標誌就是所要調查的標誌,或是與調查標誌有密切關係。如農產量的調查,把地塊按往年平均每公頃產量的高低排隊。

有關標誌排隊法:抽樣平均誤差計算與類型抽樣類似。

無關標誌排隊法:抽樣平均誤差計算可以用簡單隨機抽樣公式計算。

四、整群抽樣

(1) 整群抽樣的概念。整群抽樣也稱集團抽樣,它先將總體各單位劃分成為若干群,然後按照隨機原則抽取部分群,對中選群的所有單位進行全面調查。

整群抽樣對總體劃分群的基本要求是:第一,群與群之間不重疊,即總體中任一單位只能屬於某個群;第二,全部總體單位沒有遺漏,總體中各群的包含單位數可以是相同的,也可以是不相同的。

例如,要瞭解某市中小學生近視眼所占的比例。以全市每所中小學為一群,從中隨機抽取若干個中小學校,對其抽中的中小學生進行全面調查,這就屬於整體抽樣。

(2) 整群抽樣的特點：① 直接抽取的不是總體單位而是「群」。總體「群」用 R 表示，樣本群用 r 表示；② 影響抽樣誤差的總體方差是總體群與群之間的群間方差，群內方差不影響抽樣誤差；③ 一般採用不重複抽樣方法。所以，抽樣誤差的計算採用不重複抽樣公式。

(3) 平均數抽樣誤差計算：

$$\mu_x = \sqrt{\frac{\delta_x^2}{r}\left(\frac{R-r}{R-1}\right)}$$

$$\delta_x^2(群間方差) = \frac{\sum x_i}{r} = \frac{\sum (x_i - \bar{x})^2}{r-1}$$

x_i 為樣本各群平均數

(4) 成數抽樣誤差的計算：

$$\mu_p = \sqrt{\frac{\delta_p^2}{r}\left(\frac{R-r}{R-1}\right)}$$

$$\delta_p^2(群間方差) = \frac{\sum p_i}{r} = \frac{\sum (p_i - \bar{p})^2}{r-1}$$

p_i 為樣本各群的成數

[例 6-7] 從某縣 50 個鄉中抽取 5 個鄉進行養豬專業戶的整體抽樣調查，調查結果如表 6-4 所示。

表 6-4

中選鄉號	每戶平均存欄生豬(頭) x_i	優良品種比重(%)
1	50	90
2	70	80
3	80	50
4	85	70
5	90	55

試以 95% 的概率保證程度推斷該縣養豬專業戶平均每戶存欄生豬數和優良品種率可能範圍。

(1) 已知 $R = 50, r = 5, F(t) = 95\%, t = 1.96$

樣本平均數 $\bar{x} = \frac{\sum x_i}{r} = \frac{50+70+80+85+90}{5} = 75(頭)$

$$\delta_x^2 = \frac{\sum (x_i - \bar{x})^2}{r-1} = \frac{1,400}{4} = 350(頭)$$

$$\mu_x = \sqrt{\frac{\delta_x^2}{r}\left(\frac{R-r}{R-1}\right)} = \sqrt{\frac{350}{5}\left(\frac{50-5}{50-1}\right)} = 8.02(頭)$$

$\bar{x} - t\mu_x \leq \bar{X} \leq \bar{x} + t\mu_x$

$75 - 1.96 \times 8.02 \leq \bar{X} \leq 75 + 1.96 \times 8.02$

$59.28(頭) \leqslant \bar{X} \leqslant 90.72(頭)$

（2）樣本成數：$p = \dfrac{\sum p_i}{i} = \dfrac{0.9 + 0.8 + 0.5 + 0.7 + 0.55}{5} = 69\%$

第四節 抽樣調查應用技能訓練

一、填空題

1. 抽樣推斷是在_____的基礎上，利用樣本資料計算樣本指標，並據以推算_____特徵的一種統計分析方法。
2. 從全部總體中隨機抽取樣本的方法有_____和_____。
3. 總體參數區間估計必須具備的三個要素是_____、_____和_____。
4. 常用的抽樣組織形式有_____、_____、_____和_____四種。
5. 擴大或縮小抽樣誤差範圍的倍數稱為_____，用符號_____表示。

二、單項選擇題

1. 在重複抽樣條件下，抽樣平均誤差（　　）。
   A. 與總體方差成正比
   B. 與總體標準差成正比
   C. 與總體方差成反比
   D. 與總體標準差成反比
2. 在抽樣調查中（　　）。
   A. 不會產生登記性誤差
   B. 不會產生系統性誤差
   C. 不會產生偶然性的代表性誤差
   D. 前兩種誤差都可能會產生，第三種誤差一定會產生
3. 已知抽樣平均誤差為4克，概率度為0.95，則抽樣極限誤差為（　　）。
   A. 3.8克　　　B. 7.84克　　　C. 1.9克　　　D. 無法計算
4. 如果在一次調查中，同時對總體平均數和總體成數進行推算，計算出的兩個樣本容量為220和408，應當把樣本容量確定為（　　）。
   A. 220　　　B. 221　　　C. 408　　　D. 409
5. 簡單隨機抽樣適用於（　　）。
   A. 均勻總體　　B. 變量總體　　C. 分組總體　　D. 統計總體
6. 為了調查農民的家庭副業發展情況，隨機在全縣抽一些自然村，然後對這些村的農戶全部進行調查，這種抽樣組織方式是（　　）。

A. 簡單隨機抽樣　　　　　　　　B. 分類抽樣
C. 機械抽樣　　　　　　　　　　D. 整群抽樣

7. 有關標誌排隊等距抽樣的誤差一般較簡單隨機抽樣的誤差(　　)。
　　A. 小　　　　B. 大　　　　C. 不可比　　　D. 無法判斷

8. 抽樣誤差是(　　)。
　　A. 代表性誤差　　　　　　　B. 登記性誤差
　　C. 系統性誤差　　　　　　　D. 隨機誤差

9. 一般說來,在抽樣組織形式中,抽樣誤差較大的是(　　)。
　　A. 簡單隨機抽樣　　　　　　B. 分層抽樣
　　C. 整體抽樣　　　　　　　　D. 等距抽樣

10. 一個全及總體(　　)。
　　A. 只能抽取一個樣本　　　　B. 可以抽取多個樣本
　　C. 只能計算一個指標　　　　D. 只能抽取一個單位

11. 抽樣調查的主要目的是(　　)。
　　A. 本指標推算總體指標　　　B. 對調查單位做深入研究
　　C. 計算和控製抽樣誤差　　　D. 廣泛運用數學方法

12. 事先將總體單位按某一標誌排隊,然後依順序和按相同間隔來抽選調查單位的抽樣稱為(　　)。
　　A. 簡單隨機抽樣　　　　　　B. 類型抽樣
　　C. 等距抽樣　　　　　　　　D. 整群抽樣

三、多項選擇題

1. 從全及總體中,抽取樣本的方法有(　　)。
　　A. 簡單隨機抽樣　　　　　　B. 重複抽樣
　　C. 不重複抽樣　　　　　　　D. 概率抽樣
　　E. 非概率抽樣

2. 在抽樣推斷中,樣本單位數的多少取決於(　　)。
　　A. 總體標準差的大小　　　　B. 允許誤差的大小
　　C. 抽樣估計的把握程度　　　D. 總體參數的大小
　　E. 抽樣方法

3. 下列排隊形式中,屬於無關標誌排隊的有(　　)。
　　A. 調查職工生活水平時,按職工姓氏筆畫排隊
　　B. 調查農產量時,按每個地塊年平均每公頃產量高低排隊
　　C. 調查產品質量時,按產品入庫順序排隊
　　D. 調查學生學習情況,按成績高低排隊
　　E. 調查社區人口比例,按住房序列號排隊

4. 類型抽樣具體包括(　　)。
　　A. 重複抽樣　　　　　　　　B. 不重複抽樣

C. 等比例抽樣　　　　　　　　D. 不等比例抽樣
　　E. 等距抽樣
5. 影響整體抽樣抽樣誤差的因素有(　　)。
　　A. 總方差　　　　　　　　　　B. 組內方差
　　C. 組間方差　　　　　　　　　D. 總體群數
　　E. 樣本群數
6. 抽樣調查遵循隨機原則的原因是(　　)。
　　A. 樣本容量有限
　　B. 保證總體中每個單位有同等機會被抽中
　　C. 能確定抽樣方法
　　D. 能確定推斷的可靠程度
　　E. 能計算抽樣誤差

四、應用技能訓練

(一)以下列實訓資料進行誤差控製技能訓練

實訓 1

[應用訓練資料]

某廠對 5,000 只 A 型電子元件進行質量檢查,隨機抽取 2% 的產品,測得平均耐用時間為 1,055 小時,合格率為 90%,平均耐用時間的標準差為 51 小時。

[訓練要求]

用重複抽樣和不重複抽樣兩種方式計算抽樣平均誤差。

[訓練提示]

本訓練旨在使學員掌握採用相關公式計算抽樣平均誤差的方法。

(二)以下列各實訓題資料確定樣本容量應用技能訓練

實訓 2

[應用訓練資料]

某公司要對一批 40,000 件的產品進行質量檢驗,根據以往資料,該產品的重量標準差為 0.5 千克,合格率為 90%。現要在 95.45% 的概率保證下,要求抽樣平均重量的極限誤差不超過 0.05 千克,抽樣合格率的極限誤差不超過 3%。

[訓練要求]

確定本次調查必要的抽樣單位數是多少。

實訓 3

[應用訓練資料]

某燈泡廠質檢科的技術標準規定:燈泡使用壽命低於 1,000 小時為不合格品。質檢科上一季度對某一天生產的燈泡每隔一小時抽 5 個進行壽命檢查,多日後檢查結果整理如表 6-5 所示。

表 6-5

照明時數小時	800 以下	800~1,000	1,000~1,200	1,200~1,400	1,400~1,600	1,600 以上	合計
燈泡數	2	4	28	46	32	8	120

[訓練提示]

本訓練旨在使學員掌握不同抽樣方法的樣本容量的計算公式和確定方法。

實訓 4

[應用訓練資料]

某商品經常抽查返修情況,根據以往的售後服務紀錄,該商品的返修率為10%。本次抽查要求返修率的允許誤差不超過3%,概率保證為95.45%。

[訓練要求]

(1)確定重複抽樣方式下的抽樣單位數。

(2)若其他條件不變,而允許誤差減少20%,則抽樣單位數又應為多少?

[訓練提示]

本訓練旨在使學員掌握由成數及重複抽樣計算樣本容量公式的應用。

附錄:Excel 在抽樣推斷中的應用

(一)用統計函數計算樣本和總體的標準差及方差

如果只計算樣本和總體的標準差,在 Excel 中有兩個求標準差的函數:一個是求樣本標準差的函數 STDEV;另一個是求總體標準差的函數 STDEVP。STDEV 和 STDEVP 不同的是其根號下分式的母項不是用 N,而是用 $n-1$ 計算的(這是為了用樣本指標推斷總體指標時可以得到無偏估計。當利用已知的平均數計算其他數值時,能自由變動的變量只有 $n-1$ 個,必有 1 個因受平均數和其他變量的制約而不能變動,故稱 $n-1$ 為自由度)。此外,還有兩個對包含了價值和字符串的數列計算樣本標準差和總體標準差的函數 STDEVA 和 STDEVPA。

同樣,在 Excel 中求方差也有兩個函數:一個是求樣本方差的函數 VAR,一個是求總體方差的函數 VARP。前者是按自由度 $n-1$ 計算的,後者是按變量值個數 N 計算的。另外也有兩個對包含了價值和字符串的數列計算樣本方差和總體方差的函數 VARA 和 VARPA。

得出樣本或總體的標準差或方差後,用輸入公式的方法在 Excel 中計算出抽樣平均誤差。

(二)使用描述統計工具對樣本數據進行描述

使用 Excel 的描述統計工具,可以一次給出樣本平均數、標準差等十幾項描述數據分布的統計指標。現舉例說明其操作程序。

假如對 10,000 件出口產品的重量進行抽樣檢驗,隨機抽取 40 件產品的檢驗結果為(單位:千克):

100	100	90	93	85	90	89	89	90	92	91	98	95	90	91	89	88	85
97	93	93	82	96	90	88	90	92	92	90	89	88	90	95	91	92	88	89
97	85	97

將樣本原始數據輸入到表中 A 列 2～41 行,再將數據由小到大排序。如果有多個樣本的數據,可將樣本數據分別輸入 A、B、C、D……列,系統將同時給出各樣本的計算結果。而後,按以下步驟進行操作:

第一步,在「工具」菜單中單擊「數據分析」選項,從其對話框的「分析工具」列表中選擇「描述統計」,按「確定」進入「描述統計」對話框,如圖 6－1 所示。

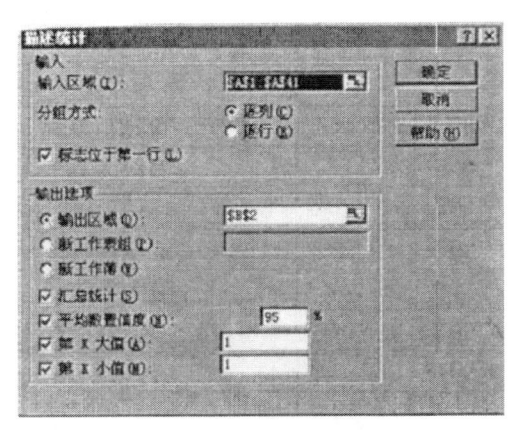

圖 6－1 描述統計對話框

第二步,在「描述統計」對話框的「輸入區域」框中輸入「A1：A41」(若是多個樣本,可輸入多列樣本數據區域,中間用逗號隔開)。如果需要指出輸入區域中數據是按行或按列排列的,可在「分組方式」中選擇「逐行」或「逐列」(系統首選「逐列」),本例選擇「逐列」。由於輸入區域中的第一行是標誌,所以再單擊下面的「標誌位於第一行」復選框。如果沒有標誌,系統將在輸出區域自動加上「列 1」作為標誌(多個樣本分別加上「列 1」「列 2」……)。

第三步,在「輸出區域」框中輸入用於放置計算結果的區域左上角單元格的行列號,本例輸入 B2。也可以選擇「新工作表組」或「新工作簿」作為放置結果的區域。

第四步,選擇輸出結果的統計選項。

若選擇「匯總統計」,可給出一系列重要的統計描述數據,包括平均、標準誤差、中值(中位數)、模式(眾數)、標準偏差、樣本方差、區域、最小值、最大值、求和、計數等。

「平均數置信度」是指用樣本平均數估計總體平均數的可信程度。若選擇此復選框,其右側將顯示默認值 95%,可計算在顯著水平 0.05(雙尾)條件下,用樣本平均數估計總體平均數的置信度。如果認為 95% 不合適,可輸入要求達到的可信程度。

若選擇「第 K 大值」或「第 K 小值」,其框中將顯示默認值「1」,即要求給出全數列中第一個最大值或最小值,與上面的最大值或最小值是一樣的。本例選擇默認值。

以上各項選定後,單擊「確認」按鈕,即在指定區域輸出一個兩列的計算結果,如表

6-6 中 B、C 兩列所示,表中左邊一列為標誌項,右邊一列為統計值(如果是多個樣本,每個樣本都給出一個兩列的輸出表)。

表 6-6

	A	B	C
1	重量(千克)		
2	82	重量(千克)	
3	85		
4	85	平均	91.23
5	85	標準誤差	0.64
6	88	中值	90.00
7	88	模式	90.00
8	88	標準偏差	4.06
9	88	樣本方差	16.49
10	89	峰值	0.12
11	89	偏斜度	0.31
12	89	區域	18.00
13	89	最小值	82.00
14	89	最大值	100.00
15	90	求和	3,649.00
16	90	計數	40.00
17	90	最大(2)	100.00
18	90	最小(2)	100.00
19	90	置信度(95.0%)	1.30
21	以下省略		

表中指標解釋如下:

(1)「平均」指樣本均值,是「求和」項與「計數」項的比值。「求和」指樣本標誌值合計,「計數」指樣本單位數。

(2)「標準誤差」指樣本平均數的抽樣平均誤差,是「標準偏差」與「計數」平方根的比值,其計算為:$\mu = \frac{S}{\sqrt{n}} = \frac{4.06}{\sqrt{40}} \approx 0.64$

(3)「中值」指中位數,第 20、21 項都是 90 千克,二者的平均數也就是 90 千克。

(4)「模式」指眾數。

(5)「標準偏差」指樣本標準差。「樣本方差」指樣本標準差的平方。

(6)「峰值」也稱峰度,是次數分布數列的特徵之一。其值若小於 3,畫出的次數分布鐘形曲線為平頂;若大於 3,畫出的次數分布鐘形曲線為尖頂;若小於 1.8,則鐘形曲線呈 U 形。

(7)「偏斜度」也稱斜度,是次數分布數列的另一特徵。其值若為正值,則鐘形曲線向右偏斜;若為負值,則鐘形曲線向左偏斜;越接近 0,越趨於正態分布,即鐘形分布。

(8)「區域」指極差,也稱全距。

(9)「最大值」和「最小值」都是指全數列(所有樣本數據)。

(10)由於抽樣樣本時方差未知,需用自由度 $n-1$ 的 t 分布估計總體平均數。按照 $n-1=39$,顯著性水平 0.05(雙尾)查 t 分布表,得 t 的臨界值為 2.023。所以,估計總體平均數之間的置信度應為 $2.023 \times 0.64 = 1.3$。因此,總體平均數的估計區間為 $91.23-1.3 \sim 91.23+1.3$,即 89.93 千克~92.53 千克之間。

[**本章小結**]

本章主要介紹了抽樣調查及推斷的相關知識,共講了兩個方面的內容。

第一,本章主要介紹了抽樣調查的意義、抽樣調查中的基本概念、抽樣方法和抽樣組織形式四項內容。

(一)關於抽樣調查的意義

抽樣調查是按隨機原則從全部研究對象中抽取一部分單位進行觀察,並依據觀察的數據對全部研究對象的數量特徵做出具有一定準確性和可靠性的估計推斷,從而達到對全部研究對象正確認識的一種統計方法。

抽樣調查的主要特點有:堅持隨機原則、用樣本指標推斷總體指標、誤差可計算和控製等,在社會經濟工作中有廣泛的運用。

(二)關於抽樣調查的幾個基本概念

抽樣調查中有兩個總體:一個是全及總體,一個是樣本總體。全及總體是唯一確定的總體,其數量特徵包括總體平均數、總體成數和總體方差三個參數,它們是唯一確定的指標;樣本總體是隨機的,其數量特徵包括樣本平均數、樣本成數和樣本方差三個隨機統計量,它們是推斷總體指標的優良估計量。

(三)關於抽樣調查的方法和組織形式

抽樣方法可從兩個角度劃分,根據是否重複抽取分為重複抽樣和不重複抽樣,前者的誤差比後者大;根據是否按順序抽樣分為按順序抽樣和不按順序抽樣。

抽樣的組織形式有簡單隨機抽樣、等距抽樣、類型抽樣、整群抽樣和多階段抽樣五種,它們的樣本數量、誤差大小都不一樣。其中簡單隨機抽樣是最基本的抽樣方式,是其他複雜抽樣設計的基礎,同時也是衡量其他抽樣方式的抽樣效果的比較標準。應根據統計研究目的和現象的特點選擇誤差小且效率高的組織形式。

第二,本章還介紹了抽樣誤差的基本理論和計算方法。

抽樣誤差就是樣本指標和總體指標的離差,是由於抽樣的隨機性所帶來的誤差。它受總體標誌變動度、樣本容量、概率保證程度、抽樣方法等的影響。

抽樣平均誤差是抽樣平均數(或抽樣成數)的標準差,其計算方法在重複抽樣和不重複抽樣條件下不同,見表 6-7 所示。

表 6-7　　　　　　　　　　　　抽樣推斷中的主要公式

指標種類		重複抽樣條件下	不重複抽樣條件下
樣本容量	平均數推斷	$n_x = \dfrac{t^2 \sigma^2}{\Delta_x^2}$	$n_x = \dfrac{Nt^2 \sigma^2}{N\Delta_x^2 + t^2 \sigma^2}$
	成數推斷	$n_p = \dfrac{t^2 P(1-P)}{\Delta_p^2}$	$n_p = \dfrac{Nt^2 P(1-P)}{N\Delta_p^2 + t^2 P(1-P)}$
抽樣平均誤差	平均數推斷	$\mu_x = \sqrt{\dfrac{\sigma^2}{n}} = \dfrac{\sigma}{\sqrt{n}}$	$\mu_x = \sqrt{\dfrac{\sigma^2}{n}\left(1 - \dfrac{n}{N}\right)}$
	成數推斷	$\mu_p = \sqrt{\dfrac{P(1-P)}{n}}$	$\mu_p = \sqrt{\dfrac{P(1-P)}{n}\left(1 - \dfrac{n}{N}\right)}$
抽樣極限誤差	平均數推斷	$\Delta_x = t\mu_x$	
	成數推斷	$\Delta_p = t\mu_p$	
總體區間估計	平均數推斷	$\bar{x} - \Delta_x \leq \bar{X} \leq \bar{x} + \Delta_x$	
	成數推斷	$p - \Delta_p \leq P \leq p + \Delta_p$	

　　抽樣極限無償是樣本指標和總體指標之間以絕對值形式表述的抽樣誤差的最大範圍,它以抽樣平均誤差為衡量標準,表現為平均誤差的倍數,如表 6-7 所示。

　　抽樣推斷中,誤差範圍和概率保證程度呈反方向影響,誤差越大,推斷的準確度越低,概率保證度越低;誤差越小,概率保證程度越高。因此,推斷的準確度和可靠性是矛盾的。

[案例分析]

　　美國田納西州的多勒總公司(Dollar General Corporation)創立於 1939 年。公司經營著 2,000 多家連鎖店,以低廉的普通價格在市場上銷售非耐用的紡品和保健、美容、衛生用品等 1,700 多種不同的產品。為消除通貨膨脹的影響,使得公司增加可自由支配資金,總公司決定採用後進先出(LIFO)法對存貨進行計價。後進先出存貨計價法會計實務需要編制後進先出指數。為了避免計算 2,000 多個零售店的 1,700 多種存貨價值的麻煩,該公司採用抽樣推斷的方法估計存貨的價值。

　　通過本章的學習,請你思考:假如你是本公司的管理人員,你將怎樣確定一個合理的樣本容量? 採用何種方式抽取樣本? 怎樣計算抽樣誤差並進行區間估計,並說明總體指標落在這個區間的可能性有多大?

　　多勒總公司是這樣進行的:從 100 個零售店和 3 個倉庫隨機抽取 800 種產品作為樣本,年末進行實地盤存。會計人員據此編制存貨價值指數為 103.4%,這說明在現行成本法下,由於最近一年內通貨膨脹的影響,公司存貨的價值增加了 3.4%。但是,這個指數只是總體的一個樣本估計,還需要估計精確度的陳述。根據樣本結果,極限誤差為 0.006,平均誤差為 0.003。因此,區間為 102.8%~104.0%,最後提供了後進先出總體指

數的 95.45% 的置信區間估計。這個精確度被認為很好。

多勒總公司管理員羅伯特先生為我們提供了這個統計應用案例。

[關鍵名詞]

抽樣推斷　概率抽樣　簡單隨機抽樣　分層抽樣　系統抽樣　整群抽樣
抽樣分布　重複抽樣　不重複抽樣

[討論與思考題]

1. 什麼是抽樣調查？它有哪些特點和作用？
2. 什麼是抽樣誤差？影響抽樣誤差大小的因素有哪些？
3. 什麼是抽樣平均誤差和抽樣極限誤差？兩者有何聯繫？
4. 為什麼說不重複抽樣誤差總是小於而又接近於重複抽樣誤差？
5. 假定10億人口大國和100萬人口小國的居民年齡變異程度相同。現在各自用重複抽樣的方法抽取本國的1%人口計算平均年齡，問兩國平均年齡抽樣平均誤差是否相同，或哪國比較大？

第七章 參數估計

[學習目標]

本章主要介紹了統計推斷的參數估計方法。通過本章學習,應瞭解參數估計的兩種基本方法,明確區間估計的基本原理,重點掌握總體均值和總體比例的區間估計方法。掌握樣本容量的確定方法。

[案例開題]

某商業集團的商店選址

王女士是臺灣某集團的企劃部經理。在明年的規劃中,集團準備在某地新建一家零售商店。王女士目前正在做這方面的準備工作。其中一個項目便是進行市場調查。在眾多信息中,經過該地行人數量是要考慮的一個重要的方面。王女士委託他人進行了兩個星期的觀察,得到每天經過該地人數如下:544,468,399,759,526,212,256,456,553,259,469,366,197,178。

如果設立商店要求的最低行人數為520人,那麼,所觀察到的上述數據,能否支持設店的決策呢?

把14天中經過該地的人數作為樣本,商店開張後經過該地的人數作為總體。顯然,這是個參數估計問題。根據樣本數據,可計算得樣本均值為403人,樣本標準差為168.48人。設置信度為95%,則可估計出平均每天經過此地的人數,如表7-1所示。

表7-1　　　　　　　　　　區間估計的結果

行人數	單位數 n	14 = COUNT(A A)
544	均值	403 = AVERAGE(A A)
468	標準差	168.46 = STDEV(A A)
399	標準誤差	45.02 = D3/SQRT(D1)
759	置信度	95%
526	t 值	2.16 = TINV(1 − D5 , D1 − 1)
212	極限誤差	97.26 = D6 * D4
256	估計下限	305.74 = D2 − D7
456	估計上限	500.26 = D2 + D7
553		
259		
469		

表7-1(續)

行人數	單位數 n	14 = COUNT(A A)
366		
197		
178		

結果表明,在95%的置信度下,行人數位於306~500人之間。這個結論意味著,如果要觀察100天,則有95天的行人數位於這一區間內。那麼如果設立商店要求行人數量最低不少於520人的話,顯然在這一地點設立商店是不明智的。

從「商店選址」一例,導入參數估計的主要內容。推斷性統計的方法主要有參數估計和假設檢驗兩種。參數估計是根據樣本統計量直接來推斷出總體的參數。而假設檢驗是先建立假設,然後通過樣本統計量來檢驗假設是否成立,以進行推斷。本章主要討論參數估計的方法。

第一節 抽樣估計的方法

一、抽樣估計的概念

抽樣估計就是根據樣本指標值來估計相應的總體指標數值。

二、抽樣估計的方法

(一)點估計

點估計,即常用樣本平均數直接作為相應總體平均數的估計值,$\bar{x} => \bar{X}$;或用樣本成數直接作為相應總體成數的估計值,$p => P$;比如:某大學2007級經管班有111人,抽樣調查80人,計算求得平均身高為 $x = 1.63$(米),就直接用1.63米作為全班身高的估計值;又如:我們可以樣本平均畝產800斤作為全部糧食的估計值;以樣本秧苗成活率92%作為全地區成活率的估計值。

關於優良估計標準問題,我們總是希望對總體參數估計時,其估計是合理的、優良的。那麼優良估計的標準又是如何來衡量呢?

(1)無偏性。以抽樣指標估計總體指標要求抽樣指標值的平均數等於被估計的總體指標值本身。

即 $E(\bar{x}) = \bar{X}$ $E(p) = P$

(2)一致性。以抽樣指標估計總體指標要求:為樣本的單位數充分大時,抽樣指標也充分地靠近總體指標。

(3)有效性。以抽樣指標估計總體指標要求:作為優良估計量的方差應該比其他估計

量的方差小。

點估計的優點:方法簡便、原理直觀;缺點:沒有表明抽樣估計的誤差;更沒有指出誤差在一定範圍內的概率保證程度有多大。要解決此問題,必須採用區間估計方法。

(二) 區間估計

區間估計就是根據樣本指標、抽樣誤差和概率保證程度這三要素去推斷總體參數的可能範圍。

總體參數區間估計的基本特點是:根據給定的概率保證程度的要求,利用實際抽樣資料,指出總體被估計值的上限和下限,即指出總體參數可能存在的區間範圍,而不是直接給出總體參數的估計值。

1. 抽樣估計的概率和置信度

基於理論上的要求,抽樣極限誤差 Δ 需要用抽樣平均誤差 μ_x 或 μ_p 為標準單位來衡量。即把極限誤差 $\Delta \bar{x}$ 或 Δp 相應除以 μ_x 或 μ_p,得出相對的誤差程度 t 倍,這裡的 t 就稱為抽樣誤差的概率度。這一變換稱為概率的標準化過程。

$$t = \frac{\Delta \bar{x}}{\mu_x} \qquad \Delta \bar{x} = t\mu_x$$

$$t = \frac{\Delta p}{\mu_p} \qquad \Delta p = t\mu_p$$

抽樣誤差的概率度 t 是測量估計可靠程度的一個參數。

抽樣估計的置信度 $F(t)$ 是表明抽樣指標和總體指標的誤差不超過一定範圍的保證程度。

t 和 $F(t)$ 之間的關係是:概率度越大,表明抽樣誤差範圍越大,則概率保證程度越大;反之,概率度越小,表明抽樣誤差範圍越小,則概率保證程度越小。從概率理論和數理統計中可以確定概率度 t 與概率保證程度、可靠程度 $F(t)$ 之間的數值關係。它們之間的關係可以從正態分布概率表中查到。現將常用的幾個 t 值和概率 $F(t)$ 之間的關係如表7-2所示:

表7-2　　　　　　　　　　t 值和概率 $F(t)$ 之間的關係

概率度(t)	概率 $F(t)$
1	6,827
1.96	0.950,0
2	0.954,5
0.3	0.997,3

表中說明抽樣平均數與總體平均數誤差不超過1個 μ 的概率為68.27%;抽樣誤差不超過 2μ 的概率為95.45%;抽樣誤差不超過 3μ 的概率為99.73% 等。

下面舉實例來說明估計置信度 $F(t)$ 的求法:

[例7-1] 若樣本糧食平均畝產量 $\bar{x}$ 為350千克,又知抽樣平均誤差 μ_x = 6.25千克,求總體糧食平均畝產量 $\bar{x}$ 為 345～355 千克之間的估計置信度?

$$t = \frac{\Delta \bar{x}}{\mu_x} = \frac{|\bar{x} - \bar{X}|}{\mu_x} = \frac{5}{6.25} = 0.8$$

查「正態分布概率表」為 $t = 0.8$ 時，所求估計置信度 $F(t) = 0.576,3$，即總體平均畝產在 345 ～ 355 千克之間的概率保證程度為 57.63%。

2. 區間估計的內容

(1) 抽樣平均數的區間估計範圍

$$\bar{x} - t\mu_x \le \bar{X} \le \bar{x} + t\mu_x$$

或 $\bar{x} - \Delta\bar{x} \le \bar{X} \le \bar{x} + \Delta\bar{x}$

式中：$\bar{x}$ 為樣本平均數，t 為概率度，μ_x 為抽樣誤差，$\Delta\bar{x}$ 為極限誤差。

(2) 抽樣成數的區間估計範圍

$$p - t\mu_p \le P \le p + t\mu_p$$

或 $p - \Delta p \le P \le p + \Delta p$

式中：p 為樣本成數，μ_p 為抽樣誤差，Δp 為極限誤差。

3. 區間估計步驟

① 確定樣本指標。有的在題目中直接給出來；有的要通過計算求得。

② 計算抽樣的誤差。重複和不重複有兩個公式，還要分清是平均數還是成數，即抽樣誤差又分為平均數抽樣誤差和成數抽樣誤差。

③ 根據給定的概率保證程度 $F(t)$ 找出對應的概率度 (t)。如 $F(t)$ 若為 92.45%，則 t 為 2。

④ 計算抽樣極限誤差，然後再根據樣本指標求出估計總體指標的上下限。

⑤ 根據給出概率保證程度進行總體指標的區間估計。

[例 7 - 2] 某大學進行英語 6 級測驗，為了瞭解學生的考試情況隨機抽出 100 名學生進行調查，所得資料如表 7 - 3 所示。

表 7 - 3

學生數（人）	考試成績（分）	x	xf	$(x-\bar{x})^2$	$(x-\bar{x})^2 f$
10	60 以下	55	550	466.56	4,665.6
20	60 ～ 70	65	1,300	134.56	2,691.2
22	70 ～ 80	75	1,650	2.56	56.32
40	80 ～ 90	85	3,400	70.56	2,822.4
8	90 ～ 100	95	760	338.56	2,708.48
100	—	—	7,660	—	12,944

要求：(1) 試以 95.45% 可靠性估計該校學生英語考試的平均成績；(2) 以同樣可靠程度估計該校學生成績在 80 分以上學生所占比重範圍。

① 平均數的區間估計

∵ $F(t) = 95.45\%$ ∴ $t = 2$

$\bar{x} - t\mu_x \leq \bar{x} \leq \bar{x} + t\mu_x$

先求 $\bar{x} = \dfrac{\sum xf}{\sum f} = \dfrac{7,660}{100} = 76.6(分)$

再求 $\mu_x = \sqrt{\dfrac{\sum(x-\bar{x})^2 f}{\sum f}} = \sqrt{\dfrac{12,944}{100}} = 11.377(元)$

該校學生英語考試平均成績的區間範圍是：
$76.6 - 2 \times 11.377 \leq \bar{X} \leq 76.6 + 2 \times 11.377$
$53.85(分) \leq \bar{X} \leq 99.35$ 分

② 成數的區間估計

有 $F(t) = 95.45\%$

得 $t = 2$

$n = 100 \quad n_1 = 48$

$p = \dfrac{n_1}{n} = \dfrac{48}{100} = 48\%$

$\mu_p = \sqrt{\dfrac{p(1-p)}{n}} = \sqrt{\dfrac{0.48(1-0.48)}{100}} = 0.049,96$

$p - t\mu_p \leq p \leq p + t\mu_p$

$0.48 - 2 \times 0.049,96 \leq p \leq 0.48 + 2 \times 0.049,96$

$0.380,1 \leq p \leq 0.579,9$

即在 95.45% 概率保證程度下，該校學生成績在 80 分以上所占比重範圍在 38.01% ~ 57.99% 之間。

第二節　總體均值的區間估計

前文給出了總體均值區間估計的一般步驟。在實際估計時，通常依據研究問題的不同或資料條件的不同而採用不同的處理方法，主要區別在於：大樣本情況下對總體均值的區間估計和小樣本情況下對總體均值的區間估計等情況，下文分別予以介紹。

一、大樣本情況對總體均值的區間估計

依據中心極限定理，不難判斷：只要進行大樣本 ($n \geq 30$) 抽樣，無論總體是否服從正態分布，樣本均值 $\bar{x}$ 的抽樣分布近似為正態分布。當總體標準差 σ 已知時，在重複抽樣情況下，總體均值 μ 在 $1 - \alpha$ 置信水平下的置信區間為：

$$\bar{x} \pm z_{\alpha/2} \dfrac{\sigma}{\sqrt{n}}$$

假設採取的是有限總體不重複抽樣，而且抽樣比較大 ($\dfrac{n}{N} \geq 5\%$) 時，則樣本均值 $\bar{x}$ 抽

樣分布的標準差乘以修正系數 $\sqrt{\dfrac{N-n}{N-1}}$，這時總體均值 μ 在 $1-\alpha$ 置信水平下的置信區間為：

$$\bar{x} \pm z_{\alpha/2} \dfrac{\sigma}{\sqrt{n}} \sqrt{\dfrac{N-n}{N-1}}$$

當總體標準差未知時，在大樣本條件下，則可以用樣本標準差 s 代替總體標準差 σ，這時無論總體是否服從正態分布，總體均值 μ 在 $1-\alpha$ 置信水平下的置信區間為：

$$\bar{x} \pm z_{\alpha/2} \dfrac{s}{\sqrt{n}} \quad \text{（重複抽樣）}$$

$$\bar{x} \pm z_{\alpha/2} \dfrac{\sigma}{\sqrt{n}} \sqrt{\dfrac{N-n}{N-1}} \quad \text{（有限總體、不重複抽樣）}$$

［例7-3］假定調查人員從近兩個月的私人汽車購買數據中得到的信息是：每臺價格的標準差在 5 萬元左右，於是假定總體標準差 $\sigma=5$。試根據隨機抽樣的結果，在 95% 的置信水平下估計所有私人購買車輛平均價格的置信區間。

由於 $n=36$，此題屬於大樣本抽樣；已知 $\sigma=5$；當天的私人購車總量 N 未知，可按照相關公式做出區間估計如下：

樣本汽車價格的均值：$\bar{x} = \dfrac{\sum x}{n} = \dfrac{489.8}{36} = 13.6$（萬元）

由已知 $1-\alpha=0.95$，查標準正態分布概率表得：$z_{0.025}=1.96$

於是在 95% 的置信水平下置信區間為：$13.6 \pm 1.96 \dfrac{5}{\sqrt{36}} = 13.6 \pm 1.63$

計算結果表明：誤差範圍是 1.63，總體均值 95% 的置信區間為 (11.97,15.23)，即調查人員可以 95% 的概率認為私人購車的總體均值介於 11.97 萬 ～ 15.23 萬元。

［例7-4］若已知當天在該市場私人購車總量 $N=400$ 輛，調查人員是按照不重複抽樣的方法進行調查得到樣本數據的，假定總體標準差 $\sigma=5$，試在 95% 的置信水平下估計所有私人購買車輛平均價格的置信區間。

由於 $n=36$，為大樣本抽樣；$\sigma=5$；$N=400$，且 $n/N=9\%>5\%$，可按照相關公式做出區間估計如下：

在 95% 的置信水平下置信區間為：$13.6 \pm 1.96 \dfrac{5}{\sqrt{36}} \sqrt{\dfrac{400-36}{400-1}} = 13.6 \pm 1.56$

核算結果表明，誤差範圍是 1.56，總體均值 95% 的置信區間為 (12.04,15.16)，即調查人員可以 95% 的概率認為私人購車的總體均值介於 12.04 萬 ～ 15.16 萬元。

對比例［7-3］與例［7-4］會發現，對於同樣的資料，按照重複抽樣方法得到的置信區間略大些，說明重複抽樣的誤差大於不重複抽樣的誤差，但隨著樣本容量增大，抽樣比會縮小，$\sqrt{\dfrac{N-n}{N-1}}$ 接近於 1，兩種方法的抽樣誤差就趨於一致了。因此，儘管實際抽樣中一

般是進行不重複抽樣的,但為了簡便計算,在大樣本情況下通常是按照重複抽樣方法估計置信區間的。

[例7-5] 如果私家購車總體價格的標準差 σ 未知,試根據上述隨機抽樣的結果,在95% 的置信水平下估計所有私人購買車輛平均價格的置信區間。

由於 $n = 36$ 為大樣本抽樣;總體標準差 σ 未知,可以樣本價格的標準差 s 代替,按照相關公式做出區間估計如下:

$$S = \sqrt{\frac{(6.88 - 13.6)^2 + (11.28 - 13.6)^2 + \cdots + (7.38 - 13.6)^2}{36 - 1}} = 5.17$$

在95% 的置信水平下置信區間為: $13.6 \pm 1.96 \frac{5.17}{\sqrt{36}} \sqrt{\frac{400 - 36}{400 - 1}} = 13.6 \pm 1.61$

計算結果表明,誤差範圍是 1.61,總體均值95% 的置信區間為(11.99,15.21),即調查人員可以95% 的概率認為私人購車的總體均值介於 11.99 萬 ~ 15.21 萬元。

二、小樣本情況對總體均值的區間估計

在實際工作中,為了經濟節約,常常進行小樣本抽樣;有時受條件限制(如帶有破壞性的檢查),做大樣本抽樣是十分困難的,所以實踐中利用小樣本對總體均值進行估計的情況較為常見。

正如前文所述,若總體服從正態分布,只要總體標準差 σ 已知,無論樣本容量如何,樣本均值 $\bar{x}$ 的抽樣分布都服從正態分布,即使是在小樣本的情況下,也可以按照相關公式計算總體均值的置信區間。

[例7-6] 假設研究人員於某日在車市隨機抽取 12 位購車者組成樣本,得到樣本價格(單位:萬元) 如下:

| 6.88 | 11.28 | 19.98 | 13.6 | 10.6 | 14.8 |
| 6.88 | 11.78 | 20.98 | 24.4 | 12.3 | 14.8 |

據以往銷售情況可知,購車價格服從正態分布,且標準差為 5 萬元。試以95% 的置信水平估計平均購車價格的置信區間。

已知購車價格服從正態分布,且總體標準差 $\sigma = 5$,儘管 $n = 12$ 為小樣本,但依據正態分布再生定理,樣本均值的抽樣分布仍為正態分布。

按上述資料計算, $\bar{x} = 14.023, 1 - \alpha = 95\%, z_{\alpha/2} = 1.96$,根據相關公式估計得:

$$\bar{x} \pm z_{\alpha/2} \frac{\sigma}{\sqrt{n}} = 14.023 \pm 1.96 \times \frac{5}{\sqrt{12}}$$

即 $14.023 \pm 2.829 = (11.19, 16.85)$。也就是說,我們可以95% 的概率估計所有購車的平均價格在 11.19 萬 ~ 16.85 萬元。

但是,如果總體服從正態分布,總體的標準差 σ 未知,小樣本抽樣情況下,則需要用樣本標準差 s 代替 σ,這時應採用 t 分布來建立總體均值 μ 在 $1 - \alpha$ 置信水平下的置信區間,公式為:

$$\bar{x} \pm t_{a/2} \frac{s}{\sqrt{n}}$$

式中：$t_{a/2}$ 是自由度為 $n-1$ 時，t 分布中上側面積為 $a/2$ 時的 t 值，可通過書後附表查得；s 為樣本標準差。

下面通過實例說明這種方法的具體應用。

[例 7-7] 假設研究人員於某日在車市隨機抽取 12 位購車者組成樣本，得到樣本價格（單位：萬元）如下：

| 6.88 | 11.28 | 19.98 | 13.6 | 10.6 | 14.8 |
| 6.88 | 11.78 | 20.98 | 24.4 | 12.3 | 14.8 |

據以往銷售情況可知，購車價格服從正態分布，但總體標準差未知。試以 95% 的置信水平估計平均購車價格的置信區間。

已知購車價格服從正態分布，且總體標準差未知，小樣本，可根據相關公式估計。

根據樣本計算得，$\bar{x} = 14.023$，$s = 5.4$，由 $1-\alpha = 95\%$，查表得 $t_{(0.05,11)} = 2.201$，所以置信區間為：

$$\bar{x} \pm t_{a/2} \frac{s}{\sqrt{n}} = 14.023 \pm 2.201 \times \frac{5.4}{\sqrt{12}}$$

即：$14.023 \pm 3.431 = (10.59, 17.45)$。也就是說，我們可以 95% 的概率估計所有購車的平均價格在 10.59 萬 ~ 17.45 萬元。

對比例[7-5]與例[7-6]可以看出，在小樣本情況下，由於 $t_{a/2} > z_{a/2}$，所以即使其他條件一樣，通常公式 $\bar{x} \pm t_{a/2} \frac{s}{\sqrt{n}}$ 的區間寬度會大於公式 $\bar{x} \pm z_{a/2} \frac{\sigma}{\sqrt{n}}$，這也驗證了前一章抽樣分布中關於 t 分別比正態分布離散承擔較強的說法，因此在實際抽樣中，為了提高估計的精度，最好抽取大樣本。

第三節　總體比例的區間估計（大樣本）

與總體均值的區間估計一樣，在對總體比例進行區間估計時，通常也分為重複抽樣與不重複抽樣等情況，下文僅就大樣本情形分別予以介紹。

一、重複抽樣情況對總體比例的區間估計

比例是指在研究的所有單元中具有某種特徵的單元數量所占的百分比，在統計推斷問題中，常常需要用樣本比例（p）推斷總體比例（π）。

通常 np 與 $n(1-p)$ 不小於 5 時，樣本的比例 p 的抽樣分布可用正態分布近似。P 的數學期望等於總體比例 π，即 $E(p) = \pi$；而 p 的抽樣標準差在重複抽樣條件下為 $\sigma_p = \sqrt{\frac{\pi(1-\pi)}{n}}$。在利用樣本的比例 p 估計總體比例 π 時，由於 π 未知，在大樣本情況下，可

以用樣本比例 p 來代替 π，於是得 $\sigma_p = \sqrt{\dfrac{\pi(1-\pi)}{n}} \approx \sqrt{\dfrac{p(1-p)}{n}}$。可以利用本章前文中所介紹的估計總體均值的方法對總體比例進行區間估計。

重複抽樣時總體比例 π 在 $1 - \alpha$ 置信水平下的置信區間為：

$$P \pm z_{a/2} \sqrt{\dfrac{p(1-p)}{n}}$$

[例 7-8] 在前之例問題中，根據抽樣的結果，試以 95% 的概率估計該地區年底所購買車輛在 15 萬元以上的消費者所占比例的置信區間。

已知 $n = 36$，根據抽樣結果計算的樣本比例為 $p = \dfrac{9}{36} = 25\%$，

由於 np 與 $n(1-p)$ 都大於 5，假設當天的私家購車總量 N 未知，可以用相關公式進行估計，依題意：$1 - \alpha = 95\%$，得 $z_{a/2} = 1.96$。

所以 $p \pm z_{a/2} \sqrt{\dfrac{p(1-p)}{n}} = 25\% \pm 1.96 \times \sqrt{\dfrac{25\% \times (1-25\%)}{36}}$

即 $25\% \pm 14.15\% = (10.85\%, 39.15\%)$。

也就是說，我們可以 95% 的概率估計該地區所購買車輛在 15 萬元以上的消費者所占比例在 10.85% ~ 39.15%。

二、不重複抽樣情況對總體比例的區間估計

在不重複抽樣情況下，p 的數學期望等於總體的比例 π，即 $E(p) = \pi$；而 p 的抽樣標準差為 $\sigma_p = \sqrt{\dfrac{\pi(1-\pi)}{n}\left(\dfrac{N-n}{N-1}\right)} \approx \sqrt{\dfrac{p(1-p)}{n}\left(\dfrac{N-n}{N-1}\right)}$。因此，不重複抽樣時總體比例 π 在 $1 - \alpha$ 置信水平下的置信區間為：

$$p \pm z_{a/2} \sqrt{\dfrac{p(1-p)}{n}\left(\dfrac{N-n}{N-1}\right)} \quad \text{（有限總體、不重複抽樣）}$$

[例 7-9] 某企業共有職工 1,000 人，企業準備實行一項改革，在職工中徵求意見，採取不重複抽樣方法隨機抽取 200 人作為樣本，調查結果顯示，有 150 人表示贊成該項改革，50 人表示反對。試以 90% 概率估計企業全部職工中贊成改革人員比例的置信區間。

已知 $n = 200$，根據抽樣結果計算的贊成改革的人數比例為 $p = \dfrac{150}{200} = 75\%$。

由於 np 與 $n(1-p)$ 都大於 5，且 $n/N = 200/1,000 = 20\% > 5$，可按相關公式進行估計，根據 $1 - \alpha = 90\%$ 得：$z_{a/2} = 1.645$。

$P \pm z_{a/2} \sqrt{\dfrac{p(1-p)}{n}\left(\dfrac{N-n}{N-1}\right)} = 75\% \pm 1.645 \times \sqrt{\dfrac{75\%(1-75\%)}{200} \times \left(\dfrac{1,000-200}{1,000-1}\right)}$

即 $75\% \pm 4.5\% = (70.5\%, 79.5\%)$。

也就是說，我們可以 90% 的概率估計該企業職工中贊成改革的人數比例在 70.5% ~ 79.5%。

第四節　樣本容量的確定

一、影響樣本容量的主要因素

確定合適的樣本容量是抽樣調查的一項重要工作,樣本容量太大,所需要調查的單位就多,就會增加負擔,造成浪費;樣本容量太小,又不能有效地反應總體的情況,直接影響抽樣推斷的結果。因此,在進行抽樣設計時,要確定一個必要抽樣單位數目。所謂必要抽樣單位數目是指在一定概率保證程度的條件下,使抽樣極限誤差不超過一定範圍所應抽取的最少單位數。

一般來說,影響樣本容量的主要因素有四點:

(一) 允許誤差範圍的大小

允許誤差範圍越小,則需要抽取的樣本單位數就越多;反之,允許誤差範圍越大,需要抽取的樣本單位數越少。但是兩者並不一定按比例發生變化。

(二) 總體方差的大小

總體方差越大,說明總體變異程度就大,需要抽取的樣本單位數就越多;反之,總體方差越小,需要抽取的樣本單位數就越少。

(三) 概率保證程度的大小

概率保證程度越高,需要抽出的樣本單位數就越多;概率保證程度越低,需要抽出的樣本單位數就越少。

(四) 抽樣方式方法的不同

在抽樣條件相同的情況下,重複抽樣與不重複抽樣所需的樣本單位數不同,不同的抽樣組織形式,所需的樣本單位數也不相同。

二、確定樣本容量的基本公式

(一) 由平均數推斷的樣本容量

1. 重複抽樣情況下樣本容量的確定

根據抽樣極限誤差的計算公式:

$$\Delta_x = t\mu_x$$

將上式兩邊平方得:

$$\Delta_x^2 = t^2 \frac{\sigma^2}{n_x}$$

所以:

$$n_x = \frac{t^2 \sigma^2}{\Delta_x^2}$$

[例 7-10] 某市對居民家庭消費情況進行調查,根據過去掌握的資料,居民家庭的月平均收入為 2,100 元,標準差為 50 元。若本次調查採用重複抽樣方法,要求把握程度為 95.45%,允許誤差為 5 元,問至少需要抽選多少戶家庭進行調查?

由題意可知:$\sigma = 50$ 元,$\Delta_x = 5$ 元,$t = 2$

所以:$n_x = \dfrac{t^2 \sigma^2}{\Delta_x^2} = \dfrac{2^2 \times 50^2}{5^2} = 400$(戶)

所以,在把握度為 95.45%,允許誤差為 5 元時,至少需要抽選 400 戶家庭。

2. 不重複抽樣情況下樣本容量的確定

由 $\Delta_x = t\mu_x$,即 $\Delta_x = t\sqrt{\dfrac{\sigma^2}{n}\left(1 - \dfrac{n}{N}\right)}$

將上式兩邊平方得:$\Delta_x^2 = t^2 \left(\dfrac{\sigma^2}{n} - \dfrac{n\sigma^2}{Nn}\right)$

則有: $n_x = \dfrac{Nt^2\sigma^2}{N\Delta_x^2 + t^2\sigma^2}$

例如:現要採用不重複抽樣方法調查某企業 3,000 名職工的收入情況,若職工收入方差為 400 元,當允許誤差為 3 元,把握程度為 0.997,3 時,問至少需要抽樣多少名職工進行調查?

由題意可知:$N = 3,000$ 人,$\sigma^2 = 400$,$\Delta_x = 3$ 元,$t = 3$(因概率保證程度為 0.997,3)

則: $n_x = \dfrac{Nt^2\sigma^2}{N\Delta_x^2 + t^2\sigma^2} = \dfrac{3,000 \times 3^2 \times 400}{3,000 \times 3^2 + 3^2 \times 400} = 353$(名)

所以,在允許誤差為 3 元、把握程度為 0.997,3 時,至少需要抽取 353 名職工。

(二) 由成數推斷的樣本容量

利用公式 $\Delta_p = t\mu_p$,可以推斷出:

1. 重複抽樣時樣本容量的確定

$n_p = \dfrac{t^2 P(1-P)}{\Delta_p^2}$

2. 不重複抽樣時樣本容量的確定

$n_p = \dfrac{Nt^2 P(1-P)}{N\Delta_p^2 + t^2 P(1-P)}$

[例 7-11] 某電子元件工廠生產某型號電子管,按以往生產經驗,一級品占 60%。現該廠有 10,000 件電子管,要求一級品率的抽樣誤差不超過 4%,概率保證度為 95.45%,問採用重複抽樣和不重複抽樣各需抽取多少電子管來檢驗?

由題意可知:$\Delta_p = 4\%$,$p = 0.6$,$t = 2$(因概率保證度為 0.954,5),$N = 10,000$(件)

重複抽樣時:$n_p = \dfrac{t^2 P(1-P)}{\Delta_p^2} = \dfrac{2^2 \times 0.6 \times 0.4}{0.04^2} = 600$(件)

不重複抽樣時:

$n_p = \dfrac{Nt^2 P(1-P)}{N\Delta_p^2 + t^2 P(1-P)}$

$$= \frac{10,000 \times 2^2 \times 0.6 \times 0.4}{10,000 \times 0.04^2 + 2^2 \times 0.6 \times 0.4} = 566.04 \approx 567$$

所以,在允許誤差不超過4%,概率保證度為95.45%時,採用重複抽樣需要抽取600件電子管,而採用不重複抽樣需要抽取567件電子管進行檢驗。

三、確定樣本容量應注意的問題

(1)當總體單位數不多時,採用不重複抽樣調查方式。必須採用不重複抽樣公式確定樣本容量,以保證樣本容量的準確性。當總體單位數很多時,採用不重複抽樣調查方式。一般可以採用重複抽樣調查方式確定樣本容量。

(2)由平均數推斷樣本容量時,事先要知道總體方差。如果過去曾經進行過這種調查,則可以用過去最大的總體方差代替;如果過去未曾進行過這種調查,則可做試查,用試查的總體方差代替。

(3)由成數推斷樣本容量時,事先要知道總體成數 P。如果過去曾進行過這種調查,則採用最接近0.5之值;如果過去未曾進行過這種調查,則可直接取總體成數為0.5。

(4)一個總體往往需要同時估計總體平均數和總體成數,由於它們的方差和允許誤差範圍不同,因此計算的樣本容量也不相同。為了防止由於抽樣單位數不足而擴大抽樣誤差,在實際工作中往往採用較大的樣本容量,以滿足共同的需要。

第五節　　抽樣估計應用技能訓練

一、填空題

1. 從全及總體中隨機抽取出的一個總體單位叫作_____。
2. 從全及總體中隨機抽取出的一部分總體單位所組成的整體叫作_____。
3. 抽樣估計的特點從數學方法上講,是運用(　　)。
   A. 確定的數學分析方法　　　B. 不確定的概率估計方法
   C. 歸納護理方法　　　　　　D. 演繹推理方法
4. 抽樣單位數與極限誤差的變化關係是(　　)。
   A. 正比　　　B. 反比　　　C. 同向　　　D. 反向
5. 總體成數(　　)。
   A. 是指總體中具有某一相同標誌表現的單位數占全部總體單位的比重
   B. 是反應樣本特徵的統計指標
   C. 是指樣本中具有某一相同標誌表現的單位數占容量的比重
   D. 是指樣本中根據各單位標誌值計算的方差
6. 一般地說,用抽樣指標估計總體指標應該有三個要求。這三個要求是:①_____;②_____;③_____。
7. 抽樣平均誤差就是抽樣平均數(或抽樣成數)的_____。它反應抽樣平均

數(或抽樣成數)與總體平均數(或總體成數)的_____。

8. 常用的抽樣方法有_____抽樣和_____抽樣。

9. 誤差範圍(Δ),概率度(t)同抽樣誤差(μ)三者之間的關係是_____。

10. 簡單隨機抽樣的成數抽樣平均誤差計算公式在重複抽樣條件下用：_____；不重複抽樣條件下用：_____。

11. 影響樣本規模的主要因素有：①_____；②_____；③_____；④_____。

二、單項選擇題

1. 能夠事先加以計算和控制的誤差是(　　)。
   A. 抽樣誤差　　B. 登記誤差　　C. 系統性誤差　　D. 測量誤差

2. 抽樣調查的主要目的在於(　　)。
   A. 計算和控制抽樣誤差　　B. 瞭解總體單位的情況
   C. 用樣本來推斷總體　　D. 對調查單位做深入的研究

3. 置信區間的大小表達了區間估計的(　　)。
   A. 可靠性　　B. 準確性　　C. 顯著性　　D. 及時性

4. 抽樣推斷中的概率保證度表達了區間估計的(　　)。
   A. 顯著性　　B. 準確性　　C. 可靠性　　D. 規律性

5. 從1,2,3,4,5這五個數構成的總體中不重複隨機抽取兩個作為樣本,則對於所有可能樣本的樣本均值,以下說法正確的是(　　)。
   A. 樣本均值的實際抽樣誤差的最大值為2
   B. 樣本均值為3的概率是25%
   C. 樣本均值為3的概率是40%
   D. 以上都不對

6. 從2,000名學生中按不重複抽樣的方法抽取了100名進行調查,其中女生45名,則樣本成數的抽樣平均誤差為(　　)。
   A. 0.24%　　B. 4.85%　　C. 4.97%　　D. 以上都不對

7. 目前,已成為中國統計調查方法體系的主體的調查方法是(　　)。
   A. 普查　　B. 抽樣調查
   C. 統計報表　　D. 重點調查
   E. 典型調查

8. 抽樣調查的隨機性誤差是(　　)。
   A. 可以避免,也可以控制　　B. 可以避免,但不可以控制
   C. 不可避免,但能控制　　D. 不能避免,也不能控制

9. 假定10億人口大國和100萬人口小國的居民年齡差異程度相同,現在各自用重複抽樣方法抽取本國人口的1%來推斷平均年齡,則平均年齡抽樣平均誤差(　　)。
   A. 兩者相同　　B. 前者比後者大
   C. 前者比後者小　　D. 無法比較兩者大小

三、多項選擇題

1. 總體參數區間估計必須具備的三個要素是(　　)。
   A. 樣本單位數　　　　　B. 樣本指標
   C. 全及指標　　　　　　D. 抽樣誤差
   E. 抽樣估計的置信度

2. 參數估計的方法包括(　　)。
   A. 無偏估計　　　　　　B. 有效估計
   C. 一致估計　　　　　　D. 點估計
   E. 區間估計

3. 評價估計量的標準包括(　　)。
   A. 正確性　　　　　　　B. 顯著性
   C. 有效性　　　　　　　D. 一致性
   E. 無偏性

4. 某企業對欲出口的自行車輪胎進行壽命檢驗，從中隨機抽取了 36 條作為樣本，測得樣本的平均壽命是 5,000 千米。根據以往經驗得知，總體輪胎壽命的標準差為 400 千米，若以 95% 的置信水平估計總體輪胎的平均壽命，下列說法正確的是(　　)。
   A. $n = 36$ 為大樣本
   B. $1 - \alpha = 0.95$
   C. $z_{\alpha/2} = 1.96$
   D. 總體輪胎平均壽命置信區間為 $5,000 \pm 1.96 \times 400$
   E. 總體輪胎平均壽命置信區間為 $5,000 \pm 1.96 \times 66.67$

5. 某飯店要估計前來用餐顧客的平均花費金額，按照以往經驗可知人均消費的標準差是 9 元，隨機調查了 49 名顧客，測得平均每人一次花費 22 元，據此估計所有在此用餐顧客的平均花費金額的 95% 置信區間，下列說法正確的是(　　)。
   A. $n = 49$ 為大樣本
   B. $1 - \alpha = 0.95$
   C. $z_{\alpha/2} = 1.96$
   D. 總體顧客平均花費金額置信區間為 19.47 ~ 24.53 元之間
   E. 總體顧客平均花費金額置信區間為 4.36 ~ 39.64 元之間

6. 某工廠購進一批化工原料，從中隨機抽取 10 包原料檢測水分含量，測得數據如下(%)：

   10.1　12.2　11.5　12.0　11.0　11.8　12.0　10.5　10.8　11.5

   從以往經驗得知該批化工原料的水分含量服從正態分布，據此估計該批化工原料的平均水分含量。此推斷中下列提法正確的有(　　)。
   A. 抽取的樣本為小樣本
   B. 抽取的樣本為大樣本

C. 樣本的平均水分含量服從正態分布

D. 樣本的平均水分含量服從 t 分布

E. 對總體平均水分含量既可以進行點估計,也可以進行區間估計

四、應用技能訓練

(一)以下列各實訓資料進行抽樣估計技能訓練

實訓 1

[應用訓練資料]

某副食品加工廠採取簡單隨機不重複抽樣方法,從入庫產品中抽取 10% 共 100 箱食品進行質量檢查,得到如表 7-4 的資料。

表 7-4　　　　　　　某副食品加工廠質量檢查資料

廢品率(%)	1~2	2~3	3~4	合計
裝箱數(箱)	60	30	10	100

[訓練要求]

(1)計算廢品率的抽樣平均誤差。

(2)試以 0.682,7 的概率保證估計全部入庫產品的廢品率範圍。

[訓練提示]

(1)本訓練旨在使學員掌握對總體的成數進行區間估計的方法。

(2)以組中值為代表值採用加權算數平均數計算平均廢品率,採用相關公式計算抽樣平均誤差和估計全部入庫產品的廢品率範圍。

實訓 2

[應用訓練資料]

某企業用重複抽樣的方法,在一批 2,000 件的產品中抽取 200 件進行質量檢驗,其中合格品為 190 件。

[訓練要求]

(1)計算該批產品合格率的抽樣平均誤差。

(2)以 0.954,5 的概率保證程度對合格率和合格品數量進行區間估計。

[訓練提示]

(1)本訓練旨在使學員掌握區間估計兩種模式的操作過程,並引導學員根據合格率的估計區間來推算合格品數量的估計區間。

(2)首先計算合格率;然後採用相關公式計算平均誤差等。

實訓 3

[應用訓練資料]

某燈泡廠質檢科的技術標準規定:燈泡使用壽命低於 1,000 小時為不合格品。質檢科上一季度對某一天生產的燈泡每隔一小時抽 5 個進行壽命檢查,多日後檢查結果整理如表 7-5 所示。

表 7-5　　　　　　　　　　　　　　燈泡壽命抽查結果

照明時數(小時)	800 以下	800～1,000	1,000～1,200	1,200～1,400	1,400～1,600	1,600 以上	合計
燈泡數(個)	2	4	28	46	32	8	120

[訓練要求]

(1) 計算樣本燈泡的平均使用壽命和合格品率。

(2) 在 95.45% 的概率保證下,推斷同日生產所有燈泡的使用壽命和合格品率。

[訓練提示]

本訓練旨在使學員熟悉掌握對總體平均數和總體成數進行估計區間的方法。

(二) 以下列實訓資料確定樣本容量應用技能訓練

實訓 4

[應用訓練資料]

某公司要對一批 40,000 件的產品進行質量檢驗,根據以往資料,該產品的重量標準差為 0.5 千克,合格率為 90%。現要在 95.45% 的概率保證下,要求抽樣平均重量的極限誤差不超過 0.05 千克,抽樣合格率的極限誤差不超過 3%。

[訓練要求]

確定本次調查必要的抽樣單位是多少。

[訓練提示]

本訓練旨在使學員掌握不同抽樣方法的樣本容量的確定方法。

實訓 5

[應用訓練資料]

某商品經常抽查返修情況,根據以往的售後服務紀錄,該商品的返修率為 10%。本次抽查要求返修率的允許誤差不超過 3%,概率保證為 95.45%。

[訓練要求]

(1) 確定重複抽樣方式下的抽樣單位數。

(2) 若其他條件不變,而允許誤差減少 20%,則抽樣單位數又應為多少?

[訓練提示]

本訓練旨在使學員掌握樣本容量公式的確定方法並能靈活運用。

附錄:應用 Excel 進行區間估計

運用 Excel 進行區間估計,可選用 CONFIDENCE 函數。CONFIDENCE(置信區間)函數的基本格式為:

CONFIDENCE(alpha, standard - dev, size)

返回總體平均值的置信區間。

Alpha(即 α)是用於計算置信度的顯著水平參數。置信度等於 $(1-\alpha)$,亦即,如果 α 為 0.05,則置信度為 0.95。

Standard – dev 數據區域的總體標準差,假設為已知(實際中,總體標準差未知時通常用標本標準差代替)。

Size 樣本容量(即 n)。

如果假設 α 等於 0.05,則需要計算標準正態分布曲線運動 0.95(1 – α)之下的臨界值,查表知其臨界值為 ±1.96。因此,置信區間為:

$$\bar{x} \pm 1.96 (\frac{\sigma}{\sqrt{n}})$$

現以某企業對一批產品的質量進行抽樣檢驗為例,抽樣數據和要求如下:
(1)在 B1 單元格中輸入樣本容量 200;
(2)在 B2 單元格中輸入樣本比率 85%;
(3)在 B3 單元格中輸入計算樣本比率的標準公式「= SQRT[B2 * (1 – B)]」;
(4)在 B4 單元格中輸入 α 為 10%;
(5)在 B5 單元格中輸入表達式:「CONFIDENCE(B4,B3,B1)」,即得到 $Z_{\alpha/2} \sqrt{\frac{p(1-p)}{n}}$ 等於 4.15%。

CONFIDENCE 函數的應用,如圖 7 – 1 和圖 7 – 2 所示。

圖 7 – 1 總體優質品率的區間估計

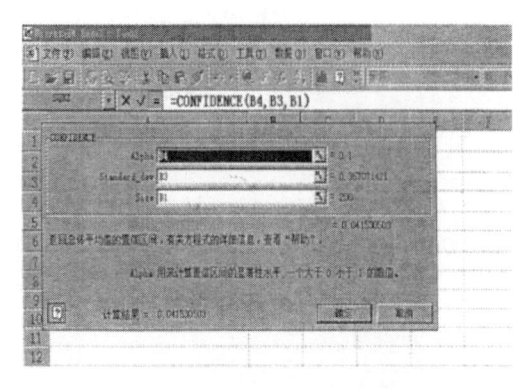

圖 7 – 2 CONFIDENCE 函數

[**本章小結**]

本章首先介紹了參數估計的基本方法,參數估計的方法有點估計和區間估計。點估計是指用樣本估計量直接作為總體參數的估計值,評價一個點估計量好與壞的標準主要有無偏性、有效性和一致性。區間估計則是在點估計的基礎上,根據給定的置信度估計總體參數取值的範圍。實際工作中主要是進行區間估計。

對總體均值進行區間估計主要包括兩種情況:

(一) 大樣本時,總體均值的置信區間為:在重複抽樣條件下 $\bar{x} \pm z_{a/2} \frac{\sigma}{\sqrt{n}}$;在不重複抽樣條件下 $\bar{x} \pm z_{a/2} \frac{\sigma}{\sqrt{n}} \sqrt{\frac{N-n}{N-1}}$。如果總體的標準差 σ 未知,則需要用樣本標準差 s 代替。

(二) 小樣本時,總體均值的置信區間為:$x \pm t_{a/2} \frac{s}{\sqrt{n}}$。

對總體比例的區間估計通常是在大樣本的情況下進行的,在重複抽樣條件下,總體比例的置信區間為 $p \pm z_{a/2} \sqrt{\frac{p(1-p)}{n}}$;在不重複抽樣條件下,總體比例的置信區間為 $p \pm z_{a/2} \sqrt{\frac{p(1-p)}{n}(\frac{N-n}{N-1})}$。

確定樣本容量也是實際應用中需要考慮的一個重要問題。在估計總體均值時,樣本容量的確定公式為 $n = \frac{(z_{a/2})^2 \sigma^2}{E^2}$,對於不重複抽樣有 $n = \frac{N(z_{a/2})^2 \sigma^2}{(N-1)E^2 + (z_{a/2})^2 \sigma^2}$。在估計總體比例時,樣本容量的確定公式為 $n = \frac{(z_{a/2})^2 \pi(1-\pi)}{E^2}$,對於不重複抽樣有 $n = \frac{N(z_{a/2})^2 \pi(1-\pi)}{(N-1)E^2 + (z_{a/2})^2 \pi(1-\pi)}$。

樣本容量與總體方差成正比,總體的差異越大,所要求的樣本容量也越大;樣本容量與置信概率成正比,在其他條件不變的情況下,置信概率越大,所需的樣本容量也就越大;樣本容量與抽樣允許誤差成反比,抽樣允許的誤差越大,所需的樣本容量就越小;樣本容量與抽樣方法有關,在相同條件下,採用重複抽樣要比採用不重複抽樣多抽取一些樣本單位。

[**案例分析1**]

某市某商業銀行為了估計2008年上半年對個人購買二手房的評價貸款額,隨機抽取42個貸款帳戶,其貸款數據如下(單位:萬元):

160.0	149.4	180.0	100.0	850.0	150.0
170.0	290.0	140.0	60.0	145.0	200.0
300.0	150.0	200.0	218.0	220.0	190.0

120.0	180.0	230.0	114.0	200.0	139.5
170.0	155.0	100.0	95.0	250.0	100.0
300.0	100.0	140.0	170.0	270.0	160.0
100.0	200.0	250.0	150.0	190.0	160.0

假設你是本商業銀行的管理人員,你將怎樣根據上面的統計數據,以95%的置信水平估計上半年所有二手房評價貸款額的置信區間和上半年所有二手房貸款額中金額在20萬元以上所占比例的置信區間?

該市某商業銀行對上述問題是這樣估算與分析的:

① 由於 $n = 42$,為大樣抽樣;經計算,樣本貸款額的均值 $\bar{x} = 188.5$,標準差 $s = 119.5$,依題意:$1 - \alpha = 95\%$,查表得 $z_{\alpha/2} = 1.96$。

在95%的置信水平下總體貸款額均值的置信區間為:

$$188.5 \pm 1.96 \frac{119.5}{\sqrt{42}} = 188.5 \pm 36.14$$

核算結果表明:總體平均貸款額在95%的置信水平下的置信區間為152.35萬~224.65萬元之間。

② 已知 $n = 42$,樣本中20萬元以上貸款所占比例為 $p = \frac{13}{42} = 31\%$,

由於 np 與 $n(1-p)$ 都大於5,由 $1 - \alpha = 95\%$,得 $z_{\alpha/2} = 1.96$

所以,在95%的置信水平下總體貸款額中20萬元以上貸款所占比例的置信區間為:

$$p \pm z_{\alpha/2} \sqrt{\frac{p(1-p)}{n}} = 31\% \pm 1.96 \times \sqrt{\frac{31\% \times (1 - 31\%)}{42}}$$

$= 31\% \pm 14\% = (17\%, 45\%)$。

即可以95%的概率估計該銀行上半年所有二手房貸款額中金額在20萬元以上所占比例為17%~45%。

[案例分析2]

工業產品推銷員的回報

最近十年,《工業產品銷售》(Industrial Distribution)一直在研究工業產品推銷員的回報問題。在1997年年薪的調查中,358名回答者的結果表明,有27%的回答者在銷售額超過4,000萬美元的公司工作,其中典型的工業產品推銷員在銷售額為1,200萬美元的公司工作,那些在中小型公司(銷售額在600萬~2,000萬美元之間)工作的人比在大公司工作的人可獲得更高的收益,薪水最低的雇員在銷售額不足100萬美元的公司工作。1996年典型的戶外推銷員的收入為50,000美元,而典型的室內推銷員只有30,000美元的收入。假設在較大的舊金山地區工業產品推銷員的一個分會,進行了關於會員資格的一次調查,以研究雇員資歷與在戶外或室內場所推銷的人的年薪之間是否有關係。在這個調查中,被調查者被指定為三種資歷水平:低(1~10年)、中(11~20年)、高(21年及

以上），所得資料如表7-6。

表7-6　　　　　　　　　　　　　　　　　　　　　　　　　　　　　單位：美元

觀察者序號	年薪	場所	資歷	觀察者序號	年薪	場所	資歷	觀察者序號	年薪	場所	資歷
1	28,938	室內	中	41	54,383	戶外	中	81	51,863	戶外	高
2	27,694	室內	中	42	36,128	戶外	低	82	56,750	戶外	中
3	45,515	戶外	低	43	29,122	室內	低	83	33,749	室內	高
4	27,031	室內	中	44	53,710	戶外	高	84	27,638	室內	中
5	37,283	戶外	低	45	33,814	室內	低	85	37,657	室內	中
6	32,718	室內	低	46	34,276	室內	低	86	26,027	室內	高
7	54,081	戶外	高	47	50,869	戶外	中	87	37,881	戶外	低
8	23,621	室內	低	48	32,549	室內	中	88	50,791	戶外	高
9	47,835	戶外	高	49	51,762	戶外	中	89	36,680	戶外	低
10	29,768	室內	中	50	35,993	戶外	中	90	34,768	室內	高
11	27,282	室內	中	51	38,362	室內	中	91	31,568	室內	高
12	30,632	室內	低	52	28,231	室內	高	92	57,622	戶外	中
13	38,856	戶外	低	53	37,115	室內	高	93	50,326	戶外	高
14	26,827	室內	中	54	31,080	室內	中	94	32,719	室內	高
15	26,948	室內	低	55	28,392	室內	中	95	32,366	室內	高
16	31,588	室內	中	56	36,299	戶外	低	96	32,670	室內	低
17	43,858	戶外	低	57	28,894	室內	高	97	27,072	室內	低
18	38,478	戶外	低	58	57,794	戶外	中	98	43,569	戶外	高
19	58,846	戶外	中	59	31,990	室內	低	99	56,526	戶外	中
20	34,253	室內	高	60	52,403	戶外	高	100	57,059	戶外	中
21	28,464	室內	低	61	53,936	戶外	高	101	49,374	戶外	高
22	58,176	戶外	中	62	29,282	室內	中	102	26,119	室內	低
23	35,949	室內	高	63	53,850	戶外	中	103	55,696	戶外	中
24	27,833	室內	低	64	29,592	室內	高	104	31,352	室內	低
25	47,914	戶外	高	65	31,461	室內	低	105	52,622	戶外	高
26	58,040	戶外	中	66	49,389	戶外	高	106	44,142	戶外	低
27	39,288	戶外	低	67	24,422	室內	低	107	42,603	戶外	高
28	39,562	室內	高	68	61,692	戶外	中	108	35,561	戶外	低
29	27,644	室內	高	69	52,356	戶外	高	109	26,246	室內	中
30	30,959	室內	低	70	33,055	室內	中	110	29,891	室內	低
31	63,730	戶外	中	71	52,820	戶外	高	111	62,090	戶外	中
32	52,683	戶外	中	72	52,801	戶外	高	112	30,482	室內	高
33	31,339	室內	高	73	33,053	室內	中	113	28,464	室內	低
34	46,345	戶外	低	74	53,169	戶外	中	114	33,568	室內	中
35	38,799	室內	低	75	43,560	戶外	低	115	33,080	室內	高
36	53,074	戶外	高	76	41,320	戶外	高	116	53,702	戶外	中
37	40,546	戶外	低	77	42,237	戶外	低	117	58,131	戶外	中
38	34,057	室內	中	78	37,225	戶外	低	118	32,788	室內	高
39	41,024	戶外	低	79	33,866	室內	高	119	28,070	室內	中
40	34,457	室內	高	80	52,311	戶外	高	120	35,259	戶外	低

[關鍵名詞]

估計量　　估計值　　點估計　　區間估計　　置信水平　　置信區間　樣本容量

[討論與思考題]

1. 什麼是參數估計?什麼是假設檢驗?它們的基本思路有什麼不同?
2. 參數和統計量有哪些區別和聯繫?試舉例說明。
3. 什麼是重複抽樣和不重複抽樣?不同的抽樣方法怎樣影響著抽樣推斷的結果?
4. 參數估計的優良標準是什麼?抽樣平均數和抽樣成數估計是否符合優良估計標準?試加以說明。
5. 什麼是概率度?什麼是置信度?兩者有什麼關係?

第八章　相關分析與迴歸分析

[學習目標]

　　本章主要闡述相關關係的統計方法。其內容有:相關關係的概念及種類、相關圖表、相關係數的計算與分析、一元線性迴歸分析與預測等。通過本章學習,學員能夠重點掌握簡單線性相關分析和一元線性迴歸分析的理論與方法,並能依據實際資料進行簡單線性相關分析及一元線性迴歸分析和預測。

[案例開題]

　　1947年,寶麗來公司創始人埃德溫·蘭德博士宣布,他們在研究即時顯像的技術方面邁出了新的一步,這使得一分鐘成像成為可能。緊接著,公司開始拓展用於大眾攝影的業務。寶麗來的第一臺相機和第一卷膠卷誕生於1949年。在那之後,他們不斷地在化學、光學和電子學方面進行試驗和發展,以生產具有更高品質、更高可靠和更為便利的攝影系統。

　　寶麗來公司的另一項主要業務是為技術和工業提供產品。目前,它正致力於使即時顯像技術在現代可視的通信環境下,成為日益增長的成像系統中的關鍵部分。為此,寶麗來公司推出了多種可進行即時顯像的產品,以供專業攝影、工業、科學和醫學之用。除些之外,公司還在磁學、太陽鏡、工業偏振鏡、化工、傳統塗料及全息攝影的研製和生產力方面有自己的業務。

　　用於衡量攝影材料感光度的測光計,可以提供許多有關於膠片特性的信息,例如它的曝光時間範圍。在寶麗來中心感光實驗室中,科學家們把即時顯像膠片置於一定的溫度和濕度下,使之近似於消費者購買後的保存條件,然後再對其進行系統地抽樣和分析。他們選擇專業彩色攝影膠卷,抽取了分別已保存1~13個月不等的膠卷,以便研究它們保存時間和感光速率之間的聯繫。數據顯示,感光速率隨保存時間的延長而下降,它們之間相應變動的關係可用一條直線或線性關係近似地表示出來。

　　運用迴歸分析,寶麗來公司建立起一個方程式,它能反應出膠卷保存時間長短對感光速率的影響。

$$y = 19.8 - 7.6x$$

　　式中:y——膠卷感光率的變動;

　　　　x——膠卷保存時間(月)。

　　從這一方程式可以看出,膠卷的感光率平均每月下降7.6個單位。此分析得到的信

息,有助於寶麗來公司把消費者的購買和使用結合起來考慮,調整顧客需要的膠卷。

從上述案例導入本章內容,這一章將著重論述相關分析和迴歸分析的基本理論與分析方法。

第一節　相關分析

一、相關分析的概念和種類

(一) 相關分析的概念

當今世界的各種現象之間相互聯繫、相互制約、相互依存,某些現象發生變化時,另一現象也隨之發生變化。研究這些現象之間的依存關係,找出它們之間的變化規律,是對經搜集、整理過的統計數據進行數據分析,為客觀、科學的統計提供依據。

各種現象間的依存關係大致可以分成兩種類型:一類是函數關係,另一類是相關關係。

1. 函數關係

函數是指現象之間是一種嚴格的確定性的依存關係。表現為某一現象發生變化,另一現象也隨之發生變化,而且有確定的值與之相對應。例如,中國銀行的 1 年期存款利率為年息 3.16%,存入的本金用 x 表示,到期本息用 y 表示,則 $y = (1 + 3.16\%)x$(不考慮利息稅),這就是函數關係。

2. 相關關係

相關關係是指客觀現象之間確實存在的,但數量上不是嚴格對應的依存關係。在相關關係中,現象之間在數量變化上存在一定的依存關係,但這種關係不是確定的,由於偶然因素的影響,當某一現象在數量上發生變化時,另一現象並不按某一確定的法規發生變化,而是在一定的範圍內發生波動。通過大量觀察,仍然可以發現現象之間具有內在的變化規律。例如,產品成本的高低與利潤的多少有密切關係,但某一確定的成本與相對應的利潤卻是不確定的。這是因為,影響利潤的因素除了環境和成本因素外,還有價格、供求平衡、消費嗜好等因素以及其他偶然因素的影響。

關於相關關係與因果關係有著較為密切聯繫的問題。在相關關係中,有許多相關現象之間存在單向因果關係。單向因果關係有直接單向因果關係和間接單向因果關係之分。例如,單位成本與總費用之間就是直接單向因果關係,單位成本是原因,總費用是結果。學生的家庭條件與學生的學習成績之間就是間接單向因果關係。對於存在為單向因果關係的兩個現象,往往把引起其他現象的變化的因素稱為自變量;另一個現象的變化是自變量變化的結果,它是不確定的值,稱為因變量。例如,單位成本與總費用,前為自變量,後為因變量。

在相關關係中,有許多相關現象之間存在雙向因果關係。雙向因果關係有直接雙向因果關係和間接雙向因果關係之分。例如,工資和物價在一定條件下是一種間接雙向因

果關係。工資上漲引起需求增加,在供應不變的條件下,需求增加必然引起物價上漲;反之,亦可能成立。

(二) 相關關係的種類

現象之間的相關關係按不同的角度分類可以區分為不同類型。

1. 按相關關係涉及變量(或因素)不同分類,可分為單相關和復相關

單相關又稱一元相關,是指兩個變量之間的相關關係。如廣告費支出與產品銷售量之間的相關關係。單相關是一種簡單的相關形式,是相關和迴歸分析的基礎。在社會經濟現象中,單相關是很少存在的,一個現象與其他許多現象存在著相關關係。

復相關又稱多元相關,是指三個或三個以上變量之間的相關關係。如商品銷售額與居民收入、商品價格之間的相關關係。復相關是社會經濟現象中普遍存在的一種關係形式。在相關分析中,涉及變量的多少常常與統計研究目的、科學技術發展水平和人們認識社會的能力有關。

2. 按相關關係形式不同分類,可分為線性相關和非線性相關

線性相關又稱直線相關,是指當一個自變量變動時,因變量大致地圍繞一條直線發生變動,從圖形上看,其觀察點的分布近似地表現為一條直線。例如,人均消費水平與人均收入水平通常呈線性關係。

非線性相關又稱曲線相關,是指一個變量變動時,另一變量也隨之發生變動,但這種變動不是均等的,從圖形上看,其觀察點的分布近似地表現為一條曲線,如拋物線、指數曲線等。例如,工人加班加點,使產量在一定數量界限內增加,但一旦超過一定限度,產量反而可能下降,這就是一種非線性關係。

3. 按相關關係變化的方向不同分類,可分為正相關和負相關

正相關是指當一個變量的值增加或減少時,另一個變量的值也隨之增加或減少。例如,工人勞動生產率提高,產品產量也隨之增加;居民的消費水平隨個人所支配收入的增加而增加。

負相關是指當一個變量的值增加或減少時,另一個變量的值反而減少或增加。例如,商品流轉額越大,商品流通費用越低;利潤隨單位成本的降低而增加。

4. 按相關關係程度不同分類,可分為完全相關、不完全相關和不相關

完全相關是指當一個變量的數量完全由另一個變量的數量變化所確定時,兩者之間即為完全相關。例如,在價格不變的條件下,銷售額與銷售量之間的正比例函數關係即為完全相關,此時相關關係便成為函數關係。因此,可以說,函數關係是相關關係的一個特例。

不完全相關是指如果兩個變量的關係介於完全相關和不相關之間。由於完全相關和不相關的數量關係是確定或相互獨立的。因此,統計學中相關分析的主要研究對象是不完全相關。

不相關又稱零相關,是指當變量之間彼此互不影響,其數量變化各自獨立時,則變量之間稱為不相關。例如,股票價格的高低與氣溫的高低在一般情況下是不相關的。

二、線性相關關係的測定

線性相關關係如何測定我們可以通過編制相關表、繪製相關圖和計算相關係數來測定。

(一) 編制相關表

相關表是一種統計表，它是直接根據現象之間的原始資料，將一變量的若干變量值按從小到大的順序排列，並將另一變量的值與之對應排列形成的統計表。

[例8-1] 某公司人均銷售額和利潤率的數據，如表8-1所示。

表8-1　　　　　　　　　　人均銷售額與利潤率相關表　　　　　　　　　單位：萬元

人均月銷售額	利潤率(%)
1	3.0
3	6.2
3	6.6
4	8.1
5	10.4
6	12.6
6	12.3
7	16.3
7	16.8
8	18.5

資料未分組，可將一個變量值按大小順序排列，而另一變量值與之一一對應形成的表，稱為簡單相關表。例如，為研究某商場人均月銷售額和利潤率的關係，調查10家商場取得10對數據。把人均月銷售額按從小到大的順序排列，各家的利潤率按對應位置填寫。編制而成的簡單相關表如表8-1所示。

從表中可以清楚地看出，隨著人均月銷售額的增長，利潤率也呈增長的趨勢。由此可知，這兩個變量之間存在著正相關關係。

在簡單相關表的基礎上，將一個變量值加以分組而編制的相關表稱為分組相關表。如果同時按兩個變量分組，則編制的相關表稱為雙變量分組相關表，或棋盤式相關表。

(二) 繪製相關圖

相關圖是把相關的兩個變量之間的關係在平面直角坐標系中反應出來。通常將一個變量 x 置於橫軸，另一個變量 y 置於縱軸，再把兩個變量的對應值用坐標點（也稱相關點）形式描繪出來。運用相關圖觀察相關點的分布狀態：若點的分布較為集中在某個曲線的周圍，說明隨著一個變量的變化，另一個變量波動的幅度較小，即偶然因素影響程度較小，則兩個變量相關關係較為密切；反之，若點的分布是無規律的分散，則兩個變量相關關係就不太密切。觀察相關點的分布趨勢：若大多數點都密集在一條直線附近，說明兩個

變量線性相關;若大多數點都密集在一條曲線附近,說明兩個變量非線性相關;若相關點的分布沒有明顯趨勢,若大多數點都密集在一條直線附近,說明兩個變量非線性相關;若相關點的分布沒有明顯趨勢,雜亂無章,說明兩個變量相關關係不顯著或沒有相關關係。可見,相關圖就是利用相關點的分布特徵來描述變量之間相關關係的工具。例如表8-1所反應的人均月銷售額與利潤率的關係,可用相關圖8-1表示。

從圖8-1中,可以清楚地看出,這兩個變量之間相關的方向(正相關)以及相關的具體形式(直線相關)。

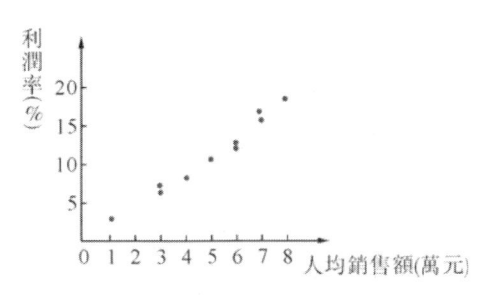

圖8-1　人均銷售額與利潤率的相關圖

從相關圖可以直觀地看出,人均銷售額與利潤率之間相關密切,且有線性正相關關係。

(三) 計算線性相關係數

相關表和相關圖可反應兩個變量之間的相互關係及其相關方向,但無法確切地表明兩個變量之間相關的程度。線性相關係數是用以反應變量之間相關關係密切程度的統計指標。

線性相關係數有多種計算方法。其中,應用最廣泛的是皮爾森(Pearson)相關係數(r),其計算公式如下:

$$r = \frac{\sum (x - \bar{x})(y - \bar{y})}{\sqrt{\sum (x - \bar{x})^2 \sum (y - \bar{y})^2}}$$

在許多情況下,相關係數的計算可以同迴歸系數計算結合起來,於是又有一個相關係數公式如下:

$$r = \frac{n \sum xy - \sum x \sum y}{\sqrt{n \sum x^2 - (\sum x)^2} \sqrt{n \sum y^2 - (\sum y)^2}}$$

相關係數的值介於 $-1 \sim +1$ 之間,即 $-1 \leq r \leq +1$。其性質如下:

(1) 當 $r > 0$ 時,表示兩變量正相關;$r < 0$ 時,兩變量為負相關。
(2) 當 $|r| = 1$ 時,表示兩變量為完全線性相關,即為函數關係。
(3) 當 $r = 0$ 時,表示兩變量間無線性相關關係。
(4) 當 $0 < |r| < 1$ 時,表示兩變量存在一定程度的線性相關。且 $|r|$ 越接近於1,兩變量間線性關係越密切;$|r|$ 越接近於0,表示兩變量的線性相關越弱。

(5) 一般可按四級劃分:$|r| < 0.3$,表明現象之間不存在線性相關關係;$0.3 \leq |r| < 0.5$ 為低度線性相關關係;$0.5 \leq |r| < 0.8$ 為顯著的(中等)線性相關關係;$0.8 \leq |r| < 1$ 為高度線性相關關係。

現舉例說明相關係數的計算方法。

[例8-2]某電子工業公司下屬14個企業,各企業年設備生產能力和年勞動生產率資料列於表8-2,試計算相關係數。

表8-2　　　　某公司14個企業年設備生產能力和年勞動生產率表

企業	1	2	3	4	5	6	7	8	9	10	11	12	13	14
設備能力/(千瓦/人)	2.8	2.8	3.0	2.9	3.4	3.9	4.0	4.8	4.9	5.2	5.4	5.5	6.2	7.0
勞動生產率/(萬元/人)	6.7	6.9	7.2	7.3	8.4	8.8	9.1	98	10.6	10.7	11.1	11.8	12.1	12.4

試計算相關係數的有關數據列於表8-3。

表8-3　　　　　　　　相關數據表

企業	x	y	x^2	y^2	xy
1	2.8	6.7	7.84	44.89	18.76
2	2.8	6.9	7.84	47.61	19.32
3	3.0	7.2	9.00	51.84	21.60
4	2.9	7.3	8.41	53.29	21.17
5	3.4	8.4	11.56	70.56	28.56
6	3.9	8.8	15.21	77.44	34.22
7	4.0	9.1	16.00	82.81	36.40
8	4.8	9.8	23.04	96.04	47.04
9	4.9	10.6	24.01	112.36	51.94
10	5.2	10.7	27.04	114.69	55.64
11	5.4	11.1	29.16	123.21	59.94
12	5.5	11.8	30.25	139.24	64.90
13	6.2	12.1	38.44	146.41	75.02
14	7.0	12.4	49.00	153.76	86.80
合計	61.8	132.9	296.80	1,313.95	621.41

由表8-3可得:

$\sum x = 61.8$　　　$\sum y = 132.9$　　　$\sum x^2 = 296.8$

$\sum y^2 = 1,313.95$　　　$\sum xy = 622.81$　　　$n = 14$

$L_{xy} = 622.81 - \dfrac{1}{14} \times 61.8 \times 132.9 = 36.151$

$$L_{xy} = 296.8 - \frac{1}{14} \times 61.8^2 = 23.997$$

$$L_{yy} = 1,313.95 - \frac{1}{14} \times 132.9^2 = 52.349$$

$$r = \frac{L_{xy}}{\sqrt{L_{xx} \cdot L_{yy}}} = \frac{36.151}{\sqrt{23.997 \times 52.349}} = 1.02$$

相關係數 $r = 0.98$，說明企業年設備能力和年勞動生產率之間存在高度正線性相關。

一般情況下，相關係數的絕對值在 0.3 以下表明相關關係較微弱；0.3～0.5 表明存在低度相關；0.5～0.8 表明顯著相關；0.8 以上為高度相關。

三、計算等級相關係數

在統計研究中，有些社會現象無法以精確數量來表現其數量特徵，只能以等級或次序來表現。例如，事態輕重、重量優劣、價格高低等。在相關關係分析中，人們常用等級相關係數來描述兩個定序變量，即等級序列之間的相關關係。在等級相關關係中，斯皮爾曼（C. Spearman）等級相關係數的運用最為普遍。

斯皮爾曼等級相關係數的計算公式如下：

$$r_s = 1 - \frac{6 \sum d^2}{n(n^2 - 1)}$$

式中：n —— 等級項數；

d —— 每對等級的差量。

r_s 的取值範圍為 $[-1,1]$。若 $=1$，表明兩個定序變量之間完全相關；若 $|r_s| = 0$，表明兩個定序變量之間完全不相關；若 $0 < r_s < 1$，表明兩個定序變量之間為正相關；若 $-1 < r_s < 0$，表明兩個定序變量之間為負相關；若 $|r_s|$ 越接近於 1，兩個定序變量間相關關係越密切。

［例 8 - 3］某調查公司調查 1,000 名消費者對 12 個品牌的某商品價格和外觀進行百分制打分結果，如表 8 - 4 所示。

表 8 - 4　　　　　　　　某商品價格與外觀質量評分表

某商品牌編號	1	2	3	4	5	6	7	8	9	10	11	12
價格(元)	1,200	1,600	1,300	3,000	3,500	800	1,000	900	1,800	2,000	4,000	5,000
外觀質量評分	88	80	85	93	91	80	85	78	90	89	94	90

在等級相關係數計算前，必須先編製等級相關表，如表 8 - 5 所示。我們規定，最低價格和最低外觀質量為 1 級。若遇相同評分時，取原有等級的平均數作為該等級數。

表 8-5　　　　　　　　某商品價格與外觀質量等級相關表

某商品牌編號	1	2	3	4	5	6	7	8	9	10	11	12
價格	4	6	5	9	10	1	3	2	7	8	11	12
外觀質量評分	6	2.5	4.5	11	10	2.5	4.5	1	8.5	7	12	8.5
等級的差量 d	-2	3.5	0.5	-2	0	-1.5	-1.5	1	-1.5	1	-1	3.5

$$r_s = 1 - \frac{6\sum d^2}{n(n^2-1)} = 1 - \frac{6 \times 42.5}{12 \times (12^2-1)} = 0.851\,4$$

計算結果表明，某商品價格與外觀質量之間存在高度的相關關係，即價格越高，外觀質量評分越高。

需要注意的是，上述等級相關係數 r_s 只是針對樣本而言的。在總體範圍內，某商品價格和外觀質量之間高度的相關關係是否普遍存在，需要對 r_s 進行顯著性檢驗。

四、計算復相關係數

線性相關係數只能說明兩個變量之間的線性相關程度。社會經濟現象中現象之間的關係往往是多元的、複雜的，一個現象的變動常常要受許多因素的影響，並且這些因素之間可能存在相互交錯的關係。例如，企業的增加值，除了與固定資產原值相關外，還與企業勞動生產率、勞動者報酬、生產稅、產品價格等因素有關。

研究目的涉及多個變量，需要瞭解一個因變量與多個自變量之間的相關關係的程度，需要計算復相關係數。

復相關係數是反應一個因變量與多個自變量之間數量變化關係密切程度的指標。

結合迴歸分析，復相關係數的計算公式如下：

$$r_y = \sqrt{\frac{\sum(\hat{y}-\bar{y})^2}{\sum(y-\bar{y})^2}}$$

式中：$\hat{y}$—— 因變量迴歸值；

　　　y—— 實際觀察值；

　　　$\bar{y}$——y 的均值。

第二節　　迴歸分析

一、迴歸分析的概念

迴歸分析是由英國生物學家 F. Galton 在研究人體身高的遺傳問題時首先提出的。根據遺傳學的觀點，子輩的身高受父輩影響，以 X 記父輩身高，Y 記子輩身高。雖然子輩身高一般受父輩影響，但同樣身高的父親，其子身高並不一致。因此，X 和 Y 之間存在一種相關關係。一般而言，父輩身高高者，其子輩身高也高，以此推論，祖祖輩輩遺傳下來，身高必

然向兩極分化,而事實上並非如此,顯然有一種力量將身高拉向中心,即子輩的身高有向中心迴歸的特點。「迴歸」一詞來源於此。不過,現代迴歸分析雖然沿用了「迴歸」一詞,但內容已有很大變化,它是一種應用於許多領域的廣泛的分析研究方法,在經濟理論研究和實證研究中也發揮著重要的作用。

如何進行迴歸分析?即迴歸分析通過一個變量或一些變量的變化解釋另一變量的變化。其主要內容和步驟是:首先,根據理論和對問題的分析判斷,將變量分為自變量和因變量;其次,設法找出合適的數學方程式(即迴歸模型)描述變量間的關係;由於涉及的變量具有不確定性,接著還要對迴歸模型進行統計檢驗;最後,利用迴歸模型,根據自變量去估計、預測因變量。

迴歸的種類。迴歸有不同種類,按照自變量的個數劃分,有一元迴歸和多元迴歸。只需一個自變量的叫一元迴歸,有兩個或兩個以上自變量的叫多元迴歸;按照貓畫虎迴歸曲線的形態劃分,有線性(直線)迴歸和非線性(曲線)迴歸。實際分析時應根據客觀現象的性質、特點、研究目的和任務選取迴歸分析的方法。

二、相關分析與迴歸分析的關係

相關分析是迴歸分析的基礎和前提,迴歸分析則是相關分析的深入和繼續。相關分析需要依靠迴歸分析來表現變量之間數量相關的個體形式,而迴歸分析則需要依靠相關分析來表現變量之間數量變化的相關程度。只有當變量之間存在高度相關時,進行迴歸分析尋求其相關的具體形式才有意義。在具體應用過程中,只有把相關分析和迴歸分析結合起來,才能達到研究和分析的目的。

相關分析與迴歸分析的區別主要體現在以下三個方面:

(1)在相關分析中涉及的變量不存在自變量和因變量的劃分問題,變量之間的關係是對等的;而在迴歸分析中,則必須根據研究對象的性質和研究分析的目的,對變量進行自變量和因變量的劃分。因此,在迴歸分析中,變量之間的關係是不對等的。

(2)在相關分析中所有的變量都必須是隨機變量;而在迴歸分析中,自變量是給定的,因變量才是隨機的,即將自變量的給定值代入迴歸方程後,所得到的因變量的估計值不是唯一確定的,而會表現出一定的隨機波動性。

(3)相關分析主要是通過一個指標,即相關係數來反應變量之間相關程度的大小。由於變量之間是對等的,因此,相關係數是唯一確定的。而在迴歸分析中,對於互為因果的兩個變量(如人的身高與體重,商品的價格與需求量),則有可能存在多個迴歸方程。

三、線性迴歸分析的內容

(一) 一元線性迴歸分析

　　1. 一元迴歸模型

　　一元線性迴歸模型,其表達形式如下:

$$y_c = a + bx$$

式中:y_c—— 因變量的估計值(迴歸理論值);

a ——待定參數,是迴歸直線的起始值(截距),即 x 為 0 時, y_c 的值,從數學意義上理解,它表示在沒有自變量 x 的影響時,其他各種因素對因變量 y 的平均影響;

b ——待定參數,是迴歸系數(直線的斜率),表示自變量 x 每變動 1 個單位時,因變量 y 平均變動 b 個單位。

一元線性迴歸方程中的待定參數是根據數據資料求出的。其計算公式如下:

$$\begin{cases} b = \dfrac{n\sum xy - \sum x \sum y}{n\sum x^2 - (\sum x)^2} \\ a = \bar{y} - b\bar{x} \end{cases}$$

當 a、b 求出後,一元線性迴歸方程 $y_c = a + bx$ 便可確定了。

現舉例說明如何建立直線迴歸方程。

[例 8-4] 現根據下表 8-6 中的數據計算並建立綜合成本與產量的直線迴歸方程。

表 8-6　　　　　　　　綜合成本與產量迴歸計算表

企業編號	產量 x(臺)	綜合成本 y(萬元)	x^2	y^2	xy	$\hat{y}$
1	23	22	529	484	506	22.006,2
2	22	20	484	400	440	21.226,6
3	17	16	289	256	272	17.328,6
4	16	20	256	400	320	16.549
5	14	14	196	196	196	14.989,8
6	13	14	169	196	182	14.210,2
7	10	16	100	256	160	11.871,4
8	9	8	81	64	72	11.091,8
9	6	10	36	100	60	8.753
10	5	6	25	36	30	7.973,4
合計	135	146	2,165	2,388	2,238	146

以表 8-6 的數據為例,計算 a、b 值得到:

$$\begin{cases} b = \dfrac{n\sum xy - \sum x \sum y}{n\sum x^2 - (\sum x)^2} = \dfrac{10 \times 2,238 - 135 \times 146}{10 \times 2,165 - (135)^2} = 0.779,6 \\ a = \bar{y} - b\bar{x} = \dfrac{146}{10} - 0.779,6 \times \dfrac{135}{10} = 4.075,4 \end{cases}$$

如果我們相信,應用最小二乘法估計的迴歸方程能滿意地描述 x、y 之間的關係,那麼對於一個已知的 x 值,去預測 y 的值將是合理的。

綜合成本與產量的直線迴歸方程為:

$$\bar{y} = 4.075,4 + 0.779,6x$$

迴歸系數 $b = 0.779,6$ 表示,產量每增加 1 臺,綜合成本平均增加 0.779,6 萬元。將 x 的各個取值代入上述迴歸方程,可以得出綜合成本的各估計值,見表 8-6。由圖 8-2 可以看出散點圖與迴歸直線的關係。

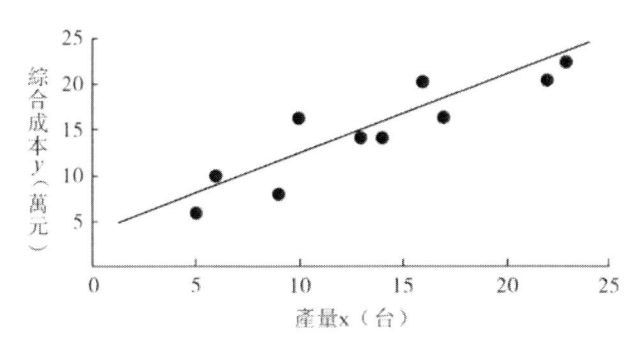

圖 8－2　綜合成本與產量的迴歸直線

2. 一元迴歸估計標準誤差

迴歸方程的一個重要作用在於根據自變量的已知值估計因變量的理論值（估計值）。而理論值 y_c 與實際值 y 存在著差距，這就產生了推算結果的準確性問題。如果差距小，說明推算結果的準確性高；反之，則低。為此，分析理論值與實際值的差距很有意義。為了產量 y 的實際水平和估計值離差的一般水平，可計算估計標準誤差。估計標準誤差是衡量迴歸直線代表性大小的統計分析指標，它說明觀察值圍繞著迴歸直線的變化程度或分散程度。

一元迴歸估計標準誤差通常用 s_y 代表估計標準誤差，其計算公式如下：

$$s_y = \sqrt{\frac{\sum (y - y_c)^2}{n-2}}$$

估計標準誤差是給定 x 值時，y 實際觀察值對其估計值 y_c 的平均離差。當 $s_y = 0$，表示 y 和 y_c 完全一致，從散點圖上來看，則所有的觀察點全部落在迴歸直線上。顯然，s_y 數值越小，說明估計值的代表性越高，觀察點越靠近迴歸直線，其離散程度越小；反之，則相反。

一元迴歸估計標準誤差的計算公式的含義比較明確，但計算過程比較繁瑣。在建立線性迴歸模型後，可以有下列公式：

$$S_y = \sqrt{\frac{\sum y^2 - a\sum y - b\sum xy}{n-2}}$$

舉例證明計算過程：

［例 8－5］某廠年廣告費投入與月平均銷售額的數據，如表 8－7 所示。

表 8－7　　　　　　年廣告費投入與月平均銷售額相關表　　　　　　單位：萬元

年廣告費投入	月均銷售額
12.5	21.2
15.3	23.9
23.2	32.9
26.4	34.1
33.5	42.5

表8-7(續)

年廣告費投入	月均銷售額
34.4	43.2
39.4	49.0
45.2	52.8
55.4	59.4
60.9	63.5

從表中可以直觀地看出,隨著廣告費投入的增加,銷售量亦增加,兩者之間存在一定的正相關關係。

現以表8-7的資料為例,結合 $y_c = 11.611 + 0.885x$ 說明估計平均誤差的計算方法。可列出計算表,如表8-8所示。

表8-8　　　　　　　　　　　估計平均誤差計算表

序號	廣告投入(萬元)x	月均銷售額(萬元)y	y^2	$(y-\hat{y})^2$
1	12.5	21.2	22.67	2.17
2	15.3	23.9	25.15	1.57
3	23.2	32.9	32.14	0.57
4	26.4	34.1	34.98	0.77
5	33.5	42.5	41.26	1.54
6	34.4	43.2	42.06	1.31
7	39.4	49.0	46.48	6.35
8	45.2	52.8	51.61	1.41
9	55.4	59.4	60.64	1.54
10	60.9	63.5	65.51	4.03
合計	346.2	422.5	422.50	21.26

現將計算表的有關資料代入公式得:

$$S_y = \sqrt{\frac{\sum(y-y_c)^2}{n-2}} = \sqrt{\frac{21.26}{10-2}} = 1.63(萬元)$$

計算結果表明,估計標準差是1.63萬元。

如是用建立線性迴歸模型後的公式計算,則有:

$$S_y = \sqrt{\frac{\sum y^2 - a\sum y - b\sum xy}{n-2}}$$

$$= \sqrt{\frac{19,687.81 - 11.611 \times 422.5 - 0.885 \times 16,679.09}{10-2}}$$

$$= 1.627(萬元)$$

3. 一元線性迴歸估計

擬合的迴歸直線方程經檢驗具有意義,就可以進行迴歸估計。迴歸估計是迴歸模型在統計中的重要應用。

(1) 點估計。利用表 8-8 的資料,建立迴歸方程為 $y_c = 11.611 + 0.885x$。我們可以用迴歸方程來對給定某一特定 x 值時 y 的值進行點估計,或者預測某一特定 x 值的 y 值。例如,假定廣告費用是 70 萬元時,運用迴歸方程,我們可以得到:

$$y_c = 11.611 + 0.885 \times 70 = 73.561(萬元)$$

因此,當廣告投入 70 萬元時,月平均銷售額的點估計值是 73.561 萬元。

(2) 區間估計。對於預測問題,除了知道點估計的預測值外,還希望知道預測的精度,因為點估計不能給出與估計有關的任何準確信息。例如,研究產量與製造費用的關係,可建立迴歸方程 $y = a + bx$,當已知產量 $x = x_0$ 時,要預測製造費用,即計算出點估計值 $\hat{y}_0$。而僅知道這一數值意義不大,我們往往更希望能給出一個預測值的變動範圍,即進行區間估計。而這一預測值範圍比只給 $\hat{y}_0$ 更可信。這個問題也就是對於給定的顯著水平 α,找一個區間 (T_1, T_2),使對應於某特定的 x_0 的實際 y_0 以 $1-\alpha$ 的置信概率被區間 (T_1, T_2) 所包含。

當樣本量 n 較大,或 $|x_0 - \bar{x}|$ 較小時,我們可用近似的預測區間。置信概率為 $(1-\alpha)$ 的預測區間為:

$$(\hat{y}_0 - tS_y, \hat{y}_0 + tS_y)$$

對於表 8-8 的資料,結合上述一元迴歸估計標準差和當 x 為 70 萬元時點估計值的計算結果,現以 $1-\alpha = 0.95$ 的置信水平進行區間估計,則:

$\hat{y}_0 - tS_y = 73.561 - 1.96 \times 1.458 = 70.703(萬元)$

$\hat{y}_0 + tS_y = 73.561 + 1.96 \times 1.458 = 76.419(萬元)$

即在置信水平為 95% 的條件下,預測區間為 $(70.703, 76.419)$。

(二) 多元線性迴歸分析

現實客觀環境是複雜的,某個現象的變化往往受到許多因素的影響,即一個因變量可能受到多個自變量的影響。例如,商品銷售額除受人均收入影響外,還受到商品價格、廣告費用支出等影響。當研究變量之間的關係涉及兩個以上變量時,就應該運用多個變量,即採用多元線性迴歸分析法。多元線性迴歸分析法的基本原理與方法同一元線性迴歸分析法類似,只是在迴歸參數的計算和檢驗上更加複雜。

多元線性迴歸模型為:

$$y_c = a + b_1 x_1 + b_2 x_2 + \cdots + b_k x_k$$

式中:x_i —— 自變量 $(i = 1, 2, \cdots, k)$;

b_i —— 迴歸參數。

多元線性迴歸分析法用最小二乘法確定迴歸模型的參數。當自變量超過 3 個時,手工計算是比較困難的,可以用計算機完成運算過程,提高數據的處理能力。為了簡便起見,下面介紹多元迴歸分析法中最簡單的一種方法,即二元線性迴歸分析法。

二元線性迴歸分析模型的一般形式如下:

$$y_c = a + b_1 x_1 + b_2 x_2$$

式中:a—— 截距,表示當 x_1 和 x_2 的值為 0 時的 y 值;

b_1 和 b_2—— 偏迴歸系數。

二元線性迴歸模型中的參數同樣用最小二乘法進行估計。參數估計方程:

$$\begin{cases} \sum y = na + b_1 \sum x_1 + b_2 \sum x_2 \\ \sum x_1 y = a \sum x_1 + b_1 \sum x_1^2 + b_2 \sum x_1 x_2 \\ \sum x_2 y = a \sum x_2 + b_1 \sum x_1 x_2 + b_2 \sum x_2^2 \end{cases}$$

[例 8 - 6] 某公司產品銷售額、促銷費用和經營人員資料,如表 8 - 9 所示。

表 8 - 9　　　　　某公司銷售額、促銷費和經營人員統計表

序號	銷售額 y（萬元）	促銷費用 x_1（萬元）	經營人員 x_2（人）	x_1^2	x_2^2	$x_1 x_2$	$x_1 y$	$x_2 y$	$\hat{y}$
1	70	12	18	144	324	216	840	1,360	66.277,3
2	80	15	24	225	576	360	1,200	1,920	82.745,1
3	120	27	26	729	676	702	3,240	3,120	124.042,7
4	120	28.5	17	812.25	289	484.5	3,420	2,040	118.873,8
5	130	30	22	900	484	660	3,900	3,860	129.340,6
6	160	40.5	20	1,640.24	400	810	6,480	3,200	161.287,2
7	170	39	30	1,521	900	1,170	6,630	5,100	167.574,2
8	190	49.5	20	2,450.25	400	990	9,405	3,800	190.584,9
9	220	55.5	31	3,080.25	961	1,720.5	12,210	6,820	222.403,6
10	230	55.5	25	3,080.25	1,225	1,942.5	12,765	8,050	226.871,6
合計	1,490	352.5	243	14,582.25	6,235	9,055.5	60,090	38,170	1,489.999

將表 8 - 9 數據代入相關公式,可得:

$$\begin{cases} 1,490 = 10a + 352.5 b_1 + 243 b_2 \\ 60,090 = 352.5 a + 14,582.25 b_1 + 9,055.5 b_2 \\ 38,170 = 243 a + 9,055.5 b_1 + 6,235 b_2 \end{cases}$$

解方程組得:$\begin{cases} a = 7.108 \\ b_1 = 3.255,3 \\ b_2 = 1.116,9 \end{cases}$

二元線性迴歸方程:$y_c = 7.108 + 3.255,3 x_1 + 1.116,9 x_2$

構建二元線性迴歸方程後,計算多元線性迴歸標準差檢驗線性迴歸方程的擬合度。顯然,s_y 數值越小,說明線性迴歸方程擬合程度越好,其離散程度越小。

多元線性迴歸標準差計算公式如下:

$$S_y = \sqrt{\frac{\sum (y - y_c)^2}{n - k - 1}}$$

由表 8 - 9 數據計算,$\sum (y - y_c)^2 = 62.890, 8$,代入上式可得:

$$S_y = \sqrt{\frac{\sum (y - y_c)^2}{n - k - 1}} = \sqrt{\frac{62.890, 8}{10 - 2 - 1}} = 2.997, 4(萬元)$$

四、非線性迴歸分析的基本內容

在實際工作中,有時變量之間相關並非存在線性相關,而是呈諸如指數曲線、雙曲線等各種各樣的非線性相關關係,需要應用適當的曲線迴歸方程來描述它們之間的關係。這種為觀察數據擬合曲線迴歸方程所進行的分析稱為非線性迴歸分析。

許多迴歸模型的因變量 y 與自變量 x 之間的關係都不是線性的,但 y 與未知參數 a、b 之間的關係都是線性的。應當注意,線性迴歸是針對參數而言,而不是針對自變量而言的。因此,有些因變量 y 對自變量 x 的曲線關係情形我們就可以通過變量代換轉換成線性的形式。具體思路是,首先,通過作散點圖或定性分析認為兩個變量之間存在的相關關係為曲線性相關時,可先根據變量問不同類型配合一條與其相適應的迴歸曲線,如指數曲線、雙曲線等。然後,再確定迴歸方程中的未知參數。對於那些可線性化的迴歸方程,對新變量而言,線性化後的方程都為直線方程,故其參數的確定可用線性迴歸方程求參數的公式計算。下面給出幾種常見的非線性模型及其線性化方法。

(一) 可線性化的常用曲線類型

1. 指數函數

指數函數曲線示意圖,如圖 8 - 3 所示。

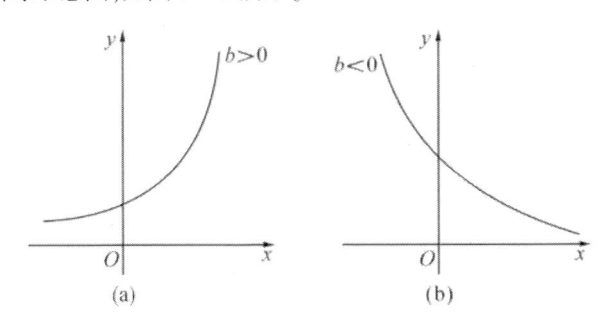

圖 8 - 3　指數函數曲線示意圖

其計算公式如下:

$$y = ae^{bx}$$

對其兩邊取自然對數,得

$$\ln y = \ln a + bx$$

令

$$y' = \ln Y, a' = \ln a$$

則得:

$$y' = a' + bx$$

2. 冪函數

冪函數曲線示意圖,如圖 8－4 所示。

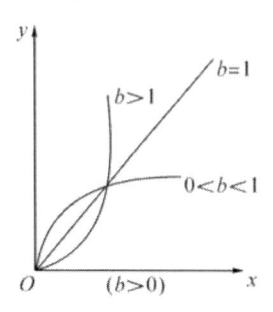

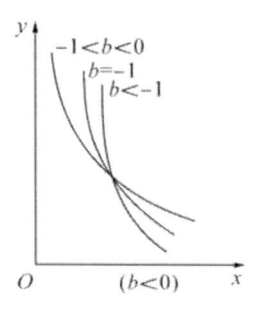

圖 8－4　冪函數曲線示意圖

其計算公式如下:

$$y = ax^b$$

對其兩邊取自然對數,得:

$$\lg y = \lg a + b \lg x$$

令

$$y' = \lg y, x' = \lg x, a' = \lg a$$

則得

$$y' = a' + bx'$$

3. 雙曲線函數

雙曲線函數示意圖,如圖 8－5 所示。

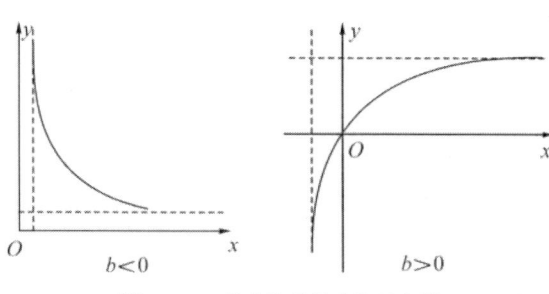

圖 8－5　雙曲線函數曲線示意圖

其計算公式如下:

$$\frac{1}{y} = a + \frac{b}{x}$$

令

$$y' = \frac{1}{y}, x' = \frac{1}{x}$$

則得

$$y' = a + bx'$$

4. 對數函數

對數函數曲線示意圖,如圖 8－6 所示。

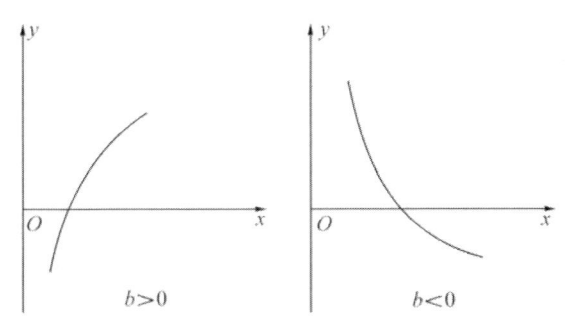

圖 8-6　對數函數曲線示意圖

其計算公式如下：
$$y = a + b\lg x$$
令
$$x' = \lg x$$
則得：
$$y = a + bx'$$

5. S 形曲線

S 形曲線示意圖，如圖 8-7 所示。

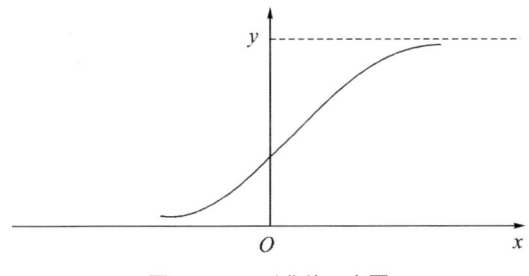

圖 8-7　S 形曲線示意圖

其計算公式如下：
$$y = \frac{1}{a + be^{-x}}$$
令
$$y' = \frac{1}{y}, x' = e^{-x}$$
則得：
$$y' = a + bx'$$

(二) 非線性判定系數

在非線性迴歸分析中，可用非線性判定系數 R^2 來度量兩變量之間非線性相關的密切程度。R^2 的變化範圍介於 0～1 之間，R^2 越接近於 1，表明變量間的非線性相關的程度越強，所配合的曲線效果越好；反之，R^2 越接近於 0，表明變量間非線性相關程度越弱，所配合的曲線效果越差。R^2 的計算公式如下：

$$R^2 = 1 - \sum (y - y_c)^2 / \sum (y - \bar{y})^2$$

由表 8-9 的資料列表計算，如表 8-10 所示。

表 8 – 10　　　　　　　　　　R^2 計算表

y_c	$(y-\bar{y})^2$
330.41	250.17
333.54	96.06
330.41	8.72
322.88	92.45
317.63	47.29
316.18	73.44
313.77	0.62
305.59	0.02
312.21	1.93
310.41	12.85
296.01	82.77
297.88	8.00
302.43	19.43
307.49	16.40
308.73	114.39
291.35	23.66

由表 8 – 10 和前表中的數字資料,並由公式

$$R^2 = 1 - \sum(y - y_c)^2 \div \sum(y - \bar{y})^2$$

則得: $R^2 = 0.735$

另外,$F = 38.938$(計算略) 有 $F > F0.05(1,16) = 4.49$,表明兩變量之間有顯著的非線性相關關係。

對同一個問題進行模型的確定,在實際應用中,如果變化趨勢不是非常明顯的,可採用不同的模型分別進行擬合,然後比較模型各自的殘差平方和,殘差平方和越小,迴歸模型越好,另外,再結合非判定系數 R^2 的比較。

第三節　相關分析與迴歸分析技能訓練

一、填空題

1. 統計學中把經濟現象之間客觀存在的、不確定的數量依存關係稱為_____。
2. 按相關的形式不同,相關關係分為_____和_____兩種。
3. 按相關的方向不同,相關關係分為_____和_____兩種。當兩變量數值的變化方向相同時,表明相關關係為_____相關,當兩變量數值的變化方向相反時,表明相關關係為_____相關。

4. 按相關因素的多少不同,相關關係分為_____和_____兩種。只有一個自變量和一個因變量的相關關係為_____。

5. 按資料是否分組,相關表有_____和_____兩種。

6. 能夠反應社會經濟現象之間直線相關關係的方向和密切程度的統計分析指標叫作_____,其表示符號為_____。當_____時,表明相關關係的密切程度為高度相關;當_____時,表明相關關係的密切程度為顯著相關。

7. 相關係數越接近於_____,相關密切程度越弱;相關係數越接近於_____,正相關密切程度越強;相關係數越接近於_____,負相關密切程度越強。

8. 一般情況下,當相關係數的絕對值至少達到_____,即相關程度至少達到_____相關時,才有必要給相關關係配合迴歸直線。

9. 當相關係數 $r > 0$,表明相關方向為_____相關;當相關係數 $r < 0$,表明相關方向為_____相關。

10. 統計上一般按_____法來確定迴歸方程中參數的取值。

11. 相關係數的取值範圍是_____。

12. 相關係數的簡捷計算公式為_____,要根據此公式編製「相關係數計算表」,只需在簡單相關表的基礎上增設_____、_____和_____三個計算欄即可。

13. 簡單直線迴歸方程的一般形式是_____。式中,_____表示直線的理論起點值,在數學上稱為直線的縱軸截距;_____表示自變量每增加(減少)一個單位時,因變量的平均增加(減少)值在數學上稱為斜率,統計上稱為_____。

14. 統計上用來說明直線迴歸方程代表性大小的統計指標叫作_____,又叫作_____,其表示符號為_____,簡捷計算公式為_____。

15. 在相關點呈正態分布的條件下,我們有99.73%的把握預測出因變量數值的可能區間是_____,有95.45%的把握預測出因變量數值的可能區間是_____。

16. 估計標準誤差越大,表明迴歸直線對相關關係的代表性越_____,根據該直線進行迴歸預測的準確度就越_____;估計標準誤差越小,表明迴歸直線對相關關係的代表性越_____,根據該直線進行迴歸預測的準確度就越_____。

二、單項選擇題

1. 單位成本與產品產量的相關,單位成本與單位產品原材料消耗量的相關(   )。
    A. 前者是正相關,後者是負相關　　B. 前者是負相關,後者是正相關
    C. 兩者都是正相關　　　　　　　　D. 兩者都是負相關

2. 當變量 x 按一定數量變化時,變量 y 也近似地按固定數值變化,這表明變量 x 和變量 y 之間存在著(   )。
    A. 完全相關關係　　　　　　　　　B. 復相關關係
    C. 直線相關關係　　　　　　　　　D. 沒有相關關係

3. 當所有觀測值都落在迴歸直線 $y = a + bx$ 上,則 x 與 y 之間的相關係數(   )。
    A. $r = 0$　　　　　　　　　　　　B. $r = 1$

  C. $r = -1$ D. r 的絕對值為 1

4. 相關分析與迴歸分析,在是否需要確定自變量和因變量的問題上( )。

  A. 前者無須確定,後者需要確定   B. 前者需要確定,後者無須確定

  C. 兩者均需確定   D. 兩者都無須確定

5. 一元線性迴歸模型的參數有( )。

  A. 一個   B. 兩個   C. 三個   D. 三個以上

6. 年勞動生產率 x(千元) 和工人工資 y(元) 之間的迴歸方程為 $y = 10 + 70x$,這意味著年勞動生產率每提高 1 千元,工人工資平均( )。

  A. 增加 70 元   B. 減少 70 元   C. 增加 80 元   D. 減少 80 元

7. 下列屬於正相關關係的是( )。

  A. 合理限度內,施肥量和農作物畝產量之間的關係

  B. 產品產量與單位產品成本之間的關係

  C. 商品的流通費用率與銷售利潤率之間的關係

  D. 流通費用率與商品銷售量之間的關係

8. 下列迴歸方程與相關係數的對應值中,錯誤的是( )。

  A. $y = -40 - 1.6x \quad r = -0.89$ B. $y = -5 - 3.8x \quad r = -0.94$

  C. $y = 36 - 2.4x \quad r = 0.96$ D. $y = -36 + 3.8x \quad r = 0.98$

9. 下列相關現象屬於復相關的是( )。

  A. 研究生產設備的工作時間與維修費用之間的關係

  B. 研究生產設備的工作時間、生產設備的質量性能、工人的操作技術水平等因素對設備維修費用的影響

  C. 確定施肥量與畝產量之間的關係

10. 相關係數是說明兩個變量之間相關關係密切程度的統計分析指標,這兩個變量( )。

  A. 只能是直線相關

  B. 只能是曲線相關

  C. 既可以是直線相關,也可以是曲線相關

11. 相關係數 r 的取值範圍是( )。

  A. 在 0 到 1 之間   B. 在 -1 到 0 之間

  C. 在 -1 到 1 之間   D. 無限制

12. 相關係數 $r = 0$,說明兩變量之間( )。

  A. 沒有線性相關關係   B. 線性相關程度很低

  C. 沒有任何相關關係   D. 線性相關程度很高

13. 相關係數的數值越接近於 -1,說明兩變量之間( )。

  A. 線性相關程度越弱   B. 負相關程度越強

  C. 沒有相關關係   D. 無法判斷相關關係的程度

14. 相關係數的數值越接近於 +1,說明兩變量之間( )。

A. 負相關程度越強　　　　　　B. 正相關程度越強
C. 沒有相關關係　　　　　　　D. 正相關程度越弱

15. 商品銷售額與流通費用率的相關係數是 -0.71,商品銷售額與商業利潤率的相關係數是 0.83,平均流通費用率和商業利潤率的相關係數是 -0.97,因此(　　)。
    A. 商品銷售額與商業利潤率的相關程度最高
    B. 平均流通費用率和商業利潤率的相關程度最高
    C. 商品銷售額與平均流通費用率的相關程度最高
    D. 不好比較它們之間相關程度的高低

16. 迴歸直線方程 $y = a + bx$ 中,b 的取值(　　)。
    A. 只能取正值　　　　　　　B. 只能取負值
    C. 既可取正值,也可取負值　　D. 只能是 0

三、多項選擇題

1. 下列屬於正相關的是(　　)。
    A. 居民收入與儲蓄　　　　　B. 產量與生產費用
    C. 廣告費與銷售額　　　　　D. 物價水平與居民生活水平
    E. 城市環保投入與環境污染指數

2. 依據樣本迴歸方程計算的估計標準誤差 s_y 越小,說明(　　)。
    A. 兩個變量之間關係越不密切　B. 兩個變量之間關係越密切
    C. 迴歸直線的代表性越好　　　D. 迴歸直線的代表性越差
    E. 觀察值與估計值越靠近

3. 根據某城市抽樣調查的結果,擬合得到居民家庭月消費額 y(元) 對家庭月收入 x(元) 的直線迴歸方程是 $y = -0.230,1 + 0.628,5x$,下列說法正確的是(　　)。
    A. 家庭月消費額與家庭月收入存在正相關關係
    B. 家庭月消費額與家庭月收入之間的相關係數為 0.628,5
    C. 家庭月收入每增加 100 元,消費額平均增加 62.85 元
    D. 家庭月收入每增加 100 元,消費額平均增加 62.62 元
    E. 若某家庭月收入為 4,000 元,估計月消費額為 2,513.8 元

四、應用技能訓練

(一) 相關分析應用技能訓練

實訓 1

[應用訓練資料]

某水果庫為試驗儲存時間對某水果維生素 C 含量的影響,抽取了 500 克該水果,放在一定溫度下儲存,每隔一週測量一次維生素 C 的含量,得數據如表 8 - 11 所示。

表 8－11　　　　　　　　　　　水果維生素 C 含量測量結果

儲存時間(週)	1	2	3	4	5	6
維生素 C 含量(%)	20	18.5	17.5	15.5	13	11.5

[訓練要求]

(1) 根據表 8－11 資料繪制相關散點圖。

(2) 判斷儲存時間與維生素 C 含量是否直接存在相關關係,如果存在相關關係,它們的關係是什麼?

[訓練提示]

(1) 本訓練旨在使學員掌握相關圖的繪制和相關關係的判斷方法。

(2) 利用平面直角坐標系第一限,橫軸為儲存時間,縱軸為維生素 C 含量。若相關散點呈現出線性的規律分布,則為線性相關關係。注意同時判斷相關的方向。

實訓 2

[應用訓練資料]

某企業生產了六批某產品,其產量和單位成本資料如表 8－12 所示。

表 8－12　　　　　　　　　某企業產品產量和單位成本資料

批次	1	2	3	4	5	6
產量(千件)	3	1	5	2	6	4
單位成本(元/件)	63.5	66.3	58.4	64.6	55.3	60.2

[訓練要求]

(1) 編制相關表,判斷產量和單位成本之間的依存關係。

(2) 繪制散點圖,印證根據相關表所做的相關形式和相關方向的判斷。

(3) 計算相關係數,分析產量和單位成本之間的相關密切程度。

[訓練提示]

(1) 本訓練旨在使學員掌握相關分析的主要程序和方法。

(2) 這裡可以不區分自變量和因變量。參照本章例表、例圖編制相關表和相關圖,並利用相關公式計算相關係數。

(二) 一元線性迴歸分析技能訓練

實訓 3

[應用訓練資料]

某企業製造一種零件,根據訂單批量生產。假定生產條件不變,最近 10 次的生產批量和耗用工時的資料如表 8－13 所示。

表 8－13　　　　　　　　　　　產量和耗用工時資料

訂單序號	1	2	3	4	5	6	7	8	9	10
批量(件)	100	80	20	120	70	50	80	40	50	60
耗用工時(小時)	60	48	20	65	38	32	44	30	40	50

[訓練要求]

（1）繪制相關散點圖，判斷產品批量和耗用工時的相關形式和方向。

（2）計算相關係數，確定產品批量和耗用工時的相關密切程度。

（3）配合一元線性迴歸方程，並根據資料說明兩個參數的實際含義。

（4）計算估計標準誤差，並在95%的概率保證下預測，若下一次訂單的生產批量為90件，則需要耗用工時的可能範圍有多大。

[訓練提示]

本訓練旨在使學員掌握一元線性迴歸分析的一般程序和方法。

實訓4

[應用訓練資料]

為了觀察商品的市場需求量與商品價格之間的關係，以便於商家根據商品價格的變動合理安排採購量，現對某商品在十個城市的銷售情況進行觀察，得到如表8－14所示的資料。

表8-14　　　　　　　　某商品市場需求量與價格變動觀察資料

城市	A	B	C	D	E	F	G	H	I	J
價格（元）	10	6	8	9	12	11	8	10	12	7
需求量（噸）	60	72	70	56	55	57	57	53	54	70

[訓練要求]

（1）編制商品需求量（y）與價格（x）相關表，判斷二者之間是否存在相關關係，如果存在相關關係，判斷其相關形式和方向。

（2）繪制商品需求量與價格的相關圖，印證根據相關表的觀察。

（3）計算價格和需求量之間的相關係數，說明相關方向和密切程度。

（4）配合需求量對價格的迴歸直線，並解釋迴歸系數的實際含義。

（5）計算估計標準誤差，簡略判斷迴歸直線是否可靠。

（6）在95%的概率保證下，預測當商品價格定為9.5元時，需求量估計值的可能範圍。

[訓練提示]

（1）本訓練旨在通過各步驟訓練使學員掌握全面的相關分析與迴歸分析的程序和方法。

（2）編制相關表時，注意要按自變量（價格）的大小順序排列數據，因變量（需求量）的數值與變量對應排列。繪制相關圖應以價格為橫軸，需求量為縱軸。

實訓5

[應用訓練資料]

應用表8－14所表現的商品需求量和價格觀察資料。

[訓練要求]

（1）確定需求量為自變量，價格為因變量，配合價格對需求量的迴歸直線，並解釋迴

歸系數的實際含義。

(2) 在95.45%的概率保證下,預測當該商品的需求量達到65噸時,其價格的可能範圍有多大。

[訓練提示]

(1) 本訓練旨在讓學員瞭解如果自變量與因變量的確定不同,則迴歸直線方程也不同,所進行的迴歸預測也自然不同。同時,讓學員更加熟練掌握相關分析與迴歸分析的程序和方法。

(2) 以需求量為自變量 x,以價格為因變量 y,編制迴歸直線參數計算表,並參照相關公式,計算參數並配合直線方程。其中的迴歸系數表示當需求量每增減一噸的評價變動量。

附錄:一、Excel 在相關與迴歸分析中的應用

這裡介紹如何運用 Excel 並結合實際案例測定經濟現象相關關係的方法。要測定經濟現象的線性相關關係就必須編制相關表,繪製相關圖和計算機關係數。

(一)編制相關表

相關表是一種統計表,它是直接根據現象之間的原始資料,將一變量的若干變量值按從小到大的順序排列,並將另一變量值與之對應排列形成的統計表。

[例8-7]某企業年廣告費投入和月平均銷售額的數據,如表8-15所示。

表8-15　　　　　　年廣告費投入與月平均銷售額相關表

年廣告費投入(萬元)	月均銷售額(萬元)
12.5	21.2
15.3	23.9
23.2	32.9
26.4	34.1
33.5	42.5
34.4	43.2
39.4	49.0
45.2	52.8
55.4	59.4
60.9	63.5

從表中可以直觀地看出,隨著廣告費投入的增加,銷售量也增加,兩者之間存在一定的正相關關係。

(二)繪制相關圖

相關圖又稱散點圖,它是用直角坐標系的 x 軸代表自變量,y 軸代表因變量,將兩個變量間相對應的變量值用坐標點形式描繪出來,用以表明相關點分布狀況的圖形。根據表8-15的資料可以繪製相關圖,如圖8-8所示。

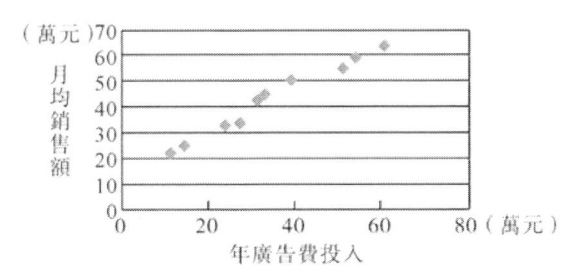

圖 8-8　年廣告費投入與月平均銷售額的相關圖

從相關圖可以直觀地看出，年廣告費投入與月平均銷售額之間相關密切，且有線性正相關關係。

(三) 計算相關係數

在 Excel 中，相關係數函數和相關係數宏提供了兩種計算相關係數的方法。

1. 相關係數函數

在 Excel 中，CORREL 函數和 PERSON 函數提供了計算兩個變量之間的相關係數的方法，這兩個函數是等價的。與相關係數有關的函數還有 RSQ（相關係數的平方，即判定係數 r^2）和 COVAR（協方差函數）。

在這裡，我們以 CORREL 函數和表 8-15 中的資料為例，介紹利用函數計算相關係數的方法。

(1) 點擊 Excel 函數按鈕「f_x」，選擇「統計」函數。

(2) 在統計函數點擊「CORREL」，進入函數向導。

(3) 在「Array1」中輸入第一個變量「廣告費投入」的數據區域 A2:A11，在「Array2」中輸入第二個變量「月平均銷售額」的數據區域 B2:B11，即可在當前光標所在單元格顯示函數的計算結果，如圖 8-9 所示。

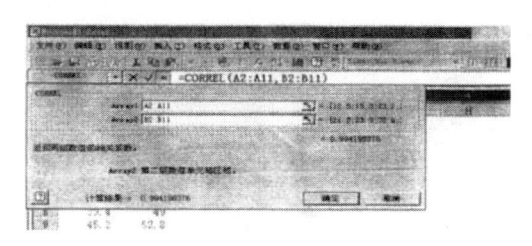

圖 8-9　CORREL 函數計算相關係數

2. 相關係數宏

在 Excel 數據分析宏中，Excel 專門提供了計算相關係數宏過程。利用此宏過程，可以計算多個變量之間的相關矩陣。

仍以表 8-15 中的資料為例，利用相關係數宏計算相關係數矩陣的過程如下：

(1) 點擊 Excel「工具」菜單，選擇「數據分析」過程。

(2) 在「數據分析」宏過程中，選擇「相關係數」過程，如圖 8-10 所示。

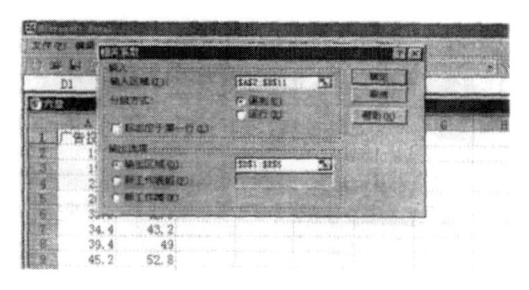

圖 8-10　相關係數宏

（3）在「輸入區域」中輸入兩個變量所在區域 A2：B11，數據以列排列，輸出區域選擇在同一工作表中的 D1：E5 區域裡，其計算結果，如圖 8-11 所示。

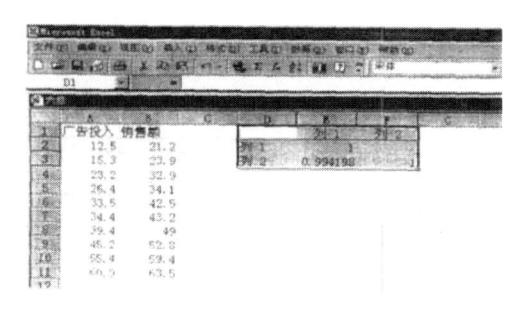

圖 8-11　利用相關係數宏計算的相關係數矩陣

二、計算機在迴歸分析中的應用

這裡介紹使用著名軟件 SPSS 進行迴歸分析的方法。

（一）一元線性迴歸分析

［例 8-8］某地區國民收入（億元）與農民人均純收入（元）歷年對應數據如表 8-16 所示，試建立一元線性迴歸方程。

表 8-16　　　　　某地區國民收入與農民人均純收入資料

年份	國民收入	農民人均純收入 Y/元	年份	國民收入	農民人均純收入 Y/元
1991	16,917.8	601.54	1999	73,142.7	2,090.1
1992	18,598.4	686.3	2000	76,967.2	2,162.0
1993	21,662.5	708.6	2001	80,579.4	2,210.3
1994	26,651.9	784	2002	88,254	2,253.4
1995	34,560.5	921.6	2003	95,727.9	2,366.4
1996	46,670	1,221	2004	103,935.3	2,475.6
1997	57,494.9	1,577.7	2005	116,603.25	2,622.2
1998	66,850.5	1,926.1			

計算方法如下:

1. 進入 SPSS 系統,建立數據集(見圖 8－12)。

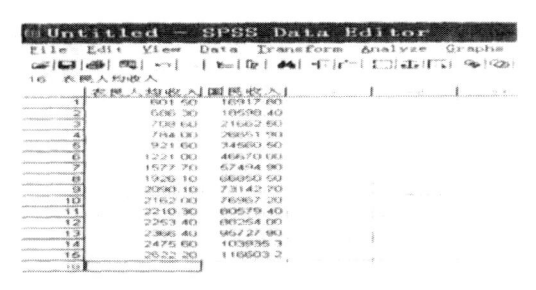

圖 8－12　數據集

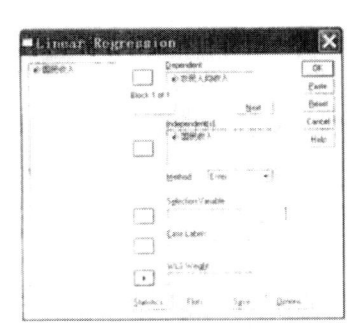

圖 8－13　Linear Regression 窗口

2. 單擊 Analyze→Regression→Linear,Linear Regression 窗口(見圖 8－13)。
3. 設置農民人均收入是因變量,國民收入是自變量。
4. 單擊 OK 按鈕,得到以下迴歸結果(如表 8－17 所示)。

表 8－17　　　　　　　　　　　　　　迴歸結果

Model		Coefficients(a)			t	Stg
		Unstandardized Coefficients		Standardized Coefficients		
		B	Std. Error	Beta		
1	(Constant)	265.046	73.998		3.582	0.003
	國民收入	0.022	0.001			

a Dependent Variable: 農民人均收入

根據迴歸結果可得到直線迴歸方程:

$Y = 265.046 + 0.022x$

[本章小結]

本章首先介紹了相關分析的方法。相關關係與函數關係不同，它是指變量之間存在的不確定的數量關係。描述相關關係的方法通常包括散點圖和相關係數分析法；相關係數是測量變量之間關係密切程度的指標，用 r 表示，其取值範圍是 $[-1,1]$。$|r|$ 越趨於 1 表示關係越密切。若 $|r| = 1$ 表示完全相關；若 $0 < r \leq 1$ 表示正相關；若 $-1 \leq r < 0$ 則表示負相關；若 $r = 0$ 則表示兩個變量之間不存在線性相關關係。

在一元線性迴歸分析中，描述 y 的平均值或期望值如何依賴於 x 的方程稱為迴歸方程；估計的迴歸方程是指在估計迴歸方程的參數時，根據樣本數據所建立的方程。對迴歸方程中係數的估計採用的是最小二乘法，它是使實際觀測值與迴歸估計值的離差平方和達到最小。為評價迴歸方程擬合的程度，給出了估計標準誤差，該指標可以作為評價迴歸方程擬合程度的一個度量。

利用迴歸方程進行估計的方法有點估計和區間估計。點估計通常是利用樣本的迴歸方程，對於 x 的一個特定值 x_0，求出 y 的平均值的估計值。區間估計是利用樣本的迴歸方程，對於 x 的一個特定值 x_0，求出在一定置信水平下 y 的平均值的估計值。

[案例分析1]

根據國家統計局公布的歷年《國民經濟和社會發展統計公報》資料，實證分析中國對外貿易增長對經濟增長的影響。分析中所需有關數據如表 8-18 所示。

表 8-18　　　　1996—2007 年中國對外貿易與 GDP 有關統計數據

年份	GDP 總值（億元）	進出口總額（億美元）
1996	67,795	2,899
1997	74,772	3,251
1998	79,553	3,607
1999	82,054	4,743
2000	89,404	5,098
2001	95,933	6,208
2002	102,398	8,512
2003	116,694	11,548
2004	136,515	14,221
2005	182,321	17,607
2006	209,407	21,738
2007	246,619	

根據表中有關數據，我們對 1996—2007 年貿易總額與 GDP 總值進行相關分析，得出其總體相關係數 $r = 0.994,9$。可見中國貿易總額與 GDP 總值存在著高度的正相關關係，如果用 y 表示 GDP 總值，x 表示進出口總額，則利用最小二乘法對二者之間的相關關係進

行進一步迴歸分析,得出一元迴歸模型為 $y_c = 44,962.52 + 9,193.5x$。

從以上迴歸分析結果可以看出:

第一,中國的進出口貿易總額與GDP總值之間存在高度密切的正相關關係,這表明貿易規模的擴大對經濟增長具有很強的促進作用。

第二,進出口貿易總額與GDP的迴歸系數 b 高達9,193.5,這意味著對外貿易總量每增加一美元,就可以平均增加國內生產總值9,193.5 美元,就是說貿易的邊際產出相當高。

第三,中國的經濟發展對國際市場的依賴性逐漸加強,GDP 總值的增加很大程度上依賴於進出口總額的增長。

[案例分析2]

某餐飲業連鎖總店將明年的市場定位於學生。為此,他們委託某大學市場營銷專業的學生進行了市場調查研究,大學生搜集了10個分店的統計資料如表8－19所示。

表8-19

分店代號	學生密度(人／千人)	季度銷售額(萬元)
1	2	5.8
2	6	10.5
3	8	8.8
4	8	11.8
5	12	11.7
6	16	13.7
7	20	15.7
8	20	16.9
9	22	14.9
10	26	20.2

餐飲連鎖總店對大學生的要求是:

1. 大學生的分布密度與季度銷售額之間有必然聯繫嗎?
2. 如果有必然聯繫,他們之間聯繫緊密嗎?
3. 如果聯繫緊密,能大致寫出他們的函數關係嗎?
4. 如果該餐飲總店準備開第11家分店,該地區學生的人口密度為30,學生們能大致估算出該地第11家分店的季度銷售額嗎?

根據上述要求,大學生寫出一份市場分析報告。

分析:大學生首先對總店用 Excel 進行了迴歸分析。

迴歸分析結果如下:

學生密度與季度銷售的相關係數為 $r = 0.950,123$,由此看出學生的分布密度與季度銷售額強正相關,即它們之間不僅有聯繫,而且聯繫緊密。

某餐飲總店要求學生寫出的函數關係就是其一元線性迴歸方程：
$$y = a + bx$$
從表可以看出：
$$\begin{cases} b = 0.5 \\ a = 6 \end{cases}$$
即其一元線性迴歸方程為：$y = 6 + 0.5x$

利用一元線性迴歸方程我們可以預測：第11家分店的季度銷售額大約為：
$$Y = 6 + 0.5x = 6 + 0.5 \times 30 = 21(萬元)$$
在此基礎上學生可以向餐飲總店提交一份調查報告。

[關鍵名詞]

相關關係　相關分析　相關表　相關圖　相關係數　迴歸分析　估計標準誤差

[討論與思考題]

1. 試述相關關係和函數關係之間的區別與聯繫。
2. 相關關係如何分類？這些分類有何意義？
3. 如何分析和判斷現象之間的相關關係？
4. 如何理解迴歸分析與相關分析的關係？
5. 迴歸分析應注意哪些問題？

第九章　動態分析

[學習目標]

　　本章主要介紹了對現象進行動態分析的基本知識。通過本章內容的學習要求學員理解動態數列的含義和種類,將動態數列的種類與平均發展水平結合起來,熟練掌握平均發展水平的各種指標計算方法,重點掌握各種速度指標的計算和換算;理解長期趨勢和季節變動的分析方法。

[案例開題]

　　2007年7月19日,中國互聯網路信息中心(CNNIC)在北京發布《第十八次中國互聯網路發展狀況統計報告》。報告顯示,截止到2006年6月30日,中國網民人數達到了1.23億人,與去年同期相比增長了19.4%,其中寬帶上網網民人數為7,700萬人,在所有網民中的比例接近66.60%。

　　報告顯示,中國網站總數達到了788,400個,其中今年上半年增長了9萬個,網路國際出口寬帶總量則達到了214,175M,與去年同期相比增值率為159.2%。此次報告首次加入了青少年上網的數據分析,在2億中小學生中,上網學生已達3,000萬,中小學生互聯網滲透率達到15.4%,其中高中學生互聯網滲透率已達半數以上。

　　數據顯示,今年上半年中國網民總數增加了1,200萬人,是2005年下半年網民增長人數的1.5倍。在中國網民數量持續增長的情況下,使用寬帶上網的網民人數增長更快,寬帶上網網民總數達到7,700萬人,於去年同期相比增加了2,400萬人,增值率為45.3%,而寬帶上網的計算機數也迅速增長到2,815萬臺。中國真正迎來了「寬帶時代」,未來「寬帶商務」等必將成為互聯網應用中的新熱點。此外,2006年以來,CN域名的各種應用價值被進一步發掘,尤其是博客CN域名和個性化郵箱的應用,帶動了擁有獨立域名網站數量的上升。

　　調查結果表明,人們對互聯網的使用越來越頻繁,本次調查網民平均每週上網16.5小時,達到了新的歷史高度,這一數據已經超過了許多互聯網發達國家和地區的網民平均上網時長。

　　根據在線調查結果,目前大約有1,500萬人經常使用網路教育,2,500萬人經常使用網上招聘,經常使用博客和上網購物人數分別達到2,800萬人和3,000萬人,分別占網民總數的12%、20%、23.7%和26%。另外,與去年同期相比,經常購物的網民增長50%,顯示出這一新興購物方式良好的潛力和前景。

報告認為,總體而言,中國互聯網正處於一個新的增長時期,與GDP增長率相近的印度相比,中國的互聯網普及率高了一倍。但在這些喜人成績背後,中國與發達國家互聯網滲透率的差距、地域和城鄉之間的巨大鴻溝等,都表明中國互聯網的發展依然任重而道遠。

我們知道,靜態分析是在同一時間對現象之間的相互關係進行比較分析的方法。但是,任何社會經濟現象都有一個產生和發展變化的過程。因此,僅有靜態分析是不夠的,還必須從動態的角度對事物的發展狀態進行分析。如由上述案例引入動態分析資料,通過動態數列,可以看到中國互聯網的發展速度和發展水平,科學地預測互聯網在中國的發展未來。

第一節 動態數列的概念和種類

社會經濟現象的數量是在不斷發展變化的,僅僅利用前面所學的總量指標、相對指標、平均指標對社會經濟現象做靜態分析,還遠遠不能滿足社會的不斷發展要求。統計不僅要從社會經濟現象的相互聯繫中進行靜態分析,而且還要從它的運動、變化、發展的全過程中進行動態分析。本章所介紹的動態數列,就是對社會經濟現象進行動態分析的一種重要方法。

一、動態數列的概念

動態數列將不同時間的統計指標按時間的先後順序排列起來而形成的統計數列,又叫動態數列。如將中國2001年1~9月份各月度進出口總值按時間順序排列,就形成了如表9-1所示的動態數列。

[例9-1] 中國2001年前9個月月度進出口商品總值資料如表9-1所示。

表9-1

月份	1	2	3	4	5	6	7	8	9
進出口總額（萬元）	323.3	371.9	437.5	446.4	396.1	443.3	437.7	457.0	458.4

動態數列有兩個最基本的構成要素:一是時間要素,二是指標數值。

二、動態數列的種類

根據動態數列中統計指標的表現形式不同,可以把動態數列分為絕對數動態數列、相對數動態數列和平均數動態數列三種,其中絕對數動態數列是最基本的動態數列,相對數動態數列和平均數動態數列是派生數列。

(一)絕對數動態數列

絕對數動態數列反應了社會經濟現象總量在各個時期所達到的絕對水平及其發展變化過程。由於總量指標時間的性質不同,又可分為時期數列和時點數列兩種。

(1)時期數列。是指由時期總量指標編制而成的動態數列。在時期數列中,每個指標都反應某社會經濟現象在一定時期內發展過程的總量。如表9-1所示的中國2001年1~9月份各月度進出口商品總值時間順序就是時期數列。

時期數列有以下三個特點:其一,數列中指標數值具有可加性,相加結果表示現象在更長時期內發展過程的累計總量。其二,數列中統計指標的大小與時期的長短有直接的關係。其三,數列中的統計數據是通過連續不斷登記而得到的。

(2)時點數列。是指由時點總量指標編制而成的動態數列。在時點數列中,每個指標數值所反應的社會經濟現象都在某一時點(時刻)上所達到的水平。

時點數列也有三個特點:其一,時點數列中各項數據不具有相加性,相加沒有實際意義。其二,時點數列中各個指標數值大小與時間間隔長短沒有直接關係。其三,數列中的數據是通過一次性調查登記取得的。

[例9-2]某公司的某倉庫出口彩電的庫存量資料就是時點數列(見表9-2)。

表9-2　　　　　　　　　　　彩電庫存數量

日期	1月28日	1月29日	1月30日	1月31日	2月1日
庫存量	775	810	820	895	889

(二)相對數動態數列

相對數動態數列是將一系列同類的統計相對指標按時間的先後順序排列所形成的動態數列,用以反應事物之間對比關係的變化情況。

[例9-3]中國第一個五年計劃期間生產資料占工業部產值的比重(見表9-3)。

表9-3　　　　　　第一個五年計劃期間生產資料占工業部產值的比重

年份	1953	1954	1955	1956	1957
生產資料占工業總產值的比重(%)	37.3	38.5	41.7	45.5	48.4

上表就是一個相對數動態數列。反應了中國第一個五年計劃期間工業總產值生產資料所占比重不斷上升的趨勢和規律性。

相對數動態數列一般是兩個有聯繫的絕對數動態數列對比派生的數列,由於絕對數動態數列有時期數列和時點數列之分,因而,兩個絕對數動態數列對比而形成的相對數動態數列又可分為以下三種情況:①時期數列對比而成相對數動態數列;②時點數列對比而成相對數動態數列;③一個時期數列和一個時點數列對比形成的相對數動態數列。在相對數動態數列中,由於每個指標都是相對數,因而各個指標是不能直接相加的。

(三)平均數動態數列

平均數動態數列是由一系列同類平均指標按照時間的先後次序排列而成的動態數

列。它反應的是社會經濟現象一般水平的發展過程及其變動趨勢,它的各項指標是不能直接相加的。

[例9-4]中國歷年職工平均工資情況,就是一個平均數動態數列(見表9-4)。

表9-4　　　　　　　中國歷年來職工平均工資增長情況

年份	1991	1992	1993	1994	1995	1996
平均工資(元)	7,512	7,836	7,865	8,034	8,213	8,414

三、動態數列的編制原則

編制動態數列的主要目的,是要對社會經濟現象進行動態分析,以認識現象的發展變化過程及規律性,為此,就必須保證動態數列中各項數據具有可比性,這種可比性可以通過以下幾方面來實現。

(1)時間的長短應一致。這裡的時間有兩種含義:一是指時期的長短應相等,二是時間的間隔應一致。時期長短的一致實際上是針對時期指標而言,因為時期指標中各項指標的大小與它所屬的時間的長短有關係。因此,只有保持時期一致,各項指標才能進行比較。如一個月的銷售量就不能與一年的銷售量相對比。當然,有時為了滿足特殊研究目的需要,也可編制時期不等的動態數列。對於時點數列,應盡量保持時點之間間隔長短的一致性,便於數據的直接比較分析。在實際工作中,有時也會由於特殊的原因而編制間隔不等的動態數列。

(2)總體範圍要統一。動態數列即是同一現象在時間上的排列,那麼,該現象所包括的地區範圍、分組範圍等應前後一致,這樣才能進行對比分析。如果總體範圍有了變動,必須將資料進行調整,以保持指標的可比性。例如,在研究某地區的人口和農產量的發展情況時就必須注意該地區的行政區劃有無變更,為了保證前後總體範圍的一致,必須根據這種變動情況將有關資料加以調整。

(3)計量單位要統一。動態數列中各指標的計算口徑、計算方法和計量單位應保持一致。例如:在研究某企業勞動效率的變動情況時,如果各計算指標的計算方法不同,有的用全部職工人數計算,有的用生產工人數計算;或計量單位不同,有的採用產品的實物單位,有的採用貨幣單位,這樣的各指標之間顯然沒有可比性。

(4)經濟內容要統一。動態數列中各指標所反應的經濟內容在各個時期應該一致。必須是同質的經濟現象才能進行對比,不能就數量論數量。在編制動態數列時首先應對經濟現象進行質的分析研究,然後再將同質的經濟現象編制動態數列進行對比。例如,不能將中國利改稅以前的稅收收入和利改稅以後的稅收收入混同在一起進行比較。

第二節 動態數列的水平指標分析

動態分析指標包括兩大類：一類是水平指標，包括發展水平、平均發展水平、增長量、平均增長量等；另一類是速度指標，包括發展速度、增長速度、平均發展速度、平均增長速度及增長1%的絕對值等。本節先對水平指標進行闡述。

一、發展水平

發展水平是動態數列中各具體時間條件下的指標數值。發展水平是計算各種動態分析指標的基礎。發展水平可以是絕對數，也可以是相對數和平均數，分別反應現象在該時間上實際達到的總量水平、相對水平和平均水平。

在一個動態數列中，若各時間上的指標數值按時間順序記為 $a_0, a_1, a_2, \cdots, a_n$，通常把首項 a_0 稱為最初水平，把最後一項 a_n 稱為最末水平，其餘各項稱為中間水平。在對各時間發展水平進行對比時，把比較的那個時期稱為基期，相對應的發展水平稱為基期水平；把所考察的那個時期稱為報告期，相對應的發展水平稱為報告期水平。

二、平均發展水平

平均發展水平又稱為序時平均數或動態平均數，表明現象在一段時期內發展水平達到的一般水平，是數列中不同時期（或不同時點）上發展水平的平均數。

平均發展水平作為一種平均數，它與一般的平均數（靜態平均數）既有聯繫又有區別。它們的聯繫是，二者都將現象的個別數量差異抽象化，用一個數值反應現象的一般水平，即二者都有平均指標的抽象性和代表性。它們的主要區別在於靜態平均數是根據變量數列計算的，而動態平均數是根據動態數列計算的；靜態平均數是將總體各單位在同一時間上的數量差異抽象化，從靜態上反應總體的一般水平，而動態平均數是將總體在不同時間上的數量差異抽象化，從動態上反應總體的一般水平。

平均發展水平在動態分析中具有重要的意義，它可以把時間長短不等的總量指標由不可比變為可比，並消除現象在短期內的波動的影響，便於觀察現象的發展變化趨勢和規律性。由於平均發展水平可以是絕對數，也可以是相對數和平均數。所以，平均發展水平可以根據絕對數動態數列計算，也可以根據相對數動態數列和平均數動態數列計算。因為相對數和平均數都是絕對數派生的。因此，絕對數動態數列序時平均數的計算是計算相對數和平均數動態數列序時平均數的關鍵和基礎。

（一）由絕對數動態數列計算序時平均數

絕對數動態數列分為時期數列和時點數列兩種，由於它們具有不同的性質和特點，因而在計算方法上也有所不同。

1. 由時期數動態數列計算序時平均數

由時期數動態數列計算序時平均數比較簡單，通常採用簡單平均法。其計算公式

化為：

$$\bar{a} = \frac{a_1 + a_2 + a_3 + \cdots + a_n}{n} = \frac{\sum a}{n}$$

式中：$\bar{a}$ 代表序時平均數；a 代表各時期發展水平；n 代表時期項數。

［例9－5］根據［例9－1］計算中國2001年第三季度月平均進出口額。

$\bar{a} = (437.7 + 457.0 + 458.4)/3 = 451(萬元)$

2. 由時點數動態數列計算序時平均數

時點數列有連續時點數列和間斷時點數列兩種，這兩種時點數列中又有間隔相等和間隔不等兩種表現形式。由於掌握資料不同，時點數列的平均發展水平就有四個公式。

（1）由連續時點數列計算序時平均數

① 由間隔相等的連續時點數列計算序時平均數

通常把逐日排列的時點數據視為連續時點數列，計算連續時點數列的序時平均數可用簡單算術平均數法：

$$\bar{a} = \frac{\sum a}{n}$$

［例9－6］某班學生一週出勤資料如表9－5所示。

表9－5

時間	週一	週二	週三	週四	週五
出勤人數（人）	49	48	50	52	54

則該班一週平均日出勤人數：

$$\bar{a} = \frac{\sum a}{n} = \frac{49 + 48 + 50 + 52 + 54}{5} = 51(人)$$

② 由間隔不等的連續時點數列計算序時平均數

如果被研究現象不是逐日變動，而是每隔一段時間變動一次，則可以根據每次互動記錄的資料，用每次變動持續的間隔時間為權數（f）對其時點水平（a）加權，應用加權平均法計算序時平均數。其計算公式為：

$$\bar{a} = \frac{a_1 f_1 + a_2 f_2 + \cdots + a_n f_n}{f_1 + f_2 + \cdots + f_n} = \frac{\sum af}{\sum f}$$

［例9－7］某企業2005年4月上旬職工出勤人數如表9－6所示。

表9－6

日期	1－3日	4－5日	6－7日	8日	9－10日
職工出勤人數（人）	250	262	258	266	272

則4月上旬職工出勤人數：

$$\bar{a} = \frac{250 \times 3 + 262 \times 2 + 258 \times 2 + 266 \times 1 + 272 \times 2}{3 + 2 + 2 + 1 + 2} = 260(人)$$

（2）由間斷時點數列計算序時平均數

間斷時點數列是間隔一段時間對現象在某一時點上所表現的狀況進行一次性登記，並將登記的數據按照時間的先後順序排列所形成的數列。實際工作中登記日常常是期初或期末，如月初或月末。這種情況下，可假設所研究現象中相鄰兩個時點之間的變動是均勻的，將相鄰的兩個時點指標除以2求得的數表明這兩個時點之間的序時平均數，然後根據這些平均數，再用簡單（或加權）算術平均法計算整個研究時間內的平均數。

① 由間隔相等的間斷時點數列計算序時平均數

當各時點間隔相等，即 $f_1 = f_2 = \cdots = f_{n-1}$ 時，則有

$$\bar{a} = \frac{\frac{a_1 + a_2}{2} + \frac{a_2 + a_3}{2} + \cdots + \frac{a_{n-1} + a_n}{2}}{n - 1} = \frac{\frac{a_1}{2} + a_2 + \cdots + a_{n-1} + \frac{a_n}{2}}{n - 1}$$

[例9-8] 某企業2000年第四季度職工人數如表9-7所示，計算第四季度月平均人數。

表9-7

日期	9月30日	10月31日	11月30日	12月31日
職工人數（人）	250	242	246	244

解決這一問題，應計算出每月平均職工人數。每月平均職工人數，即將本月末人數看作下月初人數，這樣月平均人數 = $\frac{月初人數 + 月末人數}{2}$，月平均職工人數 $\bar{a} = \frac{250 + 242}{2} = 246(人)$，季平均數是在各月平均人數的基礎上再平均。

第四季度平均職工人數為

$$\bar{a} = \frac{\frac{250 + 242}{2} + \frac{242 + 246}{2} + \frac{246 + 244}{2}}{3} = \frac{\frac{250}{2} + 242 + 246 + \frac{244}{2}}{3} = 245(人)$$

這種方法也稱作「首末折半法」，它便於應用，實際計算中主要採用這一形式。

② 由間隔不相等的間斷時點數列計算序時平均數

當時點數列中求得數據是每隔一段時間（如隔一月、一年等）才觀測一次的數據時，這樣的時點數列為間斷時點數列，間斷時點數列的間隔不相等時，則或用各間隔長度（f）為權數，對相應的時點的平均水平加權求得序時平均數。其計算公式為：

$$\bar{c} = \frac{\frac{a_1 + a_2}{2} \times f_1 + \frac{a_2 + a_3}{2} \times f_2 + \cdots + \frac{a_{n-1} + a_n}{2} \times f_{n-1}}{f_1 + f_2 + \cdots + f_{n-1}}$$

[例9-9] 某銀行某儲蓄所儲蓄存款餘額資料如表9-8所示。

表 9－8　　　　　　某銀行某儲蓄所 1999 年儲蓄存款餘額

時間	12 月 31 日	1 月 31 日	5 月 31 日	8 月 31 日	10 月 31 日	12 月 31 日
存款餘額(百萬元)	92	87	115	126	128	131
與上一期間隔(天)	0	31	120	91	61	61

則本年度該儲蓄所平均存款餘額為

$$\bar{c} = \frac{\frac{92+87}{2} \times 31 + \frac{87+115}{2} \times 120 + \frac{115+126}{2} \times 91 + \frac{126+128}{2} \times 61 + \frac{128+131}{2} \times 61}{31+120+91+61+61}$$

$$= \frac{41,506.5}{364} = 114.03(百萬元)$$

可以看出，間隔相等的間斷時點數列計算序時平均數，只不過是間隔不等的間斷時點數列計算序時平均數方法的特例。

(二) 由相對數動態數列或平均數動態數列計算序時平均數

由於相對數動態數列和平均數動態數列中各指標是由兩個有聯繫的總量指標相對比的結果，因此，相對數動態數列或平均數動態數列不能像絕對數動態數列那樣直接計算序時平均數，而是先分別計算出分子、分母數列的序時平均數，再進行對比求出相對數(或平均數)動態數列序時平均數，其計算的公式為：

$$\bar{c} = \frac{\bar{a}}{\bar{b}}$$

式中，$\bar{c}$ 代表相對數或平均數序時平均數，$\bar{a}$ 代表相對數或平均數子項序時平均數，$\bar{b}$ 代表相對數或平均數母項序時平均數。實際生活中 a 和 b 可能都是時期數或都是時點數，也可能一個是時期數，另一個是時點數，但它們的序時平均數都應根據總量指標相應的公式計算。現舉一例加以說明。

[例 9－10] 某百貨公司第一季度各月銷售、庫存和商品流轉次數資料如表 9－9 所示。計算第一季度商品平均流轉次數。

表 9－9

月份	1 月	2 月	3 月	4 月
商品銷售額(萬元) a	300.00	390.00	325.00	—
月初庫存額(萬元) b	75.00	75.00	55.00	75.00
商品流轉次數(次) c	—	4	6	—

則 $$\bar{c} = \frac{300+390+325}{\frac{75}{2}+75+55+\frac{75}{2}} = \frac{1,015}{205} = 4.95(次)$$

三、增長量

動態數列中不同時間的發展水平之差稱為增長量，用以反應經濟現象經過一定時期

的發展變化增加(或減少)的絕對水平。其基本計算公式為:
$$增長量 = 報告水平 - 基期水平$$

增長量的計量單位與發展水平的計量單位是一致的。若增長量為正數,則表明現象發展呈增長(正增長)狀態;若增長量為負數,則表明現象發展呈下降(負增長)狀態;若增長量為零,表明現象發展是零增長。

由於基期的選擇不同,增長量有逐期增長量和累計增長量兩種。

1. 逐期增長量是報告水平與前期水平之差,表明現象逐期增長的絕對水平
逐期增長量 = $a_n - a_{n-1}$ ($n = 1, 2, 3, \cdots, n$)

2. 累計增長量是報告水平與歷史上某一固定基期的水平之差,表明現象經過較長一段時間發展的總增長水平
累計增長量 = $a_n - a_0$ (這裡 a_0 為固定基期的水平, $n = 1, 2, 3, \cdots, n$)

3. 逐期增長量和累計增長量之間的關係
(1) 逐期增長量之和等於相應時期的累計增長量。
$(a_1 - a_0) + (a_2 - a_1) + (a_3 - a_2) + \cdots + (a_n - a_{n-1}) = a_n - a_0$
(2) 累計增長量之差等於相應時期的逐期增長量。
$(a_n - a_0) - (a_{n-1} - a_0) = a_n - a_{n-1}$

[例9-11] 增長量的計算通過表9-10來體現。

表9-10　　　　　　中國2001年前9個月月度進出口總額

月份(月)		1	2	3	4	5	6	7	8	9
進出口總額(億美元)		323.3	371.9	437.5	446.4	396.1	433.3	437.7	457.0	458.4
增長量(億美元)	逐期		48.6	65.6	8.9	-50.3	37.2	4.4	19.3	1.4
	累計		48.6	114.2	123.1	72.8	110.0	114.4	133.7	135.1
增長速度(%)	環比		15.0	17.6	2.0	-11.3	9.4	1.0	4.4	0.3
	定基		15.0	35.3	38.1	22.5	34.0	35.4	41.4	41.8
增長1%絕對值			3.23	3.72	4.38	4.46	3.96	4.33	4.38	4.57

四、平均增長量

平均增長量是逐期增長量的序時平均數,用以表明經濟現象在一定時期內平均每期比前期增長的絕對水平。計算公式為:

$$平均增長量 = \frac{逐期增長量之和}{逐期增長量項數} = \frac{數列末期累計增長量}{數列項數 - 1}$$

[例9-12] 根據表9-10的資料,以第三季度為觀察期而計算的月平均增長量為:
$(4.4 + 19.3 + 1.4) \div 3 = 8.37$ 億美元,即中國2001年第三季度各月的進出口商品總值比上月增長8.37。

計算平均增長量時要注意,當觀察期內現象的增長情況出現相反方向時,最好不要計算平均增長量。

第三節　動態數列的速度指標分析

動態數列的速度指標是對社會經濟現象的發展變化進行速度分析時所使用的一套統計分析指標,包括發展速度、增長速度、平均發展速度、平均增長速度和增長1%的絕對值五個指標。

一、發展速度

發展速度是表明社會現象發展方向和程度的動態分析指標,是根據報告期水平和基期水平對比而得到的動態相對數。它主要說明報告期水平已發展到(或增加到)基期水平的若干倍(或百分之幾)。其計算公式為:

$$發展速度 = \frac{報告期水平}{基期水平}$$

發展速度一般用百分數表示,也用倍數表示。若發展速度大於百分之百(或大於1)則表示為上升速度;若發展速度小於百分之百(或小於1)則表示為下降速度。由於對比的基期不同,可分為定基發展速度和環比發展速度兩種。

(一)定基發展速度

定基發展速度是指報告期水平與某一固定時期水平(通常為最初水平)之比。它說明報告期水平相當於某一固定時期的多少倍(或百分之幾),表明這種社會現象在較長時期內總的發展速度。因此,有時也叫「總速度」,其計算公式為:

$$定期發展速度 = \frac{報告期水平}{固定基期水平}$$

用符號表示為: $\frac{a_1}{a_0}, \frac{a_2}{a_0}, \frac{a_3}{a_0}, \cdots, \frac{a_n}{a_0}$。

(二)環比發展速度

環比發展速度是指報告期水平與前一期水平之比。它說明報告期水平相對於前一期水平來說已發展到多少倍(或百分之幾),表明這種社會現象逐步發展的程度。如果計算的單位時期為一年,則這個指標也可以叫作「年速度」,其計算公式為:

$$環比發展速度 = \frac{報告期水平}{前一期水平}$$

用符號表示為: $\frac{a_1}{a_0}, \frac{a_2}{a_1}, \frac{a_3}{a_2}, \cdots, \frac{a_n}{a_{n-1}}$。

(三)定基發展速度與環比發展速度的關係

雖然二者各自說明的問題不同,但卻存在著一定的數量關係。

第一,定基發展速度等於相應時期內的各個環比發展速度的連乘積,用符號表示為:

$$\frac{a_1}{a_0} \times \frac{a_2}{a_1} \times \frac{a_3}{a_2} \times \frac{a_3}{a_2} \times \cdots \times \frac{a_n}{a_{n-1}} = \frac{a_n}{a_0}$$

各環比發展速度的連乘積 = 定基發展速度

第二,相鄰兩個定基發展速度之比等於相應時期的環比發展速度,用符號表示為:

$$\frac{a_i}{a_0} \div \frac{a_{i-1}}{a_0} = \frac{a_i}{a_{i-1}}$$

二、增長速度

增長速度是表明社會現象增長程度的動態相對指標,它是根據增長量與其基期水平對比求得,亦可用發展速度減1。其計算公式為:

$$增長速度 = \frac{報告期增長量}{基期水平} = \frac{報告期水平 - 基期水平}{基期水平}$$

$$= \frac{報告期水平}{基期水平} - 1$$

或: 　　　　增長速度 = 發展水平 - 1(或100%)

增長速度可正可負。若發展速度大於1,則增長速度為正值,表示這種現象增長的程度。若發展速度小於1,則增長速度為負值,表示這種現象降低的程度,此時稱為降低速度。

增長速度與發展速度相似,由於採用對比的基期不同,也分為定基增長速度和環比增長速度。

(一) 定基增長速度

定基增長速度是指報告期的累積增長量與某一固定基期水平之比。它表明社會經濟現象在某一較長時期內總的相對增長速度。其計算公式為:

$$定基增長速度 = \frac{累計增長量}{某一固定基期水平}$$

$$= \frac{報告期水平 - 某一固定基期水平}{某一固定基期水平}$$

$$= 定基發展速度 - 1(或100\%)$$

(二) 環比增長速度

環比增長速度是指報告期的逐期增長量與前一期水平之比,它表明社會經濟現象逐期的相對增長方向和程度。其計算公式為:

$$環比增長速度 = \frac{逐期增長量}{前一期水平} = \frac{報告期水平 - 前一期水平}{前一期水平}$$

$$= 環比發展速度 - 1(或100\%)$$

(三) 增長1% 的絕對值

速度指標是一種相對數。由於相對數固有的抽象化特點,速度指標把所對比的發展水平掩蓋住了。高速度可能掩蓋著低水平,低速度的背後可能隱藏著高水平。為了瞭解增長速度帶來的實際效果,常常要把增長速度與增長量聯繫起來,計算增長1% 的絕對值。增長1% 的絕對值是逐期增長量與環比發展速度之比,用以說明現象報告期比基期每增

長 1% 所包含的實際效果。其計算公式為：

$$\text{增長 1\% 的絕對值} = \frac{\text{逐期增長量}}{\text{環比增長速度} \times 100\%}$$

$$= \frac{a_n - a_{n-1}}{\frac{a_n - a_{n-1}}{a_{n-1}}} = \frac{a_{n-1}}{100} \text{ 即 } = \frac{\text{前期水平}}{100}$$

以上速度指標計算如表 9 – 10 所示。

三、平均發展速度和平均增長速度

平均發展速度是動態數列中的各個環比發展速度的平均數，也就是把全期的總發展速度平均化。平均增長速度是各個環比增長速度的平均數，它說明某種現象在一個較長時期中逐期平均增長變化的程度。

由於我們考察事物的側重點不同，計算平均發展速度的方法有幾何平均法和方程法兩種。這裡我們主要介紹幾何平均法。

幾何平均數是各環比發展速度的平均數。當計算各環比發展速度的平均數時，不能採用算術平均數的方法，而應採用幾何平均數方法。其計算公式有三個：

(1) $$G = \sqrt[n]{x_1 \times x_2 \times x_3 \times \cdots \times x_n} = \sqrt[n]{\prod x}$$

式中：$\bar{x}$ 代表平均發展速度；x 代表各環比發展速度；$\prod$ 代表連乘符

由於環比發展速度的連乘積等於相應的定基發展速度，因此上式又可簡化為

(2) $$G = \sqrt[n]{\frac{a_1}{a_0} \times \frac{a_2}{a_1} \times \cdots \times \frac{a_n}{a_{n-1}}} = \sqrt[n]{\frac{a_n}{a_0}}$$

又因定基發展速度即為現象的總速度。用 R 表示總速度，則上式可寫為：

(3) $$G = \sqrt[n]{R}$$

由於計算平均速度的計算式中需要求高次方根，非常麻煩。在實際工作中解決此問題主要有三種方法：

(1) 用多功能計算器直接開 n 次方根，這是運用最廣泛、最簡便的方法。

[例 9 – 13] 如果以 2000 年普查人口數 26,583 為基數，其以後每年以 11.08% 遞增，到了 2010 年中國大陸人口數將達到多少？

根據公式 $G = \sqrt[n]{\frac{a_n}{a_0}}$，$a_n = a_0 \cdot G^n$

$a_n = 126.583 \times 1.011,087^{10} = 141,338$（萬人）

平均增長率 $= (1.011,087 - 1) \times 1,000‰ = 11.087‰$

(2) 利用對數方法求解，即將上面計算公式兩邊取對數，再利用對數表得出所求的值，公式如下：

$$G = \sqrt[n]{x_1 \times x_2 \times \cdots \times x_n}$$

兩邊取對數

$$\lg G = \frac{1}{n}(\lg x_1 + \lg x_2 + \cdots + \lg x_n) = \frac{\sum \lg G}{n} \text{ 或 } G = \sqrt[n]{\frac{a_n}{a_0}}$$

方程兩邊取對數,得

$$\lg G = \frac{1}{n}(\lg a_n - \lg a_0)$$

[例9-14] 某企業2001年出口產品實現利潤864萬元,該企業計劃到2006年利潤達到987萬元,問該企業利潤以平均每年多大的速度遞增才能實現目標?

$$G = \sqrt[n]{\frac{a_n}{a_0}} = \sqrt[5]{\frac{987}{864}} = \sqrt[5]{1.142,4}$$

$$\lg \bar{x} = \frac{1}{5}\lg 1.142,4 = \frac{1}{5} \times 0.057,8 = 0.011,56$$

查對數表得平均發展速度為102.7%

平均增長速度 = 102.7% - 1 = 2.7%

即企業利潤每年至少以2.7%的遞增速度發展,到了2006年就可以到達預期的目標。

(3) 查平均增長速度查對表。採用查表法可以直接找出該值,也很方便。只要知道總速度R和間隔的年限n,就可以在表中直接查到平均增長速度,然後再加1,就得到平均發展速度。

[例9-15] 中國1995年一般貿易進口額為433.7億美元,1990年為670.4億美元,試用查表法計算平均發展速度和平均增長速度。

$$R = \frac{a_n}{a_0} = \frac{670.4}{433.7} \approx 154.58\%$$

因為154.58% > 100%所以一般貿易進口額的發展是增長型,根據總速度和年限在水平法查對表的增長速度部分查得4年總速度為154.58%所對應的平均每年增長速度為11.5%,其平均發展速度為111.5%。

計算和應用增長速度時要注意兩個問題:

第一,環比增長速度和定基增長速度之間沒有直接的換算關係,如果兩者之間要換算,需要通過發展速度的換算關係。如把環比增長速度全部加1,變成環比發展速度,將所有環比發展速度連乘,得到定基發展速度,再從定基發展速度中減去1,就得到了定基增長速度。

第二,當報告期水平和基期水平表明的是不同方向的數據時,不宜計算增長速度。如某進出口公司基期利潤為-4萬元(虧損),報告期利潤為6萬元(贏利),若套用上述公式計算增長速度,則計算結果為:

$$\text{增長速度} = \frac{6 - (-4)}{-4} = -2.5(倍)$$

這顯然與實際情況不相符。對這種情況一般不計算增長速度。

第三,平均發展速度與平均增長速度的關係是：

$$\text{平均增長速度} = \text{平均發展速度} - 1$$

平均增長速度則可分為正值或分為負值。正值表明現象在一定發展階段內逐期平均遞增的程度；負值表示現象逐期平均遞減的程度。

第四節　現象變動的趨勢分析

把一個動態數列作為一個整體,用統計方法剔除一些非本質因素的偶然影響,反應現象發展變化的趨向,掌握現象發展變化的規律性,為經營決策和制定長遠規劃提供依據,為統計預測提供必要條件,這是動態數列分析的重要內容。影響現象發展變化的因素很多,歸納起來主要有長期趨勢、季節變動、循環變動和不規則變動。

一、現象變動趨勢分析的意義

(一) 長期趨勢變動

長期趨勢(用 T 表示)是指現象在較長時間內,由於普遍的、持續的、決定性的基本因素的作用使發展水平主要呈現一個方向,即總體看來逐漸向上或向下的變動趨勢。例如社會商品零售總額、國民生產總值和職工工資總額等,都是隨著科學技術的進步和勞動生產率的提高呈現逐年上升的。趨勢特殊情況下長期趨勢也可以表現為圍繞某一常數值無明顯變動的情況。

(二) 季節變動

季節變動(用 S 表示),是指社會經濟現象受氣候、溫度以及社會風俗等因素的影響,在一年內隨季節更替而出現的週期性波動。也有人為的因素,如節假日或風俗習慣,近些年來每年的「2·14」情人節,都是首飾銷售的旺季。更為常見的是大多數的農副產品的生產都因溫度的原因而有淡季和旺季之分,這樣以農副產品為原料的加工業生產,商業部門農副產品的購銷、交通運輸部門的貨運量方面也隨之出現季節變動。季節變動有以一季為週期的,也有以一月、一週、一日為週期的。認識和掌握季節變動的意義主要目的在於：一是通過分析與預測過去的季節變動規律,為當前的決策提供依據；二是為了對未來現象季節變動做出預測,以便提前做出合理的安排。

(三) 循環變動

循環變動(用 C 表示)是指現象受多種不同因素的影響,在若干年中發生週期性漲落起伏波動。它既不同於朝單一方向變動的長期趨勢,也不同於週期在一年內變動的季節變動,而是呈漲落相間的波浪式發展。如出生人口的多少,有 22 年左右的循環波動；工業產品一般要經歷投入期、成長期、成熟期、衰退期,最終由一種新產品替代的循環波動。這些都是循環變動的表現。

（四）不規則變動

不規則變動（用 I 表示）是指現象除了受以上三種因素的影響之外，還受臨時性因素或不明原因引起的非週期性、非趨勢性波動的隨機變動。不規則變動是不以人的意志為轉移的，也是無法預知的。如海嘯、地震或一些偶然因素對社會經濟造成的影響和結果。有時不規則變動對經濟的影響還是巨大的。如亞洲金融危機和2004年年末發生在印度尼西亞的海嘯，都對經濟造成了巨大的影響。動態數列中每一水平指標都要受上述四類因素共同影響和綜合作用，其分解模型一般分為加法模型和乘法模型兩種。

加法模型是指四類因素相互獨立，其加總構成整個動態數列。用符號表示為：
$$Y = T + S + C + I$$
乘法模型是指四類因素相互影響，其乘積構成整個動態數列。用符號表示為：
$$Y = T \cdot S \cdot C \cdot I$$

二、長期趨勢分析

長期趨勢分析就是運用一定的數學方法，對原數列進行加工整理，以排除季節變動、循環變動和不規則變動等因素的影響，從而形成一個新的數列並顯示出現象發展變化的趨勢或規律，為預測和決策等管理活動提供依據的統計方法。分析測定長期趨勢的方法很多，以下只介紹常用的移動平均法和最小平方法。

（一）移動平均法

移動平均法是按照一定間隔依次計算動態數列的序時平均數，邊移動邊平均，形成一個序時平均數動態數列，據以測定長期趨勢的方法。

［例9－16］某企業1990—1999年商品銷售額資料如表9－11所示。

表9－11

年度	銷售額	三項移動平均	五項移動平均	四項移動平均	位置移正
1990	4.80	—			
1991	5.33	5.63	—	6.07	—
1992	6.76	6.49	6.61	6.50	6.29
1993	7.38	6.89	6.60	6.92	6.71
1994	6.54	6.97	7.04	7.11	7.02
1995	7.00	7.02	7.52	7.55	7.33
1996	7.52	7.89	7.84	8.16	7.86
1997	9.14	8.55	8.40	8.75	8.46
1998	8.98	9.10	—	—	—
1999	9.35	—			

1. 三項移動平均

第一個平均數 $= \dfrac{4.80 + 5.33 + 6.76}{3} = 5.63$ 對正第二項的原值,以此類推。邊移動邊平均,求得三項移動平均新數列共八項。

2. 五項移動平均

第一個平均數 $= \dfrac{4.80 + 5.33 + 6.76 + 7.38 + 6.54}{5} = 6.16$ 對正第三項的原值,以此類推。邊移動邊平均,求得五項移動平均新數列共八項。

3. 四項移動平均

第一個平均數 $= \dfrac{4.80 + 5.33 + 6.76 + 7.38}{4} = 6.07$ 對正第二項的和第三項中間的原值,以此類推。邊移動邊平均,求得四項移動平均新數列共七項。由於每個指標數值都和原動態數列錯過半期,無法直接進行比較,還需要進行一次正位平均,即再進行一次兩項移動平均。這樣新序時平均數數列的各期數值才能和原動態數列對準,形成新的四項正位平均數數列共六項。

從表 9－11 的計算結果可以看出,移動平均可以使動態數列中的短期的偶然因數弱化,整個數列被修勻得更加平滑,趨勢更加明顯。

值得注意的是,用移動平均法修勻後得到的數列比原數列的實際項數減少了。因此,用移動平均法分析長期趨勢時,移動的週期不要確定得太長,否則資料缺項得太多,以致影響分析的結果。

(二) 最小平方法

最小平方法又稱最小二乘法,是依據動態數列的觀察值與趨勢值的離差平方和為最小值的基本原理,擬合一種趨勢模型,然後利用多元函數極值的方法,推導出標準聯立方程組,並求其參數,進而測定各期的趨勢值,形成一條較為理想的趨勢線。

最小平方法是分析測定長期趨勢的最重要方法。它可以擬合趨勢直線模型,趨勢曲線模型(二次曲線、指數曲線、三次曲線模型) 等。對某一現象應該選擇哪一種趨勢模型擬合,主要取決於現象發展變化的特點。這裡主要介紹直線趨勢模型。

如果動態數列的逐期增長量(或稱一次增長量) 大致相等,或利用散點圖觀察現象的變動近似一條直線時,就可以對現象的變動趨勢擬合成直線趨勢模型,其模型表示為:

$$y_c = a + bt$$

式中 y_c 代表動態數列的趨勢值,t 代表動態數列時間單位,a 和 b 為參數,分別代表直線的截距和斜率。

根據最小平方法的基本要求和多元函數求極值的定理,求方程。

$$\sum y = na + b\sum t$$
$$\sum ty = a\sum t + b\sum t^2$$

式中:n 代表數據的項數,其他符號與前相同。

解聯立方程得:

$$b = \frac{n\sum ty - \sum t \sum y}{n\sum t^2 - (\sum t)^2}$$

$$a = \frac{\sum y}{n} - b\frac{\sum t}{n} = \bar{y} - b\bar{t}$$

求得參數 a 和 b 代入直線趨勢模型中,便可得到與實際觀察值相對應的趨勢值。由此可形成一條趨勢直線,這樣既可以認識現象的發展變化動態,還可以預測未來。

為簡化計算可以把時間順序改成對稱的,其具體方法是:當動態數列的項數為奇數時,把原時間表數列中間項作為原點;取中間一項之前的時間順序為負值,中間一項以後的序號為正值。如數列 7 項年水平,時間跨度從 2000 年到 2006 年,則 t 值分別為:

2000　　2001　　2002　　2003　　2004　　2005　　2006
－3　　　－2　　　－1　　　0　　　　1　　　　2　　　　3

當動態數列的項數為偶數列時,中間以前的時間順序為負值,中間以後的序號為正值。如數列 6 項年水平,時間跨度從 2000 年到 2005 年,則 t 值分別為:

2000　　2001　　2002　　2003　　2004　　2005
－5　　　－3　　　－1　　　1　　　　3　　　　5

在以上兩種場合,$\sum t = 0$ 使標準化方程簡化為:

$$\sum y = na$$

$$\sum ty = b\sum t^2 \qquad 因此:a = \frac{\sum y}{n};\quad b = \frac{\sum ty}{\sum t^2}$$

[例 9－17] 將某廠 2000—2006 年甲產品銷售量採用簡化標準方程計算,如表 9－12 所示。

表 9－12　　　　　　　　　　　　　　　　　　　　　　　　　　　　單位:萬件

年份	年度順序 t	銷售額 y	t^2	ty	$y_c = 17.43 + 1.72t$
2000	－3	12.4	9	－37.2	12.27
2001	－2	13.8	4	－27.6	13.99
2002	－1	15.7	1	－15.7	15.71
2003	0	17.6	0	0	17.43
2004	＋1	19.0	1	19.0	19.15
2005	＋2	20.8	4	41.6	20.87
2006	＋3	22.7	9	68.1	22.59
合計	0	122.0	28	48.2	122.01

將表中數字代入公式,可得:

$$b = \frac{\sum ty}{\sum t^2} = \frac{48.2}{28} = 1.72$$

$$a = \frac{\sum y}{n} = \frac{122}{7} = 17.43$$

則所擬合的直線趨勢方程為: $y_c = a + bx = 17.43 + 1.72t$

若預測 2007 年的銷售量,將 $t = 4$ 代入方程得:

$$y_c = 17.43 + 1.72 \times 4 = 24.31(萬件)$$

三、季節變動的測定與分析

在現實生活中,季節變動是一種極為普遍的現象。例如,許多農副產品的產量都因季節更替而有淡季、旺季之分;商業部門的許多商品的銷售量也隨著氣候變化的影響而形成有規律的週期性變動。季節變動具有三個特點:一是季節變動每年重複進行;二是季節變動按照一定的週期進行;三是每個週期變化強度大體相同。

研究季節變動的目的在於瞭解季節變動對人們經濟生活的影響,以便更好地組織生產和安排生活。分析季節變動,還可以根據季節變動規律,配合適當的季節模型,結合長期趨勢,進行經濟預測,計劃未來行動。

分析和測定季節變動的主要方法是計算季節比率來反應季節變動的程度。季節比率高說明是「旺季」,反之則是「淡季」。計算季節比率最常用、最簡便的方法是按月(季)平均法。

季節比率是通過對若干年資料的數據,求出同月份的平均水平與全數列總平均月份水平,然後對比得出各月份、各季節比率。為了較準確地觀察季節變動情況,一般用連續三年以上的發展水平資料,加以平均分析。其計算步驟如下:

(1) 根據各年按月(季)的動態數列資料計算出各年同月(季)的平均水平。

(2) 計算各年所有月(季)的總平均水平。

(3) 將各年同月(季)的平均水平與總平均水平進行對比,即得出季節比率,季節比率是進行季節變動分析的重要指標,可用來說明季節變動的程度。其計算過程如下:

$$季節比率 = \frac{同月份平均水平}{總平均月份水平} \times 100\%$$

[例 9 - 18] 某商場 1999—2002 年各月某一品牌的棉毛衫的銷售量如表 9 - 13 所示。具體計算過程如下。

表 9－13　　　　　　　　　　　某商場棉毛衫銷售量表

月份 (1)	1999 年 (2)	2000 年 (3)	2001 年 (4)	2002 年 (5)	四年合計 Σ (6)	四年平均 Σ/4 (7)	季節比率 (％) (8)
1	80	150	240	280	750	187.5	165.2
2	60	90	150	140	440	110	96.9
3	20	40	60	80	200	50	44.1
4	10	25	40	30	105	26.3	23.2
5	6	10	20	12	48	12	10.6
6	4	8	11	9	32	8	7.1
7	8	12	32	37	89	22.3	19.7
8	12	20	40	48	120	30	26.3
9	20	35	70	83	208	52	45.8
10	50	85	150	140	425	106.3	93.7
11	210	340	420	470	1,440	360	317.2
12	250	350	480	510	1,590	397.5	350.2
合計	730	1,165	1,713	1,839	5,447	1,361.9	1,200
平均	60.8	97.1	142.8	153.3	453.9	113.5	100

第一步：計算同月份平均水平。

一月份平均數 $= \dfrac{80 + 150 + 240 + 280}{4} = 187.5$（件）

第二步：求總平均月份水平。

總平均月份水平 $= \dfrac{5,447}{48} = 113.5$（件）或總平均月份水平 $= \dfrac{1,361.9}{12} = 113.5$（件）

總平均月份水平 $= \dfrac{453.9}{4} = 113.5$（件）

第三步：計算季節比率。

如一月份的季節比率 $= \dfrac{187.5}{113.5} = 165.2\%$

其餘比率數據如表中第八列所示。

第四步：用季節比率進行預測。為了預測以後各年不同月（或季）發展趨勢和狀況，通常假定按過去資料測定的季節變動模型能夠適用於未來。因此，按月（或季）平均預測法的計算公式為：

各月（或季）預測值 = 上年各月（或季）的平均值 × 各月（或季）的季節比率，如對 2003 年銷售量進行預測：10 月份的銷售量 = 153.3 × 93.7% = 144（件）。

通過上面計算的各月份季節比率組成的數列，可以看出棉毛衫銷售量的季節變動趨勢，自 1 月份其季節比率逐月減少，6 月份減少到最低點，7 月份開始上升，到 12 月份上升到最高點。

按月平均法計算簡便，容易掌握。但季節比率的計算不夠精確，因為它不考慮長期趨勢的影響。

第五節　動態分析應用技能訓練

一、填空題

1. 動態數列是將總體同一指標在_____上的數值,按照_____順序排列而形成的一種統計數列。又叫作_____。

2. 動態數列有兩個構成要素,一個是_____,一個是_____,後者又叫發展水平。

3. 在絕對數動態數列中,不同時間的指標數值加起來有實際意義的是_____數列,沒有實際意義的是_____數列。

4. 有動態數列如下表所示。

表 9 - 14

年份	2002	2003	2004	2005	2006	2007	2008
產量(萬噸)	860	856	866	865	880	875	867

則:(1) 數列中的最初水平為_____,最末水平為_____。

(2) 2004 年逐期增長量為_____,增長 1% 絕對值為_____,環比增長速度為_____。

(3) 數列中可以為任何一年做固定基期的時間是_____,以此年為固定基期而計算的 2003 年發展速度為_____,累計增長量為_____。

(4) 2002—2008 年的平均發展水平為_____,平均增長量為_____。

(5) 對該數列計算平均發展速度應採用_____,其最簡單的算式為_____。

5. 動態數列中,不同時期發展水平的平均數稱為_____,又稱_____。

6. 根據時期數列計算平均發展水平,計算公式的分子是_____。

7. 發展速度是_____與_____的比值,由於基期的選擇不同,它有_____和_____兩種。

8. 平均發展速度是_____的序時平均數,它有_____和_____兩種計算方法,其中,_____側重於考查計算期末年的水平。

9. 動態數列的分析指標分為_____和_____兩大類。

10. 某市工業總產值 2008 年比 2004 年增長 187.5%,2007 年比 2004 年增長 150%,則 2004 年環比發展速度的算式為_____。

11. 某產品單位成本連年下降,已知 2003 年至 2008 年間總體下降了 60%,則單位成本年遞減率的算式為_____。

12. 分析現象變動長期趨勢的方法主要有_____、_____和_____三種。

13. 如果經濟現象在一年內出現週期性的起伏波動變化,則稱為_____;經濟現

象在許多年內出現不規律的起伏波動變化,則稱為_____。

二、單項選擇題

1. 時期指標和時點指標的分類依據是( )。
   A. 反應內容不同　　　　　　B. 反應的時間狀態不同
   C. 表現形式和作用不同　　　D. 特點和性質不同
2. 下列指標和時間構成的動態數列中,屬於絕對數時期數列的是( )。
   A. 年末總人口　　　　　　　B. 國內生產總值
   C. 居民平均消費水平　　　　D. 人口自然增長率
3. 用報告期水平除以基期水平得到的指標是( )。
   A. 發展水平　　　　　　　　B. 增長量
   C. 發展速度　　　　　　　　D. 平均增長率
4. 某企業產品產量 2004 年比 2003 年增長 8%,2005 年比 2004 年增長 12%,則 2003 年至 2005 年平均增長速度為( )。
   A. 9.98%　　　　　　　　　B. 6.5%
   C. 10%　　　　　　　　　　D. 21%
5. 某地區 2001 年至 2005 年按年排列的每年年初人口數時間序列是( )。
   A. 絕對數時期數列　　　　　B. 絕對數時點數列
   C. 相對數動態數列　　　　　D. 平均數動態數列
6. 某地區 2002 年至 2005 年國內生產總值的年平均發展速度是 109.99%,這期間年平均增長率為( )。
   A. 9.99%　　　　　　　　　B. 0.37%
   C. 3.22%　　　　　　　　　D. 109.99%
7. 發展速度的計算方法為( )。
   A. 報告期水平與基期水平之差　B. 報告期水平與基期水平之比
   C. 增長量與基期水平之差　　　D. 增長量與基期水平相比
8. 用平均發展速度減 1 得到的指標是( )。
   A. 發展水平　　　　　　　　B. 增長量
   C. 發展速度　　　　　　　　D. 平均增長率
9. 客觀現象由於受自然因素和社會因素的影響,在一年內隨季節的更換而引起的規律性變動稱作( )。
   A. 長期趨勢　　　　　　　　B. 季節變動
   C. 循環變動　　　　　　　　D. 不規則變動

三、多項選擇題

1. 下列屬於時點指標的有( )。
   A. 歷年年末耕地面積　　　　B. 歷年新增人口
   C. 歷年旅客週轉量　　　　　D. 歷年黃金儲備

2. 定基發展速度和環比發展速度的關係是(　　)。
   A. 兩者都屬於速度指標
   B. 環比發展速度的連乘積等於環比定基速度
   C. 定基發展速度的連乘積等於環比發展速度
   D. 相鄰兩個定基發展速度之比等於相應的環比發展速度
   E. 相鄰兩個環比發展速度之比等於相應的定基發展速度。

3. 累計增長量和逐期增長量的關係是(　　)。
   A. 前者基期水平不變,後者基期水平總在變動
   B. 二者存在關係式:逐期增長量之和 = 累計增長量
   C. 相鄰的兩個逐期增長量之差等於相應的累計增長量
   D. 根據這兩個增長量都可以計算較長時間內的平均每期增長量
   E. 這兩個增長量都屬於速度分析指標

4. 下列數列,屬於由兩個時期數列對比構成的相對數或平均數動態數列有(　　)。
   A. 工業企業全體人員勞動生產率　　B. 百元產值利潤率動態數列
   C. 產品產量計劃完成程度動態數列　D. 產品合格率動態數列

5. 影響動態數列發展水平變化的因素有(　　)。
   A. 長期趨勢　　　　　　　　B. 循環變動
   C. 季節變動　　　　　　　　D. 季節比率
   E. 不規則變動

四、應用技能訓練

(一) 以下列各實訓資料進行現象的水平分析應用技能訓練

實訓 1

[應用訓練資料]

現有某企業歷年產量資料如表 9-15 所示:

表 9-15　　　　　　　　　　企業歷年產量資料

年份	1998	1999	2000	2001	2002	2003	2004
產量(萬噸)	860	856	866	865	880	875	867

[訓練要求]

(1) 指出數列中最初水平、最末水平和中間水平,並用符號將它們表示出來。

(2) 指出數列的種類。

(3) 計算 2001—2004 年間的年平均產量。

(4) 編制恰當的增長量計算表,計算各年的逐期增長量和累計增長量,同時指出逐期增長量和累計增長量之間的關係。

(5) 計算整個數列的平均增長量。

[訓練提示]
(1) 本訓練旨在使學員掌握時期數列平均發展水平的計算和增長率計算。
(2) 累計增長量的計算只能以1998年為固定基期。

實訓2

[應用訓練資料]

某商品4月份第一週的庫存量資料如表9-16所示。

表9-16　　　　　　　　　商品庫存量資料

日期	1月3日	1月4日	1月5日	1月6日	1月7日	1月8日	1月9日
庫存量(臺)	27	29	25	26	28	24	27

[訓練要求]
(1) 具體指出表9-16的數列的種類。
(2) 計算該商品一週來的平均庫存量。

實訓3

[應用訓練資料]

某工廠某年9月末有職工2,506人,10月上旬職工人數變動情況是:10月4日增加新招聘大學生12人,6日有4名老職工退休離廠,8日有4名青年應徵入伍,同日又有2名職工調離本廠,9日由其他單位調入職工7人。

[訓練要求]
(1) 指出根據上述資料編制的動態數列是哪種動態數列。
(2) 計算該工廠10月上旬的平均在職職工人數。

[訓練提示]
(1) 本訓練旨在使學員掌握連續時點數列平均發展水平的加權計算方法。
(2) 將上旬每天的人數準確算出來,再採用公式 $\bar{a} = \dfrac{\sum a}{n}$ 計算平均數。

實訓4

[應用訓練資料]

某企業2004年流動資金占用額統計資料如表9-17所示。

表9-17　　　　　　　　　定額流動資金占用統計資料

月份	1	2	3	4	5	6	7	8	9	10	11	12
月初流動資金占用額(萬元)	29	30	35	31	28	29	30	32	35	33	34	36

該企業2004年年初流動資金占用額為32萬元。

[訓練要求]
(1) 指出表9-17的動態數列是哪種動態數列。
(2) 分別計算該企業2004年流動資金上半年平均占用額、下半年平均占用額和全年

平均占用額。

[訓練提示]

(1) 本訓練旨在使學員掌握等間隔時點數列平均發展水平的計算方法。

(2) 時點在期初,採用公式「首末折半法」計算平均占用額,計算時注意各間隔期的期末水平。

實訓 5

[應用訓練資料]

某企業下半年的月末工人人數及比重資料如表 9 – 18 所示。

表 9 – 18　　　　　　　　企業工人人數及比重資料

月　份	6	7	8	9	10	11	12
月末工人人數(人)	550	580	560	565	600	590	590
工人占全部職工人數比重(%)	80	86	81	80	90	87	85

[訓練要求]

(1) 指出表 9 – 18 中有哪幾種動態數列。

(2) 計算下半年各月份的平均全部職工人數。

(3) 計算該企業下半年工人占全部職工人數的平均比重。

[訓練提示]

(1) 本訓練旨在使學員掌握在缺少分母資料的情況下計算靜態相對數時間數列平均發展水平的方法。

(2) 首先計算下半年各月的平均工人人數,再結合當月比重計算每月的平均全部職工人數,最後,採用「首末折半法」計算平均工人人數。

(二) 以下列各實訓資料進行現象的速度分析技能訓練

實訓 6

[應用訓練資料]

現有某市國內生產總值資料如表 9 – 19 所示。

表 9 – 19　　　　　　　某市歷年國內生產總值資料

年　份	2000	2001	2002	2003	2004
國內生產總值(億元)	59.33	57.25	73.92	82.00	100.00

[訓練要求]

(1) 計算各年定基發展速度和環比發展速度,說明兩種發展速度之間的關係。

(2) 計算各年定基增長速度和環比增長速度,並用具體數值說明兩種增長速度之間如何換算。

(3) 計算各年的增長 1% 的絕對值。

(4) 將上述計算結果合理地編制在一份計算表中。

[訓練提示]

本訓練旨在使學員掌握各種發展速度、各種增長速度以及增長1%的絕對值的計算方法,掌握各種速度指標之間的換算關係。

實訓7

[應用訓練資料]

某地區糧食產量的環比增長速度如表9-20所示。

表9-20　　　　　　　　某地區糧食產量速度資料

年　　份	2000	2001	2002	2003	2004
比上年增長(%)	3.00	3.50	3.60	3.20	4.10

[訓練要求]

(1) 計算2002年的定基增長速度。
(2) 計算2004年比2001年增長的速度。
(3) 計算2003年比2001年的定基發展速度。
(4) 計算以2001—2004年為觀察期的平均發展速度和平均增長速度。

[訓練提示]

本訓練旨在使學員掌握定基發展速度、定基增長速度、平均發展速度和平均增長速度的計算方法。

實訓8

[應用訓練資料]

某地區計劃規定2008年工業增加值要比2002年增長61.2%。實際資料表明,2004年該地區工業增加值58億元,比2002年增長了19.3%。

[訓練要求]

(1) 分析在以後的四年裡,每年平均增長百分之幾才能完成計劃任務?
(2) 若要在2004年的基礎上滿足增加值翻兩番,按上述遞增率需要多少年?
(3) 若要爭取機會在五年內完成,則後三年的遞增率應是多少?

[訓練提示]

(1) 本訓練旨在使學員熟練掌握平均發展速度和平均增長速度的計算方法。

(2) 用161.2%除以119.3%,得到2008年比2004年的總速度,再開4次方並減去1就完成了第一個訓練要求。翻兩番即總速度為400%,根據公式 $\bar{x} = \sqrt[n]{R}$,可完成第二個訓練要求。對2008年比2004年的總速度開3次方再減去1就能計算後三年的遞增率。

(三) 以下列各實訓資料進行現象的構成分析技能訓練

實訓9

[應用訓練資料]

某企業連續五年各季度的產量資料如表9-21所示。

表9-21　　　　　　　　　　企業產量資料　　　　　　　　　　單位:件

年份	一季度	二季度	三季度	四季度
2004	80	82	83	85
2005	84	87	88	90
2006	92	93	95	98
2007	96	101	103	106
2008	101	104	106	109

[訓練要求]

使用時距擴大法分析該企業五年來產量的變動趨勢。

[訓練提示]

(1) 本訓練旨在使學員掌握採用時距擴大法測定長期趨勢的方法。

(2) 將表9-21的資料重新排列，先按年份後按季度順序將所有數值排成一列，再擴大時距進行測定。擴大的時距可以是兩季度、三季度、四季度等。時距不同，觀察的變化趨勢也不同。不妨多試幾種時距，並進行比較分析。

實訓10

[應用訓練資料]

某服裝公司襯衫銷售量資料如表9-22所示。

表9-22　　　　　　　歷年各月襯衫銷售量資料　　　　　　　　單位:萬件

年份	1月	2月	3月	4月	5月	6月	7月	8月	9月	10月	11月	12月
2000	30	25	26	50	80	102	70	50	89	120	68	34
2001	41	30	29	56	94	120	78	52	110	134	80	50
2002	40	44	30	78	110	136	70	60	123	158	92	54
2003	56	43	39	90	140	150	84	78	130	160	110	60
2004	57	48	40	95	156	181	91	80	142	175	119	68

[訓練要求]

(1) 計算襯衫銷售量的季節比率。

(2) 根據2005年1,500萬件的總銷售量計劃，安排各月份的銷售任務量。

[訓練提示]

(1) 本訓練旨在使學員掌握使用按月平均法測定季節變動的方法。

(2) 在表9-22的右側增加「合計」和「平均」兩欄，在下方增加「同月合計」「同月平均」「季節比率」和「2005年預測制」四行，根據季節比率公式計算各月襯衫銷售量的季節比率。

(3) 將1,500萬件除以12，得到2005年平均每月的銷售量，再用月平均銷售量分別乘以各月的季節比率，即得到2005年各月的理論銷售任務量。

附錄：應用 Excel 進行動態數列分析

Excel 在「數據分析」宏中提供了三種動態數列計算方法，即常用的移動平均法、指數平滑法和迴歸法，利用這些宏可以計算出估計值、標準差和擬合圖。同時，如果配合使用 Excel 的「數據分析」某些宏與某些函數可以完成數學曲線擬合法。

(一) 移動平均法

以例 9-19 中表 9-23 的資料為例，相關移動平均法計算移動平均趨勢的過程如下：

[例 9-19] 某企業 2004 年各月的銷售額資料如表 9-23 所示，分別計算 3 個月、5 個月的移動平均趨勢值，並進行比較。

表 9-23　　　　　　某企業 2004 年各月銷售額

月份	實際銷售額	趨勢值($K=3$)	趨勢值($K=5$)
1	28	——	——
2	30	31	——
3	35	34	34.4
4	37	38	37.6
5	42	41	41.4
6	44	45	44.0
7	49	47	46.6
8	48	49	48.6
9	50	50	52.4
10	52	55	58.0
11	63	64	——
12	77	——	——

根據簡單移動平均公式，當 $K=3$ 時，移動平均趨勢值 $y_1=31$；當 $K=5$ 時，$y_1=34.4$，其餘各期同理，結果如表 9-23 所示。

[例 9-20] 某企業 2005 年前 8 個月的銷售額資料如上表所示，用指數平滑法進行長期趨勢分析。已知 1 月份的預測值為 150.80 萬元，α 分別取 0.2 和 0.8。計算各月銷售額預測值，如圖 9-24 所示。

表 9-24　　　　　　某企業 2005 年各月銷售額預測表

月份	實際銷售額	一次指數平滑預測數	
		$\alpha=0.2$	$\alpha=0.8$
1	154	150.80	150.80
2	148	$0.2 \times 154 + (1-0.2) \times 150.8 = 151.44$	$0.8 \times 154 + (1-0.8) \times 150.8 = 153.36$
3	142	150.75	149.07
4	151	149.00	143.41
5	145	149.40	149.48

表9-24(續)

月份	實際銷售額	一次指數平滑預測數	
		α = 0.2	α = 0.8
6	154	148.52	149.50
7	157	149.62	152.38
8	151	151.10	156.08
9	—	151.08	152.02

(1)在 Excel 工作表中 B2:B3 區域中輸入「某企業 2005 年各月銷售額」資料。

(2)在 Excel「工具欄」中選擇「數據分析宏」,並點擊「移動平均」過程。

(3)在移動平均宏菜單的「輸入區域」中輸入「B1:B3」,在「間隔」中輸入「3」表示進行 3 項移動平均,選擇「輸出區域」,並選擇「圖表輸出」和「標準誤差」,如圖 9-1 所示。點擊「確定」,移動平均宏的計算結果,如圖 9-2 所示。

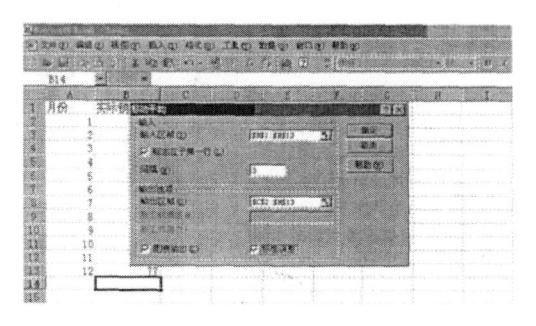

圖9-1 移動平均宏

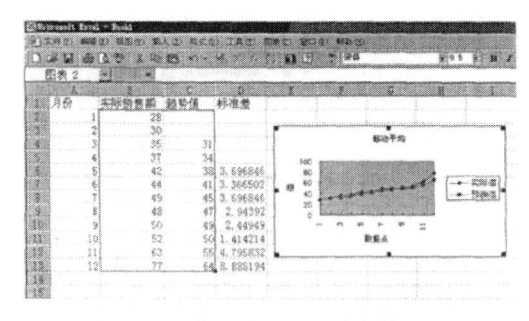

圖9-2 利用移動平均宏計算的結果

在圖 9-2 中,分別闡述了 3 項移動平均的估計值 C4:C13 和估計的標準差 D6:D12。正如圖中 C4 單元格的表達式所示,C4 中的(B4)是對 B2:B4 單元計算算數平均數,而 D6 單元格中的表達式「=SQRT[SUMMY2(B4:B6,C4:C6)/3]」相當於標準差公式:

$$S = \sqrt{\frac{\sum (X - \bar{X})^2}{n}}$$

關於 Excel 中的「移動平均」的計算,需要說明兩點:一是表 9-23 圖例說明中的「趨

勢值」,即移動平均值,由於移動平均法是以移動平均值作為趨勢估計值,所以也將其稱為「趨勢值」。二是移動平均值的位置不是在被平均的 N 項數值的中間位置,而是直接排放在這 N 個時期的最後一期,這一點與通常意義上移動平均值應放在 N 時期的中間時期有所不同。

圖 9-2 還繪制出實際指標值與 3 項移動平均估計值之間的擬合曲線。可以看出,移動平均值削弱了上下波動,如果這種波動不是季節波動而是不規則變動的話,顯然,移動平均可以削弱不規則變動。對於該例進行 4 項移動平均的結果與其 3 項移動平均明顯不同。也就是說,當數列有季節週期時,只要移動平均的項數和季節波動的週期長度一致,則移動平均值可以消除季節週期,並在一定程度上消除不規則變動,從而揭示出數列的長期趨勢。這一點我們將在季節擺動分析中具體討論。

(二)指數平滑法

仍以表 9-23 中的數據為例,相關指數平滑法宏計算過程如下:

(1)在 Excel「工具欄」中選擇「數據分析宏」,並點擊「指數平滑」過程。

(2)在指數平滑宏菜單的「輸入區域」中輸入「B2:B13」,在阻尼(平滑)系數輸入「0.35」。選擇「輸出區域」,並選擇「圖表輸出」和「標準誤差」,如圖 9-3 所示,點擊「確定」,移動平均宏的計算結果,如圖 9-4 所示。

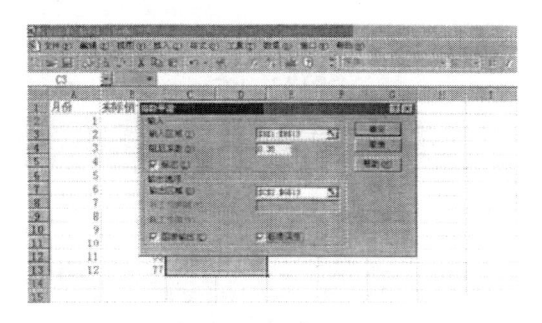

圖 9-3 指數平滑宏

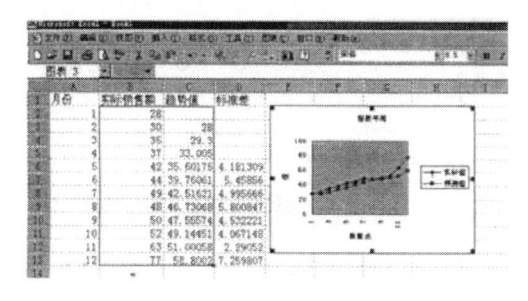

圖 9-4 指數平滑宏輸出結果

(三)數學曲線擬合法

在 Excel 中雖沒有提供數學曲線擬合法的直接計算工具,但是通過配合使用某些宏

與函數可以完成直線或曲線趨勢的數學擬合。

[例9-21]以表9-25的資料為例:

表9-25　　　　　　　　某公司產品銷售量情況

年份	1998	1999	2000	2001	2002	2003	2004
銷售量	12.4	13.8	15.7	17.6	19	20.8	22.7

利用圖形向導和添加趨勢線可以完成直線趨勢的數學擬合,其具體過程如下:

(1)利用圖形向導生成折線圖或利用移動平均宏生成折線圖。

(2)在對生成的草圖進行必要的修飾後,得到時序圖。用鼠標左鍵選擇折線,然後單擊鼠標右鍵,選擇「添加趨勢線」操作,如圖9-5所示。

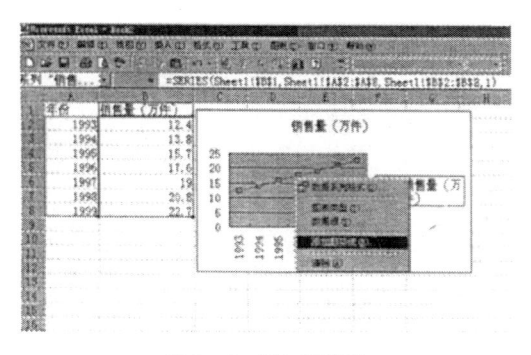

圖9-5　添加趨勢線

(3)在「添加趨勢線」操作中,選擇「線性」趨勢線,如圖9-6所示。然後點擊「選項」,在「選項」菜單選擇輸出「顯示公式」和「顯示 R 平方值」兩項,如圖9-7所示。然後按「確定」,得到如圖9-8所示的趨勢線和直線趨勢議程及 R 平方值。

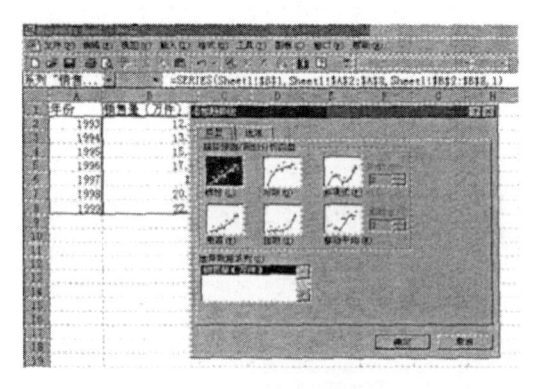

圖9-6　趨勢線類型

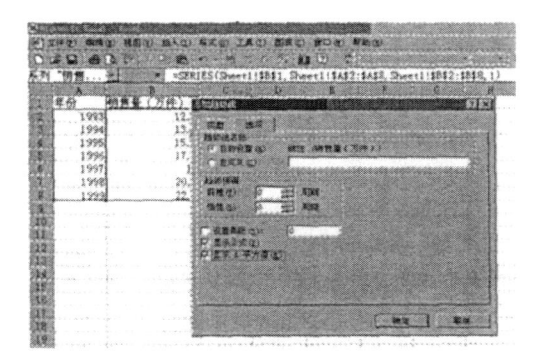

圖 9-7　趨勢線選項

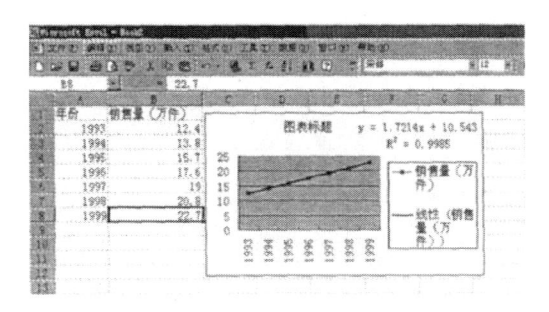

圖 9-8　趨勢線和趨勢線方程

[本章小結]

　　動態數列是指某一現象的觀察值按時間順序排列而成的序列,既可用於描述現象變動的全過程,又可用於探索現象動態變動的數量規律性。動態數列按觀察值的表現形式不同,分為絕對數動態數列、相對數動態數列和平均數動態數列三種類型,其中絕對數動態數列是基本的動態數列,是計算和分析其他類型動態數列的基礎。絕對數動態數列又分為時期數列和時點數列兩種形式,它們的特點不同,在計算使用時必須加以區別。

　　動態數列的水平分析指標包括發展水平、平均發展水平、增長量與平均增長量。平均發展水平又稱序時平均數,在根據不同類型時間序列計算該指標時採用的方法不同。增長量分為逐期增長量和累積增長量,兩者之間的關係表現在累積增長量等於各相應時期逐期增長量之和。平均增長量是各逐期增長量的序時平均數。

　　動態數列的速度分析指標包括發展速度、增長速度、平均發展速度和平均增長速度。發展速度分為環比發展速度和定基發展速度,兩者之間的關係表現在定基發展速度等於各相應時期環比發展速度的連乘積。增長速度通常由發展速度減 1 得到。平均發展速度常用水平法計算,即對各時期的環比發展速度求幾何平均數。平均增長速度可通過平均發展速度減 1 得到。在利用速度指標對現象進行動態分析時,應注意速度與各時期水平的結合分析,必要時用分段平均發展速度補充說明總平均發展速度。

263

影響動態數列的因素大體分為四種：長期趨勢、季節變動、循環變動和不規則變動。測定長期趨勢的常用方法有移動平均法和最小平方法。季節變動測定方法主要有按月（季）平均法和趨勢剔除法。兩種方法的區別在於前者不考慮長期趨勢的影響，而後者在剔除長期趨勢影響的基礎上對現象的季節變動加以測定和分析。

[案例分析]

某農業機械廠歷年的產品產量資料如表 9-26 所示。

表 9-26　　　　　　　　　　企業歷年產量資料

年份	2003	2004	2005	2006	2007	2008
產量(百臺)	300	320	345	380	420	450

如何根據該企業的產量資料分析其生產發展情況，又如何對企業 2009 年的生產發展情況以 95.45% 的概率保證程度做出預測呢？

首先，分析其生產發展情況。分析應從產量年平均水平、年平均增長量、年平均發展速度、年增長 1% 的絕對值等方面進行。

根據企業提供的歷年產量資料，我們分析出：該企業在 2003 年至 2008 年期間生產一直處於上升趨勢，沒有減產現象，平均每年生產 36,917 臺產品，每年比上年平均增加 2,500 臺農機，平均發展速度是 108.447,2%，即該企業生產以每年 8.447,2% 的速度遞增。該企業在 2008 年 45,000 臺產量的基礎上，2009 年每增長 1% 的絕對產量為 450 臺，也就是說，該企業 2009 年編制規劃在 2008 年每增產 450 臺農機，生產速度就會增長 1%。

其次，對企業 2009 年的生產發展情況進行預測。預測首先需要配合出產量發展趨勢的直線模型，然後才能進行一定概率保證程度下的預測。

根據企業歷年的產量資料，我們分析該企業的生產發展趨勢呈線性發展趨勢。所以，根據直線趨勢分析的原理，我們擬合了企業產量發展的直線方程式為 $y_c = 260.67 + 31t$，並計算出該直線的估計標準誤差為 $S_y = 5.821,4$ 百臺。這樣，我們在 95.45% 的概率保證程度下預測出 2009 年的產量在 46,602 臺至 48,931 臺之間。

[關鍵名詞]

動態數列　　發展水平　　動態平均數　　增長量　　發展速度　　增長速度
增長 1% 的絕對值　　長期趨勢　　季節變動

[討論與思考題]

1. 時期數列和時點數量有哪些區別?
2. 動態平均數和靜態平均數有哪些異同?
3. 動態平均數有多少種? 具體有哪些計算方法?
4. 在動態對比中,基期有哪幾種確定方法?
5. 平均速度指標有哪幾種計算方法?
6. 長期趨勢有哪幾種測定方法? 哪一種可以進行動態預測?
7. 季節變動主要通過什麼方法來測定?

第十章 指數分析

[學習目標]

本章主要介紹統計指數的概念及編制原理。通過本章學習,應當明確指數的概念及分類,掌握總指數的編制方法,重點掌握加權綜合指數的計算與應用和加權平均指數的計算與應用,掌握指數體系的分析原理,能夠熟練應用指數體系分析實際問題。

[案例開題]

國家統計局綜合司2007年公布10月份全國居民消費價格上漲情況

2007年10月份,居民消費價格總水平比去年同月上漲6.5%。其中,城市上漲6.1%,農村上漲7.2%;食品價格上漲17.6%,非食品價格上漲1.1%;消費品價格上漲7.8%,服務項目價格上漲2.3%。從月環比看,居民消費價格總水平比上月上漲0.3%。

從八大類別看,10月份,食品類價格比去年同月上漲17.6%。其中,糧食價格上漲6.7%,油脂價格上漲34.0%,肉禽及其製品價格上漲38.3%,豬肉價格上漲54.9%,鮮蛋價格上漲14.3%,水產品價格上漲7.0%,鮮菜價格上漲29.9%,鮮果價格上漲8.5%,調味品價格上漲3.9%。

菸酒及用品價格同比上漲1.7%。其中,菸草價格上漲0.7%,酒類價格上漲3.5%。衣著類價格同比下降1.3%。其中,服裝價格下降1.3%。家庭設備用品及維修服務價格同比上漲1.8%。其中,耐用消費品價格上漲1.0%,家庭服務及加工維修服務價格上漲8.6%。

醫療保健及個人用品類價格同比上漲2.9%。其中,西藥價格下降0.1%,中藥材及中成藥價格上漲11.5%,醫療保健服務價格上漲2.2%。

交通和通信類價格同比下降1.7%。其中,交通工具價格下降2.5%,車用燃料及零配件價格下降1.4%,車輛使用及維修價格上漲1.8%,城市間交通費價格上漲2.3%,市區交通費價格下降0.4%;通信工具價格下降18.4%。

娛樂教育文化用品及服務類價格下降0.5%。其中,學雜托幼費價格上漲0.6%,教材及參考書價格下降1.3%,文娛費價格上漲2.6%,旅遊價格上漲2.6%,文娛用品價格下降0.6%。

居住類價格同比上漲4.8%。其中,水、電及燃料價格上漲2.9%,建房及裝修材料價格上漲4.9%,租房價格上漲4.7%。

1~10月份累計,居民消費價格總水平同比上漲4.4%。

(資料來源:國家統計局綜合司2007年11月數據。)

從上例可知什麼是指數。指數(Index)是研究現象差異或變動的重要統計方法。它起源於18世紀歐洲關於物價波動的研究。至今,已被廣泛應用於社會經濟生活各方面,一些重要的指數已成為社會經濟發展的晴雨表。

第一節　指數分析概述

一、統計指數的概念和性質

指數對於我們並不陌生,日常生活中,我們可以從報章雜誌上、廣播中、電視上看到、聽到各種指數。如:居民消費價格指數、農副產品價格指數、股票指數等。這些指數如何計算?說明了什麼問題?這就需要我們首先瞭解什麼是指數。

為了闡明指數的概念,我們要把研究對象的總體區分為:簡單現象總體和複雜現象總體。

所謂簡單現象總體,是指總體中的單位數或標誌值可以直接加以總計。如:產量、總產值、銷售產值、利潤等。

所謂複雜現象總體,是指那些由於各個部分的不同性質,而在研究其數量特徵時不能直接進行加總或直接對比的總體。比如,我們不能把500臺電視機和1,000張桌子直接相加,也不能直接計算電視機和桌子的平均價格、平均單位成本等。

從指數的概念來看,分廣義指數和狹義指數兩種:

(1)廣義指數:凡是表明社會經濟現象總體變動的相對數,都是指數。

(2)狹義指數:表明複雜社會經濟現象總體數量,綜合變動的相對數。

指數的廣義和狹義兩種含義,在實際工作中都有廣泛應用。但從指數理論和方法上來看,指數所研究的主要是狹義指數。因此,本章的主要內容也是對狹義指數的原理、原則、方法以及在分析中的應用進行闡述。

二、統計指數的作用

(一)可分析複雜經濟現象總體的變動方向和程度,這是最重要的作用

無論從宏觀角度看,還是從微觀角度看,分析複雜現象總體變動方向和程度很有必要。

為了實現對國民經濟的宏觀調控,就需要瞭解全部工業中某些主要行業乃至整個國民經濟現象發展變化方向、趨勢程度如何?而這些複雜現象又是由不同類要素組成,往往在數量上不能直接綜合,要分析總變動情況,必須利用指數這一方法才能實現。

從微觀上看,微觀經濟單位也可以通過指數分析方法分析市場前景,為決定發展戰略提供重要依據。

(二)借助於指數體系來分析現象總體變動中受各個因素變動的影響程度

總體而言,複雜現象一般是由兩個或兩個以上的因素構成。借助指數體系利用綜合

指數或平均指數可以分析其構成因素對總指數變動的影響。既從相對數也從絕對數兩方面分析影響方向和程度。這對於分析經濟發展中的問題、挖掘潛力,充分利用各種資源等,有著重要的意義和作用。

(三)編制的指數數列,對複雜現象總體長時間發展變化趨勢進行分析

通過對指數數列的編制,有利於分析相互聯繫但性質不同的動態數列之間的變動關係。

(四)指數分析法的應用,可以用來對經濟現象進行綜合評價和測定

可以運用指數方法,對一個地區或單位經濟效益高低、物價水平、工資水平、技術進步程度進行分析、評價和測定。

三、統計指數的種類和計算方法

(一)按反應對象範圍不同,分為個體指數和總指數

(1)個體指數:表明某單一要素構成現象變動的相對數。

$$個體指數 = \frac{報告期個體水平}{同一個體基期水平}$$

如:個體價格指數,通常用 $K_p = \dfrac{p_1}{p_0}$ 表示,即個別商品的價格指數。

個體物量指數,通常用 $Kq = \dfrac{q_1}{q_0}$ 表示,即個別商品的產量指數。

(2)總指數:表明多種要素構成現象的綜合變動的相對數,它是在複雜現象總體條件下編制的,如成本總指數。此外,總指數按其編制方法不同,可分為綜合指數和平均數指數。

(二)指數按其所表明的指標性質不同,分為:數量指標指數和質量指標指數

(1)數量指標指數:根據數量指標計算的,反應被研究現象總體、總規模的變動程度。如:產量指數、職工人數指數、銷售量指數等。

(2)質量指標指數:根據質量指標計算的,是表明總體效益狀態、管理水平工作質量變動的相對數。如:產品成本指數、勞動生產率指數、商品價格指數。

(三)指數按其採用的基期不同,可分為:定基指數和環比指數

(1)定基指數:以某一固定時期為基期計算的指數。

(2)環比指數:依次以前一時期為基期計算的指數。

(四)指數按其編制時對比場合不同,可分為:動態指數和靜態指數

(1)動態指數:反應現象的數量方面在時間上的變動程度。

(2)靜態指數:反應同類現象在相同時間內不同空間(地區部門或單位)的差異程度。

第二節　綜合指數

一、綜合指數計算原理

總指數的兩種計算形式：一是綜合指數；二是平均數指數。兩種形式有一定聯繫，但又各有其特點。本節主要闡述綜合指數的編制方法。

首先要明確，綜合指數是總指數的綜合形式，反應複雜現象總體的綜合變動情況。它是編制總指數的基本形式，它是由兩個總量指標對比形成的指數。

綜合編制特點：可以概括為先綜合，後對比。也就是說，編制指數首先要解決不同度量單位的問題，使不能直接加總，具有不同使用價值的商品或產品的總體，改變成為能夠進行對比的兩個時期的現象的總量。進行這種改變是可能的。馬克思說過：作為使用價值，商品首先有質的差別；作為交換價值，商品只能有量的差別，因而不包含任何一個使用價值的原子。由此可見，為了使具有不同度量單位的現象改變為可以加總的總體，我們需要將各種產品或商品由使用價值形態還原為價值形態。

二、綜合指數編制方法

首先，引入同度量因素（又叫權數），其目的是使各種商品或產品的不同使用價值量，改變為價值量，即是解決複雜現象總體在研究指標上不能直接相加、直接綜合的困難，使其通過同度量因素後，可以計算出總體的綜合總量；

其次，將同度量因素固定，以便消除其變化的影響，以便測定我們所要研究的另一個因素指標的變動；

最後，將兩個時期的總量對比，其結果即為綜合指數，它綜合地反應了複雜現象總體研究指標的變動。

綜合指數中同度量因素的固定時期：

假若現象總體包括了兩個變動因素，我們只有把其中的一個因素固定下來，才能測定另一個因素的變動影響。這個被固定因素究竟要固定在哪個時期上，即同度量因素所屬時期的選擇問題。究竟固定在報告期還是固定在基期，是一個十分重要的問題，因為同度量因素作用不僅起同度量的作用，而且具有加權的作用。這要根據編制指數的具體任務及經濟內容來決定。

（一）數量指標綜合指數的編制原則和方法

（1）編制數量指標指數應以質量指標指數為同度量因素。

（2）將同度量因素固定在基期。計算公式如下：

$$\bar{k}_q = \frac{\sum q_1 p_0}{\sum q_0 p_0}$$

式中，$\bar{k}_q$ 表示數量指標綜合指數；q 表示數量指標；p 表示質量指標；下標 1 表示報告

期;下標 0 表示基期。

現以商品銷售量總指數的編制為例,說明數量指標綜合指數編制的一般原則和方法。

[例 10－1] 某商店三種商品銷售量與價格資料如表 10－1 所示:

表 10－1

商品	計量單位	銷售量		價格(元／臺)	
		基期	報告期	基期	報告期
彩電	臺	800	880	3,000	2,800
冰箱	臺	600	650	2,500	2,300
空調	臺	1,000	1,050	2,800	2,500

要求:(1) 計算三種商品銷售量個體指數。
(2) 計算三種商品銷售量綜合指數。

① 銷售量個體指數計算公式 $k_q = \dfrac{q_1}{q_0}$

彩電: $\dfrac{q_1}{q_0} = \dfrac{880}{800} = 110\%$　　冰箱: $\dfrac{q_1}{q_0} = \dfrac{650}{600} = 108.3\%$

空調: $\dfrac{q_1}{q_0} = \dfrac{1,050}{1,000} = 105\%$

② 三種商品銷售量綜合指數

$$\bar{k}_q = \frac{\sum q_1 p_0}{\sum q_0 p_0} = \frac{880 \times 3,000 + 650 \times 2,500 + 1,050 \times 2,800}{800 \times 3,000 + 600 \times 2,500 + 1,000 \times 2,800}$$

$$= \frac{720,500}{6,700,000} = 107.5\%$$

三種商品綜合觀察,其銷售量增長了 7.5%。

(二) 質量指標綜合指數的編制原則和方法

(1) 編制質量指標綜合指數應以數量指標作同度量因素。
(2) 將同度量因素固定在報告期。其計算公式如下:

$$\bar{k}_p = \frac{\sum q_1 p_1}{\sum q_1 p_0}$$

$\bar{k}_p$ 表示質量指標綜合指數。

仍以例 10－1 資料為例,說明質量指標綜合指數編制的一般原則和方法。

① 計算三種商品價格個體指數 $k_p = \dfrac{p_1}{p_0}$

彩電 $\dfrac{p_1}{p_0} = \dfrac{2,800}{3,000} = 93.3\%$　　冰箱 $\dfrac{p_1}{p_0} = \dfrac{2,300}{2,500} = 92\%$

空調 $\dfrac{p_1}{p_0} = \dfrac{2,500}{2,800} = 89.3\%$

三種商品價格,分別看,均有不同程度下降。

② 計算三種商品價格綜合指數

$$k_p = \frac{\sum q_1 p_1}{\sum q_1 p_0} = \frac{880 \times 2,800 + 650 \times 2,300 + 1,050 \times 2,500}{880 \times 3,000 + 650 \times 2,500 + 1,050 \times 2,800}$$

$$= \frac{6,584,000}{7,205,000} = 91.4\%$$

綜合觀察,三種商品價格下降了 8.6%。

由上面兩個例子可以看出:用綜合指數編制總指數的優點在於,它不僅可以綜合地表明複雜總體變動的相對程度,而且由於用以對比的兩個綜合總量有著明確的經濟內容,因而有利於從絕對量上分析指標變動所帶來的絕對效果。

三、綜合指數的其他編制方法

(一) 拉氏指數

拉氏指數是德國經濟學家拉斯貝爾於 1864 年首先提出來的,稱為拉斯貝爾公式。他主張不論是數量指標指數,還是質量指標指數,都採用基期作同度量因素。

拉氏價格指數 $\bar{k}_p = \dfrac{\sum q_0 p_1}{\sum q_0 p_0}$

拉氏物量指數 $\bar{k}_q = \dfrac{\sum q_1 p_0}{\sum q_0 p_0}$

(二) 派氏指數

派氏指數是德國經濟學家派許於 1874 年首創的,稱為派許公式。他主張不論是數量指標指數,還是質量指標指數,都採用報告期作同度量因素。

派氏價格指數 $\bar{k}_p = \dfrac{\sum q_1 p_1}{\sum q_1 p_0}$

派氏物量指數 $\bar{k}_q = \dfrac{\sum q_1 p_1}{\sum q_0 p_1}$

實踐證明:拉氏指數和派氏指數有明顯差異,前者指數值偏高,後者指數值偏低,於是國際上,為調和派氏和拉氏指數的矛盾,提出了折中的綜合指數形式:

(三) 美國統計學家費暄的「理想公式」

$$\bar{k}_p = \sqrt{\frac{\sum q_0 p_1}{\sum q_0 p_0} \times \frac{\sum q_1 p_1}{\sum q_1 p_0}}, \bar{k}_q = \sqrt{\frac{\sum q_1 p_1}{\sum q_0 p_1} \times \frac{\sum q_1 p_0}{\sum q_0 p_0}}$$

此公式,在國際對比中應用得較多。如:不同國家人均國內生產總值;又如:聯合國編制的地域差別生活費指數,都採用了「理想公式」來計算。

第三節　平均數指數

一、平均數指數的概念和特點

（1）平均數指數的概念：平均數指數是根據個體指數採用一定權數進行加權平均來編製總指數。

（2）它是綜合指數的一種變形，是計算總指數的另一種形式，有它的獨立意義。實質上它是運用非全面資料計算綜合指數的一種形式。

（3）計算特點：先個體，後平均。

即首先計算出各種產品或商品的數量指標或質量指標的個體指數；其次，給出權數，按權數進行加權平均求出總指數。

二、加權算術平均數指數

在計算數量指標指數時（如：計算商品銷售量指數），取得的已知資料只有各種商品銷售量的個體指數和基期總值（即銷售額資料 p_0q_0）時，就用基期總值作為權數，採用加權算術平均數的方法進行計算所得的綜合指數。

已知：$k_q = \dfrac{q_1}{q_0}$ 和 $q_0 p_0$ 資料

$$\bar{k}_q = \frac{\sum k_q q_0 p_0}{\sum q_0 p_0}$$

［例 10－2］現有某企業統計資料如表 10－2 所示。

表 10－2

產品	計量單位	銷售量 q 基期 q_0	銷售量 q 報告期 q_1	基期銷售總值 p_0q_0（萬元）	個體指數 $kq = \dfrac{q_1}{q_0}$（%）	$k_q \cdot p_0 q_0$
甲	件	4,500	5,000	315	111.11	350
乙	件	5,000	5,200	175	104.00	182
丙	噸	9,600	12,000	48	125.00	60
合計	－	－	－	538	538	592

要求：計算三種商品銷售量總指數。

根據已知條件，用算術平均數指數公式計算：

（1）寫出公式 $\bar{k}_q = \dfrac{\sum k_q q_0 p_0}{\sum q_0 p_0}$

（2）根據公式需要，添計算欄，求個體指數 $\bar{k}_q = \dfrac{q_1}{q_0}$

(3) 代入公式 $\bar{k}_q = \dfrac{\sum k_q q_0 p_0}{\sum q_0 p_0} = \dfrac{592}{538} \times 100\% = 110.04\%$

計算結果表明:三種商品銷售量報告期比基期綜合提高了10.04%。

三、加權調和平均數指數

在計算質量指標指數時(如:產品成本指數),若取得的已知資料只有各種產品單位成本的個體指數和報告期總值(即總成本 $p_1 q_1$)時,就用報告期總值作權數,採用調和平均數的方法進行計算。

計算公式為: $\bar{k}_p = \dfrac{\sum q_1 p_1}{\sum \dfrac{1}{k_p} q_1 p_1}$

[例10-3] 今有某廠的統計資料如表10-3所示:

表10-3

產品	單位成本(元／件) 基期 p_0	單位成本(元／件) 報告期 p_1	報告期總成本 $p_1 q_1$(萬元)	$kp(\%)$	$1/k \cdot P_1 q_1$
甲	10	10.5	4,200	105.00	4,000
乙	5	4.5	3,600	90.00	4,000
合計	—	—	7,500	—	8,000

要求:求兩種產品成本綜合指數。

(1) 求個體價格指數

$k_p = \dfrac{p_1}{p_0}$

$k_{p甲} = \dfrac{10.5}{10} \times 100\% = 105\%$

$k_{p乙} = \dfrac{4.5}{5} \times 100\% = 90\%$

(2) 求 $\dfrac{1}{k_p} p_1 q_1$

(3) 寫出公式,代入數字

$\bar{k}_p = \dfrac{\sum q_1 p_1}{\sum \dfrac{1}{k_p} q_1 p_1} = \dfrac{7,800}{8,000} \times 100\% = 97.5\%$

計算結果表明,兩種產品成本,報告期比基期綜合下降2.5%。

四、固定權數的平均數指數

就是用某一時期經過調整後的資料,以比重形式固定下來作為權數,通常用 W 表示。

價格指數 $\bar{kp} = \dfrac{\sum KpW}{\sum W}$

物量指數 $\bar{kq} = \dfrac{\sum kqW}{\sum W}$

固定權數的平均指數形式,在國內外的指數實踐中得到廣泛應用。中國的商品零售價格指數,農副產品收購價格指數,居民消費價格指數以及西方國家的工業生產指數都是用固定權數的平均指數形式編制的。

第四節　　指數體系和因素分析

一、指數體系的概念和作用

(一)指數體系的概念有廣義和狹義兩種理解

(1)廣義指數體系是指由若干個經濟上具有一定聯繫的指數所構成的一個整體。由於現象之間的聯繫是多種多樣的,因此,指數間的相互聯繫的形式也是多種多樣的。

(2)狹義指數體系是指不僅經濟上具有一定聯繫,而且具有一定的數量對等關係的三個或三個以上指數所構成的一個整體。由此可見,狹義指數體系的概念中強調了指數間的數量對等關係。本節主要從狹義上研究指數體系。

社會經濟現象所存在的普遍聯繫,在統計中可以通過相應的指數體系表現出來。例如:

商品銷售額指數 = 商品價格指數 × 商品銷售量指數

工資總額指數 = 平均工資指數 × 員工人數指數

原材料支出總額指數 = 產量指數 × 單位產品原材料消耗量指數 × 單位原材料價格指數

等式左邊:稱為「對象」或「對象指標」。

等式右邊:具有乘積關係的多種現象稱為「因素」或「因素指標」。

二者關係:對象指標 = 各因素指標的連乘積

(二)指數體系的作用

(1)從數量方面研究分析各個因素變動對現象綜合變動的影響方向程度和絕對效果。

(2)應用於指數體系可進行有關指數之間的推算。如:在三個指數形成的指數體系中,若已知其中任意兩個指數,便可推算出未知的第三個指數。

二、指數因素分析法的應用

(一)指數因素分析法的概念

指數因素分析法是指利用指數體系對現象的綜合變動從數量上分析其要受各因素

影響的一種分析方法。

(二) 指數因素分析法的種類

指數因素分析法可以從不同角度分類：

(1) 按分析指標的表現形式不同,可分為：總量指標變動因素分析和平均指標、相對指標變動因素分析。

(2) 按影響因素多少不同,可分為：兩因素分析和多因素分析。

(3) 按分析對象的特點不同,可分為：簡單現象因素分析和複雜現象因素分析。

簡單現象因素分析的基礎是：個體指數及其指數體系。如：某種產品產量變動中,投入勞動量及勞動生產率變動影響的分析。

複雜現象因素分析的基礎是綜合指數和相應的指數體系。如：多種商品銷售額變動中,價格變動及銷售量變動影響的分析。

(三) 因素分析法的具體方法

(1) 在定性分析的基礎上,確定要分析的對象及影響因素。這要從研究的目的、任務出發,依據有關科學理論和知識確定。對同一現象可以從多種不同角度進行影響因素分析。例如：對產品生產總量變動的分析,既可從勞動要素角度,確定勞動量和勞動生產率兩個影響因素,也可從物的要素角度,確定設備投入量和設備利用率兩個影響因素；既可確定兩個因素,也可以確定三個或更多的因素。

如何確定影響因素,關鍵取決於分析的目的、任務和分析對象的性質。

(2) 根據指標間數量對等關係的基本要求,確定分析所採用的對象指標和因素指標,並列出其關係式。例如：以產品產量作為分析對象指標,勞動量用職工人數反應。這樣,分析對象指標和影響因素指標及其關係式為：

產品產量指數 = 職工人數指數 × 勞動生產率指數

選擇指標的要求是：對象指標必須等於各因素指標的連乘積。因素指標的個數,可以是兩個,亦可以是多個,依據分析目的、要求決定。因素指標的排列應注意,先數量指標,後質量指標的順序。

(3) 依據指標關係式建立分析指數體系及相應的絕對額增減關係式,如綜合指數體系。

① $\dfrac{\sum q_1 p_1}{\sum q_0 p_0} = \dfrac{\sum q_1 p_1}{\sum q_1 p_0} \times \dfrac{\sum q_1 p_0}{\sum q_0 p_0}$

從相對數(相除關係)分析總變動及其影響因素變動的方向。從絕對數(分子 - 分母)分析因素指標對對象指標影響的絕對數量。

② $\sum p_1 q_1 - \sum p_0 q_0 = (\sum p_0 q_1 - \sum p_0 q_0) + (\sum p_1 q_1 - \sum p_0 q_1)$

下面將舉例說明：總量指標變動的因素分析,包括簡單現象總體總量指標和複雜現象總體總量指標變動的分析；平均指數變動因素分析。

(四) 指數因素分析法的應用

1. 總量指標變動的因素分析

(1) 簡單現象的兩因素分析

在簡單現象條件下,總量指標的變動可以從總體單位數和總平均水平兩個因素的影響進行分析。因素指數可以直接計算。現舉例說明如下:

[例 10-4] 某企業工資資料如表 10-4 所示,試分析該企業的工資總額變動受職工人數和平均工資變動的影響。

表 10-4

指標	符號	2006 年	2007 年
工資總額(萬元)	qp	1,500	1,680
職工人數(人)	q	1,000	1,050
平均工資(元/人)	p	15,000	16,000

首先,計算工資總額的變動。

變動程度:$\dfrac{\sum q_1 p_1}{\sum q_0 p_0} = \dfrac{1,680}{1,500} \times 100\% = 112\%$

增加總額:$\sum q_1 p_1 - \sum q_0 p_0 = 1,680 - 1,500 = 180$(萬元)

其次,計算影響工資總額的因素。

① 職工人數變動影響

職工人數指數 $= \dfrac{\sum q_1 p_0}{\sum q_0 p_0} = \dfrac{1,050}{1,000} \times 100\% = 105\%$

職工人數變動影響的絕對數:

$\sum q_1 p_0 - \sum q_0 p_0 = (1,050 - 1,000) \times 15,000 = 75$(萬元)

② 平均工資變動影響

平均工資指數 $= \dfrac{\sum q_1 p_1}{\sum q_1 p_0} = \dfrac{16,000}{15,000} \times 100\% = 106.7\%$

平均工資變動影響工資總額:

$\sum q_1 p_1 - \sum q_1 p_0 = (16,000 - 15,000) \times 1,050 = 105$(萬元)

最後,確定綜合影響。

工資總額變動 = 各因素指數連乘積

112% = 105% × 106.7%

工資總額的增加額 = 各因素變動影響之和 = 180 萬元 = 75 萬元 + 105 萬元

由以上計算可知:由於職工人數增長 5%,影響工資總額增加 75 萬元;由於職工平均工資提高 6.7%,影響工資總額增加 105 萬元,兩個因素共同作用的結果,使工資總額增長

12%,共增加工資總額 180 萬元。

(2)複雜現象的兩因素分析

[例 10 – 5] 根據表 10 – 5 中三種商品資料,計算分析銷售額的變動以及銷售量和價格變動對其影響。

表 10 – 5

商品	計量單位	銷售量 基期 q_0	銷售量 報告期 q_1	價格 基期 P_0	價格 報告期 p_1	p_1q_1	p_0q_0	p_0q_1
彩電	臺	800	900	3,000	2,900	261	240	270
冰箱	臺	600	700	2,500	2,400	168	150	175
空調	臺	1,000	1,200	2,800	2,600	312	280	336
合計	—	—	—	—	—	741	670	781

① 先標符號,銷售量標 q,價格標 p,報告期尾標 1,基期尾標 0

② 寫出指數體系公式

銷售額指數 = 銷售量指數 × 價格指數

$$\frac{\sum q_1 p_1}{\sum q_0 p_0} = \frac{\sum q_1 p_0}{\sum q_0 p_0} \times \frac{\sum q_1 p_1}{\sum q_1 p_0}$$

③ 計算銷售額指數,需添計算欄 $p_1 q_1$、$q_0 p_0$

銷售額指數 $= \dfrac{\sum q_1 p_1}{\sum q_0 p_0} = \dfrac{741}{670} \times 100\% = 110.6\%$(變動程度)

$\sum p_1 q_1 - \sum p_0 q_0 = 741 - 670 = 71$ 萬元(增加絕對數)

④ 計算影響銷售額的因素,要計算銷售量指數需添計算欄 $p_0 q_1$

A. 銷售量指數$(k_p^-) = \dfrac{\sum q_1 p_0}{\sum q_0 p_0} = \dfrac{781}{670} \times 100\% = 116.6\%$

銷售量變動影響銷售額(分子 – 分母):

$\sum q_1 p_0 - \sum p_0 q_0 = 781 - 670 = 111$(萬元)

B. 價格影響指數$(\bar{k}p) = \dfrac{\sum q_1 p_1}{\sum q_1 p_0} = \dfrac{741}{781} \times 100\% = 94.9\%$

價格變動影響銷售額:

$\sum p_1 q_1 - \sum q_1 p_0 = 741 - 781 = -40$(萬元)

⑤ 綜合影響

110.6% = 116.6% × 94.9%

71 萬元 = 111 萬元 – 40 萬元

從以上計算可以看出:由於銷售量增長 16.6%,使銷售額增加 111 萬元;由於價格下

降5.1%,使銷售額減少40萬元,兩個因素共同影響的結果,使銷售額增長10.6%,增加71萬元。

(3)總量指標變動的多因素分析

多因素現象變動分析包括的因素較多,分析過程比較複雜,舉例如下:

原材料支出額指數 = 產量指數 × 單位產品原材料消耗量指數 × 單位材料購進價格指數

設 q 表示產量;m 表示單位產品原材料消耗量;p 表示單位原材料購進價格;qmp 即為原材料支出總額。

複雜現象總體分析的指數體系為:

$$\frac{\sum q_1 m_1 p_1}{\sum q_0 m_0 p_0} = \frac{\sum q_1 m_0 p_0}{\sum q_0 m_0 p_0} \times \frac{\sum q_1 m_1 p_0}{\sum q_1 m_0 p_0} \times \frac{\sum q_1 m_1 p_1}{\sum q_1 m_1 p_0}$$

簡單現象多因素分析公式為:

$$\frac{q_1 m_1 p_1}{q_0 m_0 p_0} = \frac{q_1 m_0 p_0}{q_0 m_0 p_0} \times \frac{q_1 m_1 p_0}{q_1 m_0 p_0} \times \frac{q_1 m_1 p_1}{q_1 m_1 p_0}$$

[例10-6] 某年某企業原材料消耗見表10-6所示。

表10-6

分析內容	基期	報告期	指數%	影響絕對額(萬元)
材料支出總額(萬元)	400	540	135	+140
產品產量(萬件)	10	12	120	+80
單位產品材料消耗量(千克/件)	10	9	90	-48
單位材料購進價格(元/千克)	4	5	125	+108

根據以上資料,對某企業某種產品的某種主要材料的支出總額進行多因素分析。

審題:此為簡單現象的多因素分析。分析公式為:

$$\frac{q_1 m_1 p_1}{q_0 m_0 p_0} = \frac{q_1 m_0 p_0}{q_0 m_0 p_0} \times \frac{q_1 m_1 p_0}{q_1 m_0 p_0} \times \frac{q_1 m_1 p_1}{q_1 m_1 p_0}$$

具體步驟如下:

① 材料支出總額指數 = $\frac{q_1 m_1 p_1}{q_0 m_0 p_0}$ = $\frac{540}{400}$ × 100% = 135%

影響絕對額 = $q_1 m_1 p_1 - q_0 m_0 p_0$ = 540 - 400 = 140(萬元)

② 產量指數分析 = $\frac{q_1 m_0 p_0}{q_0 m_0 p_0}$ = $\frac{12}{10}$ × 100% = 120%

影響絕對額 = $q_1 m_0 p_0 - q_0 m_0 p_0$ = (12 × 10 × 4) - 400 = 480 - 400 = 80(萬元)

③ 單位原材料消耗指數 = $\frac{q_1 m_1 p_0}{q_1 m_0 p_0}$ = $\frac{9}{10}$ × 100% = 90%

影響絕對額 = $q_1 m_1 p_0 - q_1 m_0 p_0$ = (12 × 9 × 4) - 480 = 432 - 480 = -48(萬元)

④ 單位原材料購進價格指數 = $\frac{q_1 m_1 p_1}{q_1 m_1 p_0}$ = $\frac{5}{4}$ × 100% = 125%

影響絕對額 $= q_1m_1p_1 - q_1m_1p_0 = 540 - 432 = 108$（萬元）

⑤ 各因素變動對材料支出總額影響

$135\% = 120\% \times 90\% \times 125\%$

絕對值變動影響：

$140 = 80 + (-48) + 108$

應該說明,對現象多因素變動分析的應用,必須審慎從事,要密切依據分析任務的要求,從現象的客觀聯繫出發來分解因素,分析因素的變動影響關係。同時,在多因素變動分析中,我們也要結合實際調查,掌握主要因素變動的情況和原因,加以具體分析。

2. 平均指標變動的因素分析

平均指標是表明社會經濟總體一般水平的指標。平均指標變動是指兩個時期經濟內容相同的平均指標對比而形成的相對數,稱為平均指標指數。

平均指標變動的因素分析是一種重要的統計分析方法,對經濟管理與研究有重要的意義。總體各部分的水平,主要決定於各部分內部的情況,反應了各部分內部各種因素的作用。而總體結構則是一種與總體全局有關的因素,總體結構狀況決定著總體的一些基本特徵。經濟管理與研究的一項重要任務就是優化結構,使結構合理化。平均指標的因素分析為這方面的深入研究提供了重要依據。

平均指標的大小決定於兩個因素：一個是總體的結構,即各部分(組)在總體中所占比重 $\frac{f}{\sum f}$；另一個是總體內部各部分(組)的水平 $\bar{x}$。總體平均指標的變動是這兩個因素變動的綜合結果。

依據指數因素分析法的一般原理便可列出平均指標變動因素分析的指數體系。

平均指標變動的因素分析需要編制三種平均指標指數,它們是可變構成指數、固定構成指數和結構影響指數,這三種指數組成如下指數體系：

可變構成指數 = 固定構成指數 × 結構影響指數

$$\frac{\bar{x}_1}{\bar{x}_0} = \frac{\bar{x}_n}{\bar{x}_0} \times \frac{\bar{x}_1}{\bar{x}_n}$$

(1) 可變構成指數 $= \dfrac{\bar{x}_1}{\bar{x}_0} = \dfrac{\sum x_1 f_1}{\sum f_1} \div \dfrac{\sum x_0 f_0}{\sum f_0}$

它是根據報告期和基期總體的平均指標的實際水平計算的,其包含了總體各部分(組)水平和總體結構兩個因素變動的綜合影響,全面地反應了總體平均水平的實際變動狀況。

(2) 固定構成指數 $= \dfrac{\bar{x}_1}{\bar{x}_n} = \dfrac{\sum x_1 f_1}{\sum f_1} \div \dfrac{\sum x_0 f_1}{\sum f_1}$

它是將總體構成(即各部分比重)固定在報告期計算的總平均指標指數,從而消除了總體結構變動的影響,專門用以綜合反應各部分(組)水平變動對總體平均指標的變動影響。

(3) 結構影響指數 $= \dfrac{\bar{x}_n}{\bar{x}_0} = \dfrac{\sum x_0 f_1}{\sum f_1} \div \dfrac{\sum x_0 f_0}{\sum f_0}$

它是將各部分(組)水平固定在基期條件下計算的總平均指標指數,用以反應總體結構變動對總體平均指標變動的影響。

[例10－7] 某總公司所屬兩個分公司職工工資水平資料如表10－7所示。

表10－7

分公司	年工資總額(萬元)		職工人數(人)		每人年平均工資(萬元)	
	$x_0 f_0$	$x_1 f_1$	f_0	f_1	x_0	x_1
一公司	2,000	1,470	1,000	700	2,500	2,400
二公司	1,200	2,080	800	1,300	2,800	2,600
合計	3,200	3,550	1,800	2,000	——	——

要求:計算總公司職工平均工資的變動,並對其變動因素進行分析。

可變構成指數 ＝ 固定構成指數 × 結構影響指數

① 計算總平均工資指數

$$\dfrac{\sum x_1 f_1}{\sum f_1} \div \dfrac{\sum x_0 f_0}{\sum f_0} = \dfrac{3,550 \div 2,000}{3,200 \div 1,800} = \dfrac{1.775}{1.778} = 99.8\%$$

總平均工資變動的絕對額:

$$\dfrac{\sum x_1 f_1}{\sum f_1} - \dfrac{\sum x_0 f_0}{\sum f_0} = 1.775 - 1.778 = -0.003 \ 萬元 = -30 \ 元$$

② 計算固定構成指數,反應各分公司工資水平的變動對總平均工資影響

$$\dfrac{\bar{x}_1}{\bar{x}_n} = \dfrac{\sum x_1 f_1}{\sum f_1} \div \dfrac{\sum x_0 f_1}{\sum f_1} = \dfrac{3,550 \div 2,000}{3,350 \div 2,000} = \dfrac{1.775}{1.675} = 106\%$$

$\bar{x}_1 - \bar{x}_n = 1.775 - 1.675 = 0.100 \ 萬元 = 1,000 \ 元$

③ 計算結構影響指數,觀察職工結構變動對總平均工資影響

$$\dfrac{\bar{x}_n}{\bar{x}_0} = \dfrac{\sum x_0 f_1}{\sum f_1} \div \dfrac{\sum x_0 f_0}{\sum f_0} = \dfrac{3,550 \div 2,000}{3,200 \div 1,800} = \dfrac{1.675}{1.778} = 94.2\%$$

$\bar{x}_n - \bar{x}_0 = 1.675 - 1.778 = -0.103 \ 萬元 = -1,030 \ 元$

綜合影響:

99.8% ＝ 106% × 94.2%

－30元 ＝ 1,000元 － 1,030元

計算結果:總公司平均工資降低0.2%,降低絕對額每人平均30元,是由於各分公司平均水平提高,使總公司平均工資提高6%,提高絕對額為平均每人1,000元,以及由於各分公司人員結構變動影響,使總公司平均工資下降5.8%,使總公司每人平均工資降低額為1,030元。進一步分析人員結構變動情況。工資水平較低的二公司增加了職工,工資水

平較高的一公司減少了職工,職工結構的變動,從而影響總平均工資報告期比基期降低5.8%,從而導致各分公司平均工資與總公司平均工資不一致的矛盾現象。

第五節　　幾種常用的經濟指數

統計指數在現實經濟生活中用途十分廣泛,本節介紹與人民生活關係最為密切的:商品零售價格指數、工業產品產量指數、居民消費價格指數、產品成本指數和股票價格指數。

一、商品零售價格指數

商品零售價格指數就是針對零售商品的價格而編制的指數,以反應其價格水平的變動程度。

商品零售價格是指工業、貿易業、餐飲業和其他單位以零售方式向城鄉居民、機關團體出售生活消費品和辦公用品的價格。用加權平均計算法:

$$零售價格指數 = \sum \frac{p_1}{p_0} \times \frac{w}{\sum w}$$

式中 $\frac{p_1}{p_0}$ 為單項物價指數; $\frac{w}{\sum w}$ 為代表品所代表類別的零售額在總零售額中占的比重。

二、工業產品產量指數

工業產品產量指數是綜合反應工業產品產量增減變化的相對數,可以用來表明一個國家工業發展速度。它是直接利用工業產品產量計算代表產品的個體產量指數,然後以工業增加值作為權數,經加權平均來計算工業總體的發展速度。世界上大多數國家都十分重視編制工業產品產量指數,而且多以基期的增加值(p_0q_0)為權數,或採用各工業部門增加值在全部工業增加值應占的比重(W)作為固定權數的辦法。其公式為:

$$\bar{K}_q = \frac{\sum K_q p_0 q_0}{\sum p_0 q_0} \text{ 或 } \bar{K}_q = \frac{\sum K_q W}{\sum W}$$

式中 K_q 為代表產品的個體產量指數。

中國決定從1997年起在全國範圍內試行編制工業生產指數,原有的用不變價工業總產值計算工業發展速度的方法依舊維持和工業產品產量指數雙軌並行。從1999年正式在全國範圍內推行工業產品產量指數。

三、居民消費價格指數

就是居民購買消費品和服務業的價格變化編制物價指數,反應其對應的價格水平變動程度。

要編制消費價格指數,首先必須瞭解消費品的分類。中國現行統計製度將居民消費的商品按用途分為食品、菸酒及用品、衣著、家庭設備用品以及維修服務、醫療保健及個人用品、交通通信、娛樂文化服務和居住 8 個大類。其下又設 251 個基本分類。

消費價格指數編制步驟:

(1) 根據基本分類所屬各規格品報告期和基期綜合平均價格,計算環比價格指數

(2) 計算各規格品環比價格指數的幾何平均數(k_t)

$$k_t = \sqrt[n]{x_{t1} x_{t2} x_{t3} \cdots x_{tn}} \times 100\%$$

(3) 計算中類指數(類指數)

$$I_{類} = \frac{\sum W_{t-1} K_t}{\sum W_{t-1}}$$

(4) 計算大類指數

(5) 根據大類指數和相應權數,計算全社會消費價格指數 $I_{總}$

$$I_{總} = \frac{\sum W_{t-1} I_{t\,類}}{\sum W_{t-1}}$$

(W_{t-1} 為上期種類商品的消費比重)

四、產品成本指數

產品成本指數概括反應生產各種產品的單位成本水平的綜合變動程度,它是企業或部門內部進行成本管理的一個有效工具。設各種產品的產量為 q,單位成本為 p,則全部可比產品(即基期實際生產過且報告期仍在生產的產品)的綜合成本指數,通常採用派氏公式來編制:

$$\bar{K}_p = \frac{\sum p_1 q_1}{\sum p_0 q_1}$$

該指數的分子與分母之差,可以表示由於單位成本水平的降低(或提高),使得報告期所生產的那些產品的成本總額節約(或超支)了多少。

類似地,在對成本水平實施計劃管理的場合,還可以編制相應的成本計劃完成情況指數,用以檢查有關成本計劃的執行情況。其編制方法可以採用派氏公式:

$$\bar{K}_p = \frac{\sum p_1 q_1}{\sum p_n q_1}$$

式中 p_n——計劃規定的單位成本水平。

該指數的分子與分母之差,可以說明計劃執行過程中所節約或超支的成本總額。

不過,在同時制定了產量計劃的條件下,則應該採用拉氏公式編制成本計劃完成情況指數:

$$\bar{K}_p = \frac{\sum p_1 q_n}{\sum p_n q_n}$$

式中 q_n —— 計劃規定的產量水平

該指數可以在兼顧產量計劃的前提下來檢查成本計劃執行情況,即避免由於片面追求完成成本計劃而破壞了產量計劃。但在企業按照市場需求組織生產,沒有制定產量計劃,或不要求恪守產量計劃指標的情況下,上面的拉氏指數就失效了。

五、股票價格指數

股票價格指數簡稱股價指數,用來反應股票市場價格變動的一種專用經濟指標。

股票市場上每時每刻都有多種股票進行交易,且價格各異,有漲有跌,在計算股價平均數和股票價格指數時一般不是對所有股票進行計算,而只能對樣本股票進行計算,對所選擇的樣本股票,必須具有代表性和敏感性。

所謂代表性,是指既要選擇不同行業的股票,又要選擇能代表該行業股價變動趨勢的股票。

所謂敏感性,是指樣本股票價格的變動能敏感地反應出整個股市價格的升降變化趨勢。

(一) 股票平均數

股票平均數是股票市場上多種股票在某一時點上的算術平均值,一般以收盤價計算,計算公式為:

$$股票平均數 = \frac{1}{n}\sum_{i=1}^{n} p_i$$

式中,p_i 為第 I 種股票的收盤價;n 為樣本股票數。

(二) 股票價格指數

股票價格指數是指反應某一股票市場上多種股票價格變動趨勢的一種相對數,簡稱股價指數。其單位一般以「點」(Point) 表示,即將基期指數作為100,每上升或下降一個單位稱為「1點」。

股票價格指數計算的方法很多,但一般以發行量為權數進行加權計算:

$$p_{1/0} = \frac{\sum p_{1i} q_i}{\sum p_{0i} q_i}$$

p_{1i} 為 I 種樣本股票報告期價格;

p_{0i} 為 I 種樣本股票基期價格;

q_i 為第 I 種股票的發行量,可以確定為基期,也可以確定為報告期。多數以報告期發行量為權數計算。

目前,世界各國的主要證券交易所都有自己的股票價格指數。常見的股價指數有:

(1) 道·瓊斯股票價格平均指數,又稱道氏指數。它採用不加權的算術平均法計算,以 1928 年 10 月 1 日為基期,在紐約交易所交易時間每 30 分鐘公布一次,用當日當時股票價格算術平均數與基期比值求得,是被西方新聞媒介引用得最多的股票指數。

(2) 標準普爾指數。由美國標準普爾公司 1923 年開始編制發表。以 1941—1943 年為

基期,用每種股票價格乘以已發行的數量的總和為分子,以基期股價乘以股票發行數量的總和為分母,二者相除後的百分數表示。該指數是根據紐約證券交易所上市股票的絕大多數普通股票價格計算而得,數值較精確,且具連續性,因而具有更大的代表性。

(3) 恒生指數。該指數是香港股市歷史最久的一種股價指數,由香港恒生銀行於1969 年 11 月 24 日公布使用。現行恒生指數以 1996 年 7 月 31 日為基期,根據各行業在香港上市股票中的 33 種具有代表性的股票價格加權計算編制而成。這 33 家公司股票總值占全部香港上市股票總值的 65% 以上,所以,恒生指數是目前香港股票市場上最具權威性和代表性的股票價格指數。

(4) 日經指數。日經股票價格指數是日本股票市場的股票價格指數。它是用近 500 種股票價格之和除以一個常數得出來的。由於日本經濟在世界經濟中的地位,日經指數日益為世界金融市場所重視。

(5) 上證股票指數。該指數最初是中國工商銀行上海分行信託投資公司靜安證券業務部根據上海股市的實際情況,參考國外股份指數的生成方法編制而成的。它以 1990 年 12 月 19 日為基期,1991 年 7 月 15 日開始公布。上證指數以上海股市的全部股票為計算對象,由於採取全部股票進行計算的。因此,上證指數可以較為貼切地反應上海股市股價變化情況。

(6) 深圳股價指數。該指數由深圳證券交易所編制。它以 1991 年 4 月 3 日為基期,以在深圳證券交易所上市交易的全部股票為計算對象,用每日各種股票的收盤價分別乘以其發行量後求和得到市價總值,再除以基期市價總值後除以 100 求得,是反應深圳股市股價變動的有效統計數字。

(7) 金融時報指數。採樣股票是根據英國倫敦國際證券交易所上市的主要 100 家大公司的股票選定的,並以每分鐘一次的頻率更新。該指數採用算術加權法計算。

在現實生活中,除了編制價格指數外,我們還編制一些經濟指數。比如,工業經濟效益指數、經濟景氣指數,等等。

第六節　　指數分析應用技能訓練

一、填空題

1. 狹義上的指數是反應在數量上不能直接加總的、由多種事物組成的＿＿＿＿綜合數量差異的＿＿＿＿。

2. 按照反應對象範圍的不同,統計指數分為兩種,其中,反應單一事物數量變動程度的相對數稱為＿＿＿＿,反應複雜社會經濟現象總體綜合變動程度的相對數稱為＿＿＿＿。

3. 總指數有＿＿＿＿和＿＿＿＿兩種計算形式,其中,＿＿＿＿是基本的計算形式。

4. 按照指數化的性質不同,統計指數可分為＿＿＿＿和＿＿＿＿兩種。在綜合指

數中,固定質量指標以反應數量指標變動的指數是_____;固定數量指標以反應質量指標變動的指數是_____,其中,被觀察的指標叫作_____,被固定的指標叫作_____。

5. 同度量因素有_____和_____兩方面的作用。

6. 根據中國編制綜合指數的一般原則,在編制數量指標綜合指數時,應該採用_____期的_____指標做同度量因素,在編制質量指標綜合指數時,應該採用_____期的_____指標做同度量因素。

7. 平均指數包括_____和_____兩種形式。

8. 在經濟上有聯繫、在數量上保持對等關係的若干個指數所形成的整體稱為_____。它至少應包括_____個指數。

9. 根據總變動指標的性質不同,因素分析法可分為_____和_____兩種。

10. 在平均指標指數體系中,直接將兩個時期、同一經濟內容的平均指標進行對比而計算的指數稱為_____指數,它用來反應經濟現象總平均水平的變動程度;將總體構成固定在_____期而計算的平均指標指數稱為_____指數,用來反應總體各組成部分一般水平的變動對總平均水平的影響;將總體中各組成部分的一般水平固定在_____期而計算的平均指標指數稱為_____指數,用來反應總體構成的變動對總平均水平的影響。

11. 指數體系中,各因素指數的_____應等於總變動指數。

12. 若已知 $\sum p_1 q_1 = 120$, $\sum p_0 q_0 = 80$, $\sum p_0 q_1 = 100$, $\sum p_1 q_0 = 110$,則可計算出價格指數為_____,銷售量指數為_____。

二、單項選擇題

1. 按指數化指標的性質不同,指數可分為(   )。
   A. 個體指數和總指數   B. 簡單指數和加權指數
   C. 數量指標指數和質量指標指數   D. 動態指數和靜態指數

2. 綜合指數是編制總指數的(   )。
   A. 唯一的方法   B. 最科學的方法
   C. 最基本的方法   D. 最理想的方法

3. 用綜合指數法編制總指數的關鍵問題是(   )。
   A. 確定對比對象   B. 確定同度量因素及其固定的時期
   C. 確定對比基期   D. 計算個體指數

4. 某工廠總成本今年比去年增長50%,產量比去年增長25%,則單位成本比去年上升了(   )。
   A. 25%   B. 37.5%   C. 20%   D. 12.5%

5. 某機關單位的職工工資水平今年比去年提高了5%,職工人數增加了2%,則該機關單位的工作總額增長了(   )。
   A. 10%   B. 7.1%   C. 7%   D. 11%

6. 勞動生存率可變構成指數為134.2%,職工人數結構影響指數為96.3%,所以勞動生產率固定構成指數為(　　)。
　　A. 139.36%　　　B. 129.23%　　　C. 71.76%　　　D. 39.36%

7. 就基本原理而言,固定構成指數和結構影響指數(　　)。
　　A. 屬於總指數的範疇　　　　B. 屬於綜合指數的範疇
　　C. 屬於平均指數的範疇　　　D. 屬於個體指數的範疇

8. 股票價格一般是指(　　)。
　　A. 股票票面上所標明的價格
　　B. 股票在證券市場上交易時的價格
　　C. 股票在某一時點上的算術平均值
　　D. 反應某一股票市場上多種股票價格變動趨勢的一種相對數

9. 加權算術平均指數要成為綜合指數的變形,其權數(　　)。
　　A. 視情況而定　　　　　　　B. 必須用 p_1q_1
　　C. 必須用固定權數 W　　　D. 必須用 p_0q_0

10. 固定指數和環比指數是按其(　　)不同劃分的。
　　A. 反應對象範圍　　　　　　B. 編制方法
　　C. 表明的經濟指標　　　　　D. 對比基期

11. 編制數量指標綜合指數的一般原理是(　　)。
　　A. 採用基期的數量指標作同度量因素
　　B. 採用基期的質量指標作同度量因素
　　C. 採用報告期的質量指標作同度量因素
　　D. 採用報告期的數量指標作同度量因素

12. 下列項目中不屬於數量指數的是(　　)。
　　A. 價格指數　　　　　　　　B. 產量指數
　　C. 銷售量指數　　　　　　　D. 出口量指數

13. 若以 q 表示銷售量,以 p 表示價格,則下列計算形式中反應帕氏綜合價格指數的公式是(　　)。
　　A. $q_{1/0} = \dfrac{\sum p_0 q_1}{\sum p_0 q_0}$　　　　B. $p_{1/0} = \dfrac{\sum p_1 q_0}{\sum p_0 q_0}$
　　C. $q_{1/0} = \dfrac{\sum p_1 q_1}{\sum p_1 q_0}$　　　　D. $p_{1/0} = \dfrac{\sum p_1 q_1}{\sum p_0 q_1}$

14. 如果某種商品的零售價格上漲10%,銷售量下降10%,則銷售額指數(　　)。
　　A. 有所增加　　　　　　　　B. 有所減少
　　C. 沒有變化　　　　　　　　D. 無法判斷

15. 某外貿公司2008年12月份與11月份相比各種商品的出口量增長了8%,出口額增長了12%,則出口價格變動為(　　)。
　　A. 增長103.7%　　　　　　　B. 增長50%

C. 增長 3.7%　　　　　　　　　　D. 增長 4%

三、多項選擇題

1. 指數按照計入的項目多少不同,分為(　　)。
   A. 數量指數　　　　　　　　B. 質量指數
   C. 個體指數　　　　　　　　D. 總指數
   E. 環比指數

2. 某食品廠生產兩種產品的資料如表 10－8 所示:

表 10－8

產品名稱	計量單位	產量 2004 年	產量 2005 年	單價(元/袋‧斤) 2004 年	單價(元/袋‧斤) 2005 年
甲	萬袋	50	80	2.4	3.0
乙	萬斤	100	120	1.6	2.2

報告期與基期相對比,以下說法正確的有(　　)。
   A. 甲產品產量增加了 60%
   B. 乙產品價格下降了 37.5%
   C. 產值綜合提高了 80%
   D. 產值提高受產量變動的影響較大
   E. 產值提高受價格變動的影響較大

3. 已知某外貿公司出口三種商品,基期出口總額為 $\sum p_0 q_0$ = 400 萬元,報告期出口總額為 $\sum p_1 q_1$ = 420 萬元,報告期假定的出口總額 $\sum p_0 q_1$ = 380 萬元,下列計算正確的有(　　)。
   A. 商品出口量總指數為 105%
   B. 商品出口量總指數為 95%
   C. 出口額總指數 105%
   D. 商品出口單價總指數為 105.26%
   E. 商品出口單價總指數為 110.53%

四、應用技能訓練

(一) 綜合指數應用技能訓練

實訓 1

[應用訓練資料]

某公司收購六種農產品的資料如表 10－9 所示。

表 10－9　　　　　　　某公司農產品收購價格和收購量資料

產品名稱	計量單位	2000 年		2004 年	
		收購量	收購價格(元)	收購量	收購價格(元)
稻米	百千克	7,120	70.6	7,540	28.0
豆油	百千克	920	420.5	975	795.0
豆腐	百千克	2,500	68.4	2,840	122.4
豬肉	百千克	1,200	518.2	1,215	1,426.0
蘋果	百千克	3,400	250.8	3,245	360.5
黃瓜	百千克	5,900	121.2	6,120	220.6

［訓練要求］

（1）計算六種產品的收購量總指數。

（2）計算六種產品的收購價格總指數。

［訓練提示］

（1）本訓練旨在使學員掌握數量指標綜合指數和質量指標綜合指數的編制方法，並能正確運用編制綜合指數的一般原則。

（2）不論是編制收購量總指數，還是編制收購價格總指數，都是用兩個時期的收購總額(總量指標)進行對比。

（二）綜合指數的應用特例訓練

實訓 2

［應用訓練資料］

某公司生產三種產品的單位成本計劃完成情況如表 10－10 所示。

表 10－10　　　　　　某公司產品的單位成本計劃完成情況表

產品名稱	單位成本(元)		產量(件)	
	計劃	實際	計劃	實際
甲	10	15	200	50
乙	15	10	100	200
丙	20	15	50	100

［訓練要求］

計算該公司全部產品的成本計劃完成指數。

［訓練提示］

（1）本訓練旨在使學員掌握以計劃產量加權的單位成本指數的計算方法。

（2）根據成本計劃完成指數的計算公式，還要分別計算三種產品計劃總成本，按照實際單位成本和計劃產量計算的假定總成本，然後就可以根據公式

$$\bar{K}_z = \frac{\sum Z_1 Q_n}{\sum Z_n Q_n}$$

計算該公司全部產品的成本計劃完成指數。

(三) 平均指數應用技能訓練

實訓 3

[應用訓練資料]

某公司生產的產品的產量、個體產量指數和產值資料如表 10 - 11 所示。

表 10 - 11　　　　　　　某公司生產兩種產品的有關資料

產品名稱	計量單位	產品產量 基期	產品產量 報告期	個體產量指數	基期產值(萬元)
甲	臺	800	1,000	1.3	6,400
乙	件	500	800	1.6	1,500
合計	—	—	—	—	7,900

[訓練要求]

計算該公司產量總指數。

[訓練提示]

(1) 本訓練旨在使學員掌握作為綜合指數變形的加權算術平均數指數的編制方法。

(2) 根據上表資料,需要以個體產量指數為權數,運用綜合指數的變形形式——加權算術平均數公式 $\bar{K}_0 = \dfrac{\sum K_0 P_0 Q_0}{\sum P_0 Q_0}$ 來計算該公司的產量指數。

實訓 4

[應用訓練資料]

某公司銷售兩種商品,各商品銷售價格、個體價格指數和報告期商品銷售額資料如表 10 - 12 所示。

表 10 - 12　　　　　　　某公司商品銷售有關資料

商品名稱	計量單位	價格(元) 基期	價格(元) 報告期	個體價格指數	報告期商品銷售額(元)
甲	件	80	100	1.25	100,000
乙	千克	30	50	1.67	4,000
合計	—	—	—	—	104,000

[訓練要求]

計算該公司商品價格指數。

[訓練提示]

(1) 本訓練旨在使學員掌握作為綜合指數變形的加權調和平均指數的編制方法。

(2) 根據上表資料,需要以個體價格指數為權數,運用綜合指數的變形形式——加權調和平均數指數公式 $\bar{K}_p = \dfrac{\sum P_1 Q_1}{\dfrac{1}{K_p} P_1 Q_1}$ 來計算該公司商品的價格指數。

(四) 因素分析應用技能訓練

實訓 5

[應用訓練資料]

某地區五種主要產品的出口量和離岸價格資料如表 10－13 所示。

表 10－13　　　　　　　某地區主要產品的出口量和離岸價格資料

商品	計量單位	出口量 2003 年	出口量 2004 年	價格(美元／噸) 2003 年	價格(美元／噸) 2004 年
麵粉	萬噸	2.1	2.4	183.60	182.08
大米	萬噸	1.5	1.8	220.12	218.33
干鱈魚	噸	352.0	342.0	2,725.60	2,719.30
凍豬肉	噸	567.0	586.0	851.30	870.31
魚籽粉	噸	658.0	665.0	740.60	736.84

[訓練要求]

從絕對數和相對數兩方面分析這五種產品的出口量和價格的綜合變動對出口總值變動的影響。

[訓練提示]

(1) 本訓練旨在使學員掌握總量指標變動的兩因素分析方法。

(2) 要分析產品的出口量和價格的綜合變動對出口總值的影響，首先要分別計算出口總值指數、出口量總指數和離岸價格總指數。計算時注意各種商品的計量單位。

實訓 6

[應用訓練資料]

某公司生產工人人數和工資水平資料如表 10－14 所示。

表 10－14　　　　　　　某公司工人人數和工資水平資料

工人組別	月平均工資 基期	月平均工資 報告期	工人數(人) 基期	工人數(人) 報告期	工資總額(萬元) 基期	工資總額(萬元) 報告期	工資總額(萬元) 按基期月工資水平計算的報告期
技工徒工	800.00	850.00	6,000	6,300			
	400.00	450.00	4,000	8,700			
合計	( )	( )	10,000	15,000			

[訓練要求]

(1) 計算並填寫表 10－11～表 10－14 中的空格欄數字。

(2) 分析各工人組別的工資水平變動和工人總體結構變動對該公司工人總平均工資的影響方向、程度和絕對數額。

[訓練提示]

(1) 本訓練旨在使學員掌握總體平均指標變動的兩因素分析方法。

(2) 計算填寫表中空格欄數字，是為下一步的計算分析提供數字資料。

實訓 7

[應用訓練資料]

某公司生產某產品,其三種規格的銷售量和銷售價格資料如表 10 - 15 所示。

表 10 - 15　　　　　　　某公司產品銷售量和銷售價格資料

規格	銷售量(盒) 基期	銷售量(盒) 報告期	銷售價格(元/盒) 基期	銷售價格(元/盒) 報告期	銷售額(萬元) 基期	銷售額(萬元) 報告期	銷售額(萬元) 報告期按基期銷售價格計算
$A-S^{\#}$	100	140	100	82			
$A-D^{\#}$	300	280	206	215			
$A-K^{\#}$	700	800	127	103			
合計	1,100	1,220	( )	( )			

[訓練要求]

(1) 計算填寫表 10 - 15 中的空格欄數值。

(2) 分析公司該產品銷售價格的總變動中,各種規格產品銷售價格變動和各種規格產品銷售量結構變動的影響方向、程度和絕對數額。

(3) 分析公司該產品銷售額的總變動中,平均銷售價格變動和產品總銷售量變動的影響方向、程度和絕對數額。

(4) 分析公司該產品銷售額的總變動中,產品總銷售量的變動、各規格產品銷售價格的變動和各規格產品銷售量結構變動的影響方向、程度和絕對數額。

[訓練提示]

(1) 本訓練旨在使學員進一步掌握平均指標變動的兩因素分析方法,並掌握含有評價指標影響因素的總量指標變動的兩因素分析方法和三因素分析方法。

(2) 計算填寫表中空格欄數字,是為後面平均指標變動的兩因素分析和包含平均指標影響因素的總量指標的變動分析提供數字資料。

(3) 產品銷售額總指數可以轉化為含有平均銷售價格因素的指數形式,平均銷售價格是質量指標,產品銷售總量是數量指標,按照編制綜合指數的一般原則,分別編制指數,形成指數體系。這是一個包含平均指標影響因素的總量指標變動的兩因素分析問題。參照公式

$$\frac{\bar{x}_1 \sum f_1}{\bar{x}_0 \sum f_0} = \frac{\bar{x}_1 \sum f_1}{\bar{x}_0 \sum f_1} \times \frac{\bar{x}_0 \sum f_1}{\bar{x}_0 \sum f_0}$$

(4) 關於包含平均指標影響因素的總量指標變動的三因素分析,是在包含平均指標影響因素的總量指標的兩因素分析的基礎上進行的。形成一個「產品銷售額總指數 = 固定構成指數 × 結構影響指數 × 產品銷售總量指數」的相對數指數體系。參照相關公式完成第四個要求的分析。

附錄：Excel 在指數分析中的應用

在 Excel 中進行指數分析，主要使用輸入公式的方法結合填充柄功能進行操作。現舉兩例加以說明：

[例10-8]根據表10-16的資料，計算三種產品的價格總指數。首先，將資料輸入 Excel 表的 A、B、C、D 列，再單擊 E2 單元格，輸入「=C2*100/D2」，回車確認，並利用填充柄功能拖出 E3、E4 兩欄的數據，再按「∑」按鈕得到 E 欄數據總和 195.8。最後單擊任一空單元格，輸入「=C5*100/E5」，回車確認，即得到三種產品的價格總指數 103.58%。其表格設置如表10-16所示。

表 10-16　　　　　　　　　產品價格指數計算表

	A	B	C	D	E
1	產品名稱	計量單位	報告期產值(萬元)	價格指數(%)	假定產值(萬元)
2	毛毯	條	72.00	120.00	60.00
3	毛呢	米	80.80	100.00	80.80
4	毛衫	件	50.00	90.91	55.00
5	合計	—	202.80	103.58	195.80

[例10-9]現根據表10-17的資料，對總平均工資的變動進行因素分析，需要設置如表10-18所示的 Excel 表格。

表 10-17　　　　　　某廠工人綜合平均工資變動因素分析計算表

工人組別	月平均工資(元)		工人數(人)		人數比重		平均工資(元)		
	基期 x_0	報告期 x_1	基期 f_0	報告期 f_1	基期 $f_0/\sum f_0$	報告期 $f_1/\sum f_1$	基期 $x_0 \dfrac{f_0}{\sum f_0}$	報告期 $x_1 \dfrac{f_1}{\sum f_1}$	假定 $x_0 \dfrac{f_1}{\sum f_1}$
老工人	800	860.00	700	660	0.70	0.47	560	405.43	377.14
新工人	500	550.00	300	740	0.30	0.53	150	290.71	264.29
合計	710	696.14	1,000	1,400	1.00	1.00	710	696.14	641.43

表 10-18　　　　　　　　平均工資變動因素分析計算表

	A	B	C	D	E	F	G	H	I	J
1		月平均工資(元)		工人數(人)		人數比重		平均工資(元)		
2	工人組別	x_0	x_1	f_0	f_1	$\dfrac{f_0}{\sum f_0}$	$\dfrac{f_1}{\sum f_1}$	$x_0 \dfrac{f_0}{\sum f_0}$	$x_1 \dfrac{f_1}{\sum f_1}$	$x_0 \dfrac{f_1}{\sum f_1}$
3	老工人	800	860.00	700	660	0.70	0.47	560	405.43	377.14
4	新工人	500	550.00	300	740	0.30	0.53	150	290.71	264.29
5	合計			1,000	1,400	1.00	1.00	710	696.14	641.43
6	指數%	增減值								

表 10－18(續)

	A	B	C	D	E	F	G	H	I	J
7	總平均工資	98.05	－13.86							
8	工資水平影響	108.53	54.71							
9	人數結構影響	90.34	－68.57							

上表操作步驟為：

(1) 在 F3 單元格輸入「D3/1,000」，回車確認，並利用填充柄功能拖出 F4 的比重，然後按「Σ」按鈕得到比重合計 1。G 列的操作同此。

(2) 在 H3 單元格輸入「＝B3＊F3」，回車確認，並利用填充柄功能拖出 H4 的數據，然後按「Σ」按鈕得到基期的總平均工資 710(元)；I、H 列的操作同此，即得到報告期總平均工資 696.14(元)和假定總平均工資 641.43(元)。

(3) 在 B7 單元格輸入「＝I5＊100/H5」，回車確認，在 C7 單元格輸入「＝I5－H5」，回車確認，即得到總平均工資指數 98.05% 和平均每人減少了 13.86 元。同樣，B8 單元格輸入「＝I5＊100/J5」，C8 單元格輸入「＝I5－J5」；B9 單元格輸入「J5＊100/H5」，C9 單元格輸入「＝J5－H5」。

(4) 完成以上操作，就可以得到指數體系：98.05% ＝ 108.53% ×90.34%，同時得到絕對差額體系：－13.86 元 ＝ 54.71 元 ＋(－68.57)元。

[本章小結]

指數的概念有廣義和狹義之分。廣義而言，一切說明社會經濟現象數量變動的相對數都是指數；狹義的指數，是指由於測定複雜的、不能加總的社會經濟現象數量綜合變動的相對數。狹義的指數具有相對性、綜合性和平均性的特點。

指數按反應的內容不同，分為數量指數和質量指數；按計入指數的項目多少不同，分為個體指數和總指數(即狹義的指數)；按對比場合不同，可分為時間性指數和區域性指數。本章主要介紹時間性指數。

編制綜合指數的關鍵是確定同度量因素。借助同度量因素，使不能直接相加的個別現象的量轉化為可以相加的量；將同度量因素固定，可以消除同度量因素變動對總指數的影響；選擇同度量因素的固定時期，應當考慮經濟指數的現實意義以及指數體系的內在要求。在一般情況下，計算數量指數以基期的質量因素為同度量因素，即選用拉氏公式；而計算質量指數以報告期的數量因素為同度量因素，即選用帕氏公式。

編制平均指數的關鍵是確定權數。平均指數的計算形式有兩種：加權算數平均指數和加權調和平均指數。實際工作中應當採用哪種公式編制指數，應當依據資料情況而定。

綜合指數和平均指數都是總指數。當資料完全相同時，平均指數可視為綜合指數的變形，其經濟內容、計算結果完全相同。但實際應用中，平均指數往往採用抽樣資料計算，此時的分子與分母之差不能說明變動因素影響的總量差額。

指數體系是由總量指數和若干個因素指數構成的數量關係式,它要求保持兩個對等關係:各影響因素的乘積等於現象總量指數;各影響因素變動額之和等於現象總量變動額。指數體系的作用主要表現在兩個方面:一是進行因素分析;二是用於指數之間的相互推算。

零售物價指數和消費價格指數是兩種重要的經濟指數,理解它們的編制過程有助於對實際經濟問題的認識和研究。

[案例分析]

某企業生產三種產品的產量、單位產品原材料消耗量、單位原材料價格的資料如表10-19所示。

表10-19　　　　　　　　產品產量及原材料消耗資料

產品種類	計量單位	產品產量 基期 q_0	產品產量 報告期 q_1	單耗量 基期 m_0	單耗量 報告期 m_1	單位原材料價格(元) 基期 p_0	單位原材料價格(元) 報告期 p_1
甲	噸	150	200	10	9	100	110
乙	件	500	600	2	1.8	20	24
丙	套	300	400	5	6	50	40

現在需要分析企業的原材料費用總額受產量、單耗量和單位原材料價格變動的影響。

這是一個多因素分析的問題,主要思考的問題有:

(1) 在編制各因素指數時,除將被觀察的因素指標作為指數化指標外,其餘因素指標一律作為同度量因素,即均應固定其時期。

(2) 要注意各因素指標在確定其為數量指標或質量指標時的相對性,即需要在兩個相比較的基礎上判斷其性質並確定應固定的時期。第一,分析產量變動對原材料費用總額的影響時,單耗量和原材料單價都是同度量因素,二者的乘積(mp 是單位產品消耗的原材料價值)對產量來講是質量指標,所以,二者都應固定在基期。第二,相當於對單位產品原材料消耗量來說,產品產量應是數量指標,而單位原材料價格則是質量指標,因此,分析單耗量費用總額的影響時,要將產量固定在報告期,將原材料單價固定在基期。第三,對於原材料單價來講,原材料消耗總量(mp) 是數量指標,因此,分析原材料單價對費用總額的影響時,要將產量和單耗量固定在報告期。

在因素指數的排序上,要特別注意遵循先數量指標後質量指標指數的順序。

(3) 要在上述分析的基礎上,認真確定因素分析時所依據的指數體系。

因為,原材料費用總額 = $\sum qmp$

所以,相對數指數體系為:

$$\frac{\sum q_1 m_1 p_1}{\sum q_0 m_0 p_0} = \frac{\sum q_1 m_0 p_0}{\sum q_0 m_0 p_0} \times \frac{\sum q_1 m_1 p_0}{\sum q_1 m_0 p_0} \times \frac{\sum q_1 m_1 p_1}{\sum q_1 m_1 p_0}$$

增減值關係式為：

$$\sum q_1 m_1 p_1 - \sum q_0 m_0 p_0 = (\sum q_1 m_0 p_0 - \sum q_0 m_0 p_0) + (\sum q_1 m_1 p_0 - \sum q_1 m_0 p_0) + (\sum q_1 m_1 p_1 - \sum q_1 m_1 p_0)$$

根據上述指數體系，為了方便計算，還要設計原材料費用總額計算表，如表10-20所示。

表10-20　　　　　　　　　　各種產品原材料費用計算表

產品名稱	原材料費用總額(萬元)			
	$q_0 m_0 p_0$	$q_0 m_0 p_0$	$q_1 m_0 p_0$	$q_1 m_1 p_0$
甲	19.800	15.0	20.0	18.00
乙	2.592	2.0	2.4	2.16
丙	9.600	7.5	10.0	12.00
合計	31.992	24.5	32.4	32.16

現在就可以計算有關指數並進行因素分析了。

原材料費用總額指數 $\bar{K}_{qmp} = \dfrac{\sum q_1 m_1 p_1}{\sum q_0 m_0 p_0} = \dfrac{31.992}{24.5} = 130.58\%$

$\sum q_1 m_1 p_1 - \sum q_0 m_0 p_0 = 31.992 - 24.5 = 7.492(萬元)$

產品產量指數 $\bar{K}_q = \dfrac{\sum q_1 m_0 p_0}{\sum q_0 m_0 p_0} = \dfrac{32.4}{24.5} = 132.24\%$

$\sum q_1 m_0 p_0 - \sum q_0 m_0 p_0 = 32.4 - 24.5 = 7.9(萬元)$

單耗指數 $\bar{K}_m = \dfrac{\sum q_1 m_1 p_0}{\sum q_1 m_0 p_0} = \dfrac{32.16}{32.4} = 99.26\%$

$\sum q_1 m_1 p_0 - \sum q_1 m_0 p_0 = 32.16 - 32.4 = -0.24(萬元)$

價格指數 $\bar{K}_p = \dfrac{\sum q_1 m_1 p_1}{\sum q_1 m_1 p_0} = \dfrac{31.992}{32.16} = 99.48\%$

$\sum q_1 m_1 p_1 - \sum q_1 m_1 p_0 = 31.992 - 32.16 = -0.168(萬元)$

所以 $\dfrac{\sum q_1 m_1 p_1}{\sum q_0 m_0 p_0} = \dfrac{\sum q_1 m_0 p_0}{\sum q_0 m_0 p_0} \times \dfrac{\sum q_1 m_1 p_0}{\sum q_1 m_0 p_0} \times \dfrac{\sum q_1 m_1 p_1}{\sum q_1 m_1 p_0}$

$130.58\% = 132.24\% \times 99.26\% \times 99.48\%$

$\sum q_1 m_1 p_1 - \sum q_0 m_0 p_0 = (\sum q_1 m_0 p_0 - \sum q_0 m_0 p_0) + (\sum q_1 m_1 p_0 - \sum q_1 m_0 p_0) + (\sum q_1 m_1 p_1 - \sum q_1 m_1 p_0)$

$7.492萬元 = 7.9萬元 + (-0.24)萬元 + (-0.168)萬元$

從以上計算結果可知，由於產品產量增長32.24%，使原材料費用總額增加7.9萬元；

由於原材料單耗量降低 0.74%，節約原材料費用 0.24 萬元；由於原材料價格降低 0.52%，使原材料費用減少 0.168 萬元。三個因素共同影響的結果，使原材料費用上升了 30.58%，共增加了 7.492 萬元。

[關鍵名詞]

　　　統計指數　　總指數　　綜合指數　　同度量指數　　數量指標指數　　質量指標指數　平均指數　　加權算數平均指數　　加權調和平均指數　　因素分析　　平均指標指數　指數體系　　可變構成指數　　固定構成指數　　結構影響指數

[討論與思考題]

1. 指數有什麼作用？
2. 綜合指數有什麼特點？
3. 同度量因素的作用是什麼？確定的一般原則是什麼？
4. 加權平均指數如何應用？怎樣編制？
5. 指數體系是什麼？有什麼作用？

第十一章　工商企業統計

[學習目標]

通過本章學習,應該瞭解:工業企業統計的範圍;工業統計指標體系;工業產品產量、產值與質量的統計;商業企業統計的範圍;商品購進與商品銷售的統計;商業企業的經濟效益統計。並且能夠重點掌握:工業企業與商業企業的統計範圍;工業產品產量、產值與質量的統計;商品購進與商品銷售的統計;商業企業的經濟效益統計。

[案例開題]

××公司關於員工滿意度統計調查分析

一、員工滿意度調查問題的提出

當今,很多企業都將「實現顧客滿意」作為工作重心,並為此千方百計地變換著提升服務的新招式,但不論是通過什麼樣的工作,最後企業都普遍感覺到,這些方法起到的作用並非總是那麼理想。於是,測評顧客滿意度成了企業一個新的熱點話題。然而,被企業普遍忽視的一個問題是,外部顧客的滿意是由企業的員工創造的,企業是否想過自己的員工是不是滿意呢?試想一下,如果員工是一肚子的怨氣或苦水,能為顧客提供令人滿意的服務嗎?如果員工心態不穩定,來一批、走一批,能夠保持優質的服務水準嗎?

這樣一來,在企業的人力資源管理方面,就提出了一個新的課題——需要密切關注員工滿意度。因為對於企業來說,員工的感受就像個黑箱,如果不及時瞭解員工的需求以及對於公司的看法,等到一切問題都尖銳地暴露出來,想挽回就困難了。國外的很多研究顯示,只有員工滿意,才能帶來顧客滿意,才能使企業產生持續的利潤增長,而不滿意的員工則會以不同的方式導致公司的各項工作事倍功半,帶來的結果是「較高的員工流動率」「較低的生產效率」以及「下屬的不忠誠」。

員工滿意度調查對公司來說,是一個很好的溝通和交流工具。它作為一種科學的管理工具,通常以調查問卷等形式,收集員工對企業各個方面的滿意程度。通過調查,管理層能夠有效地診斷公司潛在的問題,瞭解公司決策和變化對員工的影響,以對公司管理進行全面審核,保證企業工作效率和最佳經濟效益,減少和糾正低生產率、高損耗率、高人員流動率等緊迫問題。一般來說,員工滿意度調查的問卷需要緊緊圍繞著企業的文化、價值觀等內容來進行,企業需要結合自身的實際情況,建立一套科學的員工評價指標體系,並定期進行調查,以瞭解員工滿意度動態的變化。

總的來說,企業的員工滿意度工作是一個沒有終點的循環滾動過程,如確定目標、實

施調查、分析結果、實施改進、跟蹤反饋……通過不斷循環滾動,企業可以準確、全面地瞭解員工的滿意狀況及潛在的需求,憑藉這些可靠的依據去制定並實施有針對性的激勵措施,留住人才,最終提升企業的經營績效。

二、員工滿意度調查的問卷

本案例所採用的調查問卷如下所示:

××公司員工滿意度調查問卷

入職時間:_____ 部門崗位:_____ 答卷日期:_____

尊敬的員工:

感謝您在2012年為公司經營管理所做出的貢獻!公司正處於可持續發展階段,您的意見對明年公司的戰略發展提供了可行性的分析依據。請您如實地填寫《員工滿意度調查問卷》,並按時上交到公司人事部以便做好統計。謝謝!

1. 您認為公司目前明顯的競爭優勢是什麼?

    A. 人才優勢　　　　　　　　B. 管理優勢

    C. 文化優勢　　　　　　　　D. 成本優勢

    E. 沒有優勢　　　　　　　　F. 其他_____

2. 您認為公司未來風險可能來自哪些方面(請按重要性排列)?

    A. 市場推廣手段單一,銷路不暢

    B. 領導班子不願冒風險,觀念保守,沒有核心競爭力

    C. 員工的職業素養和專業水平較低

    D. 公司的歪風邪氣,正不壓邪

    E. 缺乏創新和開拓精神,陳舊的模式難以擺脫,新的思維難以培育

    F. 決策緩慢,執行不力

    G. 其他未提及的方面(請自行補充)_____

    按重要性排序:

    _____

3. 您認為公司的組織管理框架清晰、分工明確嗎?

    A. 很清晰

    B. 清晰,分工不明確

    C. 分工明確,但執行不力

    D. 不知道什麼是組織管理框架

4. 在工作中,是否經常出現有多個領導向您分派任務的情況?

    A. 經常　　　　　　　　　　B. 有時

    C. 偶爾　　　　　　　　　　D. 沒有

5. 您希望所在的企業有什麼樣的價值取向(先瀏覽,然後選出您認為最重要的3個,並按重要性排序在括號裡填序號1、2、3)?

    (　)優勝劣汰　　(　)團隊精神　　(　)嚴守商業秘密

    (　)以人為本　　(　)客戶至上　　(　)股東利益第一

(　　)人盡其才　(　　)服務社會　(　　)充分考慮員工利益
(　　)服務制勝　(　　)不斷創新　(　　)其他

6. 您認為下列哪 3 種方式最能夠更好地提高您的積極性和創造性?
  A. 收入提高　　　　　　　　B. 福利改善
  C. 職位晉升　　　　　　　　D. 挑戰性的工作
  E. 培訓機會　　　　　　　　F. 領導認可
  G. 其他_____

7. 關於上下級的信任關係(在選項內打鈎):

問題\選項	您是否能充分自主獨立工作	直接上級是否參考下屬的意見	直接上級是否重視對下屬的培養
完全能夠(或總是)			
基本能夠(或有時)			
不能(或從不)			

8. 您對公司的關注(在選項內打鈎):

問題\選項	願竭盡所能地工作	願接受任何工作安排	為企業感到自豪驕傲	關心公司的未來發展	能得到應有的激勵
總是					
有時					
很少					

9. 假設讓您重新選擇工作,您認為下面哪五個因素對您比較重要?
  A. 領導個人魅力　　　　　　B. 工作挑戰性
  C. 職業穩定性　　　　　　　D. 公司名氣
  E. 民主氣氛　　　　　　　　F. 充分發揮自己才能
  G. 收入水平　　　　　　　　H. 晉升機會
  I. 公司發展前景

10. 您認為公司評選優秀員工應該是什麼標準,具備什麼樣的條件?請您各選出一名您認為可以評作本年度部門和公司優秀員工的名字。

三、員工滿意度的統計分析

  本案例上述問卷部分問題的設置不在滿意度調查內容的範疇,例如第 1、2 題是調查員工對公司優勢和劣勢的判斷;第 5 題是調查員工對公司價值取向的希望;第 6 題是調查員工的激勵偏好;第 9、10 題調查的是員工價值取向;第 3、4、7 題是調查公司員工的滿意度;第 8 題既有對員工滿意度的調查,又有對員工工作態度的調查。

  但在本案例中,限於篇幅,我們僅對員工滿意度的調查結果進行一定的分析。根據員工交回的調查問卷,對員工滿意度進行統計分析,過程如下(原始資料從略,有關調查結果見以下相關統計表):

1. 對涉及員工滿意度的問題進行處理

在這一步驟,需要進行如下的工作:①將第 3、4、7 題作為員工滿意度調查的內容;②將第 8 題的「能得到應有的激勵」和「為企業感到自豪驕傲」作為員工滿意度調查的內容;③據員工滿意度調查的需要,將以上問題統一分析評判標準,使選項有一定的可分辨度。處理的方法如表 11−1 所示。

表 11−1　　　　　　　　員工滿意度調查的處理表

	A 類答案	B 類答案	C 類答案
第 3 題	A. 很清晰	B. 清晰,分工不明確	C. 分工明確,但執行不利
第 4 題	D. 沒有	B. 有時;C. 偶爾	A. 經常
第 7 題	完全能夠(或總是)	基本能夠(或有時)	不能(或從不)
第 8 題	總是	有時	很少

同時,根據滿意程度的強弱,規定各類答案的評分標準:

A 類答案——3 分;B 類答案——2 分;C 類答案——1 分;空缺樣本不參與統計。

$$單項得分 = \sum(頻數 \times 分值) \div 單項有效樣本數$$

2. 計算問題的平均得分

按照上述處理原則和評分標準,對各個有效問卷的答案進行評分,並進行分類匯總,然後計算各個問題的平均得分。結果如表 11−2 所示。

表 11−2　　　　　　　　各個問題的平均得分統計表

序號	內容	A 類答案 3 分	B 類答案 2 分	C 類答案 1 分	空缺	有效樣本	單項得分
7−1	您對獨立自主工作權滿意嗎(第 7 題)	166	81	1	0	248	2.67
8−3	您對企業滿意嗎(第 8 題)	156	83	3	6	242	2.63
7−3	您對上級對下級的培養滿意嗎(第 7 題)	117	115	13	3	245	2.42
7−2	您對上級參考下級意見的態度滿意嗎(第 7 題)	101	142	3	2	246	2.40
4	您對工作任務滿意嗎(第 4 題)	53	158	33	4	224	2.27
8−5	您對應得到的激勵滿意嗎(第 8 題)	80	131	30	7	241	2.21
3	您對公司的組織架構滿意嗎(第 3 題)	73	59	109	7	241	1.85

3. 員工滿意度調查數據百分比統計分析

對於有效樣本,分別統計各問題的各類答案的百分比,以便進行比較分析,所得到的結果如表 11−3 所示。

表 11-3　　　　　　　　員工滿意度調查數據百分比統計表

序號	內　　容	A類答案(%)	B類答案(%)	C類答案(%)
3	您對公司的組織架構滿意嗎(第3題)	30.29	24.48	45.23
4	您對工作任務滿意嗎(第4題)	21.27	64.57	13.52
7-1	您對獨立自主工作權滿意嗎(第7題)	66.94	32.66	0.40
7-2	您對上級參考下級意見的態度滿意嗎(第7題)	41.06	57.72	1.22
7-3	您對上級對下級的培養滿意嗎(第7題)	47.76	46.94	5.31
8-5	您對應得到的激勵滿意嗎(第8題)	33.20	54.36	12.45
8-3	您對企業滿意嗎(第8題)	64.46	34.30	1.24

從表 11-3 的單項得分可以看出,滿意率最高的是問題 7-1,達到 66.94%,員工對於工作的獨立自主權最為滿意;其次是問題 8-3,為 64.46%,對企業整體感到滿意,為企業感到驕傲。不滿意率最高的是問題 3,多達 45% 的員工最不滿意的是公司的組織架構,認為公司在架構的清晰、分工的明確上亟待改善。計算所有滿意調查問題的所有百分比:

A 類答案百分比 = $\sum$A 類答案$_i$/($\sum$A 類答案$_i$ + $\sum$B 類答案$_i$ + $\sum$C 類答案$_i$);i = 3,4,7-1,7-2,7-3,8-5,8-3,從而得到表 11-4。

表 11-4　　　　　　　　員工滿意度調查數據百分比匯總表

A 類答案(%)	B 類答案(%)	C 類答案(%)
43.07	45.05	11.25

從表 11-4 可以看出,在所有滿意度調查問題的回答百分比中,B 類所占的比例高達 45.05%,也就是說,四成以上的員工對所有問題所涉及的調查方面持一般的看法;同樣,A 類所占的比例高達 43.07%,也有四成以上的員工對所有問題所涉及的調查方面持滿意的看法;C 類所占的比例為 11.25%,即只有 11.25% 的員工不滿意。

4. 員工滿意度的現狀

這部分是詳細統計在每個問題下,持不同態度的員工的分布狀況,各種態度包括「很滿意、一般、不滿意」,具體情況如表 11-5 所示。

表 11-5　　　　　　　　員工滿意度現狀統計表

序號	內　　容	很滿意(%)	一般(%)	不滿意(%)	現　　狀
3	您對公司的組織架構滿意嗎(第3題)	30.29	24.48	45.23	45.23% 的員工對公司的組織架構不滿意
4	您對工作任務滿意嗎(第4題)	21.72	64.75	13.52	64.75% 的員工對工作任務表示一般

表11-5(續)

序號	內容	很滿意(%)	一般(%)	不滿意(%)	現狀
7-1	您對獨立自主工作權滿意嗎(第7題)	66.94	33.26	0.40	66.94%的員工對工作的獨立自主表示很滿意
7-2	您對上級參考下級意見的態度滿意嗎(第7題)	41.06	57.72	1.22	41.60%的員工對上級參考下級的意見感到滿意
7-3	您對上級對下級的培養滿意嗎(第7題)	47.76	46.94	5.31	47.76%的員工對上級對下級的培養感到滿意
8-5	您對應得到的激勵滿意嗎(第8題)	33.20	54.36	12.45	12.45%的員工認為應該得到的激勵沒有得到
8-3	您對企業滿意嗎(第8題)	64.46	34.30	1.24	64.46%的員工對企業感到自豪

　　從表11-5的統計情況看，員工最感到滿意的是「獨立工作權」，有占到67%的員工是這樣認為的；而公司所存在問題較大、讓員工最不滿意的是「公司的組織架構」，多達45%的員工持有這種意見。但總的來看，員工對於本企業還是整體感到比較滿意，僅有1.24%的員工感覺不滿意。

　　5. 不同員工的滿意度統計分析

　　該案例的本部分將對公司管理人員和職工進行比較，以發掘這兩類員工的意見有無差異。在分析中，我們將職位劃分為中高層管理人員和一般職員，沒有註明職位或職位填寫錯誤的作為缺失值處理。初步統計的數據如表11-6、表11-7所示。

表11-6　　　　　　　中高層管理人員的滿意度統計表

序號	內容	A類答案 3分	B類答案 2分	C類答案 1分	空缺	有效樣本	單項得分
3	您對公司的組織架構滿意(第3題)	10	7	20	0	34	1.71
4	您對工作任務滿意嗎(第4題)	8	19	7	0	34	2.03
7-1	您對獨立自主工作權滿意嗎(第7題)	25	9	0	0	34	2.74
7-2	您對上級參考下級意見的態度滿意嗎(第7題)	13	20	1	0	34	2.35
7-3	您對上級對下級的培養滿意嗎(第7題)	17	14	3	3	34	2.41
8-5	您對應得到的激勵滿意嗎(第8題)	9	21	3	7	33	2.18
8-3	您對企業滿意嗎(第8題)	25	9	0	6	34	2.74

表 11-7　　　　　　　　　　一般職員的滿意度統計表

序號	內　　容	A類答案 3分	B類答案 2分	C類答案 1分	空缺	有效樣本	單項得分
3	您對公司的組織架構滿意嗎(第3題)	44	33	51	2	128	1.95
4	您對工作任務滿意嗎(第4題)	26	85	15	4	126	2.09
7-1	您對獨立自主工作權滿意嗎(第7題)	82	48	0	0	130	2.63
7-2	您對上級參考下級意見的態度滿意嗎(第7題)	49	79	1	1	129	3.37
7-3	您對上級對下級的培養滿意嗎(第7題)	63	59	6	2	128	2.45
8-5	您對應得到的激勵滿意嗎(第8題)	52	61	13	4	126	2.31
8-3	您對企業滿意嗎(第8題)	86	42	1	0	129	2.66

我們需要就表 11-6、表 11-7 中最後兩列的數據(兩類公司職員的有效樣本和單項得分),進行假設檢驗,其計算過程如表 11-8 所示。

表 11-8　　　　　　　　　　不同員工的滿意度檢驗計算表

中高層管理人員					一般職員			
單項得分 (X)	有效樣本 (f)	xf	$(x-\bar{x})^2 f$	單項得分 (X)	有效樣本 (f)	xf	$(x-\bar{x})^2 f$
1.71	34	58.14	12.203,9	1.95	128	249.60	20.797,8
2.03	34	69.02	2.648,8	2.09	126	263.34	8.721,4
2.74	34	93.16	6.312,5	2.63	130	341.90	9.968,2
2-35	34	79.90	0.056,8	2.37	129	305.73	0.036,9
2.41	34	81.94	0.346,1	2.45	128	313.60	1.202,1
2.18	33	71.94	0.550,1	2.31	126	291.06	0.234,0
2.74	34	93.16	6.312,5	2.66	129	313.14	12.150,9
合計	237	547.26	28.430,7	合計	896	2,108.37	53.111,1

根據表 11-8 的數據,可以得到:

中高層管理人員答卷單項得分的平均值和方差分別為:

$$\bar{x}_1 = \frac{\sum xf}{\sum f} = \frac{547.26}{237} = 2.309,1$$

$$\sigma_1^2 = \frac{\sum (x-\bar{x})^2 f}{\sum f} = \frac{28.430,7}{237} = 0.12$$

一般職員答卷單項得分的平均值和方差分別為:

$$\bar{x}_2 = \frac{\sum xf}{\sum f} = \frac{2,108.37}{896} = 2.353,1$$

$$\sigma_2^2 = \frac{\sum (x-\bar{x})^2 f}{\sum f} = \frac{53.111,1}{896} = 0.059,3$$

按照兩個正態總體(方差已知)的均值之差檢驗方法,建立以下假設:

$H_0: \mu_1 = \mu_2$, $H_1: \mu_1 \neq \mu_2$

並計算統計量如下:

$$|Z| = \frac{|2.309,1 - 2.353,1|}{\sqrt{\frac{0.12}{237} + \frac{0.059,3}{896}}} = 1.838,9$$

而在 $\alpha = 0.05$ 時,$Z_{1-\alpha/2} = Z_{0.975} = 1.96$,因為 $1.838,9 < 1.96$,所以我們接受原假設。這說明,在95%的置信度下,我們認為中高層管理人員和一般職員的滿意度是沒有差別的。

細心的讀者或許已經發現,本案例中分析的「員工滿意度」僅涉及調查問卷中的第3、4、7、8題。事實上,借助問卷中其他問題的調查結果,我們可以進行不同的統計分析,如關於企業競爭優勢、企業未來風險來源、企業價值取向等內容的分析。但是,

限於篇幅,在這裡僅就員工滿意度做了分析,希望能起到拋磚引玉的作用。

同時,通過上述案例分析過程,我們發現,利用對公司員工的問卷調查結果,可以進行各種形式的、不同目的的統計整理和統計分析,並且得到了豐富的分析結果。從而能有助於公司管理人員發現公司所存在的問題,進而為公司的經營管理提供決策依據,為公司的進一步發展提供有力的保障。

由此案例「關於員工滿意度統計調查分析」即可導入工商企業統計的相關內容、統計範圍、核算方法、調查分析等問題的深入探討。

第一節　工業企業統計

一、工業企業統計的範圍

工業是國民經濟的主導部門。工業企業從事的生產活動是對自然資源的採集、農產品和採掘品的加工、再加工以及工業品的修理和加工作業等。工業企業是工業生產統計調查和分析的基層單位。作為一個工業企業,從統計意義上說,必須具備三個條件:有固定的生產場所和生產設備;有10人以上的固定工人;常年生產,如果是季節性生產,全年開工期必須在三個月以上。

工業企業統計的範圍主要包括獨立核算的工業企業、附屬於其他部門的非獨立核算的工業企業和從事工業生產活動的個體企業。

二、工業統計指標體系

工業統計指標體系是指反應工業生產經營活動的不同側面的許多相互聯繫、互相制約的統計指標的整體。工業統計主要是運用完整的、科學的統計指標體系,進行調查、整理和分析,研究工業經濟現象的數量特徵及其發展變化規律。

工業統計指標體系一般包括以下內容：

(1)反應工業生產成果的工業統計指標體系。進行工業生產活動的目的,就是要生產出數量多、質量好、品種全的工業產品來滿足社會的需要。為了反應工業生產成果,一般設置這些指標:反應工業產品數量的指標,如產品實物量指標、產品勞動量指標、產品價值量指標;反應工業產品質量和工作質量的統計指標,如品級率、平均等級率、回用率、合格品率、廢品率、返修率等指標;工業產品品種指標,如品種數、品種計劃完成率、新產品數等指標。

(2)反應工業生產條件的工業統計指標體系。反應工業生產條件的工業統計指標體系,一般設置這些指標:反應勞動力的統計指標,如勞動力數量、構成、變動指標,勞動時間的構成、利用指標,勞動生產率的水平指標、動態指標,勞動報酬指標等;反應工業勞動資料的統計指標,如工業設備數量和構成指標、利用指標,工業產品生產能力指標等;反應工業勞動對象的統計指標,如原材料收支存指標、利用指標,能源消耗指標等。

(3)反應工業經濟效益的統計指標體系。反應工業經濟效益的統計指標體系,一般設置這些指標:工業固定資金、流動資金占用及利用指際,工業商品成本指標、利潤指標等。

三、工業產品產量統計

(一)工業產品的概念

工業產品是工業企業進行工業生產活動的直接有效的成果,它必須同時具備以下四個特點:

(1)工業產品是工業企業生產活動的成果。
(2)工業產品是工業生產活動的成果。
(3)工業產品是工業企業生產活動的有效成果。
(4)工業產品是工業企業生產活動的直接成果。

如果企業利用「三廢」加工成其他產品,這些產品被稱為副產品。如木材廠用刨花制成刨花板,機械廠利用邊角餘料制成日用小商品。它們也是工業企業進行工業生產活動的直接有效成果,算作工業產品。

有些企業在生產某種產品的同時,又生產出具有經濟價值的其他產品,稱為聯產品。如煉焦廠在煉焦時生產的煤氣和煤焦油都是聯產品,也算作工業產品。

以上四個特點,工業產品必須同時具備,缺一不可。前兩個特點是規定計算工業產品的範圍;後兩個特點是確定計算工業產品的技術標準。只有準確掌握這四個特點,才能正確進行工業產品統計。

(二)工業產品的分類

工業產品的基本分類方法有:一是按產品的表現形態分為實物產品和工業性作業兩類;二是按產品加工的完成程度分為成品、半成品和在製品三類;三是按產品的使用去向可分為中間產品和最終產品。

(三)工業產品產量的概念

工業產品產量是指工業產品實物產量,即產品的使用價值量。它是工業統計中最基本的統計指標,是以實物單位計算的產品產量。實物單位是指符合產品自然性能和外部特徵的計量單位,或用雙重單位來確切反應其使用價值量。經常使用的實物單位有:臺、件、噸、雙、米、立方米、臺/千瓦等。

(四)計算工業產品產量的原則

計算工業產品產量應遵守的主要原則:

(1)質量原則。只有符合產品質量標準的合格品,方可計算產量。因此,次品和廢品均不能計入產量。

(2)入庫原則。只有在報告期最後一天的最後一班以前製成的、經驗收合格、辦理入庫手續的齊套產品,才能計算產量。

(3)時限原則。工業產品是一定時期內工業生產的成果,產品產量是指一定時期內的產品數量,必須嚴格確定一個時間界限。產量計算截止時間一般是期末的最後一天。

(4)度量原則。企業必須根據產品的特性,配備適當的計量設備和選擇測算標準,對產量進行實際度量。

以上四條原則是企業計算成品產量的基本原則。這些原則也適用於計算半成品和在製品產量,如某車間完成的半成品也需要檢驗合格入庫後,才能計入半成品產量。

(五)產量的統計方法

工業產品產量的統計方法有兩種:混合產量和標準產量。

(1)混合產量。混合產量是將名稱和用途相同而規格或成分不同的同類產品,按其實物量單位直接相加求得的總產量。如不同馬力拖拉機產量總和、各種不同載重汽車產量總和、各種不同標號水泥產量總和等。混合產量指標雖然計算簡單,但不能確切地反應企業生產工業總量或產品的使用價值量的大小。

(2)標準產量。標準產量是將名稱和用途相同而規格或成分不同的產品,按照一定的折算係數,折算為一種標準規格的產品產量。為了克服混合實物量的不足,確切反應某類產品的使用價值和生產中的各種消耗情況,經常採用標準產量進行計算。

計算標準產量的步驟如下:

①確定標準產品。標準產品一般由國家統一規定,如將各種功率不同的拖拉機折合為 15 牽引馬力(1 馬力 = 735.499 瓦)的標準臺,將水壓機鍛件按加工複雜程度的五個等級,以四級為標準折合產量,將各種能源都折合為每千克發熱量為 7,000 千卡的標準煤等。

②計算換算係數或折算比例。換算係數可根據產品的主要使用性能或化學含量計算,也可以按產品的勞動消耗量計算。其計算公式如下:

$$換算係數 = \frac{產品的實際規格(含量或勞動量)}{標準產品規格(含量或勞動量)}$$

$$折算比例 = \frac{1}{換算係數}$$

③把各種不同規格或含量的產品產量乘以相應的換算系數,加總後就是標準產量。其計算公式如下:

$$標準產量 = \sum(實物產量 \times 換算系數)$$

或

$$標準產量 = \sum(實物產量 \div 折算比例)$$

[例11-1]某汽車廠某月產量,如表11-9所示。

表11-9　　　　　　　　　某拖拉機廠某月產量表

產品型號	牽引功率 計算值(馬力)	產量 (臺)	換算系數 = 牽引功率÷15	標準產量 (臺)
紅旗	60	400	4.0	1,600
日出(輪式)	15	1,200	1.0	1,200
日出(履帶式)	36	500	2.4	1,200
大力(輪式)	24	600	1.6	9,600
合計	—	2,700	—	4,960

註:上表計算結果表明,四種不同馬力的汽車的混合產量為2,700臺,換算成15馬力的標準產量為4,960臺。

[例11-2]某鋼鐵廠某工作車間2009年3月1日生產硅鐵共40噸。其中73.6%的硅鐵10噸,求標準產量。

硅鐵標準產量計算如下:

$$硅鐵標準產量 = 10 \times \frac{73.6\%}{75\%} + 20 \times \frac{74.4\%}{75\%} + 10 \times \frac{75.8\%}{75\%}$$

$$= \frac{10 \times 73.6\% + 20 \times 74.4\% + 10 \times 75.8\%}{75\%}$$

$$= \frac{29.82}{75\%}$$

$$= 39.76(噸)$$

混合產量和標準產量有不同的作用。混合產量是客觀存在的自然量,是產品銷售分配和計算貨運量、倉儲量的依據。標準產量能確切地反應產品的使用價值總量、企業生產工作總量、企業生產規模和發展速度,便於企業間對比,也為科學地利用生產能力、安排生產任務提供了依據。

四、工業產品產值統計

通過產品的價格核算產品的價值量來反應工業生產的總成果,即計算產值指標。在中國常用工業總產值、工業商品產值、工業淨產值和工業增加值來表示產品價值量。

(一)工業總產值

1. 工業總產值的概念

工業總產值是指工業企業在一定時期內生產的以貨幣表示的工業產品總量,其價值構成是$c+v+m$,是工業產品的價值量基礎指標之一。它表示該企業在報告期內工業生產活動的總成果。一個工業部門或一個地區的工業總產值,則是這個部門或地區所屬各

工業企業工業總產值的總和；將各個工業部門或地區的工業總產值加以匯總，則是全國工業總產值。工業總產值有現價工業總產值和不變價工業總產值之分。

2. 工業總產值包括的內容

依據工業總產值計算原則，工業總產值包括成品的價值、已完成的工業性作業價值和自製半成品、在製品期末期初結存量差額價值。

(1)成品價值。成品價值，指企業各車間用自備材料（包括自購、自產等）或訂貨者來料生產的、經檢驗合格入庫的成品價值。

成品價值等於成品數量乘以產品單位。其計算公式如下：

$$成品價值 = \sum (成品數量 \times 產品單位)$$

成品價值具體包括：企業用自備原材料生產的成品價值；企業用訂貨者來料生產的成品價值；準備出售或已經出售的半成品的價值；新產品的價值（必須經過鑒定合格入庫，才能計算產值）；企業自製設備的價值（必須經檢驗合格、可供使用、已構成固定資產，並轉入財務帳目的，才能計算產值）；提供給本企業非生產單位使用的成品價值（如提供給基建、生活福利等部門使用的產品，將其視為外售的產品，可計算產值）；供出售的自製工具、模具等的價值。

(2)已完成的對外承做的工業性作業的價值。已完成的對外承做的工業性作業的價值，只按其加工價值計算（不包括加工產品本身的價值）。具體包括：已完成的對外承做工業品的修理作業價值；已完成的對外承做零件、部件的個別工序加工及簡單裝配作業價值；本廠自行已完成的機器設備和交通工具的大修理作業價值；對本企業非工業生產單位承做的工業品的修理作業價值。

(3)自製半成品、在製品期末期初結存量的差額價值。對於自製半成品、在製品等期末期初結存量的差額價值，統計製度規定：一般生產均衡、生產週期較短的企業計算工業總產值不包括此項內容。而那些生產週期長的企業必須計算期末期初差額的價值，才能比較準確地反應各期的生產成果。

3. 工業總產值的計算方法

(1)一般計算工業總產值的公式如下：

工業總產值 = 成品的價值 + 已完成的工業性作業價值 + 半成品、在製品期末期初結存差額價值

(2)產品生產週期短的企業工業總產值計算公式如下：

工業總產值 = 成品的價值 + 已完成的工業性作業價值

(3)產品生產週期長的企業工業總產值計算公式與一般計算工業總產值的公式相同。

［例11-3］某廠2012年的生產情況如下：

生產某種電動機200臺，其中用訂貨者來料生產的有50臺，來料價值10,500元，已全部入庫。用自備原材料生產的150臺中，有148臺已入庫，還有2臺沒有辦入庫手續。另外，本期還完成了返修品10臺，出售次品5臺，其價格為合格品的八折，合格品單價為450元；

本期生產某種電機線圈 360 個,電動機轉子 500 件,已全部驗收入庫。除本廠生產自用外,準備出售線圈 110 個,電動機轉子 200 件,到期末實際出售線圈 80 個,電動機轉子 150 件。線圈單價為 120 元,電動機轉子單價為 60 元;

本期還生產微型電動機 140 臺,其單價為 130 元;

本期為本廠製造各種工具 300 件,其中外售 50 件,其餘本廠自用,單價 30 元;

本期期初在製品價值為 8,000 元,已全部進一步加工成成品,期末在製品價值為 12,000 元;

本廠新產品 M_2 型吊車電動機試製成功。本期小批量生產 10 臺,每臺 1,500 元;

修理已出售的電動機 5 臺,其中在保修期內的 2 臺,過保修期的 3 臺,每臺修理費 80 元;

外購零件 18,000 元,其中裝製成品用掉 15,000 元,剩餘 3,000 元;

為外廠修理設備,已完成 8 臺,每臺修理費 1,000 元;

本廠設備進行中、小修,修理費共 1,700 元;

為本廠基本建設部門修理建築機械,修理價值 1,400 元;

為本廠附屬農場、技工學校修理設備,價值 1,600 元;

本廠利用邊角餘料生產鐵盒 3,000 個,每個 2 元;

本期出售購進的鋼材 4 噸,每噸 1,500 元;

本期出售各種金屬屑 15 噸,每噸 240 元;

本廠汽車隊為外廠運貨,收入 2,800 元;

本廠生產工人修路一條,價值 2,300 元;

本期為外廠零件噴漆 340 件,每件 10 元。

根據上述資料,計算該廠的工業總產值。

工業總產值包括的部分計算如下:

電動機產值:$(148+50+10) \times 450 = 93,600$(元);

線圈產值:$110 \times 120 = 13,200$(元);

電動機轉子產值:$200 \times 60 = 12,000$(元);

微型電動機產值:$140 \times 130 = 18,200$(元);

外售工具產值:$50 \times 30 = 1,500$(元);

在製品期末期初產值之差額:$12,000 - 8,000 = 4,000$(元);

M_2 型吊車電動機產值:$10 \times 1,500 = 15,000$(元);

修理過保修期的產品,其修理費用價值:$3 \times 80 = 240$(元);

為外廠修理設備的修理費:$8 \times 1,000 = 8,000$(元);

為本廠基本建設部門修理建築機械的產值:1,400(元);

為附屬農場、技校修理設備的價值:1,600(元);

生產鐵盒的價值:$3,000 \times 2 = 6,000$(元);

為外廠零件噴漆的價值:$340 \times 10 = 3,400$(元)。

工業總產值:$93,600 + 13,200 + 12,000 + 18,200 + 1,500 + 4,000 + 15,000 + 240 + 8,000 + 1,400 + 1,600 + 6,000 + 3,400 = 178,140$(元)

(二)工業商品產值

1. 工業商品產值的概念

工業商品產值是以貨幣表現的工業企業在一定時期內生產的,可當作商品週轉的工業產品總量。這一指標的核心在於核算報告期可以出售,用以滿足社會生產和消費需要的產品價值總額。

工業商品產值的構成的具體內容包括:用自備原材料生產的待售成品價值;用自備原材料生產的待售半成品價值;用訂貨者來料生產的產品的加工價值;已完成的工業性作業價值。

工業商品產值與工業總產值的區別在於:工業商品產值中不包括訂貨者來料的價值,而工業總產值則包括訂貨者來料的價值;工業商品產值中不包括自製半成品、在製品期末期初差額的價值,而工業總產值則包括。

2. 工業商品產值的計算方法

工業商品產值的計算公式如下:

工業商品產值 = 自備原材料生產的待售成品價值 + 待售的半成品的價值 + 訂貨者來料生產產品的加工價值 + 已完成的工業性作業價值

或　工業商品產值 = 工業總產值 - 訂貨者來料價值 - 半成品、在製品期末期初結存差額的價值

[例 11-4] 根據[例 11-3]的資料,計算該廠的工業商品產值。

工業商品產值 = 178,140 - 10,500 - 4,000 = 163,640(元)

(三)工業淨產值

1. 工業淨產值的概念

工業淨產值是工業報告期內從事工業生產活動新創造的價值總和,其價值構成是 V+M。它是工業總產值中扣除了物質消耗以後的價值。

2. 工業淨產值的計算方法

工業淨產值可以按現行價格與不變價格分別計算,一般以現行價格統計為主。工業淨產值核算方法主要有生產法和分配法兩種。

(1)生產法。工業總產值從價值方面看,是由轉移價值和新創造的價值所構成的。因而,從工業總產值中直接減去物耗價值,即求得工業淨產值,這種方法叫生產法。其公式為:

現價工業淨產值 = 現價工業總產值 - 現價物耗價值

現價工業總產值,一般在核算工業總產值時已計算了。用生產法計算工業淨產值主要是計算出與工業總產值口徑一致的現價物耗價值。現價物耗價值的計算要注意這三個方面:

①計算生產費用表中的全部物耗價值。物耗價值是指企業支付給物質生產部門的費用。它包括以下內容:外購材料、外購燃料(扣除燃油特別稅)、外購動力、折舊費、提取的大修基金;其他支出中的物耗價值(有辦公費用、租賃費、外部加工費、外部修理費、水

電費、圖書資料費、低值易耗品費、待攤費用、勞保用品費等)。

把以上所有物耗價值相加,就得出了企業生產費用中的全部物耗價值。

計算公式如下:

生產費用中的全部物耗價值＝外購材料價值(外購燃料價值－燃油特別稅)
$$+ 外購動力價值 + 折舊費 + 提取的大修基金$$
$$+ 其他支出中的物耗價值$$

②計算生產費用中的工業用物耗價值。生產費用中的工業用物耗價值,是在生產費用中的全部物耗價值中扣除非工業用物耗價值得到的。

③調整工業用物耗價值與工業總產值的口徑相一致。

(2)分配法。分配法是從國民收入初次分配的角度出發,把淨產值初次分配的各項加總,計算工業淨產值的一種方法。基本公式為:

$$工業淨產值 = 工資總額 + 職工福利基金 + 稅金 + 利潤(或減虧損)$$
$$+ 利息 + 其他$$

根據上式匯總額求得工業淨產值要注意三個問題:用分配法計算淨產值,應與工業總產值的計算口徑保持一致;劃清成本開支中物質消耗與淨產值分配項目的界限;劃清初次分配與再分配的界限。

工資總額指報告期企業工業生產人員的工資總額,包括基本工資、工資性津貼和各種獎金,但不包括非工業生產人員(指房屋、建築大修理人員、農副業生產人員及廠外運輸人員)的工資及工資性質的津貼。

職工福利基金是指依據政策規定按工資總額的一定比例提取並直接進入產品成本的初次分配項目。

稅金指報告期工業總產值中應繳納的稅金額,不是企業實際繳納的稅餘。一般可用下式推算:

$$應繳納的產值稅金 = 報告期現價工業總產值 \times \frac{報告期工業產品銷售稅金}{報告期工業產品銷售收入}$$

應繳納產品利潤可按下式估算:

$$報告期產品應得利潤 = 現價工業總產值 \times \frac{產品銷售利潤}{產品銷售收入}$$

利息淨支出是指利息支出與利息收入之差的淨額。

其他項目是指生產費用表中其他項目中所有非物耗支出和與非物耗有關的開支,均應核算分解後歸入淨產值中。

用生產法或分配法計算工業淨產值,從理論上講二者的結果應該一致。但在統計實踐中,由於統計核算上的誤差,其結果往往不相等。一是由於根據會計資料不易區分物質資料消耗與非物質資料消耗;二是由於在計算中使用的推算方法較多,其結果與實際就會有出入。

生產法計算的項目比較穩定,較少受國家財政製度和分配製度的影響。其缺點是一定要利用生產費用表,在時間上受會計核算的制約,因而影響計算淨產值的時效性。

分配法計算較易,時效性較好,但缺點是易受國家財政製度變化的影響。此外,分配

法中運用推算方法比生產法多,因此,分配法的準確性也沒有生產法高。

(四) 工業增加值

從工業總產值中減去外購原材料、燃料和勞務等,剩下來的就是工業企業在生產過程中新增的價值和固定資產的轉移價值(折舊額),這兩部分的總和稱為工業增加值,即新創造的價值和固定資產折舊。所以工業增加值與總產值、淨產值都有所不同,它的價值構成為 c_1+v+m,其中 c_1 是指固定資產折舊價值。其基本公式為:

$$工業增加值 = 工業淨產值 + 工業固定資產折舊價值$$

或

$$工業增加值 = 工業總產值 - 原材料等一次性物耗價值$$

工業增加值的計算方法,大體也可分為兩種,即生產法和分配法。

生產法是從工業總產值中減去外購材料、燃料和勞務來計算工業增加值的方法。其公式為:

$$工業增加值 = 工業總產值 - 中間物質消耗 - 中間勞務消耗$$

公式中的「中間物質消耗」是指本企業工業產品生產過程中所消耗的原材料、燃料、動力及輔助材料等由物質生產部門提供的中間產品。公式中的中間勞務消耗是指本企業外購物質生產部門以及非物質生產部門的勞務,其中包括向金融機構支付的利息和保險費。

分配法計算工業增加值的基本公式如下:

$$工業增加值 = 利潤 + 稅金 + 工資 + 職工福利基金 + 折舊 + 其他$$

其中,「利潤」是指在報告期獲得的利潤總額,是企業交納所得稅前的利潤;「稅金」是指企業利潤總額向國家繳納的各項稅金,但不包括企業所得稅;「工資」是指企業支付給職工的一切報酬;「職工福利基金」是指企業按國家規定以工資總額的一定比例提取的福利基金;「折舊」就是固定資產折舊,是指企業按規定的折舊方法提取的折舊額;「其他」主要包括除以上各項以外的給予個人的收入。

五、工業產品質量統計

根據產品自然屬性達到技術標準的程度不同,將產品分類:符合技術標準規定的產品為合格品;不符合技術標準要求的產品為不合格品。在合格品中,按其符合標準程度又分為一等品、二等品、三等品。不合格品可分為回用品、返修品和廢品。

產品質量統計指標包括兩類:一類是反應產品質量的指標,這類指標包括產品平均技術性能、產品等級、產品質量分數和入庫產品合格率等;另一類是反應企業生產工作質量的指標,它反應企業為了達到產品質量標準而進行的生產和管理工作的水平,它包括產品合格品率、成品率、廢品率、返修率等。

(一) 反應產品質量統計指標

1. 產品平均質量特性指標

產品平均質量特性指標反應產品本身的性能、壽命、可靠性及外在質量特性實際達到的水平。

產品質量指標包括內在和外在的產品質量特性指標。內在質量特性指標是指產品的性能、壽命、可靠性、安全性和經濟性等；外在質量特性指標是指產品的造型、光澤、光潔度等。一種產品往往有許多質量性能，考核時可選其中最重要的一兩項即可，例如某種產品的平均性能、平均壽命、平均含量等。

以軸承為例，軸承的質量主要表現為耐磨程度。我們可根據隨機抽樣原則，抽出一批軸承逐個進行耐磨試驗，將每套軸承的耐磨時間加總後計算出平均壽命，以此反應軸承的平均質量水平。其計算方法如下：

$$抽檢軸承的平均壽命 = \frac{抽檢軸承每套實際壽命之和}{抽檢軸承套數總和}$$

2. 產品等級指標

產品一般分為合格品和不合格品。合格品之中也存在著質量的差異，因而又可根據系列技術經濟參數將合格品劃分為若干等級。產品等級指標就是反應合格品質量差異的指標。常用的等級指標有產品等級率和產品平均等級兩種。

產品等級率又稱品級率，是某種產品的某一品級在合格品總量中所占的比重。其計算公式如下：

$$產品一等品率 = \frac{一等品產量}{合格品產量} \times 100\%$$

高等級產品比重越大，合格品質量也就越高。不同工業部門規定了產品等級率的具體要求，在運用該指標時應加以考慮。

當產品等級級別較多時，可以用平均等級指標來綜合反應合格品總的質量水平。其計算公式如下：

$$產品平均等級指標 = \frac{\sum(產品等級 \times 該等級產量)}{\sum 合格品總產量}$$

［例11-5］某紡織廠一、二月份生產的棉布，經檢查質量如表11-10所示。

$$一月份平均等級 = \frac{1 \times 64,400 + 2 \times 5,000 + 3 \times 600}{70,000} = 1.09 級$$

$$二月份平均等級 = \frac{1 \times 69,920 + 2 \times 4,080 + 3 \times 2,000}{76,000} = 1.11 級$$

平均等級從1.09級上升到1.11級，表明產品質量有所下降。

表11-10　　　　　　　　　一、二月份棉布質量表

棉布等級	棉布產量/米	
	一　月	二　月
一等品	64,400	69,920
二等品	5,000	4,080
三等品	600	2,000
合計	70,000	76,000

3. 產品質量分數

產品質量分數是對一定的產品質量特性以計分的方法來綜合評定質量水平的一種指標。它首先要分別規定某產品一定的質量特性標準和應得的分數,然後分別檢驗其產品各項質量特性,按標準給予相應的分數,再將各項特性所得的分數加總得到該產品的總分,這就是產品質量分數指標。總分越高,質量越高。目前中國一些輕工業、電子產品如自行車、手錶、卷菸、照相機等的質量水平就是採用這個指標來評價的。

4. 入庫產品抽查合格率

(1)成品抽查合格率。為了促進企業不斷提高產品質量,由上級主管部門組織同行業的單位對成品進行抽查,檢查產品的精度、性能、互換性、壽命等方面是否符合技術標準及有關文件規定。根據抽查結果,計算成品抽查合格率,其計算公式如下:

$$成品抽查合格率 = \frac{抽查合格數量}{抽查總數} \times 100\%$$

成品的抽查合格率達到100%才算合格。

(2)零件抽查合格率。抽查的每個零件都要檢查幾個項目(硬度、光潔度、幾何精度等),必須每個項目都合格,才能算合格零件。計算公式如下:

$$零件抽查合格率 = \frac{合格零件數}{抽查零件數} \times 100\%$$

(3)主要零件主要項目抽查合格率。它是反應主要零件抽查項目中合格項目占抽查項目總數的比重。計算公式如下:

$$主要零件主要項目抽查合格率 = \frac{主要零件主要抽查項目合格數}{主要零件主要抽查項目總數} \times 100\%$$

抽查某種主要零件主要抽查項目合格數,如果抽查幾個零件,對同樣的項目進行檢查,必須每個零件都合格,才算該項目合格。

(二)反應生產工作質量指標

(1)廢品率。廢品率是指廢品數占全部送檢數量的比重。它反應的是生產工作的質量,而不是產品本身的質量。其計算公式如下:

$$廢品率 = \frac{廢品數量}{全部送檢數量} \times 100\%$$

通過計算廢品率,分析造成廢品的原因和責任,從而為企業有關部門採取措施、減少廢品提供依據。由於造成廢品的責任不同,把廢品分為工廢、料廢和其他原因廢品,三者之和為廢品數。工廢是指生產者的過錯造成的廢品,其中在本部門內發現的責任廢品稱為內廢,而在其他部門發現的本部門的責任廢品稱為外廢。料廢是由於原材料或半成品不符合技術要求而造成的廢品。其他廢品是指由於其他部門的過錯造成的廢品,如因檢驗、設計、運輸、保管等部門的過錯而造成的廢品。

計算時,由於不同部門承擔的責任不同,計算方法也不同。如果考核全廠範圍的工作質量,應計算綜合廢品率;如果考核某一部門的工作質量,應計算該部門的責任廢品率。在具體計算時,可按工時為單位計算,其計算公式如下:

$$綜合廢品率 = \frac{內廢工時 + 外廢工時 + 料廢和其他廢工時}{合格品工時 + 內廢工時 + 料廢和其他廢工時} \times 100\%$$

$$責任廢品率 = \frac{工廢(噸、小時)}{合格品(噸、小時) + 廢品(噸、小時)} \times 100\%$$

(2)合格品率。合格品率是指合格品數量占全部送檢數量的比重。

這個指標是從有效生產成果的角度來評價生產工作質量的水平。其基本計算公式為：

$$合格品率 = \frac{合格品數量}{全部送檢數量} \times 100\%$$

合格品率和廢品率是一個問題從不同側面表現出的兩種形式,因此:

$$合格品率 = 100\% - 廢品率$$

(3)返修率。返修率是指返修品數量占全部送檢製品數量的比重。

返修品是指經過修整可達到合格品的產品。返修品及返修次數的多少,也能從反面反應生產工作質量水平。其計算公式如下：

$$返修率 = \frac{返修品數}{全部送檢製品數} \times 100\%$$

返修率一般用實物量計算。返修率的計算有不重複計算和重複計算兩種形式。不重複計算是指返修品數量中不包括重複返修數量,同一產品重複返修,在返修數量和送檢量中都只能計算一次;重複計算是指當一件返修品返修幾次時,每次返修數量都要計入返修率的分子、分母中。為了確切反應產品返修情況,一種產品如果返修多次,每次返修的次數都要累加。

第二節　商業企業統計

一、商業企業統計的範圍

商業統計是社會經濟統計的一個重要組成部分,它是隨著商品生產和商品交換的發展,適應人類社會實踐的需要而產生和發展起來的,它是組織和管理商品交換活動的重要手段。商業統計的對象是商品流通全部過程中商業經濟現象的數量方面。

商品流通按其範圍可分為國內商品流通和國外商品流通。國內商品流通是在本國範圍內進行的商品買賣,國外商品流通是和國外進行的商品買賣。國內商品流通與國外商品流通在生產過程中的作用不盡相同,在組織上也是分開的。

在中國,國內商品流通按商品性質和商品供應方式又分為兩部分：一部分是工業生產資料,它通過國家指令性計劃分配、國家合同訂購、國家組織產需銜接和通過生產資料市場自由購銷等方式供應。這部分生產資料的流通活動又稱物資流通,被列入物資供應統計的範圍。另一部分是消費品和部分生產資料,基本上通過市場供應,在生產者與消費者之間、流通部門與消費者之間進行買賣,通常稱為商品流通。這部分商品流轉活動主要是由商業部門組織進行的,被列入商業統計的範圍。對國外的商品流通則屬於對外貿易統計範圍。

二、商業統計的內容

商業統計的對象決定了商業統計的內容。商業統計以商品流轉統計為核心,包括與商品流轉密切相關的零售市場商品供需平衡統計、主要消費品產銷平衡統計、商品價格統計、商業經濟效益統計、商業勞動工資與商業機構統計、商業產值統計等。

三、商品購進統計

(一) 商品購進的概念

商業統計中的商品購進是指商業經營者為轉賣或加工後轉賣商品,通過現金或銀行轉帳結算等方式購進商品的行為。

(二) 商品購進統計指標體系

商品購進統計指標體系的主要指標一般相對穩定,本書將按商品購進對象分類為基礎,設計其指標體系,進而闡述商品購進的活動過程。商品購進指標體系如圖 11-1 所示。

```
                          ┌ 農副產品購進
              ┌ 從生產者購進┤                ┌ 省內工業品購進
              │            └ 工業產品購進 ┤
              │                            └ 省外工業品購進
商品購進總額(量)┤                                  ┌ 從批發零售貿易業購進
              ├ 從省外批發零售貿易業購進 ┤
              │                                  └ 從省內批發零售貿易業購進
              ├ 進口
              └ 其他購進
```

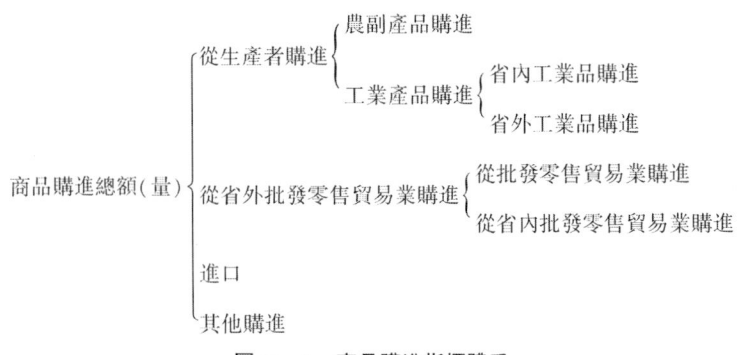

圖 11-1　商品購進指標體系

1. 商品購進總額(量)

所謂商品購進總額(量),是指企業為了轉賣或加工後轉賣商品,從本企業以外的各種單位和個人處購進(包括從國外直接進口)的商品總額(量)。該指標由從生產者購進、從批發零售貿易企業購進、進口和其他購進四個項目組成,具體包括以下內容:①從工農業生產各單位購進的商品;②從出版社、報社的出版發行部門購進的圖書、雜誌和報紙;③從各種經濟類型的批發零售貿易企業購進的商品;④從其他單位購進的商品,如從機關、團體、企業、單位購進的剩餘物資,從餐飲業、服務業購進的商品,從海關、市場管理部門購進的緝私和沒收的商品,從居民手中收購的廢舊商品等;⑤從國外直接進口的商品和委託外貿部門代理進口的商品。

2. 從生產者購進

從生產者購進是指企業為了轉賣或加工後轉賣商品,直接從工農業生產者那裡購進的各種工礦產品和農副產品。這個統計指標主要用來反應商品流通企業直接從生產領域獲得商品貨源的情況,是研究商品流通與商品生產關係的重要依據。具體包括:從工

農業生產單位購進的產品;從出版社、報社的出版發行部門購進的圖書、雜誌和報紙。

在統計實踐中,把從生產者購進分為農副產品購進和工業品購進兩個部分:

(1)農副產品購進。農副產品購進是指企業以各種方式從農業(包括農、林、牧、漁業)生產單位和農民那裡購進的全部農副產品。這個指標反應商品流轉部門掌握多少農副產品來供應居民消費、輕紡工業生產和出口的需要,是研究農業與商業經濟關係的重要依據。具體內容包括:從農民那裡購進的農副產品;從集體農業(包括農村集體、農業生產組織辦的農、林、牧、漁場,其他單位辦的集體農場)那裡購進的農副產品;從國有農場、機關、團體、部隊、學校、企業、事業等單位辦的農場、林場、牧場、漁業捕撈和養殖場等處購進的農副產品。

(2)工業品購進。工業品購進是指商品流通企業為了轉賣或加工後轉賣商品,從各種經濟類型的工業生產者處購進的全部工業品。該指標反應商品流通企業從工業生產者那裡購進的商品總量,用來供應居民消費和出口的需要,是研究工業與商業的經濟關係、掌握工業品貨源和安排市場供應的重要依據。

工業品的統計範圍原則上是按產品的性質確定的。礦產資源的採掘,原始森林的採伐,對各種農產品原料、礦產原料的加工製造和對工業品的再加工等活動的成果都屬於工業品。如果某些工業品按性質難以與農副產品準確區分,可將購進對象的隸屬關係和加工複雜程度結合起來予以確定。

工業品購進具體包括:從各種經濟類型的工業生產者處購進工業品;從出版社、報社的出版發行部門購進的圖書、雜誌和報紙;從農村和農民個人那裡購進的磚、瓦等工業品;從森林工業部門購進的木材。

3. 從批發零售貿易業購進

從批發零售貿易業購進是指從本企業以外的各種經濟類型的批發零售貿易企業或其他行業辦的附營批發零售貿易業單位購進的商品,包括國內商品和國外商品。該指標能夠反應國內商業地區之間、行業之間、企業之間相互買賣商品的情況。

在統計實踐中,為了滿足行業管理和研究地區經濟關係的需要,對從批發零售貿易業購進指標還按行業、地區、購進對象的經濟類型等標準進行分類統計。

4. 進口

進口是指商品流通企業直接從國外進口的商品和委託外貿部門代理進口的商品,不包括從國內有關單位(包括對外貿易部門和其他單位)購進的進口商品。對外貿易企業只統計自主經營進口的商品,不統計委託代理進口的商品。該指標可以反應一定時期內企業所掌握進口商品的貨源情況。

進口具有兩個特徵:一是購進的對象是國外市場;二是購進的商品必須是國外產品。凡不符合這兩個特徵的,都不能作為進口統計。

5. 其他購進

其他購進是指從生產者、批發貿易零售業以外的其他單位購進的商品。如從機關、團體、企業購進的剩餘物資;從餐飲業、服務業購進的商品;從海關、市場管理部門購進的緝私和沒收的商品;從企業、事業單位和居民購進的廢舊商品等。

(三)商品購進核算方法

1. 商品購進統計的記載時間

為了正確核算商品購進統計指標,準確反應商品購進狀況,避免統計的重複和遺漏現象的發生,必須明確規定商品購進的記載時間。在商品、貨款同時交付時,將交易時間作為商品購進的記載時間。如果商品與貨款不是同時交付,以取得商品所有權的時間為準。在實際工作中,應按以下的辦法處理:

(1)貨款先付、商品後到的,在支付貨款時作購進統計。因為支付貨款後,買賣行為即已成立。但訂購或預購的商品,不論是否預付貨款,在未收到商品或發貨通知單以前,均不能作購進統計。本地商品購進,採用現金或支票、匯票、本票等票據結算的,在支付貨款並取得供貨方的發貨單後作購進統計。異地商品購進,採用托收或委託收款結算的,當結算憑證先到並承付貨款後,作購進統計。

(2)商品先到、貨款後付的,在收到商品時作購進統計,因為收到商品即可隨時用於銷售。本地商品購進,如果商品先到並已驗收入庫,而貨款尚未支付,以收到商品的時間作為購進記載時間;異地商品購進,採用托收或委託收款結算的,當商品先到並驗收入庫後,可作購進統計;採用其他結算方式的商品,以收到商品的時間作購進記載時間。農副產品購進一般應在辦完驗收、過秤、結算、入庫四道手續後作購進統計。但有些農副產品,尚未辦妥以上四道手續,但購貨方已掌握這部分商品,並且能隨時支配使用,也可作購進統計。

2. 商品購進指標的核算方法

(1)農副產品購進統計指標的核算。農副產品收購統計核算由農業生產和收購業務的特點所決定,具有以下幾個特點:

①及時性。農業生產具有季節性和地區性,因此,農副產品的收購也具有季節性和地區性。完成全年收購計劃的關鍵是集中產區的旺季收購,故應及時掌握收購進度的統計資料,及時解決收購中存在的問題,以確保收購任務的順利完成。

②兩種統計年度。受自然條件和動植物生長週期制約,許多農副產品都是季節生產常年消費的,不同作物有各自的生產年度的週期。統計時既要符合農業生產年度的特點,又要滿足與國民經濟計劃年度指標的銜接要求。所以,有計劃年度和生產年度兩種統計年度。

③三種計量方法。農副產品具有鮮活性的特點,容易腐爛、變質、死亡,在運輸過程中易受損耗。在統計時,為了準確計量產品的數量,主要採用三種計量方法,即自然量、標準量和折合量。

農副產品收購統計指標主要有三種:主要農副產品收購量、農副產品收購類值和農副產品收購總值。

①農副產品收購類值可按現行統計商品目錄的商品分類內容,把性質相同的農副產品歸在一起,而把各種農副產品的實物量與其相應價格相乘後進行歸類。

②農副產品收購總值可在類值的基礎上加總求得。

③主要農副產品收購量在實際工作中是按商品目錄中所規定的商品名稱、計量單位

——加以統計的,資料可通過統計報表、典型調查、重點調查和抽樣調查獲取。主要農副產品是指與國計民生關係密切並在農副產品收購中所占比重較大的產品。由於某些主要的農副產品在品種和品質上存在較大的差異,在核算其收購量時,可根據不同需要,選用自然量、標準量和折合量這三種計量方法。

第一,自然量。自然量是根據農副產品的自然狀態,經過計算後直接得出的實際數量,如生豬用「頭」,棉花用「千克」計算等。農副產品保管、調撥、運輸和計價一般都採用自然量。自然量也是編制農副產品收支平衡表和計算折合量、標準量的基礎。

第二,折合量。折合量是把某種農副產品的自然量按照一定的比率折合為另一種與其有聯繫的農副產品的數量,如土豆折合成糧食、鮮貨折合成干貨等。在實際工作中,為掌握一個商品集團的商品總量,可採用折合量。其計算公式為:

$$折合量 = 自然量 \times 折合率$$

第三,標準量。標準量是把農副產品的自然量按照一定的質量標準,統一核算為標準質量的農副產品數量。計算標準量有助於掌握符合標準的農副產品收購數量,並能在一定程度上促使農業生產者生產和出售高品質的商品。其計算公式為:

$$標準量 = 自然量 \times 驗質率$$
$$= 自然量 \times \frac{實際含純質率}{標準含純質率}$$
$$= 自然量 \times \frac{1 - (實際含水率 + 實際含雜率)}{1 - (標準含水率 + 標準含雜率)}$$

(2) 工業品購進統計指標的核算。工業品收購是市場供應的主要貨源,是整個國民經濟的重要環節。與農副產品比較,工業生產無明顯的季節性,花色品種繁多,質量也較穩定,便於保管運輸。工業品購進統計核算有以下幾個特點:①有較健全的原始記錄。工業品購進業務活動計劃性較強,成交量大而集中,各項業務均有原始憑證。②統計核算要求較細。對商品的品種、規格、質量的分組統計要求較嚴。③只按計劃年度核算。工業品一般都是常年生產的,在核算上不存在計劃年度與生產年度的區別。

工業品收購統計指標主要有三種:主要工業品實物量、工業品購進類值和工業品購進總值。其核算方法通常有兩種:一是統計部門依據進貨憑證設立臺帳,對商品品種、購進對象等項目進行登記,再歸類整理,按旬、月等時間要求匯總求得;二是利用會計部門商品帳單上的資料進行核算,即從會計核算商品總分類帳單的有關科目中取得。

目前,對於單純經營工業品的單位,如商業系統的紡織品、文化用品、五金、汽車貿易公司、新華書店等,各級綜合部門可以將其國內純購進總值作為工業品購進總值;對於既經營工業品,又經營農副產品和廢舊物資回收的單位,可以用以下公式推算其工業品購進總值:

工業品購進總值＝國內純購進總值－農副產品購進總值－廢舊物資購進總值

四、商品銷售統計

(一) 商品銷售的概念

在商業統計中,商品銷售是指商品流通企業通過現金或銀行結算方式,出售本企業

經營商品的交易行為。出售非本企業所經營的商品,如出售自用的包裝用品、廢舊物資等均不屬於商品銷售。

商品銷售統計是商品流轉統計的中心內容,它的任務是通過商品銷售統計指標和指標體系,核算商品銷售的總值、類值和主要商品銷售數量的規模、構成及其去向,研究某些重要的比例關係,反應商品銷售的動態及規律。

(二) 商品銷售統計指標體系

商品銷售統計指標體系的設計有兩種思路:一是以商品銷售去向作為標準分類設計指標的體系;二是以商品銷售後的經濟用途為標準分類設計指標的體系。現行的商品銷售統計指標體系是以後者為標準設計的,如圖11-2所示。

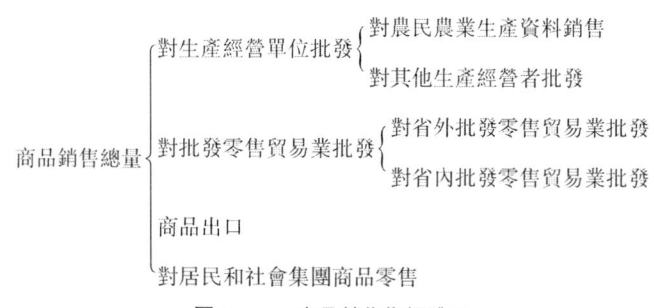

$$
\text{商品銷售總量}\begin{cases} \text{對生產經營單位批發}\begin{cases}\text{對農民農業生產資料銷售}\\ \text{對其他生產經營者批發}\end{cases}\\ \text{對批發零售貿易業批發}\begin{cases}\text{對省外批發零售貿易業批發}\\ \text{對省內批發零售貿易業批發}\end{cases}\\ \text{商品出口}\\ \text{對居民和社會集團商品零售}\end{cases}
$$

圖11-2 商品銷售指標體系

在上述商品銷售統計指標體系中,前三個基本統計指標之和稱為商品批發。

商品銷售統計的主要指標包括商品銷售總量、商品批發和商品零售等。

1. 商品銷售總量

商品銷售總量又稱為商品總銷售,是指對本企業以外的單位或個人出售(包括出口)的商品總和。本指標由對生產經營單位批發額、對批發零售貿易業批發額和出口額以及對居民和社會集團商品零售額等項目組成。該指標反應企業在國內市場上銷售商品以及出口商品的總量。

商品銷售總量包括:①售給城鄉居民和社會集團消費用的商品;②售給工業、農業、建築業、運輸郵電業、批發零售貿易業、餐飲業、服務業、公共事業等作為生產、經營使用的商品;③售給批發零售貿易業作為轉賣或加工以後轉賣的商品;④對國(境)外直接出口的商品。

商品銷售總額不包括:①出售本企業自用的廢舊包裝用品和其他廢舊物資;②未通過買賣行為付出的商品,如隨機構移交而交給其他單位的商品、借出的商品、交付給其他單位保管的商品、加工原料付出和贈送給其他單位的樣品等;③經本單位介紹,由買賣雙方直接結算,本單位只收取手續費的業務;④購貨退出的商品;⑤商品損耗和損失。

2. 商品批發

商品批發是指除商品零售以外的一切商品銷售活動,包括對生產經營單位批發、對批發零售貿易業批發和出口。商品批發具體包括以下幾種:

(1) 對生產經營單位批發。對生產經營單位批發,是指售給國民經濟和社會各部門

作為生產或經營使用的商品。包括：①售給工業、農業、運輸郵電業、建築業等行業生產使用的各種機器設備、工具、原料、材料、燃料、建築材料及售給農民的農業生產資料；②售給地質勘查業、水利業、公共服務業、綜合技術服務等行業業務經營使用的商品；③售給批發零售貿易業、餐飲業使用的各種設備、工具、原材料、燃料、倉儲運輸用的商品；④售給社會服務業的各種營業用品，如售給旅館業的家具、床上用品、日用品，售給攝影業的照相器材等；⑤售給餐飲業用於烹飪、調制加工後出售的商品和轉賣的商品，售給服務業轉賣的商品；⑥售給自然科學研究機構的各種科研用品。

（2）對農民的農業生產資料銷售。對農民的農業生產資料銷售，是指售給農民農業生產用的生產資料，具體包括：①售給農村集體、農業生產組織和農民發展生產用的各種農業機械、中小農具、農藥器械、肥料、農藥、種子、飼料、種畜、種禽、塑料薄膜等農業生產資料，各種禽獸用的藥品和醫療器材，以及農業生產用的燃料、工具、建築材料、運輸工具和電料、器材等；②售給農村獸醫站的各種藥品和醫療器材；③由國家財政購買無償供應給農民的各種農業生產資料。

（3）對批發零售貿易業批發。對批發零售貿易業批發，是指售給各種經濟類型的批發零售貿易業用作轉賣或加工後轉賣的商品。在統計實踐中，通常可以按銷售對象的經濟類型、行業或地區進行分組統計，用以反應不同狀況下對批發零售貿易業批發的規模和構成。

（4）商品出口。商品出口，又稱出口，是指直接向國（境）外出口商品和委託外貿部門代理出口的商品，不包括售給外貿部門出口或加工後出口的商品以及在國內市場以外幣銷售的商品。對外貿易企業只統計自主經營出口的商品，不包括委託代理出口的商品。該指標可反應一定時期內批發零售貿易企業為國際市場提供的貨源總量與構成。

3. 商品零售

商品零售是指售給城鄉居民直接用於生活消費的商品活動和社會集團直接用於公用消費的商品活動。具體包括以下內容：①售給城鄉居民生活用的消費品；②售給機關、團體、學校、部隊、企業、事業單位的職工食堂和旅店（招待所）及附設的專供本店旅客食用，不對外營業的食堂的各種食品、燃料；③售給部隊幹部、戰士生活用的糧食、副食品、衣著品、日用品、燃料；④售給來中國的外國人、華僑、港澳臺同胞的消費品；⑤售給社會集團的辦公用品、公共用品、文體用品、日用百貨和雜品、非專用的勞動保護用品，其他非生產性設備和用品等。

（三）商品銷售統計核算方法

1. 商品銷售統計的記載時間

為了正確地反應商品銷售的情況，必須明確規定商品銷售的記載時間。商品銷售的記載時間是以商品的所有權的轉移為依據。

零售企業的商品銷售，通常是付款交貨，其商品銷售的記載時間是交易發生的時間。

而批發企業商品銷售的統計時間，具體可依以下幾種情況作不同處理：採取直接收款方式的，在實際收到貨款或取得收款的憑證時作為商品銷售；採取托收承付和委託銀行收款結算方式的，在發出商品並辦妥托收手續時，作為商品銷售；採取分期收款方式，

應按合同約定的收款時間作為商品銷售；採取預收貨款方式的，在發出商品時作為商品銷售；委託其他單位代銷商品，在收到代銷單位銷售的代銷清單時作為商品銷售；在交款提貨的情況下，如貨款已經收到，只要帳單和提貨單已經交給買方，不論商品是否發出，都應作為商品銷售。

出口商品則包括：陸路以取得承運貨物收據或鐵路聯運運單作為商品銷售；海運以取得出口裝船提單作為商品銷售；空運以取得運單，並向銀行辦理交單後作為商品銷售。

2. 商品銷售的作價方法

對國內銷售商品採用銷售原價計算，即按銷貨發票上的價格計算。出口的商品，一律以離岸價(FOB)為商品銷售價。如按到岸價(CIF)對外成交的，在商品離境後所發生的應由我方負擔的以外匯付的國外運費、保險費、佣金和銀行財務費等，會衝減商品銷售。

3. 商品銷售指標的核算方法

生產資料無論是由零售企業經銷，還是由批發企業經銷，在每筆業務發生後一般都有銷售發票，統計部門可據此進行統計。零售企業經銷的商品，通常只對企業、單位開銷貨發票，而對個人較少開發票，所以對這部分銷售統計有一定難度。

商品銷售數量的核算，一般有兩種方法：直接計銷法與間接推算法。

（1）直接計銷法。直接計銷法是對統計商品目錄中的商品，商品銷售時每筆交易都隨時進行登記，並定期匯總銷售數量的一種方法。由於各種商品的性質、計量單位和銷售次數的頻繁程度不同，對不同的商品，往往需採用不同的計銷方法：如開票計銷、卡片計銷、碼壓計銷、劃碼計銷、撕票計銷、貨款分放計銷等。統計部門可按照統計製度的規定和要求，直接將這些原始記錄進行分類、整理和匯總，以取得所需資料。但存在的缺點就是採用此法的工作量較大。

（2）間接推算法。間接推算法又稱為以存計銷法，就是利用商品收支存銷的平穩關係，根據平時登記記載的商品購進、銷售、加工、損益等資料，到報告期末由營業員按照統計商品目錄對庫存商品進行盤點，推算出本期統計商品的銷售數量。推算公式為：

本期商品銷售數量 = 期初商品庫存量 + 本期購進量 + 本期加工成品收回量
+ 本期商品升溢及其他收入量 - 本期加工原料付出量
- 本期商品損耗及其他支出量 - 期末商品庫存量

採用以存計銷法推算商品銷售數量簡便易行，可以減少零售企業核算的工作量，在具體應用時，需注意以下三點：①必須正確登記平衡表中的各項有關數字資料。如購進、加工、損益等其他收支資料。②商業企業必須按期進行實物盤點，庫存的數字必須準確。③若要推算金額數，則購、銷、存等收支數量均須採用同一價格。

五、商業企業的經濟效益統計

(一)商業經濟效益的概念

商業經濟效益是商業企業在經營活動中勞動占用、勞動消耗同勞動成果的比較，即投入和產出的比較。商業的勞動占用，是指商業人力、物力、財力的占用；商業勞動的消

耗表現為商業經營過程中各項費用開支、發生的損失與損耗;商業經營活動的成果,則表現為銷售商品所得的流轉額和利稅額。

通過商業經濟效益統計,可以系統、全面地取得商業單位在經濟活動中的投入與產出資料,對分析有關指標間的經濟聯繫,反應商業企業在經營活動中所取得的成果,揭露商業經營活動中的浪費和管理不善等問題都有積極的促進意義,從而可以有利於尋求提高商業經濟效益的最佳途徑。

(二) 商業企業經濟效益統計指標體系

商業經濟效益的統計指標是用勞動占用、消耗與勞動成果的比較關係來表現的,即用相對數表示。但由於總量指標反應勞動占用、消耗和勞動成果受企業規模等因素的影響,不便於不同企業或不同時期之間經濟效益的對比。本節將按圖11-3的商業經濟效益的統計指標體系介紹相關統計指標。

商業經濟效益統計指標體系
- 商業勞動占用統計指標
  - 商業勞動效率
  - 商業人員出勤率
- 商業資金占用統計指標
  - 流動資金週轉速度
  - 流動資金占用率
  - 固定資金占用率
  - 全部資金占用率
- 商品流通費統計指標
  - 商品流通費用總額
  - 流通費用率
  - 流通費用率升降程度和升降速度
  - 流通費節約額
- 商業利潤統計指標
  - 營業利潤率
  - 資金利潤率
  - 勞動利潤率

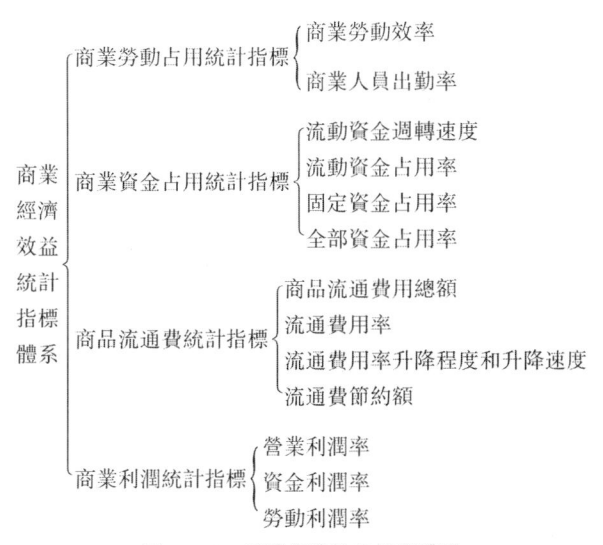

圖11-3 商業經濟效益指標體系

1. 商業勞動占用統計指標

(1) 商業人員出勤率。由於勞動人員數指標中是把出勤人員和缺勤人員一起加以統計的,因此,在對勞動人員占用統計研究中,還應對商業人員的實際出勤狀況加以瞭解。各種原因的缺勤人員過多,將會影響企業的勞動效率,降低企業的經濟效益,反應勞動力出勤情況的常用指標是商業人員出勤率,其計算公式為:

$$商業人員出勤率 = \frac{本期實際出勤人員數}{本期應出勤人員數}$$

$$= \frac{製度工作人員數 - 缺勤人員數}{製度工作人員數}$$

通過出勤率的計算,可以瞭解商業管理工作的質量,並為其提供潛力挖掘的有關資料。在上式中:

$$製度工作人員數 = 製度工作日數 \times 平均商業人員數$$

$$= (報告期日曆日數 - 製度公休日數) \times 平均商業人員數$$

在分子、分母中均不包括加班加點人員數。

(2) 商業勞動效率。商業勞動效率是指商業職工從事商品流轉活動的勞動效率,是商業的活勞動消耗與商品流轉額之間的對比,是衡量商業工作質量和反應商業經濟效益的重要指標之一。商業勞動效率在經營項目比較單一的商業企業,可用實物量表示。但由於商業企業一般都經營多種商品,就需要用價值量來反應。用價值量表示的商業勞動效率指標有以下兩種:

①平均每人的商品銷售額是某一時期內的商品銷售額與同期的平均人數之比,也可稱為人均銷售額。它的變動與勞動效率變動方向相同,人均銷售額越多,表示勞動效率越高;反之越低。因此,它被稱作商業勞動效率正指標。其計算公式如下:

$$平均每一商業人員的商品銷售額 = \frac{計算期商品銷售額}{同期商業平均人員人數}$$

②單位銷售額平均勞動耗用量是指某一時期平均占用商業人員人數與同期完成的商品銷售額之比,說明完成每個單位的商品銷售額所需要的商業人員數量。單位銷售額耗用勞動量越大,表示商業勞動效率越低;反之越高。因此它是商業勞動效率逆指標。其計算公式如下:

$$單位銷售額所耗費的勞動量 = \frac{計算期商業平均人員人數}{同期商品銷售額}$$

[例11-6]某商業企業某年商品銷售額750萬元,平均商業人員150人。

則人均年銷售額 = 750 ÷ 150 = 5(萬元/人)

萬元商品銷售額所需商業人員數 = 150 ÷ 750 = 0.2(人/萬元)

計算結果說明,平均每人每年銷售商品5萬元,每銷售一萬元商品需要0.2人。

在計算和分析商業勞動效率指標時,必須注意以下兩個問題:

第一,在商業人員中,有直接從事商品流轉活動的業務人員,還有並不直接從事活動的其他人員,因此為了考核不同範圍的商業人員,商業勞動效率正指標可分為業務人員勞動效率和全員勞動效率。

$$商業業務人員勞動效率 = \frac{報告期商品銷售額}{同期平均商業業務人員人數}$$

$$全員勞動效率 = \frac{報告期商品銷售額}{同期平均全部就業人員人數}$$

$$= \frac{商品銷售額}{業務人員平均人數} \times \frac{業務人員平均人數}{平均全部商業人員人數}$$

$$= 業務人員勞動效率 \times 業務人員占全部就業人員的比重$$

第二,商業企業勞動效率水平隨著企業的性質和經營的品種內容的不同而有所差別。一般情況下,批發企業的勞動效率高於零售單位,百貨、食品等企業的勞動效率又高於其他企業,在分析研究時,應按不同經營品種分別計算其勞動效率才有實際意義。

2. 商業資金占用統計指標

商業資金是指商業企業為從事商品流轉活動而擁有的各種資產的貨幣表現,它是完

成商業流轉活動的物質基礎和必要條件。商業資金按它在商品流轉過程中起的作用不同,分為固定資金和流動資金兩部分。固定資金是商業企業固定資產的貨幣表現,固定資產不直接參與商品流轉過程,但它是商品流轉活動必不可少的條件。流動資金是商業企業流動資產的貨幣表現,直接參與商品流轉過程。流動資金可分為商品資金、非商品資金和結算資金。

商業資金占用效率是商業資金在商品流轉活動中被占用而發揮的效率,它是商業資金占用額與所實現的商品銷售額的對比關係。反應商業資金占用效率的統計指標主要有:

(1) 流動資金週轉速度。流動資金週轉速度是指流動資金在一定時期內週轉的次數和週轉一次所需要的天數,也叫流動資金週轉率。它通過商品銷售額與流動資金平均占用額的對比來說明流動資金週轉的快慢程度。它分為流動資金週轉次數和流動資金週轉天數兩個指標。流動資金週轉次數是考核流動資金週轉速度的正指標,說明在一定時期內流動資金可以週轉幾次,週轉次數越多,說明週轉速度越快,經濟效益越好;反之則效益越差。流動資金週轉天數是考核流動資金週轉速度的逆指標,它是指流動資金平均週轉一次需用多少天,所用天數越多,說明週轉速度越慢,經濟效益越差;反之則效益越好。其計算公式如下:

$$流動資金週轉次數 = \frac{報告期商品銷售額}{同期流動資金平均占用額}$$

$$流動資金週轉天數 = \frac{報告期流動資金平均占用額}{同期平均每天商品銷售額}$$

$$= \frac{計算期內天數}{同期流動資金週轉次數}$$

其中流動資金平均占用額可利用資產負債表中的流動資產合計的期初和期末數值來計算。

(2) 流動資金占用率。流動資金占用率是指流動資金平均占用額與商品銷售額之比,說明每百元商品銷售額需占用多少流動資金。通過兩者對比,可直接說明流動資金利用情況。在其他條件不變情況下,流動資金占用率越低,經濟效益越好;反之則效益越差。其計算公式為:

$$流動資金占用率 = \frac{流動資金平均占用額}{同期商品銷售額}$$

(3) 固定資金占用率。固定資金占用率是指固定資金平均占用額與商品銷售額之比,它表明每百元商品銷售額需占多少固定資金。通過兩者對比,可說明固定資金的利用情況,固定資金占用率越小,經濟效益越好;反之則效益越差。其計算公式為:

$$固定資金占用率 = \frac{固定資金平均占用額}{同期商品銷售額}$$

其中固定資金平均占用額,可利用資產負債表中固定資產淨值的期初和期末數值來計算出固定資金平均占用額。

(4) 全部資金占用率。全部資金占用率是將商業固定資金和流動資金綜合在一起,與商品銷售額進行對比,它說明實現每百元商品銷售額占用多少商業資金。其計算公

式為：

$$全部資金占用率 = \frac{固定資金平均占用額 + 流動資金平均占用額}{同期商品銷售額}$$

[例11-7]某商業企業某年商品銷售額2,808萬元,固定資金平均占用額308萬元,流動資金平均占用額432萬元,則

固定資金占用率 = 308 ÷ 2,808 ≈ 10.97%

流動資金占用率 = 432 ÷ 2,808 ≈ 15.38%

全部資金占用率 = (308 + 432) ÷ 2,808 ≈ 26.35%

或　全部資金占用率 = 10.97% + 15.38% = 26.35%

年流動資金週轉次數 = 2,808 ÷ 432 = 6.5 次

流動資金週轉天數 = 432 ÷ (2,808 ÷ 360) = 432 ÷ 7.8 ≈ 55.4 天

或　流動資金週轉天數 = 360 ÷ 6.5 ≈ 55.4 天

3. 商品流通費統計指標

商品流通費是指商業企業在商品流轉過程中所消耗的活勞動和物化勞動的貨幣表現。流通費的降低意味著勞動消耗的節約和利稅額的增加,但流通費用額不能直接說明商業經濟效益,只有將流通費用額和商品銷售額聯繫起來,計算出流通費用率,才能具體判斷勞動消耗的節約程度,進而評價經濟效益的高低。商品流通費主要有以下幾個統計指標：

(1) 商品流通費用總額。商業企業的商品流通費用總額包括經營費用(營業費用)、管理費用和財務費用三部分。經營費用是指企業在購、銷、存過程發生的各項經營費用,包括運輸費、裝卸費、包裝費、保險費、展覽費、差旅費、廣告費、商品損耗、進出口商品累計佣金、經營人員的工資及福利費等。管理費用是指企業的行政管理部門為組織和管理企業經營活動所消耗的費用,包括管理人員的工資及福利費、業務招待費、工會經費、職工教育經費、勞動保險費、待業保險費、董事會會費、涉外費、租賃費、諮詢費、訴訟費、房產稅、土地使用稅、印花稅、車船使用稅、土地損失補償費、技術轉讓費、技術開發費、無形資產攤銷、壞帳損失、上交上級管理費以及其他管理費用等。財務費用包括企業經營期間發生的利息淨支出、匯兌淨損失、銀行手續費等。

在各種費用中,有些費用與商品流轉的規模直接相關,如運雜費、保管費、包裝費、銀行利息和商品損耗等,這些費用被稱作直接費用。有些費用則是在一定限度內相對固定的,如營業用房與營業設備的折舊費、管理人員的工資、家具用品攤銷費等,這些費用被稱作間接費用。計算直接費用和間接費用,需根據會計明細帳的有關資料相加而得。

商品流通費用總額等於損益表中的經營費用、管理費用和財務費用三項相加。

(2) 流通費用率。流通費用率又稱流通費用水平,它是指商品流通費用總額和與商品銷售額之比。流通費用率越低,說明流通費開支越節約,經濟效益越好;反之則效益越差。計算公式為：

$$流通費用率 = \frac{商品流通費用總額}{商品銷售額} \times 100\%$$

上式中用以計算的商品流通費用總額只限於用在與本期商品銷售中的有關的費用,

即應按各企業報告期的應攤數額來計算。

（3）流通費用率升降程度和升降速度。流通費用率升降程度是指兩個時期流通費用率的絕對差，升降速度是指流通費升降程度對基期流通費用率之比。其計算公式如下：

$$流通費用率升降程度 = 報告期流通費用率 - 基期流通費用率$$

$$流通費用率升降速度 = \frac{流通費用升降程度}{基期流通費用率}$$

$$= 流通費用率指數 - 1$$

升降程度計算結果為正數，表示流通費用率上升；如為負數，表示流通費用率下降。但因該指標的各個時期各單位的費用水平基礎不同，不便於進行相互對比，而升降速度指標則恰好可以彌補這一不足。

（4）流通費節約額。流通費節約額是指反應商業部門由於降低流通費用率而取得的實際經濟效益。其計算公式為：

$$流通費節約額 = 報告期商品銷售額 \times 流通費用率降低程度$$

在計算綜合單位的流通費節約額時，應以綜合單位報告期銷售額乘以綜合單位的流通費用率降低程度，才能正確反應單位在降低費用水平方面所取得的成績。

[例11-8]某商業企業上年商品流通費用總額為185萬元，商品銷售額為2,562萬元，今年商品流通費用總額為196萬元，商品銷售額為2,808萬元。

則：

上年流通費用率 = 185 ÷ 2,562 ≈ 7.22%

今年流通費用率 = 196 ÷ 2,808 ≈ 6.98%

流通費用率升降程度 = 6.98% - 7.22% = -0.24%

和流通費用率升降速度 = -0.24% ÷ 7.22% ≈ -3.3%

流通費節約額 = 2,808 × (-0.24%) = -6.739,2 萬元

4. 商業利潤統計指標

商業利潤是指商業企業在一定時期內從經營過程中獲得的全部收入扣除經營支出後的剩餘部分，它是全部收入與全部支出的絕對比較，是商業企業經營活動的淨成果。反應商業利潤的指標主要有營業利潤額和利潤總額。營業利潤額是指企業營業收入扣除成本、費用和各種商品銷售稅金及附加費（或營業稅金及附加費）後的數額。它是商業利潤的主要組成部分，也是分析的重點。利潤總額是指企業在一定時期實現的利潤，包括營業利潤、投資淨收益以及營業外收支淨額。

利潤額是一個總量指標，要受企業規模大小和銷售額大小的影響，不便於企業間或不同時間之間經濟效益的比較，因此採用商業利潤率指標反應商業企業經營成果情況。商業利潤率指標主要有營業利潤率、資金利潤率和勞動利潤率等。

（1）營業利潤率。營業利潤率是指商業企業在一定時期內營業利潤額與營業收入之比。其計算公式為：

$$營業利潤率 = \frac{營業利潤額}{營業收入} \times 100\%$$

(2) 資金利潤率。資金利潤率是指商業企業在一定時期內的利潤總額與全部資金平均佔用額之比，是對企業佔用的資金的經濟效益進行全面綜合評價。其計算公式如下：

$$資金利潤率 = \frac{利潤總額}{全部資金平均佔用額} \times 100\%$$

(3) 勞動利潤率。勞動利潤率是指商業企業在一定時期內所消耗的勞動力同實現的商業利潤的對比關係。這個指標把利潤同創造利潤的活勞動有機聯繫起來，用以反應平均每一個商業人員所做的貢獻，它是綜合反應商業經濟效益的另一個主要指標。其計算公式如下：

$$勞動利潤率 = \frac{利潤總額}{商業平均人數} \times 100\%$$

公式可展開為：

$$勞動利潤率 = \frac{商品銷售額}{商業職工平均人數} \times \frac{利潤總額}{商品銷售額}$$

$$= 商業勞動效率 \times 銷售利潤率$$

上式表明，企業只有在擴大商品銷售，提高勞動效率，節約勞動消耗，提高銷售利潤率的前提下，才能提高勞動利潤率。

以上介紹的指標計算公式和方法，主要是從企業商品經營的角度進行觀察的，採用的指標是利潤額。在實際分析中，還可採用利稅額指標。它能反應商業企業作為整體的經濟效益狀況以及提高經濟效益為國家所做的貢獻大小。

[例11-9] 某商業企業某年商品銷售額750萬元，銷售成本及相關費用稅金為500萬元，平均商業人員150人，固定資金平均佔用額308萬元，流動資金平均佔用額432萬元。

則：

營業利潤率 = (750 - 500) ÷ 750 ≈ 33.33%

資金利潤率 = (750 - 500) ÷ (308 + 432) ≈ 33.78%

勞動利潤率 = (750 - 500) ÷ 150 ≈ 166.67%

第三節　工商企業統計應用技能訓練

1. 某化肥廠某月生產各種氮肥產品如表11-11所示。

表11-11　　　　　某化肥廠某月生產各種氮肥產品情況表

氮肥名稱	產量(噸)	含氮量(%)
硝酸銨	1,100	34
硫酸氫銨	1,500	19
尿素	4,000	46
氨水	500	15
合計	7,100	—

根據上表資料將四種氮肥產量統一折合成含氮量100%的標準實物產量。

2. 某玻璃廠報告期產量如表11-12、表11-13所示。

表11-12　　　　　　　　某玻璃廠報告期產量情況表

厚度(毫米)	2		3		6	12
面積(平方米)	10	15	10	30	20	15
箱數(箱)	35	20	15	25	15	5

表11-13　　　　　　　　平板玻璃折合系數

厚度(毫米)	2	3	4	5	6	8	10	12
折合系數	1.0	1.6	2.5	3.5	4.5	6.5	8.5	10.5

根據表11-12、表11-13的資料,試計算該玻璃廠折合成標準箱的產量。

3. 某工業企業報告期工業總產值1,200萬元,根據會計科目歸納,直接材料為680萬元,製造費用中的物質消耗價值為60萬元,銷售費用中的物質消耗價值為30萬元,管理費用中的物質消耗價值為55萬元,支付給非物質生產部門的管理費為10萬元,利息支出為5萬元。計算其工業淨產值。

4. 某鑄造廠2010年11月生產澆鑄件共215噸,檢驗合格186噸,需要在下月焊補的有7噸,廢品22噸。外廠退回本月出廠鑄件5噸,此5噸鑄件經返修後檢驗合格。12月份澆鑄完工共250噸,合格218噸,需留待下月焊補的有10噸,廢品22噸。本月返修上月留存的焊補件7噸,經檢驗合格6噸,廢品1噸。外廠退回本月出廠6噸鑄件為廢品。

要求:
(1)分別計算11月、12月鑄件一次檢驗合格率;
(2)分別計算11月、12月鑄件合格率、廢品率和返修率;
(3)比較分析11月和12月產品質量狀況。

5. 某企業報告期和基期生產情況如表11-14所示。

表11-14　　　　　　　某企業報告期和基期生產情況表

產品等級	基期產值(元)	報告期產值(元)
優等品	80,000	120,000
一等品	34,000	35,000
合格品	20,000	17,000
合　計	134,000	172,000
內外故障損失費	12,000	12,600

根據上表資料,計算產品等級率。

6. 某批零售百貨商場某月份發生了下列業務活動：
(1) 售給某招待所小賣部肥皂金額 400 元；
(2) 售給飲食業飲食用具金額 800 元；
(3) 售給某國有旅店毛巾金額 380 元；
(4) 售給街道辦事處門窗等配件金額 120 元；
(5) 售給個體商販毛巾金額 100 元；
(6) 售給街道辦事處暖水瓶金額 50 元；
(7) 售給新華書店包裝用品金額 140 元；
(8) 售給居民茶杯金額 200 元；
(9) 售給旅店小賣部信箋金額 80 元。
要求：把上述各項業務活動分別統計到各有關銷售統計指標中去，並計算其總值。

7. 某商業企業某年第四季度有關經營資料如下：
(1) 商品銷售總額 4,852 萬元；
(2) 商品經營利潤額 405 萬元；
(3) 商品流通費用額 60 萬元；
(4) 流動資金平均占用額 1,750 萬元。
試計算：
(1) 流動資金週轉次數與週轉天數；
(2) 商品經營利潤率；
(3) 商品流通費用率。

[本章小結]

　　工業企業的範圍主要包括獨立核算的工業企業、附屬於其他部門的非獨立核算的工業企業和一些從事工業生產活動的個體企業。

　　工業統計指標體系是指反應工業生產經營活動的不同側面的許多相互聯繫、互相制約的統計指標的整體，一般包括三方面內容：①反應工業生產成果的工業統計指標體系；②反應工業生產條件的工業統計指標體系；③反應工業經濟效益的統計指標體系。計算工業產品產量的原則有：①質量原則；②入庫原則；③時限原則；④度量原則。產品質量統計指標包括兩類：一類是反應產品質量指標。這類指標包括產品平均技術性能、產品等級、產品質量分數和入庫產品合格率等；另一類是反應企業生產工作質量的指標，它是說明企業為了達到產品質量標準而進行的生產和管理工作的水平。商業統計是以商品流轉統計為核心，包括與商品流轉密切相關的零售市場商品供需平衡統計，主要消費品產銷平衡統計、商品價格統計、商業經濟效益統計、商業勞動工資與商業機構統計、商業產值統計等。

　　商品購進統計指標體系有：①商品購進總額(量)；②從生產者購進；③從批發零售貿易業購進；④進口；⑤其他購進。商品銷售統計的主要指標有：①商品銷售總量；②商品批發；③商品零售。

商業企業經濟效益統計指標體系：①商業勞動占用統計指標；②商業資金占用統計指標；③商業流通費統計指標；④商業利潤統計指標。

[案例分析1]

××鞋廠布鞋的市場營銷決策

一、案例背景資料

××廠家是有30多年歷史的老廠，主要以帆布鞋為主導產品，過去經濟效益一直較好。但從2012年開始，產品出現積壓，經營出現虧損。廠領導覺得問題非常嚴重，如果不能想辦法扭虧增盈，廠子就面臨關門的結局。因此，他們找到×××諮詢公司，請他們幫助診斷虧損原因，提出扭虧增盈的對策。企業的有關統計資料如表11-15至表11-17所示。

表11-15　　　　××鞋廠2011—2012年生產、銷售及利潤情況表

指　標	單位	2011年	2012年	增減絕對額	增減(%)
產量	萬雙	106	71	-35	-33.0
銷售量	萬雙	102	74	-28	27.5
平均銷售價格	元/雙	22.05	23.65	1.6	7.3
銷售收入	萬元	2,249.1	1,750.1	-499	-22.2
單位成本	元/雙	21.7	25.4	3.7	17.1
總成本	萬元	2,213.4	1,879.6	-333.8	-15.1
稅金	萬元	25	20	-5	-20.0
利潤	萬元	10.7	-149.5	-160.2	—

表11-16　　　　××鞋廠2011—2012年主要成本費用指標

指　標	單位	2011年	2012年	增減絕對額	增減(%)
單位生產成本	元/雙	19.60	20.55	1.95	10.50
生產成本	萬元	1,897.2	1,520.7	-376.5	-19.8
銷售費用	萬元	66.2	48.9	-17.3	-26.1
管理費用	萬元	230	255	25	10.9
財務費用	萬元	20	55	35	175.0
總成本	萬元	2,213.40	1,879.6	-333.8	-15.1

表11-17　　　　××鞋廠2012年價格調整對銷量影響情況表

月　份	3	4	5~7	8~11
出廠價格(元/雙)	22.45	23.55	25.75	33.5
去年銷量(萬雙)	13	11	28	20
2013年銷量(萬雙)	11	10	29	50

註：價格提高的主要原因是同期原材料價格上漲導致單位成本上升，銷售量下降對單位成本上升也有一定影響。

×××管理諮詢公司進廠後實施的《鞋類市場需求調查問卷》如下所示。該諮詢公

司在此調查問卷的基礎上又編制了《鞋類市場需求調查匯總表(一)》和《鞋類市場需求調查匯總表(二)》,如表11-19和表11-20所示。

鞋類市場需求調查問卷

尊敬的顧客:

您好!為了促進有關企業改進生產,更好地滿足消費者需求,我們特組織這次關於鞋類市場的調查活動,請給予大力支持。

(1)請問您在2012年是否穿過表中所列的幾種鞋子?如穿過,請在表11-18中(1)下打√?

(2)您是否經常穿該種鞋?請將序號填在表中(2)下。(①經常穿;②有時穿;③很少穿)

(3)您對這種鞋是否滿意,若滿意,令您滿意的原因是什麼?請將序號填在表11-18中(3)下。(①質量好;②價格合理;③式樣新穎;④花色多樣;⑤輕便舒適;⑥其他) 若不滿意,不滿意的原因是什麼?請將序號填在表中(4)下。(①質量差;②價格偏高;③式樣不好;④花色單一;⑤穿著不舒適;⑥其他)

(4)請將您近兩年購買的鞋子的數量和價格以及2013年的需要量分別填在表11-18中(5)~(9)下。

(5)請問您最喜愛的品牌是什麼?請將品牌名稱填在表中第10欄,若沒有牌子,請註明「無」。

謝謝您的合作!

×××管理諮詢公司

表11-18　　　　　　鞋類市場需求調查表

職業:_____　性別:_____　年齡:_____　居住(城或鄉):_____

種類		是否穿過(1)	是否經常穿(2)	滿意的原因(3)	不滿意的原因(4)	購買數量 2011年(5)	購買數量 2012年(6)	價格(元) 2011年(7)	價格(元) 2012年(8)	2013年需要量(9)	最喜愛的品牌(10)
帆布鞋	市外產										
	××鞋廠										
	市內其他										
	自產										
足球鞋											
網球鞋											
運動鞋											
健美鞋											
皮鞋											
旅遊鞋											

表 11－19　　　　　　　　　　　鞋類市場需求調查匯總表（一）

種類		是否穿過	是否經常穿 ①	②	③	滿意的原因 ①	②	③	④	⑤	⑥	不滿意的原因 ①	②	③	④	⑤	⑥
帆布鞋	市外產	40	21	18	10	13	11	17	3	12	11	17	18	17	9	3	1
	××鞋廠	7	0	2	3	2	5	5	0	0	1	4	0	2	3	2	1
	市內其他	26	7	10	3	4	19	0	0	0	10	10	1	10	2	1	1
	自產	10	1	5	1	5	5	1	0	3	1	4	1	3	6	2	0
足球鞋		13	3	5	1	4	8	1	3	2	2	3	2	6	2	2	0
網球鞋		47	12	12	8	12	8	1	11	0	0	5	2	6	4	3	2
運動鞋		57	33	38	17	26	24	2	6	21	5	15	14	23	17	9	3
健美鞋		38	9	11	11	3	8	3	9	3	1	7	5	10	7	1	1
皮鞋		103	91	36	20	41	25	62	44	23	2	21	47	27	18	19	13
旅遊鞋		91	64	31	25	30	34	50	25	34	19	15	29	21	23	9	7

表 11－20　　　　　　　　　　　鞋類市場需求調查匯總表（二）

種類		購買數量（萬雙） 2011 年	2012 年	價格（元） 2011 年	2012 年	2013 年需要量	最喜愛的品牌
帆布鞋	市外產	34	33	35～40	40～60	31	
	××鞋廠	10	6	22.5	31	6	
	市內其他	14	16	38	46	6	
	自產	58	55	—	—	43	
足球鞋		11	15	65	70	8	
網球鞋		26	22	60	85	10	雙星
運動鞋		56	48	70	75	37	回力
健美鞋		27	6	40	40	16	雙星
皮鞋		117	128	370	365	128	金利來
旅遊鞋		89	110	295	500	41	奇安特

××鞋廠產品銷售區域為本市和鄰近 4 個地區的 48 個市縣，人口約有 2,000 萬人。另外，該鞋廠目前有銷售人員 14 人，其銷售政策規定，銷售人員按銷售收入的 1.5% 提成，不發工資，出差須經批准，只報住宿費和車費，伙食費自理。據瞭解，銷售人員認為廠領導不重視銷售，大半人員整天在家不出門，靠打電話聯繫業務。他們對自己的收入也不滿意，說外地同類鞋廠的銷售人員年收入能達到 2 萬～3 萬元。

要求：

（1）根據所給資料分析該廠虧損的原因是什麼？並說明分析所用的是什麼方法？

（2）×××管理諮詢公司進廠與廠領導一起進行了初步分析：有人認為，老百姓現在普遍穿皮鞋、旅遊鞋，不需要布鞋，所以產品賣不出去，形成積壓；也有人並不同意這種看法。針對這種情況，你有什麼好辦法能解決問題？

(3) 如果 2013 年固定費用預計為 90 萬元,單位變動成本為 25.9 元,銷售價格為 33.5 元,請測算保本銷售量;如果銷售價格調整到 31 元,保本點銷售量是多少?

二、案例分析過程

1. 利潤下降導致虧損的因素分析

由利潤 = 銷售收入 − 總成本 − 稅金,可知利潤下降 160.2 萬元,可分解為如下等式:

利潤下降 = 銷售收入變動 − 總成本變動 − 稅金變動

−160.2 萬元 = −499 萬元 − (−333.8 萬元) − (−5 萬元)

由此可知:利潤下降的主要影響因素是銷售收入下降和總成本下降,稅金影響可以忽略不計。

2. 銷售收入下降的因素分析

由於銷售收入 = 銷售量 × 平均銷售價格,因此,根據這兩個因素分析,得到如下分析結果:

由於銷售量下降影響銷售收入下降:

$$-28\ 萬雙 \times 22.05\ 元/雙 = -617.4(萬元)$$

由於銷售價格提高影響銷售收入增加:

$$1.6\ 元/雙 \times 74\ 萬雙 = 118.4(萬元)$$

以上兩個因素共同影響:

$$-617.4\ 萬元 + 118.4\ 萬元 = -499(萬元)$$

就是說,銷售收入下降主要是由於銷售量下降引起的,銷售價格的提高使銷售收入有所增加。

3. 總成本變化因素分析

由上面分析可知,總成本雖然下降了 333.8 萬元,但其下降幅度(15.1%)比銷售收入下降幅度(22.2%)小。

由於總成本 = 生產成本 + 銷售費用 + 管理費用 + 財務費用,因此,可以從其具體構成因素去分析。總成本的變動是由這三個因素共同變動的結果:

總成本變動 = 生產成本變動 + 銷售費用變動 + 管理費用變動 + 財務費用變動

−333.8 萬元 = −376.5 萬元 + (−17.3 萬元) + 25 萬元 + 35 萬元

由此可以得出結論:總成本下降主要是由生產成本下降引起的,管理費用和財務費用不但沒有下降反而有較大幅度的上升,兩項合計上升 60 萬元,直接減少利潤 60 萬元。銷售費用變動影響不大。

生產成本下降原因的進一步分析:由生產成本 = 銷售量 × 單位生產成本,可進行如下分析:

由於銷售量下降影響生產成本下降:

$$-28\ 萬雙 \times 18.60\ 元/雙 = -520.8(萬元)$$

由於單位成本提高影響總成本增加:

$$1.95\ 元/雙 \times 74\ 萬雙 = 144.3(萬元)$$

以上兩個因素共同影響:

-520.8 萬元 $+144.3$ 萬元 $= -376.5$(萬元)

由此可見,生產成本變化中,對利潤下降的影響因素是單位生產成本的上升。

由於單位成本上升的主要原因是原材料漲價,在銷售量下降的情況下很難通過降低原材料消耗來消化漲價因素。因此,可以適當提高產品銷售價格來減少虧損。由前面分析可知,由於銷售價格提高,增加的銷售收入為118.4萬元,這樣與單位成本增加沖抵後,只減少利潤25.9萬元。因此,單位生產成本的上升對利潤下降的影響也不是主要因素。

利潤下降的具體因素分析圖如圖11-4所示。

```
                        利潤下降
                        160.2萬元
           ┌───────────────┼───────────────┐
      銷售收入          總成本下降         稅金下降
      下降499萬元        333.8萬元          5萬元
       ┌────┴────┐    ┌────┬────┬────┬────┐
   銷售量影響  銷售價格  生產成本 管理費用 財務費用 銷售費用
    減少       影響    下降376.5 增加1112.5 增加    下降17.3萬元
   617.4萬元  118.4萬元  萬元     萬元   1113.5萬元
                      ┌────┴────┐
                  單位生產成本  銷售量影響
                  影響增加      減少520.8
                  114.3萬元      萬元
```

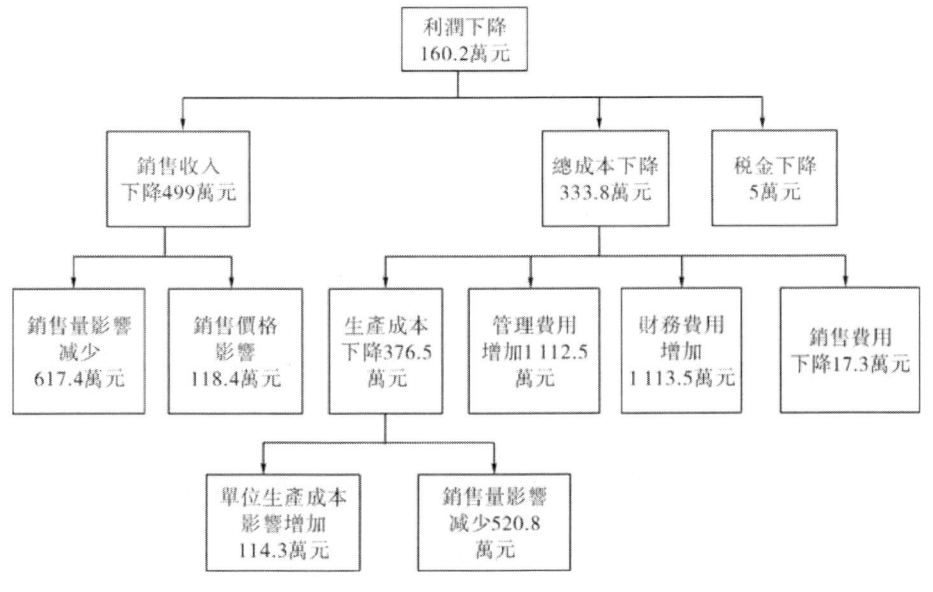

圖11-4 利潤下降的具體因素分析

4. 銷售量下降的原因分析

調查匯總結果表明,近幾年居民鞋類消費結構是發生了一些變化,每百人所買帆布鞋數量,2011年為58雙,2012年為55雙,2013年只需要43雙,比2011年下降25.9%。但是,經過測算,帆布鞋仍有很大市場空間。按照該鞋廠的市場銷售區域,共計有2,000萬人,按每百人需要43雙計算,市場需求量為860萬雙,而該廠的年產量才只有100餘萬雙左右。因此,首先可以排除「布鞋積壓是市場不需要」這一原因。根據市場調查得出結論:市場佔有率下降,營銷能力弱。

表11-21是該鞋廠及其競爭對手在最近三年內市場佔有率的變化資料。

表 11-21　　　　　　　　××鞋廠及其競爭對手市場佔有率的變化

企　業	2011年購買 數量（萬雙）	2011年購買 市場佔有率（%）	2012年購買 數量（萬雙）	2012年購買 市場佔有率（%）	2013年需要量 數量（萬雙）	2013年需要量 市場佔有率（%）
市外產	34	58.6	99	60	31	72.1
××鞋廠	10	17.2	6	10.9	6	14
市內其他	14	24.2	16	29.1	6	13.9
小　　計	58	100	55	100	43	100

從表 11-21 中可以看出，××鞋廠的市場佔有率 2011 年為 17.2%；2012 年只有 10.9%，2012 年比 2011 年下降了 6.3 個百分點；2013 年後預計也只有 14%。而外地鞋廠的市場佔有率從 2011 年的 58.6% 提高到 2012 年的 60%，2013 年預計達到 72%。市場實際上逐漸被外地鞋廠所搶占。

如何提高產品的市場佔有率呢？根據營銷組合 4P 理論，可以從產品、價格、渠道和促銷等方面進行分析。

其一，從產品方面看，該廠的帆布鞋的產品質量不高，屬於大路貨，調查中也有所反應。但與往年比較，產品質量基本穩定，而且市場上還有其品牌假冒鞋的現象。所以，質量也不是銷售下降的主要原因。花色品種較少是個重要問題，是產品市場競爭能力的重要方面。要提高市場佔有率，打入更大的市場，需要增加適銷對路的新品種。但這也不是造成目前銷售下降的主要因素。

其二，價格是造成銷售量下降的原因之一。2011 年的平均價格為 22.05 元，2012 年 4 月提高到 23.55 元，5 月提高到 25.75 元，8 月又提高到 33.5 元。4、5 月份提價幅度不大，對銷售基本沒有影響，8 月份提價幅度較大，因此，從 8 月份開始銷售量驟然下降。3～7 月平均銷售量為 10.4 萬雙，比 2011 年同期增長 4%；8～11 月平均銷售量只有 5 萬雙，比 2011 年同期下降 60%。2012 年由於材料漲價，適當提高價格是應該的。2011 年實際平均單位成本為 21.7 元，2012 年為 25.4 元，提高了 17.1%；而 2012 年 8 月以後價格提高了 49%，提價的幅度較大。除了材料漲價因素外，產量下降也是導致單位生產成本上升的原因之一。通過與同類產品比較發現，市場上帆布鞋價格多在 40 元以上，最高達到 60 元。該廠的帆布鞋價格 31 元還是比較低的。從調查問卷看，70% 的消費者認為其「價格合理」。因此，價格也不是主要原因。

其三，銷售下降的主要原因是營銷不力。經過進一步瞭解，銷售渠道與其他廠家沒有什麼區別，主要問題是促銷力度不夠。目前市場上同類產品基本都不打廣告，主要促銷手段是人員促銷。該鞋廠目前有 14 位銷售人員，其中一半因種種原因不出去促銷；另一半雖然出去，但由於收入低，積極性也不高。

根據廠裡規定，銷售人員按銷售收入提成 1.5%，不另發工資。去年銷售 1,750 萬元，可提成 26.25 萬元，人均 18,750 元，出差經批准，只報銷住宿費和車船費，外出伙食費高，出去多了就所剩無幾了。

經過初步瞭解，其他同類鞋廠的銷售人員年收入都在 2 萬～3 萬元，而且出差補助中有伙食費。因此，加大營銷力度首先要充實銷售隊伍，提高銷售人員積極性。

三、對策建議與措施

1. 營銷策略的改善

近期繼續以帆布鞋為主導產品,靠老產品扭虧增盈,積極開發新品種,改善經營管理,降低管理費用,提高銷售人員收入,加大營銷力度。具體措施有:

(1)提高銷售提成比例為4%,不報銷差旅費用。若年銷售80萬雙,銷售收入2,500萬元,可提成100萬元,銷售人員增加到25人,人均年收入4萬元,每人年差旅費最高不超過10,000元,每人收入在3萬元左右。

(2)產品價格調整為31元。允許各地銷售人員根據實際情況靈活作價,高於31元的部分由廠裡提60%,其餘歸銷售人員。

2. 保本點分析

固定費用預計為450萬元,銷售價格33.5元,單位變動成本25.9元。每雙貢獻收益7.6元,保本銷售量 = 450萬÷7.6 = 59.21萬雙。這就是說,銷售量達到59.21萬雙,企業可以扭虧,多銷售1萬雙,增加盈利7.6萬元,如果銷售達到上年水平74萬雙,可盈利(74 − 59.21)×7.6 = 112.4萬元。

如調整銷售價格為31元,單位變動成本仍為25.9元。每雙貢獻收益5.1元,保本銷售量450萬÷5.1 = 88.24萬雙。這就是說,銷售量達到88.24萬雙,企業可以扭虧,多銷售1萬雙,增加盈利5.1萬元,如果銷售量恢復到2011年102萬雙水平,可盈利(102 − 88.24)×5.1 = 70.18萬元。

[案例分析2]

審計抽樣中的分層及其樣本容量的確定

在審計抽樣中,每一個樣本單位的重要性是不同的。這就要求在抽樣過程中,對於不同重要程度的單位應有不同的抽中概率。採用最優分層抽樣技術及最優樣本容量分配技術不僅是解決這一問題的有效方法,而且可以大幅度提高估計的精確度。

一、最優分層

所謂最優分層就是在分層抽樣時選擇層的最好的邊界的方法,即如何決定各層之間最好的邊界點 y_h ($h=1,2,3,\cdots,h-1$) 來產生 h 層。當 $n_h = kW_h S_h$ 時,樣本是最優分配的,而各層之間的邊界點對一個具有固定的層的數目(h)將提供最小方差。

在理論上各層之間最好的邊界 y_h (在層 h 和層 $h+1$ 之間的邊界)應滿足下列關係:

$$\frac{(y_h + \bar{Y}_h)^2 + S_h^2}{S_h} = \frac{(y_{h+1} - \bar{Y}_h)^2 + S_{h+1}^2}{S_{h+1}}$$

式中,y_h 是第 h 層與第 $h+1$ 層之間的邊界;s_h 是第 h 層的標準差;s_h^2 是第 h 層的方差。

由於會計資料的完整性,使得最優分層成為可能。但是,由理論公式直接確定各層邊界在資料的取得和計算上仍然存在著一定的困難。因此,必須根據各單位會計工作的實際情況,採用不同的方法來確定最優分層的邊界。在審計抽樣中,以記帳憑證建立的抽樣框,其本質就是以記帳憑證作為抽樣的基本單位(但不一定是抽樣的最終單位)。在如何取得各單位的記帳憑證問題上,我們可以根據各單位是否實行了會計電算化和業務

量的大小分成兩種情況:一是該單位實行了會計電算化,全部記帳憑證的詳細資料可由該單位的數據庫給出;二是該單位仍是手工記帳,全部記帳憑證的詳細資料必須由手工查詢。而手工記帳的單位又可以分為兩類,即業務量大的和業務量小的。

根據上述情況,審計抽樣的最優分層可以分兩類進行處理:

一類是實行了會計電算化的單位和雖然是手工記帳但業務量少的單位,可按全部記帳憑證的詳細資料直接進行最優分層,其分層的公式為:

$$W_1 S_1 = W_2 S_2 = \cdots = W_h S_h$$

式中, W_i ($i=1,2,\cdots,h$)是各層單位數占總體單位數的比重; S_i ($i=1,2,\cdots,h$)是各層標準差。

另一類是業務量大但又是手工記帳的單位,對於這類單位我們無法用全部記帳憑證的詳細資料進行最優分層(因為如果那樣做的話其成本太高),這時我們應該採用二相抽樣技術,即第一步先對總體進行隨機抽樣,以抽取一個比最終樣本要大且較多的初級樣本,然後以初級樣本的詳細資料按上述方法進行最優分層,並在此基礎上進行第二次抽樣以得到最終樣本。

下面我們用一個假定有50張記帳憑證的單位作為例子來說明最優分層的實施過程。其資料如表11-22所示。

表11-22　　　　　　　　　　記帳憑證的金額資料

編號	金額	編號	金額
1	100,001.00	26	53.00
2	120.00	27	1,947.00
3	477,360.00	28	300,000.00
4	42,870.37	29	300,000.00
5	26,500.00	30	189,540.00
6	25,000.00	31	331,334.00
7	4,312.80	32	541,071.90
8	250,000.00	33	37,440.00
9	6,458.00	34	54.80
10	180,000.00	35	4,000.00
11	430.00	36	135.90
12	3,000.00	37	30,000.00
13	189,540.00	38	267.80
14	139,809.60	39	2,560.00
15	11,184.77	40	851.38
16	12,582.86	41	30,000.00
17	350.00	42	327,015.00
18	40,000.00	43	63,390.60
19	2,000.00	44	6,000.00
20	400.00	45	611,377.13
21	300.00	46	634.80
22	80,000.00	47	218,639.00
23	7,399.00	48	47,323.40
24	80,000.00	49	1,327.50
25	200,000.00	50	19,191.77

首先,將記帳憑證按金額進行等距分組,所得結果如表 11-23 所示。

表 11-23　　　　　　記帳憑證按金額進行等距分組的結果

按金額分組(元)	憑證數
122,317 以下	36
122,317～244,582	6
244,582～366,847	5
366,847～489,112	1
489,112～611,378	2
合計	50

其次,將最後兩組合併(即最後一組組距為 366,847 元～611,378 元),並計算其 $W_h S_h$ 的值作為以下各層大小的標準。

最後,依次計算各組的 $W_h S_h$ 的值並與 $W_h S_h$ 的值進行比較和調整,使它們盡可能相等,其最終結果如表 11-24 所示。

表 11-24　　　　　　記帳憑證按金額分組的最終結果

按金額分組(元)	憑證數
2,000 以下	3
2,000～80,000	5
80,000～200,000	6
200,000～400,000	20
400,000 以上	16
合計	50

表 11-24 就是最優分層的結果。可以看出,雖然總體還是分為五層,但是各層的頻數分布有了較大變化。

二、最優樣本容量分配

最優樣本容量分配是指能滿足在給定費用下能使估計量的方差達到最小或對給定 y 的方差大小時,能使總費用達到最小時樣本容量在各層中的分配方法。其計算公式為:

$$n_h = n \cdot \frac{W_h S_h / \sqrt{C_h}}{\sum_{h=1}^{k} W_h S_h / \sqrt{C_h}} = \frac{n W_h S_h / \sqrt{C_h}}{\sum_{h=1}^{k} W_h S_h / \sqrt{C_h}}$$

式中,C_h 為各層抽樣費用。

若各層抽樣費用相等,則可以採用如下公式:

$$n_h = n \cdot \frac{N_h S_h}{\sum_{h=1}^{k} N_h S_h}$$

這裡假定樣本總容量為 $n=20$,且各層的調查費用相等。則各層的樣本容量計算如表 11-25 所示。

表 11-25　　　　　　　　　各層的樣本容量計算表

序號	各組憑證數 N	各組標準差 S	NS	NS/∑NS	n
1	3.00	67,035.59	201,106.77	0.204,5	4.06
2	5.00	25,493.26	127,466.28	0.129,6	2.59
3	6.00	26,288.90	157,733.40	0.160,4	3.21
4	20.00	24,370.11	487,102.19	0.495,5	9.91
5	16.00	620.14	9,922.29	0.010,1	0.20
合計	50.00	143,808.00	983,630.93	1.00	20.00

由於第一層只有三張憑證,所以第一層的所有憑證都要進行審計。另外,多出的一張憑證應再進行最優分配,並且各組應審計憑證張數的小數按四捨五入處理。經調整後各組樣本容量分別為:$n_1=3;n_2=2;n_3=3;n_4=10;n_5=2$(註:因為每一層至少抽取兩個單位,所以在例題中沒有將小數作四捨五入處理,而是將兩個單位都分配給了最後一組)。

三、最優分層和最優樣本容量分配技術的抽樣效率

在審計抽樣中採用最優分層和最優樣本容量分配技術,不僅使重要程度不同的記帳憑證可以按不同的概率被抽中,還可以減少抽樣誤差,提高抽樣估計的精確度。在純隨機抽樣條件下樣本方差為:

$$V(\bar{y}) = \frac{\sigma^2}{n} = \frac{21,378,117^2}{20} = 22,851,303,167$$

而運用最優樣本容量分配技術抽樣時的樣本方差為:

$$V(\bar{y}) = \frac{(\sum_{h=1}^{k} W_h S_h)^2}{n} - \frac{\sum_{h=1}^{k} W_h S_h^2}{N}$$

將例題資料代入公式進行計算,過程如表 11-26 所示。

表 11-26　　　　　　　最優樣本容量技術抽樣的樣本方差計算表

序號	W	S	WS	S²	WS²
1	0.06	67,035.59	4,022.14	4,493,770,450	269,626,227
2	0.10	25,493.26	2,549.33	649,906,100	64,990,661
3	0.12	26,288.90	3,154.67	691,106,227	82,932,747
4	0.40	24,370.11	9,748.04	593,902,233	237,560,893
5	0.32	620.14	198.45	384,577	123,065
合計	1.30	—	19,672.63	—	655,233,593

最優樣本容量分配的樣本方差為:

$$V(\bar{y}) = \frac{(\sum_{h=1}^{k} W_h S_h)^2}{n} - \frac{\sum_{h=1}^{k} W_h S_h^2}{N} = \frac{19,672.63^2}{20} - \frac{655,233,593}{50} = 6,245,946.696$$

現在,我們可以計算:

抽樣效率 ＝ 複雜樣本所得的估計量的方差÷簡單隨機樣本所得的估計量的方差
　　　　＝ 6,245,925,109÷22,851,303,167
　　　　＝ 0.273

從以上結果可以看出，由於會計業務的發生金額相差懸殊，採用最優分層技術和最優樣本容量分配技術所取得的收益是巨大的；同時，也由於會計核算體系的特點和要求，使得在審計抽樣中運用最優分層技術和最優樣本容量分配技術成為可能。

[關鍵名詞]

　　工業產品　　標準產量　　產品質量　　工業總產值　　工業淨產值　　工業增加值　商品　　商品購進總額　　商品銷售總額　　流動費節約額　　全員勞動效率　　全部資金占用率　資金利用率　　合格品率

[討論與思考題]

1. 試述工業產品的定義及其主要分類。
2. 工業指標體系是什麼？包括哪些內容？
3. 工業產品產量計算方法有哪幾種？
4. 工業總產值包括哪些內容？
5. 什麼是工業商品產值？它與工業總產值有什麼區別？
6. 產品質量指標有哪些？
7. 什麼是商業勞動效率？它有哪些形式？
8. 什麼是資金利潤率？
9. 商品購進的統計指標體系由哪些構成？商品銷售的統計指標體系由哪些構成？
10. 農副產品收購核算具有什麼特點？什麼是農副產品的自然量、標準量和折合量？
11. 工業品購進統計核算有哪些特點？
12. 什麼是商品銷售？商品銷售統計的意義是什麼？
13. 什麼是商業勞動效率？如何計算商業勞動效率？
14. 什麼是商業利潤？為什麼反應企業盈利水平的高低應採用利潤率指標？

附　錄

附錄一　正態分布概率表

t	$F(t)$	t	$F(t)$	t	$F(t)$	t	$F(t)$
0.00	0.000,0	0.65	0.484,3	1.30	0.806,4	1.95	0.948,8
0.01	0.008,0	0.66	0.490,7	1.31	0.809,8	1.96	0.950,0
0.02	0.016,0	0.67	0.497,1	1.32	0.813,2	1.97	0.951,2
0.03	0.023,9	0.68	0.503,5	1.33	0.816,5	1.98	0.952,3
0.04	0.031,9	0.69	0.509,8	1.34	0.819,8	1.99	0.953,4
0.05	0.039,9	0.70	0.516,1	1.35	0.823,0	2.00	0.954,5
0.06	0.047,8	0.71	0.522,3	1.36	0.826,2	2.02	0.956,6
0.07	0.055,8	0.72	0.528,5	1.37	0.829,3	2.04	0.958,7
0.08	0.063,8	0.73	0.534,6	1.38	0.832,4	2.06	0.960,6
0.09	0.071,7	0.74	0.540,7	1.39	0.835,5	2.08	0.962,5
0.10	0.079,7	0.75	0.546,7	1.40	0.838,5	2.10	0.964,3
0.11	0.087,6	0.76	0.552,7	1.41	0.841,5	2.12	0.966,0
0.12	0.095,5	0.77	0.558,7	1.42	0.844,4	2.14	0.967,6
0.13	0.103,4	0.78	0.564,6	1.43	0.847,3	2.16	0.969,2
0.14	0.111,3	0.79	0.570,5	1.44	0.850,1	2.18	0.970,7
0.15	0.119,2	0.80	0.576,3	1.45	0.852,9	2.20	0.972,2
0.16	0.127,1	0.81	0.582,1	1.46	0.855,7	2.22	0.973,6
0.17	0.135,0	0.82	0.587,8	1.47	0.858,4	2.24	0.974,9
0.18	0.142,8	0.83	0.593,5	1.48	0.861,1	2.26	0.976,2
0.19	0.150,7	0.84	0.599,1	1.49	0.863,8	2.28	0.977,4
0.20	0.158,5	0.85	0.604,7	1.50	0.866,4	2.30	0.978,6
0.21	0.166,3	0.86	0.610,2	1.51	0.869,0	2.32	0.979,7
0.22	0.174,1	0.87	0.615,7	1.52	0.871,5	2.34	0.980,7
0.23	0.181,9	0.88	0.621,1	1.53	0.874,0	2.36	0.981,7
0.24	0.189,7	0.89	0.626,5	1.54	0.876,4	2.38	0.982,7
0.25	0.197,4	0.90	0.631,9	1.55	0.878,9	2.40	0.983,6
0.26	0.205,1	0.91	0.637,2	1.56	0.881,2	2.42	0.984,5
0.27	0.212,8	0.92	0.642,4	1.57	0.883,6	2.44	0.985,3

續表

t	$F(t)$	t	$F(t)$	t	$F(t)$	t	$F(t)$
0.28	0.220,5	0.93	0.647,6	1.58	0.885,9	2.26	0.986,1
0.29	0.228,2	0.94	0.652,8	1.59	0.888,2	2.48	0.986,9
0.30	0.235,8	0.95	0.657,9	1.60	0.890,4	2.50	0.987,6
0.31	0.243,4	0.96	0.662,9	1.61	0.892,6	2.52	0.988,3
0.32	0.251,0	0.76	0.668,0	1.62	0.894,8	2.54	0.988,9
0.33	0.258,6	0.98	0.672,9	1.63	0.896,9	2.56	0.989,5
0.34	0.266,1	0.99	0.677,8	1.64	0.899,0	2.58	0.990,1
0.35	0.273,7	1.00	0.682,7	1.65	0.901,1	2.60	0.990,7
0.36	0.281,2	1.01	0.687,5	1.66	0.903,1	2.62	0.991,2
0.37	0.288,6	1.02	0.692,3	1.67	0.905,1	2.64	0.991,7
0.38	0.296,1	1.03	0.697,0	1.68	0.907,0	2.66	0.992,2
0.39	0.303,5	1.04	0.701,7	1.69	0.909,0	2.68	0.992,6
0.40	0.310,8	1.05	0.706,3	1.70	0.910,9	2.70	0.993,1
0.41	0.318,2	1.06	0.710,9	1.71	0.912,7	2.72	0.993,5
0.42	0.325,5	1.07	0.715,4	1.72	0.914,6	2.74	0.993,9
0.43	0.332,8	1.08	0.719,9	1.73	0.918,1	2.76	0.994,2
0.44	0.340,1	1.09	0.724,3	1.74	0.919,9	2.78	0.994,6
0.45	0.347,3	1.10	0.728,7	1.75	0.921,6	2.80	0.994,9
0.46	0.354,5	1.11	0.733,0	1.76	0.923,3	2.82	0.995,2
0.47	0.361,6	1.12	0.737,3	1.77	0.924,9	2.84	0.995,5
0.48	0.368,8	1.13	0.741,5	1.78	0.926,5	2.86	0.995,8
0.49	0.375,9	1.14	0.745,9	1.79	0.928,1	2.88	0.996,0
0.50	0.382,9	1.15	0.749,9	1.80	0.929,7	2.90	0.996,3
0.51	0.389,9	1.16	0.754,0	1.81	0.931,2	2.92	0.996,5
0.52	0.396,9	1.17	0.758,0	1.82	0.932,8	2.94	0.996,7
0.53	0.403,9	1.18	0.762,0	1.83	0.934,2	2.96	0.996,9
0.54	0.410,8	1.19	0.766,0	1.84	0.393,57	2.98	0.997,1
0.55	0.417,7	1.20	0.769,9	1.85	0.937,1	3.00	0.997,3
0.56	0.424,5	1.21	0.773,7	1.86	0.938,5	3.20	0.998,6
0.57	0.431,3	1.22	0.777,5	1.87	0.939,5	3.40	0.999,3
0.58	0.438,1	1.23	0.781,3	1.88	0.939,9	3.60	0.999,68
0.59	0.444,8	1.24	0.785,0	1.89	0.941,2	3.80	0.999,86
0.60	0.451,5	1.25	0.788,7	1.90	0.942,6	4.00	0.999,94
0.61	0.458,1	1.26	0.792,3	1.91	0.943,9	4.50	0.999,993
0.62	0.464,7	1.27	0.795,9	1.92	0.945,1	5.00	0.999,999
0.63	0.471,3	1.28	0.799,5	1.93	0.946,4		
0.64	0.477,8	1.29	0.803,0	1.94	0.947,6		

附錄二　t 分布臨界值表

自由度 $= n-1$

	0.10 （概率90%）	0.05 （概率95%）	0.01 概率(99%)
1	6.31	12.71	63.66
2	2.92	4.30	9.93
3	2.35	3.18	5.84
4	2.13	2.78	4.60
5	2.02	2.57	4.03
6	1.94	2.45	3.17
7	1.90	2.37	3.50
8	1.86	2.26	3.36
9	1.83	2.23	3.25
10	1.81	2.20	3.17
11	1.80	2.18	3.11
12	1.78	2.16	3.06
13	1.77	2.15	3.01
14	1.76	2.13	2.98
15	1.75	2.12	2.95
16	1.75	2.11	2.92
17	1.74	2.10	2.90
18	1.73	2.09	2.88
19	1.73	2.09	2.86
20	1.73	2.08	2.85
21	1.72	2.07	2.83
22	1.72	2.07	2.82
23	1.71	2.06	2.81
24	1.71	2.06	2.80
25	1.71	2.06	2.79
26	1.71	2.06	2.78
27	1.70	2.05	2.77
28	1.70	2.05	2.76
29	1.70	2.04	2.76
30	1.70	2.04	2.75
∞	1.65	1.96	2.58

附錄三　隨機數表

03	47	43	73	86	36	96	47	36	61	46	93	63	71	62
97	74	24	67	62	42	81	14	57	20	42	53	32	37	32
16	76	62	27	66	56	50	26	71	07	32	90	79	78	53
12	56	85	99	26	96	96	63	27	31	05	03	72	93	15
55	59	56	35	64	38	54	82	46	22	31	62	43	09	90
33	26	18	80	45	60	11	14	10	95	16	22	77	94	39
27	07	36	07	51	77	04	74	47	67	84	42	17	53	31
13	55	38	58	59	88	97	54	14	10	63	01	63	78	59
57	12	10	14	21	88	26	49	81	76	33	21	12	34	29
06	18	44	32	53	23	83	01	30	30	57	60	86	32	44
49	54	43	54	82	17	37	93	23	78	87	35	20	96	43
57	24	55	06	88	77	04	74	47	67	21	76	33	50	25
16	95	55	67	19	98	10	50	71	75	12	86	73	58	07
33	21	12	34	29	78	64	56	07	82	52	42	07	44	38
09	47	27	96	54	49	17	46	09	62	92	52	84	77	27
84	26	34	91	64	18	18	07	92	45	44	17	16	58	09
83	92	12	06	76	26	62	38	97	75	84	16	07	44	99
44	39	52	38	79	23	42	40	64	74	82	97	77	77	81
99	66	02	79	54	52	36	28	19	95	50	92	26	11	97
08	02	73	43	28	37	85	94	35	12	83	39	50	08	30
79	83	86	19	62	06	76	50	03	10	55	23	64	05	05
83	11	46	32	24	20	14	85	88	45	10	93	72	88	71
07	45	32	14	08	32	9/8	94	07	72	93	85	79	10	75
00	56	76	31	38	80	22	02	53	53	86	60	42	04	53
42	34	07	96	88	54	42	06	87	98	35	85	29	48	39

附錄四　相關係數檢驗表

$n-2$	95%	99%	$n-2$	95%	99%
1	0.997	1.000	24	0.388	0.496
2	0.950	0.990	25	0.381	0.487
3	0.878	0.959	26	0.374	0.478
4	0.811	0.917	27	0.367	0.470
5	0.754	0.874	28	0.361	0.463
6	0.707	0.834	29	0.355	0.456
7	0.666	0.798	30	0.349	0.449
8	0.632	0.765	35	0.325	0.418
9	0.602	0.735	40	0.304	0.393
10	0.576	0.708	45	0.288	0.372
11	0.553	0.684	50	0.273	0.354
12	0.532	0.661	60	0.250	0.325
13	0.514	0.641	70	0.232	0.302
14	0.497	0.623	80	0.217	0.283
15	0.482	0.606	90	0.205	0.267
16	0.468	0.590	100	0.195	0.254
17	0.456	0.575	125	0.174	0.228
18	0.444	0.561	150	0.159	0.208
19	0.433	0.549	200	0.138	0.181
20	0.423	0.537	300	0.113	0.148
21	0.413	0.526	400	0.098	0.128
22	0.404	0.515	1,000	0.062	0.081
23	0.396	0.505			

附錄五　累計法平均增長速度查對表

間隔期：1～5 年

平均每年增長(%)	總發展速度(%)				
	1 年	2 年	3 年	4 年	5 年
0.1	100.10	200.30	300.60	401.00	501.50
0.2	100.20	200.60	301.20	402.00	503.00
0.3	100.30	200.90	301.80	403.00	504.50
0.4	100.40	201.20	302.40	404.00	506.01
0.5	100.50	201.50	303.01	405.03	507.56
0.6	100.60	201.80	303.61	406.03	509.06
0.7	100.70	202.10	304.21	407.03	510.57
0.8	100.80	202.41	304.83	408.07	512.14
0.9	100.90	202.71	305.44	409.09	513.67
1.0	101.00	203.01	306.04	410.10	515.20
1.1	101.10	203.31	306.64	411.11	516.73
1.2	101.20	203.61	307.25	412.13	518.27
1.3	101.30	203.92	307.87	413.17	519.84
1.4	101.40	204.22	308.48	414.20	521.40
1.5	101.50	204.52	309.09	415.23	522.96
1.6	101.60	204.83	309.71	416.27	524.53
1.7	101.70	205.13	310.32	417.30	526.10
1.8	101.80	205.43	310.93	418.33	527.66
1.9	101.90	205.74	311.55	419.37	529.24
2.0	102.00	206.04	312.16	400.40	530.80
2.1	102.10	206.34	31.77	421.44	532.39
2.2	102.20	206.65	313.40	422.50	534.00
2.3	102.30	206.95	314.01	423.53	535.57
2.4	102.40	207.26	314.64	424.60	537.20
2.5	102.50	207.56	315.25	425.63	538.77
2.6	102.60	207.87	315.88	426.70	540.40
2.7	102.70	208.17	316.49	427.73	541.97
2.8	102.80	208.48	317.12	428.80	543.61
2.9	102.90	208.78	317.73	429.84	545.20

續表

平均每年增長(%)	總發展速度(%)				
	1 年	2 年	3 年	4 年	5 年
3.0	103.00	209.09	318.36	430.91	546.84
3.1	103.10	209.40	319.00	432.00	548.50
3.2	103.20	209.70	319.61	433.04	550.10
3.3	103.30	210.01	320.24	434.11	551.74
3.4	103.40	210.32	320.88	435.20	553.41
3.5	103.50	210.62	312.49	436.24	555.01
3.6	103.60	210.93	322.12	437.31	556.65
3.7	103.70	211.24	322.76	438.41	558.34
3.8	103.80	211.54	323.37	439.45	559.94
3.9	103.90	211.85	324.01	440.54	561.61
4.0	104.00	211.16	324.65	441.64	563.31
4.1	104.10	212.47	325.28	442.72	564.98
4.2	104.20	212.78	325.92	443.81	566.65
4.3	104.30	213.08	326.54	444.88	568.31
4.4	104.40	213.39	327.18	445.98	570.01
4.5	104.50	213.70	327.81	447.05	571.66
4.6	104.60	214.01	328.45	448.15	573.36
4.7	104.70	214.32	329.09	449.25	575.06
4.8	104.80	214.63	329.73	450.35	576.76
4.9	104.90	214.94	330.37	451.46	578.48
5.0	105.00	215.25	331.01	452.56	580.19
5.1	105.10	215.56	331.65	453.66	581.89
5.2	105.20	215.87	332.29	454.76	583.60
5.3	105.30	216.18	332.94	455.89	585.36
5.4	105.40	216.49	333.58	456.99	587.06
5.5	105.50	216.80	334.22	458.10	588.79
5.6	105.60	217.11	334.86	459.29	590.50
5.7	105.70	217.42	335.51	460.33	592.26
5.8	105.80	217.74	336.17	461.47	594.04
5.9	105.90	218.05	336.82	462.60	595.80
6.0	106.00	218.36	337.46	463.71	597.54
6.1	106.10	218.67	338.11	464.84	599.30
6.2	106.20	218.98	338.75	465.95	601.04

續表

平均每年增長(%)	總發展速度(%)				
	1年	2年	3年	4年	5年
6.3	106.30	219.30	339.42	467.11	602.84
6.4	106.40	219.61	340.07	468.24	604.61
6.5	106.50	219.92	340.71	469.35	606.35
6.6	106.60	220.24	341.38	470.52	608.18
6.7	106.70	220.55	342.03	471.65	609.95
6.8	106.80	220.86	342.68	472.78	611.73
6.9	106.90	221.18	343.35	473.95	613.56
7.0	107.00	221.49	343.99	475.07	615.33
7.1	107.10	221.80	344.64	476.20	617.10
7.2	107.20	222.12	345.31	477.37	618.94
7.3	107.30	222.43	345.96	478.51	620.74
7.4	107.40	222.75	346.64	479.70	622.61
7.5	107.50	223.06	347.29	480.84	624.41
7.6	107.60	223.38	347.96	482.01	626.25
7.7	107.70	223.69	348.61	483.15	628.05
7.8	107.80	224.01	349.28	484.32	629.89
7.9	107.90	224.32	349.94	485.48	631.73
8.0	108.00	224.64	650.61	486.66	633.59
8.1	108.10	224.96	351.29	487.85	635.47
8.2	108.20	225.27	351.94	489.00	637.30
8.3	108.30	225.59	352.62	490.19	639.18
8.4	108.40	225.91	353.29	491.37	641.05
8.5	108.50	226.22	353.95	495.24	642.91
8.6	108.60	226.54	354.62	493.71	644.76
8.7	108.70	226.86	355.30	494.91	646.67
8.8	108.80	227.17	355.96	496.08	648.53
8.9	108.90	227.49	356.63	497.26	650.41
9.0	109.00	227.81	355.31	498.47	652.33
9.1	109.10	228.13	357.99	499.67	654.24
9.2	109.20	228.45	358.67	500.87	656.15
9.3	109.30	228.76	359.33	502.04	658.02
9.4	109.40	229.08	360.01	503.25	659.95
9.5	109.50	229.40	360.69	504.45	611.87

續表

平均每年增長(%)	總發展速度(%)				
	1 年	2 年	3 年	4 年	5 年
9.6	109.60	229.73	361.37	505.66	663.80
9.7	109.70	230.04	362.05	506.86	665.72
9.8	109.80	230.36	362.73	508.07	667.65
9.9	109.90	230.68	363.42	509.30	669.62
10.0	100.00	231.00	364.10	510.51	671.56
10.1	110.10	231.32	364.78	511.72	673.50
10.2	110.20	231.64	365.47	512.95	675.47
10.3	110.30	231.96	366.15	514.16	677.42
10.4	110.40	232.28	366.84	515.39	679.39
10.5	110.50	232.60	367.52	516.61	681.35
10.6	110.60	232.92	368.21	517.84	683.33
10.7	110.70	233.24	368.89	519.05	685.28
10.8	110.80	233.57	369.60	520.32	687.32
10.9	110.90	233.89	370.29	521.56	689.32
11.0	111.00	234.21	370.97	522.77	691.27
11.1	111.10	234.53	371.66	524.01	693.27
11.2	111.20	234.85	372.35	525.25	692.27
11.3	111.30	235.18	373.06	826.52	697.32
11.4	111.40	235.50	373.75	527.76	699.33
11.5	111.50	235.82	374.44	529.00	701.33
11.6	111.60	236.15	375.15	530.27	703.38
11.7	111.70	236.47	375.84	531.52	705.41
11.8	111.80	236.79	376.53	532.76	700.43
11.9	111.90	237.12	377.24	534.03	709.48
12.0	112.00	237.44	377.93	535.28	711.51
12.1	112.10	237.76	378.62	536.52	713.53
12.2	112.20	238.09	379.34	537.82	715.63
12.3	112.30	238.41	380.03	539.07	717.67
12.4	112.40	238.74	380.75	540.37	719.78
12.5	112.50	239.06	381.44	541.62	721.83
12.6	112.60	239.39	382.16	542.92	723.94
12.7	112.70	239.71	382.85	544.17	725.98
12.8	112.80	240.04	383.57	545.47	728.09

續表

平均每年增長(%)	總發展速度(%)				
	1年	2年	3年	4年	5年
12.9	112.90	240.36	384.26	546.72	730.14
13.0	113.00	240.69	384.98	548.03	732.28
13.1	113.10	241.02	385.70	549.33	734.40
13.2	113.20	241.34	386.39	550.59	736.46
13.3	113.30	241.67	387.11	551.89	738.59
13.4	113.40	242.00	387.83	553.20	740.73
13.5	113.50	242.32	388.53	554.48	742.83
13.6	113.60	242.65	389.25	555.79	744.98
13.7	113.70	242.98	389.97	557.10	747.13
13.8	113.80	243.30	390.67	558.38	749.23
13.9	113.90	243.63	391.39	559.69	751.38
14.0	114.00	243.96	392.11	561.00	753.53
14.1	114.10	244.29	392.84	566.34	755.74
14.2	114.20	244.62	393.56	563.65	757.89
14.3	114.30	244.94	394.26	564.93	760.71
14.4	114.40	245.27	394.99	566.27	762.21
14.5	114.50	245.60	395.71	567.59	764.39
14.6	114.60	245.93	396.43	568.90	766.55
14.7	114.70	246.26	397.16	570.24	768.76
14.8	114.80	246.59	397.88	571.56	770.94
14.9	114.90	246.92	398.61	572.90	773.16
15.0	115.00	247.25	399.34	574.24	775.38
15.1	115.10	247.58	400.06	575.56	777.56
15.2	115.20	247.91	400.79	576.91	779.80
15.3	115.30	248.24	401.52	578.25	782.02
15.4	115.40	248.57	402.25	579.60	784.26
15.5	115.50	248.90	402.98	580.94	786.48
15.6	115.60	249.23	403.71	582.29	788.73
15.7	115.70	249.56	404.44	583.64	790.97
15.8	115.80	249.90	405.19	585.02	793.26
15.9	115.90	250.23	405.92	586.36	795.49
16.0	116.00	250.56	406.65	587.71	797.74

國家圖書館出版品預行編目(CIP)資料

社會經濟統計學：原理與Excel應用案例分析 /
唐金華、姚世斌、蔣海燕、吳軍 主編. -- 第一版.
-- 臺北市：崧燁文化，2018.08

　面　；　公分

ISBN 978-957-681-455-6(平裝)

1.計量經濟學

550.19　　　107012671

書　　名：社會經濟統計學：原理與Excel應用案例分析
作　　者：唐金華、姚世斌、蔣海燕、吳軍 主編
發行人：黃振庭
出版者：崧燁文化事業有限公司
發行者：崧燁文化事業有限公司
E-mail：sonbookservice@gmail.com
粉絲頁　　　　　　　　網　址：
地　　址：台北市中正區重慶南路一段六十一號八樓815室
8F.-815, No.61, Sec. 1, Chongqing S. Rd., Zhongzheng
Dist., Taipei City 100, Taiwan (R.O.C.)
電　　話：(02)2370-3310　傳　真：(02) 2370-3210
總經銷：紅螞蟻圖書有限公司
地　　址：台北市內湖區舊宗路二段121巷19號
電　　話：02-2795-3656　傳真：02-2795-4100　網址：
印　　刷 ：京峯彩色印刷有限公司（京峰數位）

　　本書版權為西南財經大學出版社所有授權崧博出版事業股份有限公司獨家發行電子書繁體字版。若有其他相關權利及授權需求請與本公司聯繫。

定價：600 元

發行日期：2018 年 8 月第一版

◎ 本書以POD印製發行